Europa schreibt.

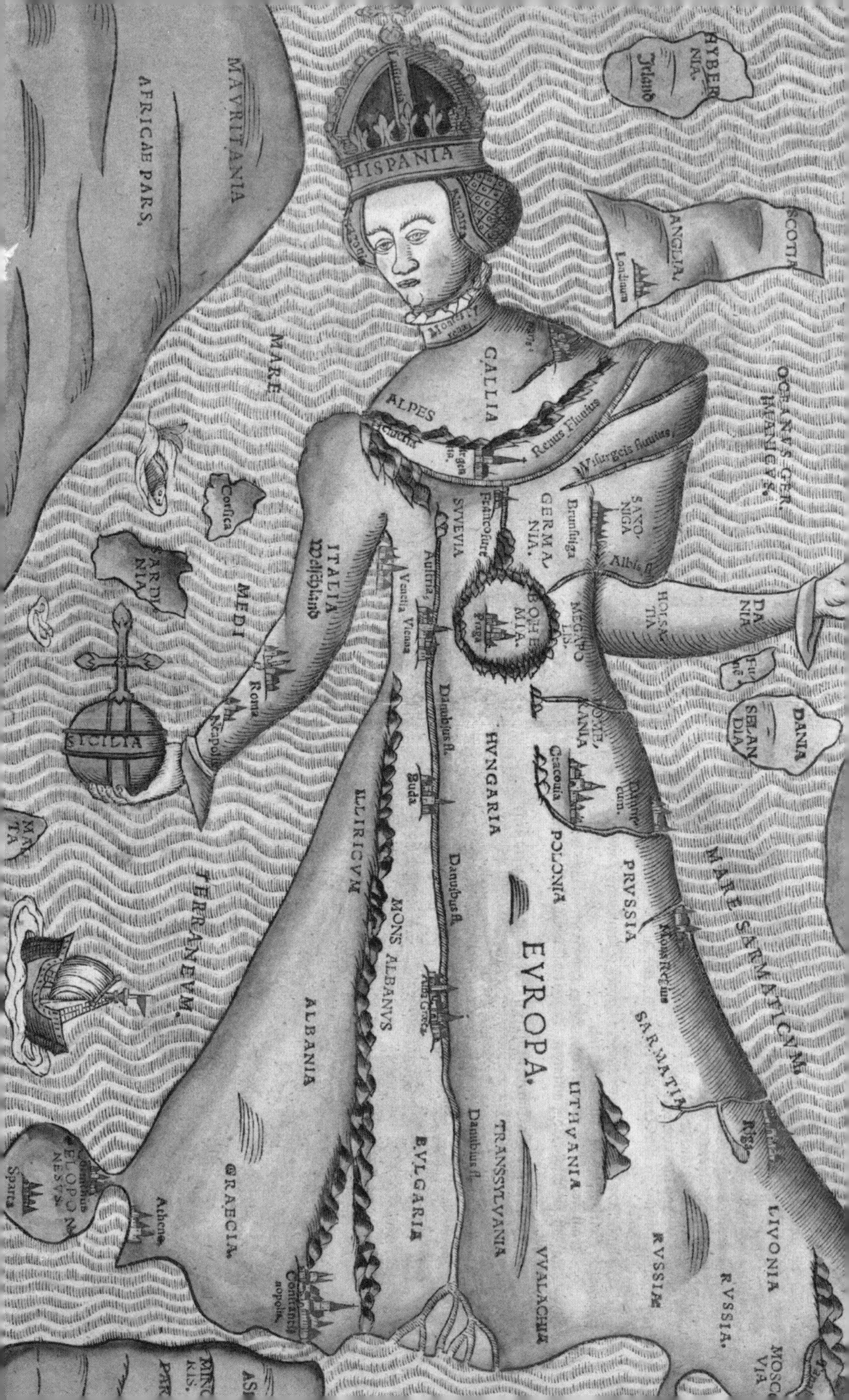
HISPANIA
MAVRITANIA
AFRICAE PARS.
MARE MEDITERRANEVM.
GALLIA
ALPES
Renus fluuius
Visurgcis fluuius
OCEANVS GERMANICVS.
HYBERNIA.
ANGLIA.
SCOTIA
Londinum
GERMANIA.
SAXONIA
SVEVIA
Franckfort
Albis fl.
BOHEMIA.
Praga
ITALIA
Roma
Napoli
Venetia
Vienna
Corsica
SARDINIA
SICILIA
DANIA
HOLSATIA
MEGAPOLIS.
HVNGARIA
Buda
Danubius fl.
POMERANIA
Cracouia
POLONIA
PRVSSIA
MARE SARMATICVM.
EVROPA.
ILLIRICVM
MONS ALBANVS
ALBANIA
GRAECIA.
Athene
PELOPONNESVS
Sparta
BVLGARIA
TRANSSYLVANIA
VVALACHIA
LITHVANIA
SARMATIA
LIVONIA
RVSSIA.
MOSCOVIA

Ursula Keller / Ilma Rakusa (Hrsg.)

Europa schreibt.

Was ist das Europäische an den Literaturen Europas?
Essays aus 33 europäischen Ländern

edition Körber-STIFTUNG

Mit Fotografien von Peter Peitsch

Bibliografische Information Der Deutschen Bibliothek

Die Deutsche Bibliothek verzeichnet diese Publikation in der Deutschen Nationalbibliografie; detaillierte bibliografische Daten sind im Internet über http://dnb.ddb.de abrufbar.

Lektorat: Ulrike Fritzsching
Alle Fotografien: © Peter Peitsch (www.peitschphoto.com)
Holzschnitt, Seite 2: Europa in Gestalt einer Jungfrau (um 1590), © DHM, Berlin
Gestaltung: Groothuis, Lohfert, Consorten | glcons.de
Druck und Bindung: Clausen & Bosse, Leck

ISBN 3-89684-328-1

www.edition-koerber-stiftung.de

Inhalt

Vorwort

Als wir zu Beginn dieses Jahres 33 renommierte Autoren aus 33 europäischen Ländern einluden, sich eine Woche lang im Hamburger Literaturhaus zusammenzufinden, um sich in einem gemeinsamen Reflexionsprozess auf die Suche nach *ihrem* Europa zu begeben, mussten wir davon ausgehen, dass weder *Europa* noch *das Europäische* Themen sind, die die Intellektuellen und Schriftsteller dieses Kontinents gegenwärtig besonders umtreiben. Selten in der neueren Geschichte haben sie so einträchtig zum Thema Europa geschwiegen wie in den letzten Jahren, da das vereinte Europa Gestalt anzunehmen beginnt und sie mehr brauchen würde denn je. Dem Wunsch, Europa wieder zum Gegenstand eines kulturellen Diskurses zu machen, verdankt das Projekt *Europa schreibt* sein Konzept und seine Entstehung.

Dass sich just zu Beginn des Symposiums die von Donald Rumsfeld in die Arena geworfene Schmähung des *alten* Europa als schriller Weckruf erwies, hat das Blatt auf wundersame Weise gewendet. Die Intellektuellen haben ihre Stimme wiedergefunden. Sie entdecken *die Kostbarkeit des alten Kontinents* wieder und mit ihr die Notwendigkeit, über das nachzudenken, was Europa ist, was es sein könnte und was es in Zukunft sein will. Dass das *alte Europa* seine neue Besinnung auf sich selbst nun weitgehend aus der Unterscheidung und Abgrenzung von Amerika gewinnt, ist dabei nicht ohne Ironie. Wir, die wir *Europa schreibt* initiierten, brauchten für die Einsicht in die Notwendigkeit eines kulturellen Europa-Diskurses jedenfalls keinen Anstoß aus Amerika.

Das Literaturhaus, das sich in Hamburg nicht nur als ein Haus für die Literatur versteht, sondern auch als ein Ort der Reflexion, als ein Stück Kulturöffentlichkeit, das die Gegenwart, in der wir leben, philosophisch, kulturtheoretisch oder zeitdiagnostisch ins Visier nimmt, hat dieses Schriftsteller-Symposium zusammen mit der Körber-Stiftung veranstaltet, die als Forum für Impulse einen kritischen gesellschaftlichen Dialog fördert und für die europäische Fragen seit vielen Jahren im Zentrum ihrer operativen Aktivitäten stehen.

Diese Zusammenarbeit gab uns Gelegenheit, renommierte Autoren aus allen europäischen Ländern (außer Großbritannien, das dreizehn Mal absagte) im Literaturhaus eine Woche lang in ein vielstimmiges europäisches Gespräch zu verwickeln. Wir haben sie gebeten, für uns einen Essay zu schreiben über das, was Europa ihnen bedeutet und was sie als Schriftsteller mit Europa verbinden:

33 Variationen zu einem Thema. Einem Thema, das allzu lange keins war und das jetzt endlich beginnt, wieder eins zu werden. Denn das Projekt Europa braucht seine Intellektuellen und Schriftsteller mehr als es weiß. Dann jedenfalls, wenn Europa mehr sein will als ein wirtschaftlich expandierender Interessenverband mit beschränkter politischer Haftung. Wenn Europa wirklich neu gedacht werden will, wird es sich der vitalen Bedeutung der Kultur für seine Zukunft vergewissern müssen.

Dr. Ursula Keller,
Programmleiterin
Literaturhaus Hamburg

Dr. Klaus Wehmeier,
Stellv. Vorstandsvorsitzender
der Körber-Stiftung

Ursula Keller

Die Essays der Autoren aus dem Osten des Kontinents schärfen das Bewusstsein dafür, wie sich das neue Europa selbst beschneidet, wenn es die ungeheuren literarischen Reichtümer vor seiner Tür ungehoben lässt.

Ursula Keller

Geboren 1940 in Lodz (Polen), studierte Germanistik, Romanistik und Philosophie in Göttingen, Tübingen, Heidelberg, Aix-en-Provence (Frankreich) und Frankfurt. Nach diversen Lehraufträgen und Forschungsprojekten an der Universität Tübingen promovierte sie 1980 bei Walter Jens. Von 1980 bis 1991 war sie freie Fernsehjournalistin (literarische Porträts und Filmessays) sowie Dramaturgin und Co-Regisseurin am Theater (TAT, Schauspielhaus). Seit 1992 ist sie Programmleiterin des Literaturhauses Hamburg.

Literaturhinweis:

Böser Dinge hübsche Formel
Das Wien Arthur Schnitzlers
Fischer Taschenbuch Verlag, Frankfurt am Main 2000

(Hrsg.) »Nun breche ich in Stücke ...«
Leben Schreiben Suizid
Vorwerk 8, Berlin 1999

(Hrsg.) Perspektiven metropolitaner Kultur
Suhrkamp Verlag, Frankfurt/Main 2000

Europa schreibt

Fündiger, was das Gemeinsame im Verschiedenen angeht, sind die Autoren, die es in einem gemeinsamen europäischen Raum der Erfahrung, der Erinnerung, der Lektüren und Erzählungen aufsuchen, in jenem transnationalen kulturellen Echoraum, in dem sich die vielen verschiedenen Stimmen Europas am ehesten berühren, überschneiden, verknüpfen und vernetzen.

Europa und die Schriftsteller

Es gab Zeiten, da war die Idee eines vereinten Europa den großen europäischen Schriftstellern ein zutiefst emphatisches Anliegen, dem wir eine Fülle bedeutender Europa-Essays verdanken. Novalis, die Brüder Schlegel, Victor Hugo, Heinrich Heine, Rudolf Borchardt, Hermann Hesse, André Gide, Ortega y Gasset, Hugo von Hofmannsthal, Thomas, Heinrich und Klaus Mann, Stefan Zweig, Hermann Broch, Alfred Döblin – sie alle richteten nicht nur ihre politischen und kulturellen Hoffnungen auf Europa, sondern arbeiteten auf ihre Weise auf ein breites europäisches Gemeinschaftsgefühl hin, das auf die gewachsene Vielfalt und Verschiedenheit seiner Kulturen stolz ist.

Doch seit das vereinte Europa aufgehört hat, entweder Spiel- und Schlachtfeld größenwahnsinniger Machtphantasien zu sein oder Gegenstand hochfliegender Ideale, Hoffnungen und Träume, seitdem es aus den Höhen der Utopie hinabgestiegen ist in die Niederungen pragmatischer Realpolitik, scheint die europäische Idee gründlich an Glanz, an geistiger Strahlkraft verloren zu haben. Lange Zeit schien das Europa, an dem in Brüssel gebaut wird, weder seine Intellektuellen noch seine Bürger zu Reflexionen, Identifikationen oder Engagements welcher Art auch immer einzuladen. Bestenfalls reizte es sie zu zorniger Polemik. In seinem Essay *Brüssel oder Europa – eins von beiden* wirft Hans Magnus Enzensberger den Brüsseler Bauherren und ihren Institutionen nicht nur ihre undurchsichtigen, jeder demokratischen Legitimation entzogenen Entscheidungsfindungen vor, sondern auch ihren, die Vielfalt europäischer Gesellschaftsformen, Kulturen, Traditionen, Haltungen und Qualifikationen nivellierenden Zentralismus. *Damit Europa als Wirtschaftsmacht überleben kann, muss alles, was unseren Erdteil von anderen unterscheidet, so rasch und so gründlich wie möglich liquidiert werden. Ein konkurrenzfähiges Europa muss schneller, größer, effizienter werden, übersichtlicher und homogener – eine Art synthetischer Supermacht.*

Dass es dann zu Beginn dieses Jahres nicht das zu zentralistische Brüssel, sondern das zu bellizistische Amerika war, das die Bürger Europas auf die Straße trieb, ist vielleicht noch kein Beweis für eine neue europäische Öffentlichkeit, ganz sicher aber einer für die Notwendigkeit einer Reflexion Europas über sich selbst, aus der heraus sich eine solche Öffentlichkeit entwickeln könnte. Wann, wenn nicht jetzt wäre es also an der Zeit, die Intellektuellen und Schriftsteller Europas ins Gespräch miteinander zu bringen über das, was Europa ist, was es sein könnte, was es sein müsste, wenn es mehr sein will als ein wirtschaftlich expandierender Interessenverband mit beschränkter politischer Haftung. Auch ohne die Differenzen mit und zu Amerika haben die Europäer zurzeit viele gute Gründe, über ein etwas anderes Europa als das in Brüssel entworfene Euroland nachzudenken. Und mehr, als es weiß, braucht Europa für einen solchen Prozess der Selbst-Verständigung die Schriftsteller.

Seit es Europa gibt, ist es die Literatur, die selbstreflexivste aller Künste, die am Prozess europäischer Kultivierung und Selbstreflexion entscheidend beteiligt war. In den Mythen, Bildern und Geschichten, in denen sich Europa erzählte und zu begreifen versuchte, hat es sich stets auch der Besonderheit seiner Kultur vergewissert, seiner besonderen Weise, die Welt anzuschauen und zu deuten. Zurzeit aber scheint das Bild, das sich der Kontinent von sich selber macht, so unscharf wie nie. Das Europa, in dem sich die Europäer von heute wiedererkennen könnten, hat seine Konturen noch nicht gefunden.

Europas *»bestes Selbst«*

Vaclav Havel, Schriftsteller und Ex-Präsident, nimmt dieses seiner selbst so wenig bewusste Europa bei seiner globalen Verantwortung, wenn er ihm ins Stammbuch schreibt: *Die einzig sinnvolle Aufgabe für das Europa des nächsten Jahrhunderts besteht darin, sein »bestes Selbst« zu sein, das heißt, seine besten geistigen Traditionen ins Leben zurückzurufen und dadurch auf eine schöpferische Weise eine neue Art des globalen Zusammenlebens mitzugestalten.*

Was Europa dazu befähigt, sein *bestes Selbst* zu sein, ist nicht zuletzt die Tatsache, dass es mehr als andere Kontinente und Kulturen Gelegenheit hatte, sein »schlechtestes Selbst« kennen zu lernen. In seiner an Verheißungen wie an Verheerungen so reichen Geschichte, dieser unerhört dramatischen Erfolgsgeschichte, die die aller anderen Kontinente und Kulturen übertrifft an Zerrissenheit zwischen den leuchtendsten geistigen, kulturellen und gesellschaftlichen Errungenschaften und den finstersten Exzessen der Zerstörung und Selbstzerstörung, hat Europa Erfahrungen mit sich selbst gemacht, die ihm die Überlegenheitsgefühle von einst ebenso gründlich ausgetrieben haben wie naive Unschuldsvermutungen à l'américaine.

Und so ist denn das Weichbild eines zukünftigen Europa, das in den für das Symposium verfassten Essays und den gemeinsamen Gesprächen der eingeladenen Autoren am Horizont auftaucht, weit entfernt von dem einer auftrumpfenden Supermacht. Es ist ein eher nachdenkliches Europa, ein Europa, das sich erinnert, das reflektiert, das zweifelt, das zögert, ein Europa, das sich den Luxus leistet, Fragen zu stellen, bevor es handelt und das Komplexität auch in politischen Dingen nicht für Zeitverschwendung oder Handlungsschwäche hält.

An komplizierten und undurchsichtigen Situationen, in denen sich solche europäischen Qualitäten politisch bewähren könnten, hat es heute, wie wir wissen, keinen Mangel. Solche Qualitäten als Stärke zu verstehen und sie verantwortlich einzusetzen im globalen Kontext, könnte Europas *bestes Selbst* produktiv machen für die Gestaltung jener *neuen Art des globalen Zusammenlebens,* von der Havel spricht. Im Augenblick ist kein anderer Akteur für diese schwierige Rolle in Sicht.

Wie die europäischen Schriftsteller, Experten in Sachen Komplexität und vertraut mit der Undurchsichtigkeit der Welt, mitwirken könnten an der selbstbewussten Entfaltung solcher Qualitäten, davon geben die Essays von *Europa schreibt* eine erste Ahnung. Und noch etwas verraten sie. Wie sehr die Schriftsteller, die ja auch Experten sind in Sachen Differenz, dem sich vereinigenden Europa behilflich sein könnten bei der Besinnung auf seinen eigentlichen Reichtum. Jenem unerhörten Reichtum, der in der gewachsenen Vielfalt und Verschiedenheit seiner Kulturen und Sprachen, seiner Lebensformen und Mentalitäten liegt. Was könnte den Verwüstungen einer alle Differenzen einebnenden globalen Massenkultur besser widerstehen, als der natürliche kulturelle Reichtum, die mit Geschichte gesättigte Vielfalt dieses kleinteiligen Kontinents?

Das Gemeinsame im Verschiedenen

Dass so viel Differenz auf kleinstem Raum jede Menge Probleme macht, ist in Brüssel alltägliche Erfahrung. Dass darin auch ein ungeheures Potenzial steckt, muss Brüssel erst noch entdecken. Dazu aber müsste es ein Bewusstsein entwickeln für die vitale Bedeutung der Kultur für eine zukünftige multikulturell offene Identität Europas. Dazu müsste es die Vielstimmigkeit des europäischen Kulturraums als den Energiespeicher sehen, der er sein könnte, wenn es gelänge, die vielen vereinzelten Stimmen Europas füreinander hörbar zu machen und den gemeinsamen Grundton in ihnen zu entdecken, wenn es gelänge, die Konturen eines Bildes sichtbar zu machen, in dem die Europäer sich mit all ihrem Bedürfnis nach Unterscheidung wiedererkennen könnten. Erst dann nämlich würden sie aufhören zu sagen: *Wir fühlen uns nicht als Europäer, obwohl wir es sind,* oder: *Man muss nach Amerika gehen, um zu wissen, dass man Europäer ist.*

Jene erst noch zu findende Balance zwischen Differenz und Gemeinsamkeit ist es denn auch, die viele der Essays zum Thema machen. Die Spannung zwischen beidem ist mit Schlagworten wie *Einheit in der Vielfalt* nicht zu bannen. Sie macht das Projekt Europa zu einem offenen Prozess. Denn in dem noch ungelösten Spannungsverhältnis zwischen lokalen, regionalen, nationalen und europäischen Zugehörigkeiten und Interessen muss sich auch jede Frage nach einer europäischen Identität bewegen, die nicht essentialistisch argumentiert. Was Europa sein wird, wird vom Gelingen des gemeinsamen Umgangs mit der Differenz abhängen.

Eine, keine oder viele Identitäten?

Das ist zur Zeit die europäische Gretchenfrage. So sehr ist Europa auf der Suche nach seiner zukünftigen politischen Gestalt, dass es ganz vergisst, die fast schon zur Beschwörungsformel gewordene Rede von der europäischen Identität ein wenig näher anzusehen und auf ihre Tauglichkeit für Europa zu überprüfen. Was bedeutet Identität für einen Kontinent, der vorwiegend aus Unterschieden und Gegensätzen besteht und dessen Potenziale eben in dieser Vielfalt verschiedener Sprachen, Kulturen, Lebensformen und Erfahrungen liegen? Kein Wunder also, dass die Schriftsteller, die ja leben von der Kunst, Unterschiede zu machen, bei der Frage nach der Identität, der Frage, ob Europa eine, keine oder viele hat oder überhaupt eine braucht, zu sehr verschiedenen und eher skeptischen Einschätzungen kommen.

Der durch Schweizer Erfahrungen hindurchgegangene Adolf Muschg plädiert für eine offene, bewegliche, unscharfe Identität – wenn überhaupt eine. Er setzt auf die erneuerbare kollektive Energie Europas, in einer einzigen *und einfältigen Identität nicht aufzugehen, sich ihr gegebenenfalls stur zu verweigern,* auf jenen prinzipienfreien gesellschaftlichen Stoffwechsel, *der Identität immer wieder aufhebt, um sie immer neu zu begründen.*

Diesem organischen, prozessualen Identitätskonzept stellt der slowenische Lyriker und Essayist Aleš Debeljak seine Vorstellung von *konzentrischen Kreisen der Identität an die Seite. Diese gehen von dem engsten, lokalen und damit fruchtbarsten Umfeld aus, von einem Leben in der Nachbarschaft, sie dehnen sich aus, um sich an regionale Gewohnheiten anzupassen, ziehen in abstrakterer Form weiter auf die Ebene nationaler, staatlicher und europäischer Identität* und enden mit Glück *vielleicht sogar in einem gemeinsamen Menschsein.*

Dem irischen Erzähler Colm Toíbín sagt solch postmodernes Mit- oder Nebeneinander verschiedener Identitäten nichts. Für ihn gibt es schlicht keine europäische Identität. Keine jedenfalls, die *mit der gleichen emotionalen Kraft zu empfinden* wäre wie die zwei anderen, essentiellen Identitäten: die eine *mit Erinnerung, Familie, soziokulturellem Umfeld und persönlichen Erfahrungen verwoben,* die andere *um eine Nation, einen Staat, eine gedachte Gemeinschaft* zentriert. Europa ist für ihn nichts als *ein Name für ein Konglomerat von Interessen, das in der europäischen Union seinen organisatorischen Ausdruck findet* und dessen liberalisierende, säkularisierende Kraft der Ire Toíbín durchaus zu schätzen gelernt hat. In den Romanen des spanischen Erzählers Eugenio Fuentes geht es eher um die Konflikte beim *Übergang vom Regionalen zum Kontinentalen.* Wie die Menschen, *die die Straßen Europas bevölkern, nehme ich dieses Europa zugleich als Versprechen und als Drohung wahr.* Ob es gelingt, das Gemeinsame, das Kontinentale zu realisieren, ohne dass es auf Kosten des Besonderen, des Regionalen geht, ist eine noch offene europäische Frage.

Aus der Sicht des Esten Emil Tode kann sich eine gesellschaftlich verbindende Identität *nicht auf rein abstrakte Ideen stützen, die sich nicht in konkreten Menschen und Symbolen verkörpern ... In den Versuchen, für Europa eine gemeinsame kulturelle Identität zu konstruieren (»europäische Literatur«, »europäische Musik«, »europäischer Film«), sehe ich vor allem den Wunsch, sich gegen diese dominante Macht (Amerikas) zu behaupten, den nostalgischen Rückblick auf die eigene verlorene Hegemonie ... Die einzige Rettung für Europa wäre, nicht so viel an Europa zu denken, denn – es gibt keinen Ort, wo Europa nicht wäre.*

Während Tode Europa überall sieht, sieht es der in London lebende Italiener Mario Fortunato nirgends mehr. Für ihn ist Europa längst verschwunden im Nebel einer alle Konturen verwischenden *planetarischen Homogenisierung ... Noch einmal: Keine Heimat. Weder im Vaterland noch in Europa und auch nicht anderswo. Kein Anderswo, nirgends: alles gleich, alles auf unterstem Niveau gleichgeschaltet,* lautet sein gründlich desillusioniertes Resümee.

Das Europa der Lektüren

Fündiger, was das Gemeinsame im Verschiedenen angeht, sind die Autoren, die es in einem gemeinsamen europäischen Raum der Erfahrung, der Erinnerung, der Lektüren und Erzählungen aufsuchen, in jenem transnationalen kulturellen Echoraum, in dem sich die vielen verschiedenen Stimmen Europas am ehesten berühren, überschneiden, verknüpfen und vernetzen.

Sehr einfühlsam beschreibt der französische Erzähler Jean Rouaud in seiner Hommage an Ernst Wiechert, wie sich zwei verwandte Temperamente und Tonlagen in diesem Echoraum begegnen, im Anderen das Eigene wieder erkennen und sich bewusst werden, dass wir *derselben geographischen und geistigen Zone angehörten* – deutsch-französische Resonanzen da, wo man sie nicht vermuten würde.

Als Kind waren meine ersten europäischen Gäste die Toten: Madame Bovary, Robinson Crusoe, Isadora Duncan, Molière, schreibt die türkische Europäerin Emine Sevgi Özdamar. *Ich war in Europa bei meinen toten Freunden. Sie hatten mich hier nicht allein gelassen. Prinz von Homburg, Woyzeck, Hamlet ... Brecht, Kafka, die sind an Europas Himmel neben dem Mond und berühren die Menschen, auch wenn sie weit weg sind. Die Toten haben den europäischen Himmel geschaffen.*

Für einen Schriftsteller ist der dritte Elternteil die Lektüre, mit der er aufwuchs, aus der seine Welt geformt wurde, schreibt der serbische Erzähler Dragan Velikić. *Mein Turm, in dem ich wohne, seitdem ich die Romane von Karl May gelesen habe, ist aus dem Humor eines Cervantes, den Beklommenheiten eines Italo Svevo, den Kreisbahnen eines James Joyce, den panonischen Erinnerungen eines Danilo Kiš, der Mondsüchtigkeit eines Hermann Broch gebaut.*

Und so wie sein Turm sind die Türme vieler der Autoren im Osten wie im Westen von denselben Säulenheiligen der europäischen Literatur bevölkert. Immer wieder Dante, Shakespeare, Goethe, Kafka, Musil, Dostojewski, Flaubert, Nabokov, Proust, Joyce, Woolf ... – das Europa der Lektüren ist erstaunlich homogen. Und erstaunlich *eurozentrisch*: Kein Amerikaner, kein Asiate, kein Afrikaner scheint Zutritt zu haben ins Innerste des literarischen Pantheons europäischer Schriftsteller. Ganz gleich, ob sie im Osten oder im Westen lesen und ganz gleich, wie sie zu Europa stehen – sie wissen sich eingelassen in einen kulturellen Kontext, der mitschreibt an ihren Texten und an dem sie mit ihren Texten weiter schreiben – als europäische Schriftsteller.

Europa als mentaler Raum

Wie es aussieht, ist dieser kulturelle Kontext, dieses als mentaler Raum gedachte Europa für viele der Autoren – anders als für die Politiker – nicht an geographische Grenzen gebunden. Auch wenn Europas Loslösung von der Geographie sehr verschieden gedacht und bewertet wird. Für Adolf Muschg ist Europa eher eine *geistige Haltung*, Andrej Bitow meint, *Europäer kann man überall sein.* Für Emil Tode gibt es *keinen Ort, wo Europa nicht wäre* und dem zypriotischen Erzähler Panos Ioannides *bestimmen die Bezeichnungen ›Europäer‹ und ›europäisch‹ nicht nur den Raum, die Geschichte usw., sondern etwas viel Größeres und Umfassenderes; sie bestimmen das ›Menschliche schlechthin‹.*

Doch ob es ortlos oder ubiquitär, mobil oder universell gedacht wird, in seine geographischen Grenzen eingeschlossen und abgeschlossen mag sich Europa niemand so recht vorstellen. Mögen die einen diesen grenzüberschreitenden kulturellen Kontext als *kollektives Gedächtnis* bezeichnen, die anderen als *europäisches Narrativ,* als *Netz, Gespinst* oder *Gewebe,* das sie über Zeiten und Räume hinweg miteinander verknüpft, mögen sie ihn als unsichtbares *Wasserzeichen* in ihrem Schreiben wahrnehmen oder als *Psalimpsest,* in das sie sich fortlaufend einschreiben – immer ist da die Vorstellung eines gemeinsamen mentalen Raums, der von den Gedanken, die Europa gedacht und den Geschichten, die es (sich) erzählt hat, durchzogen ist.

In diesem Sinne stelle ich mir das Wesen Europa vor, umgeben von einer Aura, von einem unsichtbaren mentalen Körper, der aus Gedanken, Erinnerungen, Themen, Motiven, Illusionen, Träumen, Obsessionen und Traumata gewebt wurde, schreibt die tschechische Erzählerin Daniela Hodrová. Es sind Geschichten, *persönliche, kollektive, uralte und moderne Geschichten,* aus denen für sie *das narrative Netz des erzählenden Europa* geknüpft ist.

Europa schreiben, es neu formulieren – darin sieht auch der slowakische Lyriker Ivan Štrpka das europäische Projekt besser aufgehoben als in der Definition eines begrenzten Raumes. *Ich würde Europa heute nicht als Kontinent bezeichnen, eher als einen sich formulierenden Kontext. Einen offenen Kontext inmitten anderer Kontexte. Sich schreibenden. Sogar einen meerweit offenen und sich weiter öffnenden, durchlässigen, sich umschichtenden Kontext ... Wir schreiben uns selbst. Wir schreiben Europa. Auf ein sauberes Blatt? Oder ein neues Psalimpsest?*

Mircea Cărtărescu reklamiert von den vielen möglichen Europas nur eins für sich: *mein Europa. Es ist leicht daran zu erkennen, dass es die Form meines Gehirns hat. Und das kommt einfach daher, dass es mein Denken vom ersten Tag an nach seinem Angesicht prägte. Meine Gehirnoberfläche hat Rillen und tiefe Falten, motorische Zonen und sensorische Zonen, Areale für die Sprache und Areale für das Verstehen. Doch nirgendwo Mauern aus Beton, keinen eisernen Vorhang und keine Grenzen.*

Das Gehirn des Belgiers Jean-Philippe Toussaint kommt nicht ganz ohne Grenzen aus: *Ich bin mithin sowohl in meinem Leben wie in meinen Büchern ein pluraler und nomadischer Europäer, der wonnevoll mit dieser Europa eignen Vielfalt der Sprachen und Kulturen spielt und sich überall in Europa – oder nirgendwo: was aufs Gleiche hinausläuft – heimisch fühlt: in Brüssel so gut wie in Paris, London oder Venedig, in Madrid oder Berlin.* Kerneuropäischer könnte man es nicht sagen. *Überall in Europa* heißt für ihn offensichtlich auch heute noch nicht Budapest, Bukarest, Prag, Warschau, Sofia oder Vilnius. So weit in den Osten hinein scheint der Spielraum der pluralen Nomaden und ihre intellektuelle Neugier noch immer nicht zu reichen. Noch immer sind die Westeuropäer entschieden neugieriger auf das, was kulturell in Amerika vor sich geht, als auf das, was ihre europäischen Nachbarn tun. Wie ungleich die knappe Ressource Aufmerksamkeit noch immer verteilt ist auf der literarischen Landkarte Europas und wie viel Ignoranz, wie vielen Vorurteilen, schiefen Erwartungen und Klischees die gegenseitige Wahrnehmung noch immer unterworfen ist, das machen viele der Essays zum Thema. Es ist ein europäisches Desiderat.

Ein ebenfalls häufig wiederkehrendes Thema ist das Spannungsverhältnis zwischen lokaler, regionaler, nationaler und europäischer Zughörigkeit und der radikalen Singularität, der exklusiven Identität dessen, der schreibt. Bevor die Autoren in ihren Essays auch nur anfangen, über Signaturen des Europäischen in ihrem Schreiben nachzudenken, beschreiben sie sich als Bewohner eines Universums aus Wörtern, dessen einziger Bewohner sie sind. Ohne dabei zu übersehen, wie sehr schon allein dieses Konzept des radikal autonomen Schreibens sie als Adepten des europäischen Geistes ausweist.

Ist der autonome Autor europäisch?

Dem dänischen Erzähler und europäischen *Escapisten* Jens Christian Grøndahl ist jede Art von Zugehörigkeit suspekt. Gerade in der radikalen Singularität des Schreibens ist für ihn *ihr wunderlicher Anspruch auf so etwas wie universale Wahrheit* aufgehoben. Seine Art zu schreiben ist, *weniger Gewicht auf die Handlung zu legen, zu Gunsten von Introspektion, Erinnerung, Beobachtung und Reflexion, eher die Abenteuer des Geistes zu formulieren, als jene, die sich fortwährend draußen in der ›Realität‹ abspielen.*

Der Roman handelt nicht von der Wirklichkeit, sondern vom Dasein, schreibt Milan Kundera und der norwegische Erzähler Geir Pollen sieht in dieser Haltung, dieser Art, existenzielle Fragen zu stellen, sich vorzutasten, offen zu lassen statt abzuschließen, *immer im Bewusstsein, dass man das Dasein nie endgültig im Griff hat,* dass *man schreibt, um zu durchdenken,* statt einfach zu erzählen, was geschieht, *die europäische Signatur in meinen Romanen.*

Für den ungarischen Autor Péter Nádas ist Europa seit alters her ein in *seiner Bestialität dösendes, dumpfköpfiges Ungeheuer* und das Schreiben ein einsames Exerzitium, das es braucht, um sich Tag für Tag *aus dem Urschleim der eignen Dumpfheit herauszuheben.* Die *Körperwärme der Schriftlichkeit* ist ihm das immer gefährdete, immer von neuem zu befestigende Bollwerk gegen das Zurücksinken in Chaos und modernes Analphabetentum.

Am Aufbau der europäischen Zivilisation hat der literarische Held mitgewirkt. Vor allem der Ritter, sagt der russische Erzähler Andrej Bitow und untersucht einige dieser Helden auf ihre besondere Qualifikation zum Europäer. Dabei stößt er sowohl bei den Helden wie bei ihren Erfindern auf die unverkennbar europäische Fähigkeit, *sein eignes Maß, menschliches Maß* zu finden. *Das eigne Maß, eben das ist die Mentalität... In diesem Sinne ist die Erfahrung der europäischen Zivilisation lebensnotwendig... Um das menschliche Antlitz nicht zu verlieren ... Besinnen wir uns auf den Menschen!*

Für den Isländer Guðbergur Bergsson folgt der autonome, sein eignes literarisches Universum immer wieder von neuem erschaffende und zerstörende, sich immer von neuem erfindende und gestaltende Autor einer für die europäische Zivilisation spezifischen Dynamik von Zerstören und Erneuern, bei der *die Türme Europas ständig einstürzen, ihre Fundamente jedoch erhalten bleiben.*

Dem deutschen Lyriker, Essayisten und bekennenden Europäer Durs Grünbein scheint in dieser unerschöpflichen Lust am Erneuern, am Begreifen und Gestalten, diesem *viel versprechenden Gemisch ... aus geistiger Abenteuersucht und einem beinah erotischen Hang zu persönlicher Freiheit ... eine gesamteuropäische Grundströmung zu liegen. Man kann es auch existenzielle Neugier nennen oder geistiges Draufgängertum.*

Europa A und Europa B?

Dass diese weit ausgreifende europäische Neugier so lange und so hart auf die undurchdringliche, den Kontinent auseinander dividierende Mauer stieß und sich dann auf dieser Seite so ausschließlich dem Westen zuwandte, dass sie den Blick immer noch nicht von ihm abwenden kann, taucht in vielen der Essays auf als ein blinder Fleck in der Selbstwahrnehmung und eine offene Wunde im kulturellen Körper Europas. Ob die Essays der Autoren aus dem Osten des Kontinents diesen sie verfehlenden Blick des Westens als Desinteresse, als kulturelle Hegemonie, als Arroganz oder Ignoranz wahrnehmen, sie schärfen das Bewusstsein dafür, wie sich das neue Europa selbst beschneidet, wenn es die ungeheuren literarischen Reichtümer vor seiner Tür ungehoben lässt. Ästhetisch zu bewusst, zu zeitgenössisch, zu europäisch, um sich zu östlichen Zeitzeugen für den westlichen Gebrauch, zu Chronisten des balkanischen Chaos degradieren zu lassen, bestehen sie selbstbewusst auf ihrem Recht, auf der Höhe ihrer literarischen Kompetenz wahrgenommen und anerkannt zu werden.

In seinem Essay *Europa B* identifiziert der serbische Romancier Dragan Velikić *einen Blick Europas, den es sich als Blick der Peripherie auf sich selbst gerichtet vorstellt.* Dieser narzisstische Blick erwartet die Bestätigung seiner Erwartungen, das heißt *keine authentischen Kunstwerke, sondern Stereotype.* Bilder, in denen der Balkan dem zivilisierten Westen *als Stätte des puren Wahnsinns ... als ein fast mythischer Ort, ein wilder Raum, in dem alles erlaubt ist,* angedient wird. Mit Schaudern genossene Mauerberichte aus den Dunkelkammern des Kontinents. Eine innereuropäische Grenze markiert auch der schwedisch schreibende finnische Autor und Politiker Jörn Donner, der sich *Europa, vom Rande aus gesehen* nähert. *Der große Unterschied zwischen dem Zentrum und der Peripherie Europas bleibt einigermaßen schwer verständlich für den, der in der Mitte des Erdteils lebt, womit ein relativ großer Bereich des Kontinents gemeint ist.* Auch das Europa der Sprachen sieht er von solchen Hierarchien durchzogen. *Gern wird behauptet, die europäischen Sprachen seien gleichrangig. Das stimmt nicht. Besonders im Bereich der Literatur führt eine Einbahnstraße von den großen Sprachen zu den kleineren.*

Von einem anderen Rand aus sieht der albanische Autor Fatos Lubonja *das Wesen des Schöpferischen* bedroht, wenn *Europa sich weigert, Schriftsteller aus den kleinen Ländern ... als europäische Schriftsteller anzuerkennen,* wenn es sie auf dem literarischen Markt weiterhin nur als lokale Zeugen, als Berichterstatter aus fernen Regionen akzeptiert.

Der Romancier, Essayist und Lyriker Mircea Cărtărescu hat es satt, im Westen als *Rumäne vom Dienst* herumgereicht zu werden, als *osteuropäischer Autor* mit vom Westen diktierten Zuständigkeiten. *Bleib in deinem Ghetto ... Schreib über deine Securitate, über deinen Diktator Ceaușescu, über das Haus des Volkes. Und über die streunenden Hunde, die Straßenkinder, die Zigeuner ... Lass uns die Avantgarde bilden, Erneuerungen in die Welt setzen und kulturelle Normalität atmen.* Die literarisch mit dem Etikett »Made in Balkan« versehene Kosmopolitin aus Kroatien Dubravka Ugrešić durchschaute lange nicht *die festgelegten Codes zwischen kulturellem Zentrum und Peripherie. Man erwartete von mir, dass ich die Stereotype über die Peripherie bestätigte, und nicht, dass ich sie zerschlug. Meine literarische Souveränität konnte ich in den Wind schreiben; sie konnte das ausländische Milieu nur irritieren.*

Ihr vor Ironie funkelnder Essay ist zugleich eine radikale Absage an alle Arten von nationalen, regionalen oder ethnischen Zuschreibungen und Identitäten, die europäische eingeschlossen. In einer grenzenlos mobil, transnational, global gewordenen Welt machen sie einfach keinen Sinn mehr. Für sie ist der *Eurosong*, der *Grand Prix d'Eurovision*, der heißeste Punkt der mentalen Vereinigung Europas und das Europäische verkörpert ihr heute *Joydeep Roy Bhattacharya, ein in Amerika ansässiger Inder*, der Romane schreibt, die in Budapest und Dresden spielen.

Europa – Verheißung und Enttäuschung

So munter verabschieden sich nicht alle Autoren von dem, was Europa für sie an großen Versprechen bereithielt. Zu stark war das Gefühl der Zugehörigkeit zum europäischen Kulturraum für die osteuropäischen Autoren in den Jahrzehnten ihrer Verbannung hinter der Mauer eine Frage des geistigen Überlebens. Ihr hartnäckig bewahrtes inneres Europa, das war emphatisch beschworener Sehnsuchtsort, von Kultur gesättigtes Refugium, mentale Heimat und Fluchtort zugleich. Und anders als ihre ernüchterten, desillusionierten Kollegen aus dem Westen nehmen sie Europa trotz aller Enttäuschungen weiterhin ernst in diesem Versprechen. Alles, was sie noch immer mit dem kulturellen Europa verbinden und von ihm erwarten, ist im Ton wie in der Sache entschieden emphatischer, selbst da, wo es ironisch daherkommt. Auch die Ernüchterungen haben diesseits und jenseits der Mauer verschieden gründlich gearbeitet.

Der bulgarischen Lyrikerin Mirela Ivanova erlaubte dieses Europa, das kein *Kontinent, sondern ein Staat der Wörter und des Geistes war, ein Leben in zwei parallelen Welten*, der staubigen des sozialistischen Alltags und der leuchtenden der freiheitlichen europäischen Kultur. Es sind die Namen der großen Dichter, *die wie Altarkerzen strahlen in der allgemeinen Finsternis.* Doch trotz aller Enttäuschungen, die *die hochmütige Gleichgültigkeit Europas* in der konkreten Erfahrung mit sich brachte, ist dieses Europa immer noch *ein guter Platz für die Existenz von Parallelwelten ... nicht ein Kontinent, sondern ein Staat des Geistes und der Worte.*

Strenger geht die lettische Dramatikerin Māra Zālīte mit dem Europa um, das heute weit unter seinen Möglichkeiten bleibt und weit zurück hinter seinen großen Versprechen: *Vergeistigung, Humanität, Zivilisation, Demokratie: dies sind die prächtigen Gewänder Europas. Die Atemnot in der kommunistischen Realität führt zum tiefen Inhalieren eines idealisierten Europa. Eines destillierten, extrahierten, puren Europa.* Das reale Europa aber findet in ihren Augen *keine Zeit, zu Ende zu denken ... Globalisierung, Kulturstandardisierung, Kulturimperialismus. Die Umgestaltung der Welt ohne eine Umgestaltung des Bewusstseins, der Seele, der Moral: der faustische Diskurs.* In Faust sieht sie den tragischen europäischen Helden des übereilten Denkens und Handelns.

Auch der griechische Autor Themelis konstatiert diese geistige Ausnüchterung des Westens. *Ich habe das Empfinden, dass Werte und Grundsätze verdrängt werden, die als Konzentrat des europäischen Denkens der letzten Jahrhunderte das ideologische Substrat und das kulturelle Fundament des Nachkriegseuropa gebildet haben. Ich habe die Gewissheit, dass man den Bürgern in immer stärkerem Maße simplifizierende Lösungen suggeriert, während gleichzeitig die Probleme immer komplexer werden.*

Wir sollten also sehr gut überlegen, ob wir uns die europäischen ›Romantiker‹ aus dem Osten um der Gleichzeitigkeit willen so schnell wie möglich auf dem Niveau westlicher Desillusion und Ausnüchterung, »veloziferischer« Beschleunigung und Virtualisierung von Wirklichkeit wünschen sollen. Nicht nur, was die Literatur angeht, wäre diese Art der Bereinigung von Ungleichzeitigkeiten ein Verlust für das kulturelle Europa. Denn gerade aus der großen osteuropäischen Literatur der Gegenwart, die ihre ästhetischen Qualitäten und Innovationen ebenso wie ihre intellektuelle Komplexität und Tiefe nicht zuletzt einer sehr viel radikaleren Auseinandersetzung mit der gesellschaftlichen Wirklichkeit verdankt, kann das wirklichkeitsmüde ›alte‹ Europa existenziell sehr viel wichtigere Impulse für die Konstruktion des neuen Europa bekommen als von den glatten, gut gemachten amerikanischen Bestsellern, die hier so bewundert werden. Zu sehen, wie viel literarisch Beeindruckendes und Unbekanntes da auf Erkundung wartet, war nicht zuletzt eine der schönsten Entdeckungen in diesem gesamteuropäischen Betriebsausflug des schreibenden Europa.

Europas ›schwache‹ Stärken

Der Mythos von der Entführung der Jungfrau Europa durch den Stier, *die Siftungslegende unserer territorialen Identität, handelt nicht nur von einer Gewalttat, sondern auch von einem historisch einmaligen Reifeprozess, von Großzügigkeit, Selbstbestimmung und Toleranz,* schreibt Durs Grünbein. Und sieht in dieser Ambivalenz, dieser Zerrissenheit eine zentrale Figur der europäischen Zivilisation. *Sie prägte, als Trauma wie als Versprechen, seine historische Zukunft.*

Aus dieser Spannung zwischen unerhörter Erfolgsgeschichte und Katastrophengeschichte sind die Besonderheiten europäischer Kultur und europäischen Denkens nicht zu lösen. Ihr verdanken sich viele seiner ›schwachen‹ Stärken, die bei der Konstruktion eines neuen, anderen Europa ebenso wie im globalen Kontext dringend gebraucht werden könnten.

In der *Pflicht, ›vieles zu behalten‹ – ›wie auf den Schultern eine Last von Scheitern‹ (Hölderlin),* sieht Adolf Muschg das Europa von heute. *Im Kern ist das Europa, das ich meine, eine gemeinschaftliche Haltung, ein Synergieeffekt nicht mehr trennbarer nationaler Gedächtnisse; eine Zivilisation der Erinnerung. Vision in Ehren, aber sie kann nur in beständiger Re-Vision erwachsen. Das begründete Erschrecken Europas über sich selbst heilig zu halten und eben daraus Gelassenheit zu schöpfen, ist ein anspruchsvolles Geschäft: aber seine Geschichte hat Europa kein geringeres auferlegt.*

Für den jüdischen Österreicher Robert Schindel ist Auschwitz für Europa nicht nur *die Nullstelle seiner Geschichte* und *der Ort seiner Wiedergeburt* wie für Muschg, es verlangt ihm ein für alle Mal den Blick in den eignen Abgrund ab, in den unauslöschlich in die Landkarte Europas eingetragenen *›Archipel Europa‹, ein dichtes Spinnennetz mit Tausenden Fliegen darin, Todesplätze allerorten ... Das Vereinigte Europa der Sklaven, der Beleidigten, der Getöteten. In Auschwitz ist die Europäische Gemeinschaft auf engstem Raum versammelt. Kaum eine Nation fehlt. Einträchtig fressen sie aus dem gleichen Blechnapf ... Italiener, Polen, Deutsche, Griechen, Tschechen und Slowaken, Franzosen und Holländer und sofort ... Unter diesen Trümmern bin ich hervorgekrochen worden.*

Aus anderen, wenn auch nicht weniger europäischen Trümmern sieht Lídia Jorge Portugal nach dem Verlust seiner Kolonien hervorkriechen. Amputiert, traumatisiert, orientierungslos und voller Schuldgefühle provozierte es seine Schriftsteller zu einer radikalen, ja obsessiven Auseinandersetzung mit der blutigen Vergangenheit. Gleichsam stellvertretend begibt sich die Literatur »auf die Couch« und beginnt, dem geschockten Land *von seiner mentalen Verfassung zu erzählen.* Für Europa ist *das Wichtigste, was die portugiesische Literatur zu bieten hat, die Aussage über seine Beziehung zum Anderen, dem Andersartigen.* Es wird die in der Literatur gespeicherte, schmerzvolle Erfahrung mit der *Grenze des Anderen,* die bittere Einsicht in die Notwendigkeit eines Dialogs mit ihm, in seiner multikulturellen Zukunft brauchen.

Neben einem Europa, das gelernt hat, sich zu erinnern und mit dem Anderen in Dialog zu treten, taucht in den Essays immer wieder auch ein Europa auf, das seine an Ambivalenzen so reiche Geschichte gelehrt hat zu zögern, zu zweifeln und Fragen zu stellen, ein Europa, das die Kraft hat, sich selbst in Frage zu stellen und in Zweifel zu ziehen. Es ist ein Europa, das auf seiner moralischen Unruhe beharrt und das reflektiert, statt im Sog zielloser Dynamik und blinder Beschleunigung zu handeln. Ein Europa, das sich die *Zeit zu denken* nimmt.

Europäer zu sein, sagt Mircea Cărtărescu, *heißt für mich nicht, gut (besser als andere) zu sein, sondern komplex zu sein, eine komplizierte Figur, voll innerer Widersprüche, doch in der Lage, diese zu erkennen und auszugleichen.*

Am schönsten ist Nike, in dem Moment, in dem sie zögert, zitiert der polnische Autor Stefan Chwin den Lyriker Zbigniew Herbert Herbert und will diesen Satz durchaus nicht nur ästhetisch verstanden wissen. *Ich sage es ganz deutlich, das wirkliche Europa ist für mich das Europa, das zögert. Und das trotz des Zögerns effektiv zu handeln vermag. Das sich also in dem schwierigen Raum zwischen dem uns – wie wir manchmal denken – »schwächenden« Bewusstsein der Undurchsichtigkeit der Welt und der Notwendigkeit eindeutiger Entscheidungen zu bewegen vermag, zwischen dem Skrupel und der Gewissheit der Richtigkeit des eignen Handelns, zwischen kritischer Selbstironie und Eifer, in dem moralischen Raum, den man manchmal einfach als Raum des europäischen Gewissens bezeichnet.*

Den Raum, in dem sich solche Besonderheiten europäischen Denkens entfalten konnten, sehen zwei der Essays strukturiert durch die europäische Vorstellung von der Zeit und ausgeleuchtet durch das besondere Licht, das über Europa liegt.

Für den bosnischen Romancier Dževad Karahasan ist *die untrennbare Verbundenheit von Zeit und Kultur nirgendwo so offensichtlich wie in Europa ...*

Wenn es etwas gibt, auf dessen Grundlage es Europa als eine kulturelle Einheit gibt, dann ist es die Zeit – die gemeinsame Vorstellung von der Zeit ... Europa war bei allen Unterschieden immer ein kulturelles Ganzes, weil es immer um ein einheitliches Bild von der Zeit integriert war. Doch inzwischen hat Europas verhängnisvolle Geschichte dafür gesorgt, dass das Herz des Kontinents nicht mehr im gleichen Takt schlägt. Nicht nur das Zeitgefühl hat sie weit auseinander driften lassen in ein *Europa der verschiedenen Geschwindigkeiten,* sie hat die Mauer zwischen Osten und Westen auch zu einer Zeitmauer aufgetürmt, hinter und vor der die Europäer in verschiedenen Epochen leben. Viel wird davon abhängen, wie das zusammenwachsende Europa mit dieser Ungleichzeitigkeit im Herzen des Kontinents umgeht. Auch was diese so zentrale europäische Differenz in Sachen Geschwindigkeit angeht, wäre der Osten gut beraten, sich nicht einschwören zu lassen auf die Beschleunigungsturbulenzen, die den Westen in jene fatale und nicht mehr kontrollierbare Schwingung versetzt haben, die Zeitdiagnostiker als *rasenden Stillstand* zu fürchten gelernt haben und die im Inneren des westlichen Zeitaggregats als irreversibel gelten darf. Könnte gerade hier nicht reale Hilfe aus dem Osten kommen? Statt machtloser philosophischer Aufrufe zur Leben erhaltenden Wiederentdeckung der Langsamkeit der Rückgriff auf jene durch ökonomische Rückständigkeit geschützte, real gelebte Langsamkeit, die nicht nur Städte und Landschaften sondern auch Lebensformen und Denkweisen bewahrt hat vor der Planierung durch kapitalistische Hochgeschwindigkeitsphantasmen. Bevor die »Echtzeit« auch den Osten erreicht hat, sollte ein als neu sich entwerfendes Europa sich auf die attraktiven Seiten und kreativen Potenziale der Entschleunigung besinnen und sich mit seinen verschiedenen Geschwindigkeiten aufeinander zu bewegen, statt den Osten mit ökonomisch gestützten Importen an westlicher Hektik unter gesamteuropäischen Zeit-Druck zu setzen.

So wie Karahasan sein Europa in dessen Vorstellungen von der Zeit lesbar macht, so erkennt es der schwedische Erzähler und Essayist Richard Swartz in den spezifischen Eigenschaften des europäischen Lichts: *Das Licht, das es in Europa gibt, ist anders als das Licht in anderen Teilen der Welt ... Unser europäisches Licht erreicht uns oft auf Umwegen. Manchmal entdecken wir es nur durch Zufall. Dann erreicht es uns als Reflex oder Widerschein ... ohne dieses indirekte Licht würde es vermutlich kein Europa geben, wie wir es kennen. Ein solches Licht besitzt aus natürlichen Gründen keine besondere Wärme; es weckt in uns eher Gefühle oder Gedanken, als dass es unseren Körper wärmt.*

Ein Plädoyer für ein bisschen Fremdheit im europäischen Haus der vielen Sprachen formuliert der niederländische Autor Hans Maarten van den Brink, wenn er sein Europa als *ein Europa der Übersetzer* entwirft: *Mein Europa ist ein Haus, in dem niemand ganz zu Hause ist und in dem jeder in einer Sprache spricht, die er nicht ganz beherrscht. Es ist ein Salon, in dem auf Französisch konserviert wird, ein Börsenparkett, auf dem englische Sätze zu hören sind, ein Café, in dem deutsche Verszeilen – immer falsch – zitiert werden, ein Museum in dem tote und kranke Sprachen liebevoll gepflegt und erforscht werden, ohne dass sie jemandem aufgedrängt würden. Es ist ein Hotel, in dem die Niederländer viel Geld verdienen. Es relativiert sich selbst, allerdings nicht aus einem Mangel an Fürsorge und Liebe. Es zieht sich nicht zurück, sondern breitet sich aus.*

Und auch der in Amerika lebende litauische Lyriker Tomas Venclova baut sein zukünftiges europäische Haus auf einer veränderten Vorstellung von Identität.

Ein Teil der Schönheit und Vielfalt der Welt besteht in ihren Grenzen, wenn sie nur nicht unüberwindlich werden. Der Kult des Nationalstaats wird verschwinden, aber das Heimatgefühl und die Liebe für eine bestimmte Region wird es, denke ich, immer geben. Jede dieser Regionen ist ein Schnittpunkt verschiedener Kulturen, und unsere Identität wird von eben dieser Art sein: mosaikartig, aus Segmenten bestehend ... Wir werden weniger erben und uns mehr selbst schaffen. Und obwohl wir immer eine Sprache haben werden, die für uns die wichtigste ist, wird Vielsprachigkeit zur Norm werden. Es werden die Schriftsteller sein, denke ich, die zu Pionieren dieser zukünftigen Welt werden.

L'Europe existe, en miniature

So verschieden die 33 europäischen Stimmen, die wir hier versammelt haben, in ihren Perspektiven und Haltungen, ihren Erfahrungen, Erwartungen, Hoffnungen und Einschätzungen auch sein mögen, in dem multiperspektivischen Bild, das sie in ihren Essays von Europa entwerfen, ist eins nicht zu übersehen: Ein zentralisiertes, kompakt identisches, exklusives, sich abgrenzendes und befestigtes Europa ist mit europäischen Schriftstellern nicht zu machen. Vielleicht aber stecken in ihren so ganz anderen Vorstellungen von Europa als *Mosaik,* als *Netz,* als *Gewebe,* als *Narrativ,* als offener, durchlässiger, sich umschichtender Kontext mehr an Potenzial für eine kulturelle Europäisierung des Horizonts, als das politische Europa es sich träumen lässt. Vielleicht steckt in diesen Vorstellungen von einem sich in Austausch und zunehmender Vernetzung gegenseitig erfahrbar und erzählbar machenden Europa der Unterschiede mehr an Entwurf für eine zukünftige offene, dynamische, bewegliche, dialogische kulturelle Identität, als in einer auf abstrakte gemeinsame Prinzipien und vereinheitlichte politisch-ökonomische Spielregeln sich gründenden Identitätsdebatte. Ein solches sich immer weiter vernetzendes Netzwerk der Kulturen würde die Neugier der Europäer aufeinander entschieden stärken, gäbe ihnen die reale Chance, sich gegenseitig zu entdecken, Gemeinsames zu sehen, wo sie bisher nur Unterschiede gesehen haben, eine gemeinsame Sprache zu finden für ihre verschiedenen Erfahrungen und am Ende gar ein Gemeinschaftsgefühl zu entwickeln, das stolz ist auf die Vielfalt, von der es lebt.

Wie in einer europäischen Versuchsanordnung war einiges von all dem eine Woche lang im Literaturhaus zu erleben, wo die Schriftsteller und ihre so verschiedenen Sprachen, Erfahrungen, Gedanken und Diskurse sich berührten, verschränkten, aneinander stießen und zusammenflossen zu einem vielstimmigen Gespräch über sehr viele Grenzen hinweg. Ein Gespräch, das durchzogen war von unterschwelligen und überraschenden Querverbindungen auch zwischen entferntesten Positionen, ein Echoraum europäischer Resonanzen. Zusammen mit den vielsprachigen Moderatoren und Übersetzern versammelt um ein gemeinsames Thema, das die Verschiedenheit der Perspektiven umso deutlicher hervortreten ließ, bildeten sie für einen Moment so etwas wie ein Europa im Kleinen. Während draußen das große Europa begann, sich spalten zu lassen in ein neues und ein altes, ließ drinnen das schreibende Europa eine ebenso alte wie neue Ahnung davon aufkommen, wie es aussähe, wenn das Projekt Europa gelänge.

Mehr als nur ein Haus für die Literatur, ein Ort der Reflexion und der Begegnung.

Professor Ortrud Gutjahr (Mitte) im Gespräch mit der bulgarischen Lyrikerin Mirela Ivanova und dem Dichter Ivan Štrpka aus der Slowakei.

Der französische Schriftsteller Jean Rouaud, Moderator Hinrich Schmidt-Henkel, der Schriftsteller Mircea Cărtărescu aus Rumänien mit seinem Übersetzer Gerhardt Csejka (v. l. n. r.)

Lauschende Zwiesprache: Schriftsteller Colm Toíbín aus Irland (links) mit Moderator Paul Ingendaay.

Ilma Rakusa

Ja, die Gegensätze, die Streitgespräche. Europa ist ein Versprechen. Europa ist eine Drohung. Europa ist ein Gedicht. Europa ist ein Konglomerat von Interessen.

Ilma Rakusa
Schweiz

geboren 1946 in Rimavskà Sobota (Slowakei) als Tochter einer Ungarin und eines Slowenen, ist Schriftstellerin, Publizistin, promovierte Literaturwissenschaftlerin und Übersetzerin zahlreicher Werke aus dem Russischen, Französischen, Ungarischen und Serbokroatischen (u. a. Marina Zwetajewa, Marguerite Duras, Imre Kertész, Danilo Kiš). Ihre Arbeit wurde mit zahlreichen Preisen ausgezeichnet; so erhielt sie u. a. 1991 den Petrarca-Übersetzerpreis, 1998 den Leipziger Buchpreis zur Europäischen Verständigung und 2003 den Adelbert-von-Chamisso-Preis. Ilma Rakusa lebt in Zürich und ist dort seit 1977 Lehrbeauftragte der Universität.

Literaturhinweis

Ein Strich durch alles. Neunzig Neunzeiler
Suhrkamp Verlag, Frankfurt am Main 1997

Love after love. Acht Abgesänge. Gedichte
Suhrkamp Verlag, Frankfurt am Main 2001

Von Ketzern und Klassikern
Streifzüge durch die russische Literatur
Suhrkamp Verlag, Frankfurt am Main 2003

Eindrücke und Pausengespräche

Nach einem langen Tag und Gesprächen in sechs Sprachen träume ich von einem Gletscher. Ich sehe ihn von oben, aus Helikopter-Perspektive: eine weiss-braune Zunge, gescheckt, zerklüftet – und schrecklich geschrumpft. Am Morgen weiß ich, ich habe von der Sprache geträumt, Pars pro toto.

Der an die Wand projizierte Kupferstich von Johannes Putsch aus dem Jahre 1537 zeigt Europa als vornehme Jungfrau mit hispanischem Kopfschmuck und kostbarem Gewand, auf dem die Namen und Embleme der europäischen Länder ein seltsames Muster bilden. Während die Redner sich erhitzen, schaut die Jungfrau still in die Runde. Nur Andrej Bitow hält dieses ernste Schweigen nicht aus, dreht sich zur Lady um und bemerkt trocken: *Russland befindet sich unter dem Rock.* Lachen. In Wirklichkeit prangt *Rusia* auf dem linken Rockzipfel, umgeben von *Sarmatia, Lithuania* und *Walachia.*

In der Geschichte verheddert sich jedes Gespräch, bevor es zur Gegenwart und zur Zukunft vorstößt. Wobei die Osteuropäer an einer besonderen Hypothek zu tragen scheinen. Einst isoliert durch den Eisernen Vorhang, fürchten sie heute, es nur in die europäische B-Liga zu schaffen. Die Komplexe, die Ängste, die Ressentiments sitzen tief. Der Europa-Gedanke wird emphatisch idealisiert – Europa ist ein Staat des Geistes (Mirela Ivanova), Europa ist ein Gedicht (Ivan Štrpka) – und zugleich skeptisch kommentiert. Wer an der Peripherie sitze, habe nur die Chance, jene Stereotypen zu bedienen, in denen der Westen über diese Peripherie denke. So Dragan Velikić aus Belgrad.

Wir sitzen im Café und diskutieren. Über die Abwanderung der serbischen Jugend, über das europäische Schienennetz, über die legendären Hotels, die den Namen Europa trugen oder noch tragen: in Pula, in Sarajevo, in St. Petersburg. Könnte es sein, dass die Beschwörung Europas gerade von seinen Rändern ausgeht?

Und der jähe Gedanke, dass wir hier, auf diesem *Europa schreibt*-Symposium, auch ein Hotel Europa bilden: als bunt zusammengewürfelte, vielsprachige Gemeinschaft von Schriftstellern, die auf ihren individuellen Visionen beharren und gesellschaftliche Randständigkeit bewusst in Kauf nehmen. Das poetische Ideenspiel strebt nicht nach politischer Umsetzung. Seine Freiheit resultiert gerade aus dem Umstand, dass es keiner Ideologie, keiner pragmatischen Zielsetzung gehorchen muss. Das stimmt froh, aber auch ein wenig nachdenklich. Péter Nádas schüttelt verständnislos den Kopf: Es sei nicht Sache des Schriftstellers, über die Wirkung seiner Worte nachzudenken. Er habe sich auf das Schreiben zu konzentrieren, diesen langsamen, schwierigen Prozess. Alles andere liege außerhalb seiner Macht.

Zu später Stunde geistert gelegentlich die Frage durch den Raum, ob poetisches und politisches Denken überhaupt kompatibel sein können. Andrej Bitow flüstert mit heiserer Stimme *nein.* Wenn Literatur denn gesellschaftliche Prozesse beeinflusse, so nur indirekt. *Sie hat ihr eigenes Tempo. Ihre eigene Temperatur.* Und schon hebt er zur nächsten Story an, ein genuiner Erzähler.

Sie erzählen alle, in babylonischem Kauderwelsch. Tomas Venclova, der je nach Kopfdrehung Russisch, Polnisch, Litauisch oder Englisch spricht, schwärmt von seiner Heimatstadt Vilnius, über die er einen erfolgreichen Stadtführer verfasst hat. In wenigen Tagen aber gehe die Reise nach Indien, für drei Wochen. Der introvertierte Dichter, seit 1985 amerikanischer Staatsbürger, erweist sich als begeisterter Globetrotter, allein unterwegs zu neuen Ufern. Kosmopolitisch umgetrieben sind die meisten der anwesenden Schriftsteller. Richard Swartz – mit Wohnsitzen in Stockholm, Wien und dem istrischen Weiler Sovinjak – träumt lichtsensibel von einem *Stockholm am Mittelmeer.* Auch eine reizvolle europäische Utopie. Während sich auffallend viele Wege in Berlin kreuzen. Die Stipendiatenwohnung des DAAD am Storkwinkel 12 hat nicht nur Mircea Cărtărescu, sondern auch Jean-Philippe Toussaint und Dragan Velikić beherbergt. Der Serbe und der Belgier umarmen sich lachend, als sie dieses Stück gemeinsamer Vergangenheit entdecken. In radebrechendem Englisch wird die Freundschaft besiegelt.

Das Freundschaftspotenzial des Symposiums ist überwältigend. So viel positive Neugier auf den Andern darf als gutes europäisches Omen gelten. Bücher kursieren, Worte fliegen, Adressen werden getauscht und Gläser angestoßen, es kommt zu Debatten, Geständnissen, anrührenden Wiederbegegnungen. Andrej Bitow steckt Dubravka Ugrešić einen kleinen Silberengel aus Odessa ans Revers. Auf seinem sitzt anderntags ein finnischer Holzhase. Ich selbst trage das Wahrzeichen Ljubljanas in der Tasche: einen winzigen Keramikdrachen, den mir Aleš Debeljak geschenkt hat. Kollegial husten und niesen wir im Takt. Es muss sich wohl um den *Europa-Virus* handeln. Doch keine Rede, die interessanten Gespräche vorzeitig zu beenden. Was beschäftigt die slowenische Intelligenzia? Gibt es Anzeichen für eine kulturelle Wiederannäherung innerhalb des ehemaligen Jugoslawiens? Wie erklärt sich die einmütige Solidarität Ost(mittel)europas mit den USA? Debeljak antwortet mit Verve; den osteuropäischen Sonderkurs hält er zwar für verständlich, aber dennoch für unverantwortlich; was Jugoslawien angeht, so engagiert er sich in mehreren Zeitschriftenprojekten, die den kulturellen Austausch zwischen den Nachfolgestaaten fördern.

Nach einem langen Tag und Gesprächen in sechs Sprachen träume ich von einem Gletscher. Ich sehe ihn von oben, aus Helikopter-Perspektive: eine weiß-braune Zunge, gescheckt, zerklüftet – und schrecklich geschrumpft. Am Morgen weiß ich, ich habe von der Sprache geträumt, Pars pro Toto. Was ist daran bedroht? Etwa die Vielfalt? Und plötzlich fällt mir Hans Maarten van den Brinks Bemerkung ein, Sprachen hätten *kein historisches Recht, für immer und ewig erhalten zu bleiben.* Ein verstörender Satz, der sich den Weg in mein Unterbewusstsein gebahnt hat.

Van den Brinks Europa, *in dem niemand ganz zu Hause ist und in dem jeder in einer Sprache spricht, die er nicht ganz beherrscht,* unterscheidet sich drastisch von einem Europa der Muttersprachen, wie es etwa Aleš Debeljak postuliert. Ein Ost-West-Gegensatz oder einer zwischen *Übersetzer* und *Dichter?*

Ja, die Gegensätze, die Streitgespräche. Europa ist ein Versprechen. Europa ist eine Drohung. Europa ist ein Gedicht. Europa ist ein Konglomerat von Interessen. Oder gnadenlos: *Europa ist ein Wort, an dessen Unterminierung wir alle arbeiten sollten* (Colm Toíbín). Die Kritik kommt aus Irland. England ist der Veranstaltung ganz ferngeblieben.

Auf dem Podium werden die unversöhnbaren Positionen zivilisiert vorgetragen, am Restauranttisch erhitzt am meisten Amerika die Gemüter. Von einer *gemeinsamen europäischen Identität* ist wenig zu spüren, was der Kollegialität aber keinen Abbruch tut. Wer sich schreibend den Phänomenen nähert, teilt eine Grunderfahrung, aus der ein fast familiäres Zusammengehörigkeitsgefühl erwächst. Als kennten wir uns schon lange, erzählt mir Lídia Jorge von ihren Jahren in Angola, während des portugiesischen Kolonialkriegs. Die Schrecken dieser Zeit hätten sie schlagartig erwachsen gemacht, illusionslos. Ich denke an mein schweizerisches Leben im Windschatten der Geschichte, an den Zusammenhang von Zeit, Ort und Schicksal. Um den sich die Liebe, auf die wir auch zu sprechen kommen, so völlig foutiert. Vielleicht müsste der Europa-Gedanke sich stärker anthropologisch verankern. Back to the roots.

Man unterschätze nicht das Menschlich-Allzumenschliche, zu dem auch die Krankheit gehört. Der bosnische Autor Miljenko Jergović schickt am Tag seines geplanten Auftritts folgendes Fax: *Ich dachte über die Zukunft des vereinten Europas nach, über europäische Grenzen, darüber, ob sich mein Teil des Balkans noch immer in Europa befindet – und mitten in diesen Gedanken bin ich an Windpocken erkrankt. Eine politische Metapher meldete sich in ihrem ursprünglichen Sinn zurück. Und diese besagt, die Transitionsländer litten an Kinderkrankheiten der Demokratie.*

Keine schnöde (englische) Absage also, sondern ein sinniger, wenn auch bedauerlicher Zufall. Bosnien fehlt. Es fehlen Weißrussland und die Ukraine. Und eine junge Frau macht mich schüchtern auf ihre Heimat Moldawien aufmerksam. Es gebe dort wunderbare Schriftsteller, die in einer desolaten Isolation lebten. Europa sei für sie eine magische Vokabel, Symbol von Freiheit und Kultur.

Noch immer geht ein Riss durch den Kontinent.

Ist Europa ohne Risse überhaupt denkbar? Die europäische Vergangenheit zeigt so viele Verwerfungen, dass ein pragmatischer Europa-Bau illusionär erscheint. Also müsste die Kultur helfen, mit ihrer Differenziertheit und Geduld. Was Zeit braucht wie alle komplexen Prozesse.

Während der Symposiumstage lässt sich im Kleinen beobachten, wie Meinungen gebildet, Positionen revidiert werden, wie Austausch als Geben und Nehmen, Zuhören und Reagieren funktioniert. Aha-Erlebnis und Schock gehören dazu, neben Ehrlichkeit und Streitlust. Europa als *work in progress* setzt die flexible Offenheit des Einzelnen voraus. Im Literaturhaus Hamburg wird solche vorgeführt und praktiziert.

Eine späte Tischrunde. Robert Schindel kramt in seiner Jacketttasche und zieht mehrere gefaltete Papiere heraus. Erst jetzt, gesteht er erregt, sei er im Besitz der Stammbäume seiner Eltern. Er habe doch keine Ahnung gehabt, wer seine Großeltern gewesen seien und wo sie gelebt hätten. Eine jüdische Institution in Wien hat erfolgreich recherchiert. Jetzt könne er nicht mehr schlafen, weil er sich all die Personen vorzustellen versuche. Die galizische Großmutter und den Prager Bierbrauereidirektor-Großvater und die übrigen Verwandten, die schließlich ausnahmslos dem Holocaust zum Opfer gefallen sind. Namen, Daten, Berufe, schwarz auf weiß stehen sie da und bleiben doch unfassbar.

Das mitteleuropäische Judentum ist untergegangen im *Vereinigten Europa der Sklaven, der Beleidigten, der Getöteten.* Das Trauma aber taugt nur insofern zum Kitt, als es ein *Nie mehr* beinhaltet. Europäisches Handeln kann auf die europäische Gedächtniskultur nicht verzichten.

Robert Schindel unterhält sich bei einem Glas Rotwein mit Stefan Chwin, der ganz auf die Geschichtslektion und deren Folgen setzt: auf Europas moralische Unruhe, auf sein Zögern, auf sein Konfliktbewusstsein, auf sein Differenzierungsvermögen, auf sein Fragen. Eigenschaften, die sich heute gegenüber dem Druck amerikanischen Schwarz-Weiß-Denkens und Handlungsdiktats behaupten müssen, um als Chance statt als Zeichen von Schwäche wahrgenommen zu werden.

Im angeregten Gespräch schillert europäische Vielfalt und Widersprüchlichkeit, unter dem Schutzmantel der schönen, gestrengen Virgo. Besser, man stellt sich unter Europa eine Frauengestalt vor als die Brüsseler Bürokratie. Eine Vision braucht Sinnlichkeit, mit Paragraphen allein nimmt sie keine Gestalt an. Mircea Cărtărescus Gehirn entspringt ein Europa, geprägt *von Dantes Sternen, John Donnes Kompass, der Lanze des Cervantes, von Kafkas Käfer, Prousts Madeleine, dem Butt des Günter Grass.* Ein Europa der Hellenen und Barbaren, der lächelnden Mona Lisa und der schnauzbärtigen Gioconda von Marcel Duchamp. Europa ist nicht Archiv, sondern Palimpsest: vielschichtig beschrieben, wobei unter jeder neuen Schrift die ältere durchscheint. Oder anders: Europa gibt es nur in der Mehrzahl.

Manchmal wirken die anwesenden Schriftsteller wie monadische Verkörperungen von dreiunddreißig verschiedenen Europas. Ihre inneren Landkarten sind unterschiedlich bunt und unterschiedlich zerklüftet, keine gleicht der andern. Aber Wege sind Wege, Flüsse sind Flüsse, Gebirge sind Gebirge. Und das Gespräch kommt in Gang. Und am Podiumstisch oder am weiß gedeckten des Restaurants tun sich Horizonte auf, die keinem fremd sind.

Man ist sich näher gekommen in Hamburg. Weil man die Reibung, die Auseinandersetzung nicht gescheut hat. Kein Konsensgetue, keine protokollierbaren Richtziele, nichts dergleichen. Die Europa-Vokabel füllte sich mit Geschichten und Geschicken, hochlebendig und dehnbar bis ins Phantastische.

Käme es auf die Dichter an, so würde Europa seine aktuellen Zerreißproben souverän meistern.

Guðbergur Bergsson

Der Erzähler ist nirgends zu Hause, außer im Universum seiner eigenen Werke, der Welt, dem Land oder dem Kontinent, die er schreibend erfindet. Folglich ist seine Sprache auch die Sprache seiner Werke, und seine Muttersprache ist auch die seiner Erzählungen.

Guðbergur Bergsson
Island

1932 in dem südisländischen Fischerdorf Grindavik geboren, verbrachte Bergsson nach dem Lehrerexamen mehrere Jahre in Spanien, wo er in Barcelona Spanisch, Literatur und Kunstgeschichte studierte. Seit seinem Debüt 1961 mit *Músin sem laedist (Die schleichende Maus)* hat er zahlreiche Romane, Gedichtbände, Kurzgeschichten und ein Kinderbuch veröffentlicht. Guðbergur Bergsson gilt als einer der innovativsten Erzähler Islands. Sowohl für seinen 1991 erschienenen Roman *Svanurinn (Der Schwan)* als auch für den biographischen Roman *Fadsir og módir og dulmagn bernskunnar (Vater und Mutter und das Mysterium der Kindheit)* erhielt er den Isländischen Literaturpreis. Guðbergur Bergsson lebt und arbeitet in Reykjavik.

In deutsche Übersetzung u. a.:

Der Schwan. Roman
Aus dem Isländischen von Hubert Seelow
Steidl Verlag, Göttingen 1998

Liebe im Versteck der Seele
Aus dem Isländischen von Hans Brückner
Steidl Verlag, Göttingen 2000

Weihnachtsgeschichten aus der Jetztzeit
Aus dem Isländischen von Karl-Ludwig Wetzig
Steidl Verlag, Göttingen 2001

Die Kunst, sich zu erneuern

Sögumaður á hvergi heima nema í eigin verkum, þeim heimi, landi eða álfu sem hann býr til sjálfur. Tunga hans er líka tungutak verka hans. Í raun og veru á hann ekki annað móðurmál en sagna sinna.

Ich glaube nicht, dass ein Romanautor während der Arbeit darüber nachdenkt, welcher Nationalität er angehört. Wahrscheinlich beschäftigt sich ein Schriftsteller noch weniger mit der Frage, von welchem Kontinent seine Werke stammen, oder ob seine eigene Natur einer anderen möglichen Welt entspringt als jener, die in seiner Seele existiert, und die er in so etwas wie Inseln zu verwandeln sucht. Die Inseln, die ein Schriftsteller erschafft, sind die Geschichten, die er erzählt und die er während des Schaffensprozesses nach und nach zu seinen Vaterländern ernennt, sobald sie bei einer Eruption aus dem Meer seiner Ideen aufsteigen. Der Erzähler ist nirgends zuhause, außer im Universum seiner eigenen Werke, der Welt, dem Land oder dem Kontinent, die er schreibend erfindet. Folglich ist seine Sprache auch die Sprache seiner Werke, und seine Muttersprache ist die seiner Erzählungen.

Wenn ein Schriftsteller bei der Arbeit ist, sollte er sich in keiner anderen Sphäre befinden als der des Schöpferischen – in einem gleichsam diffusen Zustand des Denkens. Dennoch entstehen gerade aus diesem rätselhaften Zustand heraus Werke mit klarem Inhalt und klarer Form – beides muss gemeinsam ein vollkommenes Weltbild ergeben. Selbst wenn ein Autor vorgibt, einer bestimmten künstlerischen Richtung zu folgen oder sie gar zu lehren, so sucht er vor allen Dingen einen eigenen Ausdruck seines Denkens.

Anders steht es damit jedoch, wenn er sich in erster Linie der Wertschätzung seines Publikums versichern möchte oder im Gefolge bestimmter gesellschaftlicher Moden oder Ideologien schreibt. Wenn er es vorzieht, sich innerhalb solcher Schranken zu bewegen, so wird er mit ziemlicher Wahrscheinlichkeit vor allem für diejenigen schreiben, die von ihm nur eine Bestätigung ihrer Ansichten erwarten. In diesem Fall freuen sich seine Bewunderer – die Adepten der entsprechenden Ideologie oder Mode – auf das Erscheinen eines jeden neuen Werkes »ihres Autors«, dessen Erzählweisen weder über die allgemein akzeptierte ästhetische Norm hinausgehen noch ein achtbares Mitglied der Gemeinde durch ungewöhnliche Themenwahl enttäuschen. Schließlich wird er sich ganz und gar der Kunst widmen, niemals zu überraschen.

Für gewöhnlich ist es einfach, in einer Erzählung zu erkennen, wie eigenständig ein Autor ist, aus welchem Land seine Werke stammen, ob sie ausschließlich europäisch sind oder so etwas wie eine Frucht aus einem anderen Teil der Welt. In all ihrer Vielfalt zeigt die europäische Literatur erkennbar Züge jener Nation, jener Region, jener Landschaft, die den jeweiligen Autor geprägt haben, als er zu einem reflektierenden Wesen heranwuchs – durchdrungen vom Wunsch, diese Horizonte zu überschreiten. Denn europäische Kultur ist immer schon durch Fernweh gekennzeichnet. Dennoch entkommt ein Autor weder seinem Heimatland noch seiner Biographie. Worüber ein freier Schriftsteller auch schreiben mag, er stellt es in Beziehung zu sich selbst dar. In der Regel tendieren europäische Schriftsteller in ihren Werken dazu, jene Selbstreflexion mit einer Analyse sozialer Phänomene zu verknüpfen.

Jemand, der eine Geschichte schreibt, ist immer zugleich Autor und Leser und erster Kritiker seiner selbst. Erst bei Erscheinen des Buches wird er wirklich ein Schriftsteller. Sich diese Distanz zu sich selbst und seinem Schreiben bewusst zu machen, bedeutet, ein europäischer Autor zu sein.

Ein Anfänger schreibt nicht nur eine Erzählung, er verfasst sich auch gleichzeitig selbst. Unmöglich zu wissen, wer er am Ende sein wird. Doch soviel ist sicher, dass er, wenn er zu schreiben fortfährt, sich zu einem großen Teil auslöschen und mit dem nächsten Werk wieder neu erschaffen muss. Die Kunst zu schreiben heißt, sich selbst auszuradieren, um sich wieder neu zu formen. Sie gleicht der Kunst sich zu erinnern und der Kunst zu vergessen. Vor allem ist sie die

Kunst, sich im Vergessen zu erinnern. Wie oft musste sich die europäische Kultur nicht vor ihrer Zerstörung retten, indem sie die Kunst des Vergessens übte? Unter der Last der Erinnerung an all das Leid, welches anderen Nationen und verfolgten Minderheiten angetan wurde, hätte die deutsche, italienische, russische oder spanische Kultur vielleicht nicht überlebt, wenn sie nicht auch vergessen und von neuem hätte beginnen können. So scheinen in der Literatur ähnliche Gesetze wie in der Politik zu gelten: Während die Türme Europas ständig einstürzen, bleiben ihre Fundamente stets erhalten.

Obwohl ein Schriftsteller selten über ein ausgeprägtes Nationalbewusstsein verfügt, erkennt man am Stil seiner Werke, ihrer Atmosphäre und der Handlung (sofern diese von Bedeutung ist) leicht, dass er nicht nur einer bestimmten Nation angehört, sondern gleichzeitig an einer Art »höherer Nationalität« teilhat. So konnte Goethe nur Deutscher gewesen sein, Cervantes nur Spanier und Dante nichts anderes als Italiener. Niemand hätte sie je für Dänen gehalten. Hans Christian Andersen wiederum konnte nur Däne gewesen sein. Jeder dieser Schriftsteller hatte irgendwann bei so gut wie allen europäischen Nationen seinen Leserkreis, auch wenn es unterschiedlich lange gedauert hat, bis er diese europäischen Leser erreichte. Zu verschieden war die Mentalität der lesenden Gesellschaftsschichten in Europa, sie konnte liberal sein wie auch voller Vorurteile.

Kein Zweifel, dass es die amerikanische Literatur war, die zuletzt über lange Zeit hinweg in Europa dominierte. Nicht aufgrund ihrer Qualitäten, sondern aufgrund der kulturellen amerikanischen Hegemonie. Doch nun scheint sich die Großmacht immer weiter auf ihren Niedergang zu zu bewegen, so dass viele Menschen wagen, ihrer müde zu werden. Vielleicht beginnt die europäische Kultur jetzt endlich, wieder dem autonomen Autor zu gleichen, den ich beschrieben habe: Ein autonomer Schriftsteller schreibt weder aus einer ideologischen Abhängigkeit heraus noch erfüllt er bestimmte Erwartungen, dass wir alle eher Geschichtenerzähler als Vertreter dieser oder jener gemeinsamen, aber begrenzten kulturellen Gemeinschaft sind; dass wir tatsächlich die Erzähler dieser miteinander verflochtenen Geschichten sind, die das sich ständig verändernde Gewebe der menschlichen Zivilisation bilden der Leser und des Marktes, vielmehr verfasst er schreibend sich selbst, den *Roman seines Lebens*. Es ist höchste Zeit, dass die europäische Kultur wieder damit beginnt, literarisch für eine Überraschung gut zu sein. Sie sollte aus Erfahrung wissen, dass es weder ihr Anliegen sein darf, vorgefasste ideologische Botschaften zu vermitteln noch sich dem Massengeschmack anzubiedern.

Die europäischen Schriftsteller sollten sich eingestehen, dass diese doppelte Selbstentwertung dem Status und der Bedeutung der Literatur großen Schaden zugefügt hat. Die meisten der so genannten großen Autoren, die sich mit den Interessen der Politik oder mit den Gesetzen des Marktes arrangiert haben, haben die europäische Kultur und die Künste gründlich desavouiert. Vielleicht werden die Schriftsteller auch aus diesem Grund heute nur noch von wenigen Menschen wirklich ernstgenommen. Der durchschnittliche Leser scheint nur mehr leichte Lesekost von ihnen zu erwarten, Erzählungen, die so bekömmlich sind wie die Hamburger vom Fastfood-Imbiss.

So steht es um die europäische Literatur. Die Schriftsteller müssen dem ins Auge sehen. Es liegt allein in ihren Händen, ob sie sich schreibend aus diesem Dilemma befreien und ihre frühere Autonomie und Würde wiedergewinnen können, die sie zu einem Großteil verloren haben.

Aus dem Isländischen von Hans Brückner

Andrej Bitow

Ich bin doch aus Petersburg, der europäischsten Stadt Russlands, dem ungewaschensten »Fenster nach Europa«. Und begreife bis heute nicht: damit man aus dem Westen reingucken oder aus dem Osten rausgucken kann?

Andrej Bitow
Russland

1937 in Leningrad geboren, studierte er Geologie und lebt als Schriftsteller in Moskau und St. Petersburg. Seit 1959 veröffentlicht er Erzählungen, Essays, Romane und Reiseberichte. 1990 erhielt er den Puschkin-Preis der Hamburger Stiftung F.V.S. Andrej Bitow ist Vorsitzender des russischen PEN-Clubs.

In deutscher Übersetzung u. a.:

Puschkins Hase. Erzählungen
Aus dem Russischen übersetzt von Rosemarie Tietze
Insel Verlag, Frankfurt am Main 1999

Armenische Lektionen. Eine Reise aus Russland
Reisebericht. Aus dem Russischen übersetzt und mit einem Nachwort versehen von Rosemarie Tietze
Suhrkamp Verlag, Frankfurt am Main 2002

Georgisches Album. Auf der Suche nach Heimat
Aus dem Russischen von Rosemarie Tietze
Suhrkamp Verlag, Frankfurt am Main 2003

Der literarische Held als Held
Abhandlung im Genre Primitive Kunst des Intellekts

Я же из Петербурга, самого европейского города России, самого немытого «окна в Европу». Так и не понял: это, чтобы заглядывать в него с Запада или выглядываться в него с Востока?

Meine Bestimmung dieses Genres folgt bildkünstlerischen Ambitionen, nicht intellektuellen: Ein Gedanke ist, was in den Kopf kommt, nicht, was von ihm ausgeht. Wir legen ihn nicht dar, sondern geleiten ihn. Wohlwollenden Blickes.

Folgendes ist die Ausgangsposition: Am Aufbau der europäischen Zivilisation hat der literarische Held mitgewirkt. Vor allem der Ritter.

Tristan (ohne Isolde gibt es ihn nicht) – Hamlet (vergessen wir nicht, dass er ein dicker Student ist, plump, ein Versager) – Don Quijote (nicht zu vergessen: er ist eine Parodie und führt seine Zukunft, Sancho Pansa, bereits unentwegt mit sich) – D'Artagnan (die Priorität in der Erfindung des Hollywood-Helden) – Sherlock Holmes (der Postritter als Postliteratur) ...

Gargantua – Robinson – Gulliver:
  der Dimension in Raum und Zeit wegen.
Ariel ... Homunkulus, Frankenstein, Dracula:
  Vorläufer der Transformers ...
Besinnen wir uns auf den Menschen!
Nichts Menschliches finden wir, außer Winnie-the-Pooh:
  Bloß Kinderbücher lesen,
  Bloß Kindergedanken hegen,
  Alles Große weit fortwehen,
  Aus tiefer Traurigkeit wiedererstehen.

(Ossip Mandelstam, 1908)

Im Übrigen ...

Zweites Kapitel. Traum eines Skythen

Ich bin fünfundsechzig, und ich leide an Schreibphobie. Die letzten beiden Jahre erscheinen mir ungeschriebene Texte im Traum. Ziemlich grässliche. Lohnt nicht, sie zu schreiben. Solche würde ich nicht schreiben. Habe auch früher solche nicht geschrieben.

Jetzt schreibe ich, wenn ich einem Auftrag in die Fänge gerate, mit Termin, mit Deadline. Diese Linie stelle ich mir buchstäblich als Todeslinie vor. 1994 wurde mir diese Linie auf dem Operationstisch gezeigt, und seither warte ich auf den Gewalttäter, um – *relax and enjoy it.* So war es auch mit diesem Text. Mir war sofort klar, was ich schreiben könnte und wie, und das erwies sich wieder mal als ausreichend, um nicht die Kraft zu finden, mich an den Schreibtisch zu setzen.

Gestern zwang ich mich schließlich an den Schreibtisch und bewältigte irgendwie den Text. Besondere Lust empfand ich dabei nicht. Und danach hatte ich einen Traum. Erwache beschämt und begreife, dass ich gerade einen Kommentar zum gestrigen Text erhalten habe ...

Ich bin in Dänemark, beziehe mit meiner Frau so etwas wie ein Pensionszimmer. Recht einschläfernd kärglich alles, aber natürlich sauber. Der Portier oder was auch immer macht den schulmeisterlichen Exkursionsführer: *Dänemark ist überhaupt kein kleines Land! Unser Kapitalumschlag ... Alles nur wegen dieses verfluchten Prinzen! Und überhaupt sind wir keine »Dutch«, wie ihr Russen sagt! Siebenhundert Jahre lang haben wir erobert und wurden wir erobert! Dänen sind wir!* Der Auftritt ist offenbar auf meine Frau gemünzt, die zum ersten Mal in Dänemark ist, sie macht runde Augen. Sowjetvergangenheit drückt auf den Traum – sieht aus wie in einem Wohnheim. Aber sauber. Zwei soldatische Bettstellen, die eine bezogen, für uns, bei der anderen liegt die Wäsche auf dem Kopfkissen. Bloß eine für zwei, das wird eng. Wir schauen zum Fenster raus: Wahrhaft Dänemark! Meine Frau ist entzückt. Ich probiere alles aus, mache Türen auf: dies das Badezimmer, das der Schrank. Ich mache noch eine Tür auf, hätte ich das bloß nicht: ein anderes, eigenes, ganz dänisches Leben, da sitzen sie um einen Tisch rum, trinken Tee, schauen mich befremdet an – ich verletze *privacy.* Sorry, stammele ich, sorry. Trete den Rückzug an. Noch was Neues: Wir kriegen einen Mitbewohner. Herein kommt G., bekannter Schriftsteller und Historiker aus Petersburg. Mit bisschen wichtiger Miene, jenem betont unabhängigen Aussehen des russischen Reisenden, der durchaus schon im Ausland war, nicht unbedingt in Dänemark, sich auf Englisch oder Deutsch annähernd verständigen kann, sich geschäftig gibt und konzentriert, was sogleich den Komplex des Nichteuropäers verrät. Beginnt auch gleich, das Bett zu beziehen. Da begreife ich, dass irgendwas nicht stimmt. Die Pension kann noch so kärglich sein, aber ein sowjetisches Wohnheim kann sie nicht sein. Hier können sie nicht einem Paar noch einen Mitbewohner aufs Zimmer schicken, und der Gast muss nicht das Bett beziehen. *Halt, warte,* unterbreche ich G., womit ich ihm oder meiner Frau, ohne mir dessen bewusst zu sein, demonstriere, dass ich von Europa ein bisschen mehr verstehe als er, *das ist irgendein Missverständnis, wir sollten zumindest das Zimmermädchen holen.* Das Zimmermädchen erscheint umgehend, nimmt G. das Leintuch aus der Hand und führt ihn, unter vielfältigen Entschuldigungen, in das Zimmer nebenan. Siehst du, sage ich selbstzufrieden zu meiner Frau, und in dem Moment steigen zwei prächtige Nussknacker in altertümlichen Kamisolen aus dem Schrank. *Und du meinst immer ... Wirst noch weinen vor Rührung!*

Ich wache auf und begreife, dass ich mich im gestrigen Text irgendwie flegelhaft benommen habe gegenüber Europa. Begreife, meiner russischen Mentalität entsprechend, bloß nicht, inwiefern. Inwiefern kann ich, so erniedrigt und beleidigt, sie, die so zivilisiert sind, verletzen? Es ist Freitag, der 13. ... Schöner Dostojewski! Ich bin doch aus Petersburg, der europäischsten Stadt Russlands, dem ungewaschensten Fenster nach Europa. Und begreife bis heute nicht: damit man aus dem Westen reingucken oder aus dem Osten rausgucken kann? Ich beschließe zu lesen, was ich da gestern geschrieben habe, dass ein solcher Traum ...

Erstes Kapitel. Anacharsis (Der gestrige Text)

Es ist nicht korrekt, das Neue Testament für ein Kunstwerk zu halten, aber wo fände sich ein Werk, das noch früher und noch postmodernistischer ... ein und dieselbe Geschichte vom Verrat eines Menschen, viermal hintereinander nacherzählt? Trotz allem, die europäische Zivilisation ist zunächst einmal christlich. Dann ist Christus trotz allem der erste. Superstar.

Die Geographie war noch früher da. Mediterran. Die Küste zerklüftet. Halbinseln und Inseln. Berge, Meere und Flüsse. Und von alledem pro geographische Flächeneinheit viel mehr als sonst wo. Nach Osten zu wird Europa, wenn es in meine Heimat und wenn diese in Asien übergeht, massiver und konturloser.

Einst hatte ich keine Kraft mehr, um auf den Auslöser des Photoapparats zu drücken. Ich hatte die halbe Welt bereist und gerade mal einen Film verknipst. Als er entwickelt war, entdeckte ich darauf immer wieder dasselbe Bild – Hügel. Nicht hoch, aber sanft, grün, die Lieblingslandschaft des Menschen, wie die Ethologie herausgefunden hat, das Schäferideal. Die Hügel stammten aus drei Ländern, aus Italien, Israel und Russland. Der vorchristlichen Zivilisation liegt also still und leise die der Schäfer zugrunde. Die Schäfer haben als Erste die Sterne betrachtet, als Erste den Stern von Bethlehem erblickt.

Dann ist die Geschichte der europäischen Zivilisation leicht zu beschreiben: Der Schäfer stieg auf den Hügel, von dem er gut seine Herde sehen konnte, die an den mit gutem Gras bewachsenen Hängen weidete. Der Schäfer wurde stark und wurde zum Feudalherrn, nachdem er auf dem Gipfel des Hügels eine Burg gebaut hatte, von deren Turm er die Grenzen überblickte, die er gegen seine Nachbarn verteidigen konnte. Je höher der Hügel, desto weiter die Grenzen – so bildeten sich die ersten Fürstentümer. Als die Fürstentümer zusammenwuchsen, bildeten sie Staaten. Und als Flüsse, Berge und Buchten die Grenzen von Sprachen und Dialekten umrissen, war Europa bereits markiert. Der Feudalherr stieg vom Hügel, und die Stelle der Burg nahm das Kloster ein. Dank der Vergebung von Sünden zu Reichtum gekommen, trat das Kloster seinen Korpus an die Universität ab. Burg – Kloster – Universität: Europa war zustande gekommen ...

Dies ein Blick auf den Westen aus Skythien.

Und das ganze Gouvernement schrieb los, wie es bei Gogol heißt.

Woher der Ausdruck wohl kommt? Die Geschichte hat es vergessen, die (russische) Sprache hat es sich gemerkt.

Europa schreibt klingt auf Russisch anzüglich, da es dem Slang der Sowjetzeit zublinzelt: *Das Kontor schreibt.* Wissen schon, welches Kontor. Mit Europa hat das nichts zu tun.

Ja, Skythen sind wir, Asiaten sind wir,
Mit gierigen und mit geschlitzten Augen!

schrieb Alexander Blok 1918, angeblich zur Begrüßung der Revolution. Die russische Literatur ist eine sehr gierige Literatur. Bis dahin, dass sie ihre Kinder verschlingt. Großzügig ist sie im Übrigen auch – niemals wird sie ihre eigenen Ambitionen befriedigen, sie verschenkt alles kostenlos, nach rechts und links, und sucht dem Westen zu erklären, wer wir sind, ehe sie es uns selbst mitgeteilt hat.

Derselbe Blok schrieb vor der Revolution, bei der Rückkehr aus Italien: *Was auch immer ein Mensch in Russland tut, es dauert einen. Dauert einen, wenn jemand mit Appetit isst. Dauert einen, wenn ein Zollbeamter, der noch nie im Ausland gewesen ist, Sie fragt, wie dort das Wetter sei ...* So schrieb Blok, um 1921 mit vierzig zu sterben, im gleichen Jahr wie ein anderer Dichter (Nikolai Gumiljow, der Mann von Anna Achmatowa), der einen Tag nach dem Tod seinen Auslandspass bekommen hätte.

Wer die Skythen eigentlich sind, ist eine Frage zum Reinlegen. Irgendwelche Volksstämme, die irgendwann mal gelebt haben. Das Skythengold ist allerdings besser erhalten als das der Bolschewiken.

Einen Skythen jedenfalls hat es bereits im 6. Jahrhundert v. Chr. gegeben. Anacharsis hieß er. War aus königlichem Geblüt, floh aber nach Griechenland. Verstaubt und zerlumpt, begab er sich geradewegs zu Solons Palast. *Was führt dich her? – Will Freunde finden. – Freunde sucht man sich in der Heimat. – Aber du bist doch in deiner Heimat!* Von solch flegelhafter Logik bezwungen, ließ der König ihn ein. Auf die Frage, ob die Skythen die Flöte kennten, antwortete er: *Nicht einmal die Traube.* An die grenzenlosen Steppen seiner Heimat gewöhnt, fürchtete er das Meer und erfand den Anker. Als er derart zu einem der Sieben Weisen geworden war, kehrte er in die Heimat zurück, um dort ermordet zu werden vom eigenen Bruder, der den Thron in Gefahr sah.

Also, wir mögen ja von den untergegangenen Skythen herkommen, aber inwieweit sind wir Asiaten? Eine, wie man so sagt, interessante Frage. Und auch eine zum Reinlegen. Unsere Historiker sind stolz darauf, dass wir den Einbruch der Mongolen aufhielten, womit wir Europa gerettet haben und dreihundert Jahre hinter Europa zurückfielen. (Wir sollten es noch mehrfach retten, mal vor Napoleon, mal vor Hitler, und dabei die Kluft jeweils um hundert Jahre verringern.)

Sich als eine Art Kissen wahrzunehmen, auf dem Europa ruht, ist zwar ehrenvoll, aber auch kränkend. Im Zuge der Befreiung von den Tataren rückte Russland jedenfalls mit solchem Tempo nach Osten vor, als ob es beabsichtigte, Asien mit Europa zu vereinigen und es als geographischen Begriff auszulöschen. Erst in Kalifornien kamen wir zur Besinnung; wie sich zeigte, waren wir vor Europa davongerannt.

Da Russland im Osten an seiner Ausdehnung fast erstickt wäre, sucht es seither Freunde in Europa. Es tut das auf eigenwillige Weise, wenngleich nicht weniger aufrichtig als Anacharsis, der Skythe. Europa ist klein, Peter – der Große. Steht wie Gulliver, die Beine gespreizt, der eine Kanonenstiefel in Hamburg, der andere in Amsterdam, und knobelt an der Aufgabe, wie sich wohl all das Kleine bis auf die Ausmaße Russlands vergrößern ließe. Wenn Klaustrophobie die Angst vor dem geschlossenen Raum ist, was ist dann, dementsprechend, die Furcht vor dem Unendlichen? Es wird behauptet, Peter sei es gewesen, der Russland nicht *Reich*, sondern den *sechsten Teil der Welt* genannt hat. Interessanterweise hat Peter der Große sich von den zu hohen Decken in den europäischen Palästen bedrückt gefühlt, und die gastfreundlichen Europäer hängten ihm spezielle Betthimmel ins Schlafgemach – so fühlte er sich wohler, das erinnerte an die Kindheit, die Gemächer im Kreml, da konnte man an die Decke spucken.

In den Überlegungen, was Russland sei, ob Europa oder Asien, wird die russische Literatur ausgespart: Die ist nun bestimmt *NICHT* asiatisch – aber ist sie europäisch?

Nachdem die russische Literatur in weniger als einem Jahrhundert den Weg von Puschkin und Gogol zu Tschechow und Blok durcheilt und der Welt Dostojewski und Tolstoi vorgeführt hatte, bewahrte sie ihre Unschuld; sie hielt Genialität und Ambition, Ungebundenheit und Freiheit, Begabung und Professionalität nicht auseinander; sie schätzte das Wort mehr als das Genre, das Gefühl mehr als den Charakter, die Idee mehr als die Handlung und den Prototyp mehr als das Produkt. Da ereignete sich die Revolution; sie versetzte unsere Literatur erneut in den Stand einer jungen Literatur.

Darin liegt die Natur unserer Avantgarde, die zu fast unserer einzigen weltweit anerkannten Leistung des 20. Jahrhunderts geworden ist.

Aber das Gleiche lässt sich auch in dem für mich vorhergegangenen, dem 19. Jahrhundert beobachten. Schließlich fand es nach dem 18. statt!

Jegliche Postepoche versucht, einen neuen Stil hervorzubringen. Darum beginnt sie mit Parodie, das heißt mit Avantgarde. Es vergeht nur kurze Zeit, und die Avantgarde spielt sich als Tradition auf. Die russische Literatur hat sich in den 20er Jahren des 19. Jahrhunderts, unserem goldenen Zeitalter, der Puschkin-Zeit, jäh herausgebildet – als eine posteuropäische Literatur; kraft ihres Neophytentums und ihres Dilettantismus trägt sie praktisch alle Wesenszüge der Postmoderne, welche die heutigen Theoretiker mit so viel Kraftaufwand herauszuarbeiten suchen. Die Parodie lässt sich noch leichter parodieren als die Primärquelle. So stellte es 1995, als ich mich mit dem Problem wie *schaff ich es bis zum Jahr 2000* herumschlug und als Quasiprofessor in New York saß, für mich keine Schwierigkeit dar, zu Themen wie *Russland – die Heimat der Postmoderne und Puschkin als erster postmoderner Autor* Vorlesungen zu halten. Das Publikum hörte mir ohne Lächeln zu. Es lächelte allein der Professor.

Damals auch bekam ich diesen Blick auf Europa von Amerika aus, der sich dann bloß als Blick auf mich selbst erwies, das heißt auf Russland.

Und als wichtigste Person der Handlung erwies sich Gulliver.

Gott sei Dank, dass das inzwischen ein Kinderbuch ist. Genauso wie Robinson ...

Für Russland ist Robinson jemand Vertrautes. Wie auch nicht! Hat überlebt unter unmenschlichen Bedingungen ... Das verstehen wir, das kennen wir. Das Bild des Eingesperrtseins ...

1985 schrieb ich, mich vom Verbot befreiend, meinen ersten Auftragsartikel, ein Vorwort zum *Totenhaus*, für die Deutschen (damals noch für unsere Deutschen):

Denkt ein Künstler wie Dostojewski an Dante (die Szene im Schwitzbad) oder an Cervantes (Fürst Myschkin), so denkt er nicht an die Form, sondern an die Dimension. Die Dimension hat er erreicht. Aber es kam wohl kaum jemand in den Sinn, auch ihm selbst nicht, dass er eher den Roman von Defoe als die ›Göttliche Komödie‹ darin abgewandelt hat.

Insel *(ostrow)* und Gefängnis *(ostrog)*. Das eine wie das andere ist, im menschlichen Sinne, unbewohnbar. Dostojewski hat wie Defoe als Erster eine solche Art der Isolation beschrieben. Es sollten genau hundert Jahre vergehen, und Solschenizyn würde seinen Archipel entdecken. Stellen Sie sich einen Archipel unbewohnter Inseln vor, und auf jeder einen Robinson! Wo kriegen wir so viele Freitage her?

Kein Russe hat Robinson je zu Ende gelesen – dort ist es *langweilig*.

Dort kehrt Robinson zur Insel *zurück*, erobert und erschließt sie, und als er sie gehörig ausgeraubt hat und zu Reichtum gekommen ist, kehrt er erneut zurück, baut einen Kamin, darum herum ein Haus, nimmt gemütlich am Feuer Platz, und erst dann fängt er an, seinen Kindern von seinen wunderbaren Abenteuern zu erzählen.

Je mehr Raum, desto weniger Freiheit. Darum haben sich die Menschen das Gefängnis ausgedacht.

Gulliver, das ist etwas anderes. Freilich wird auch er gewöhnlich nicht bis zum prophetischen Teil gelesen, bis zu den Laputanern, den Houyhnhnms und zu Japan, man beschränkt sich auf das *Märchen*.

Ist ja auch tatsächlich wichtiger, dass er im Land der Riesen und der Liliputaner gewesen ist.

Auf diese Weise in Relation gesetzt, erlangte er endgültig sein eigenes Maß, menschliches Maß, das heißt, er wurde zum *Europäer*.

Ich weiß, dass Robinson Engländer ist, komme aber jedes Mal wieder draus und meine, er sei Holländer, aus dem größten kleinen und dem kleinsten großen Land.

Nichts anderes können wir erfinden. Das eigene Maß, eben das ist die Mentalität.

Werfen Sie nur einen Blick auf die riesigen Länder ...

Die kennen kein Maß. Die einen sind nie im Land der Riesen gewesen, die andern nie bei den Liliputanern. In ihrer Literatur gibt es keine Helden, die den europäischen entsprächen. Im Übrigen haben die Russen als Erste den modernistischen Menschen ohne Eigenschaften erfunden (Onegin, Petschorin, Oblomow u. a.), ebenso den kleinen Mann als literarischen Helden (bei Puschkin und Gogol, bis hin zu Dostojewski), während die Amerikaner in Hollywood Mutanten von Robin Hood und d'Artagnan ausgebrütet haben.

In Russland werden heute, ohne dass es die Zone des Sozrealismus verlassen hätte und wie immer mit Verspätung, nach amerikanischen Methoden Mutanten von Banditen und Tschekisten gezüchtet. Die russische Literatur wird endlich professionell, das heißt, sie hört auf, in dem Sinne Literatur zu sein, wie wir selbst sie gewöhnlich verehren und die Welt an Verehrung gewöhnt haben.

Einen Helden haben wir nach wie vor nicht. Außer dem Schriftsteller selbst, der versucht, Mensch zu bleiben, um derartige Erfahrungen zum Ausdruck zu bringen.

Bewahren kann man nur Proportionen und Dimensionen. Um das menschliche Antlitz nicht zu verlieren. In diesem Sinne ist die Erfahrung der europäischen Zivilisation lebensnotwendig. Obwohl Europa, zu meiner kindlichen numismatischen Enttäuschung, seine Münzen verloren hat. Na ja, umso mehr bleiben in den Sammlungen.

Wie Kinder freuen wir uns über Neujahr und hoffen, wir bekämen die Freiheit vom alten Jahr geschenkt. Schon seltsam, dass die Unterteilung nach Jahrhunderten – historisch eingebürgert, doch unter logischem Gesichtspunkt recht willkürlich – zur *Geschichte* wurde. Ein junges Jahrhundert folgt auf ein altes. Wir befinden uns, Sie und ich, im neugeborenen. Nichts hat sich verändert, die Probleme sind zahlreicher als zuvor. Die Epoche des Beschreibens hat gewechselt. Dies behaupte ich als russischer Schriftsteller aus der zweiten Hälfte des vorigen Jahrhunderts. Zu Gesicht kriegen werden das erst unsere Nachkommen, noch mal ein Jahrhundert später (Gott gebe, dass es zustande kommt!).

Deshalb weiß noch niemand, was wir heute schreiben. Ein guter Anlass, um sich auf Symposien zu treffen.

Aus dem Russischen von Rosemarie Tietze

Hans Maarten van den Brink

Mein Europa ist ein Europa der Übersetzer. Mein Europa ist ein Haus, in dem niemand ganz zu Hause ist und in dem jeder in einer Sprache spricht, die er nicht ganz beherrscht.

Hans Maarten van den Brink

Niederlande

1956 in Oegstgeest geboren, studierte der Schriftsteller und Journalist Niederländisch an der Universität von Leiden, arbeitete als Redakteur, Chefredakteur und Korrespondent in Washington und Madrid für die führende Tageszeitung *NRC-Handelsblad*, war danach Chefredakteur beim niederländischen Fernsehsender *VPRO*. Er ist Vizepräsident der Öffentlich-rechtlichen Niederländischen Literaturstiftung, Redakteur von *De Gids*, der ältesten literarischen Zeitschrift in den Niederlanden und schreibt die wöchentliche Kulturkolumne für das Magazin *Vrij Nederland*. 1995 erschien sein erster Roman *De Vooruitgang*. Er veröffentlichte Bücher über die Kultur der Niederländischen Antillen, über die Vereinigten Staaten und über die spanische Tradition des Stierkampfes. Mit seiner Novelle *Über das Wasser* gelang ihm 1998 der internationale Durchbruch. 1999 veröffentlichte er den Roman *Hart van glas*. H. M. van den Brink lebt in Amsterdam.

In deutscher Übersetzung u. a.:

Über das Wasser. Novelle
Aus dem Niederländischen von Helga van Beuningen
Hanser Verlag, München 2000

Spanien mit Leib und Seele
Aus dem Niederländischen von Helga van Beuningen
Sanssouci Verlag, Zürich 2003

Sprache und Terror
Sieben Bemerkungen zu den Sprachen Europas

Mijn Europa is een Europa van vertalers. Mijn Europa is een huis waarin niemand helemaal thuis is en waarin iedereen spreekt in een taal die hij niet helemaal beheerst

Regional- u. Minderheitensprache Europa

Skepsis: sorgfältige Überlegung

1.

Ich liebe meine Sprache nicht, das Niederländische. Jedenfalls nicht blind. Es ist ein launisches Instrument. Manchmal glaube ich ganz genau zu wissen, was ich sagen will, und die Entschleierung des Welträtsels – oder zumindest ein großartiger Roman – scheint zum Greifen nah. Doch wenn ich das, was ich sagen will, in Worte zu fassen versuche, greife ich daneben. Dann ist es weg. Die Sprache tut nicht, was ich von ihr verlange, der Ton ist falsch, der Zusammenhang lässt zu wünschen übrig, kein Wort sagt exakt das, was ich von ihm erwartet habe. In solchen Augenblicken träume ich manchmal davon, auf eine andere Sprache zurückgreifen zu können, eine richtige. Französisch, zum Beispiel, oder Deutsch. Notfalls Serbisch oder Dänisch. Denn in diesen Sprachen kommunizieren ja bekanntlich alle immerzu mühelos.

Könnte ich Niederländisch noch in die Ecke werfen und mit einem besseren Werkzeug von vorn beginnen, wie Conrad und Nabokov es einst getan haben? Aber da haben wir's wieder: Auf eine nicht schlüssig zu begründende Weise – jedenfalls nicht in meiner eigenen Sprache – bin ich davon überzeugt, dass das keine Lösung für mein Problem wäre. Diese beiden Schriftsteller waren vermutlich auch gar nicht so unzufrieden mit dem Polnischen beziehungsweise Russischen, sondern wollten sich einfach nicht durch den zufälligen Umstand einengen lassen, in Krakau beziehungsweise St. Petersburg geboren zu sein. Sie hatten einfach viel Talent.

Dass sie ihr Sprachgebiet verlassen konnten und es im Englischen zu großer Meisterschaft brachten, sagt indes etwas über das Wesen der Sprache aus. In einer Sprache ist man nicht eingesperrt, auch wenn es dann und wann so aussieht. Dem steht bedauerlicherweise gegenüber, dass man in einer Sprache auch nie geborgen ist. Man kann mehrere Sprachen erlernen, doch keine einzige deckt je alles in einem ab. Die Sprache konfrontiert einen mit der harten Wahrheit, kein aus einem Stück gegossener Mensch zu sein. Wäre man das, so bräuchte man keine Sprache mehr. Misstrauen ist daher stets Menschen gegenüber angebracht, die ihre Muttersprache unumwunden verherrlichen. Sie verstehen nichts von dieser Sprache und auch nicht viel von sich selbst.

2.

Weil die Sprache kein Haus ist, hat sie auch nichts mit einem Territorium zu tun. In dem Haus, in dem ich aufgewachsen bin, wurde, als ich jung war, Deutsch und Niederländisch gesprochen, heute spricht man dort auch oft Italienisch und dann und wann etwas Französisch. Wie im großen Europa sprechen wir bei Tisch Englisch, weil jeder sich in dieser Sprache mehr oder weniger verständlich machen kann. Wenn wir einander manchmal nicht verstehen, so liegt das nicht an unserer unvollkommenen Beherrschung des Englischen oder an den Barrieren zwischen den Sprachen. Wenn es doch nur so wäre! Denn dann ließen sich Streitigkeiten mit Hilfe eines Lernpakets mühelos beilegen. Es ist nicht eine spezifische Sprache, die uns einen Streich spielt, sondern allenfalls die Sprache an sich in all ihrer Unzulänglichkeit und Unvollkommenheit.

Nur meine alte Mutter, die mittlerweile Großmutter ist, pflegt gelegentlich zu murmeln, dass man im Grunde doch nur in seiner eigenen Sprache ausdrücken könne, was man empfinde. Offenbar hat sie noch immer deutsche Gefühle, obgleich sie den größten Teil ihres Lebens außerhalb Deutschlands verbracht hat. *Ach, wie traurig!*, sage ich. *Du hast deinen Vater also nie ganz verstanden.* Ihr Vater kam aus Polen, hatte ihr jedoch kein Polnisch beigebracht.

Aber natürlich habe ich ihn verstanden, sagt sie. *Er war doch mein Vater!*

Und deine Kinder, frage ich weiter, die Englisch der Sprache vorziehen, in der sie aufgewachsen sind? Meine beiden Brüder haben vor fast zwanzig Jahren ihr Land verlassen und sprechen, schreiben und denken nie mehr niederländisch.

Ich werde meine Kinder doch wohl verstehen!, sagt sie entrüstet. *Mein eigen Fleisch und Blut!* Dann schaltet sie den Fernseher ein, um sich die Nachrichten anzuschauen. Sie möchte wissen, was in ihrem Land passiert. Es ist ein deutscher Sender. Ihr Haus steht schon seit Jahr und Tag in den Niederlanden.

3.

Wer während seines Urlaubs durch die pittoreskeren Gegenden Europas reist und manchmal auch durch die weniger pittoresken, wird schon mal an einem Ortsschild vorbeigekommen sein, dessen Namen unlesbar gemacht und durch eine korrigierte Version ersetzt wurde. In einem solchen Moment wird man mit dem Emanzipationsstreben einer Sprache konfrontiert, die von einer Minderheit im Land oder womöglich sogar nur von einer Minderheit in der betreffenden Gegend gesprochen wird. Oft handelt es sich um eine kleine Sprache wie das Baskische oder Walisische oder um eine, die so ungenau definiert ist, dass sie kaum als solche anerkannt wird, wie etwa Groningisch oder Aragonisch. Schon beim ersten Anblick fällt auf, dass kleine Sprachen nicht etwa kleine Buchstaben benutzen. Sie schreiben nicht mit dem Stift, sondern mit dem Pinsel oder der Spraydose. Subtilität scheint kein Wesensmerkmal kleiner Sprachen zu sein.

Lange Zeit habe ich es als harmlosen Scherz betrachtet, dieses Durchstreichen und Übermalen von Ortsnamen. Eine mehr oder weniger folkloristische Beschäftigung, die von Liebe zur eigenen Kultur einerseits und einer spielerischen Neigung andererseits zeugt. Dass wir uns deswegen ab und an verirrten, erschien mir normal. Seit ich die Realität des Sprachenkampfs kenne, denke ich anders darüber. Das Unleserlichmachen eines Namens ist ein Akt der Aggression, über den man nicht lachen sollte. Es ist eine Aktion in einem kleinen Bürgerkrieg, der fast immer nach demselben Muster verläuft.

Er beginnt noch nicht, wenn eine totalitäre Macht die Sprache einer Minderheit unterdrückt und ihr eine einheitliche, größere Staatssprache aufzwingt. Erst wenn eine solche Macht tolerant zu werden beginnt, wenn die Unterdrückung nicht mehr so heftig ist und die ersten demokratischen Reformen Einzug gehalten haben, werden die Helden des Sprachenkampfs wach. Als Erstes fordert die vormals unterdrückte Bevölkerung das Recht, die eigene Sprache in der Öffentlichkeit sprechen, eigene Bücher und Zeitungen drucken zu dürfen. Als Nächstes begehrt man Gleichstellung im öffentlichen Leben. In der Schule, im Gericht und im Gemeinderat wird daraufhin neben der Einheitssprache eine zweite Art sich auszudrücken zugestanden. Wenn dieses Stadium erreicht ist, erscheinen an den Grenzen von Dörfern und Städten, einer Region oder Provinz Ortsschilder in zwei Sprachen, und dann muss ein und derselbe Ort offenbar zwei Namen haben: San Sebastián und Donostia, Kischinow und Chisinau. Nicht, weil sich die Bewohner vorher zu verirren pflegten – das passiert erst jetzt –, sondern um die errungenen Rechte in der Geographie zu verankern.

Ich habe Bedenken dagegen, an einem Tisch mehrere Sprachen zu sprechen. Es ist nicht gut für den Zusammenhalt der Tafelrunde und nicht gut für das Gespräch. Das wissen die Eiferer für die Rechte von Minderheitssprachen auch – und darum endet ihr Emanzipationsprozess nie mit der Mehrsprachigkeit, mit der Gleichberechtigung verschiedener Ausdrücke innerhalb ein und derselben Gesellschaft. Hat sich die zweite Sprache erst einmal etabliert, beginnen Rechtsanwälte und Lehrer, insbesondere aber die Volksvertreter, zu behaupten, sie verstünden die erste Sprache im Grunde gar nicht und hätten jedenfalls das Recht, ihr nicht zuzuhören. Mit Pinsel und Spraydose ziehen die jungen Aktivisten nun nachts von neuem los. Diesmal um den spanischen, deutschen, englischen, russischen Namen auf den zweisprachigen Ortsschildern und Wegweisern zu tilgen. Dabei berufen sich die Terroristen nicht auf den Nutzen einer Vereinheitlichung. Schließlich ist das ein belastetes Argument. Jetzt wird meist die Geschichte ins Feld geführt. Die große Sprache sei die Sprache der Unterdrückung, daran lasse sich nichts mehr ändern. Und im Übrigen habe die kleine Sprache mehr »historische Rechte« und die gelte es wieder durchzusetzen. In dieser Geschichtsauffassung werden die letzten fünfzig, hundert oder sogar tausend Jahre der Einfachheit halber für ungültig erklärt. Genauso wenig Platz gibt es aber auch für die Vorstellung, der Spracherwerb beginne erst nach der Geburt eines jeden Menschen, und damit in einer historischen Stunde Null. Oder für den Gedanken, das Beherrschen einer zweiten, dritten oder vierten Sprache bedeute ebenso viele Möglichkeiten, sich selbst zu befreien. Alles wird den vermeintlichen Rechten der historischen Sprache geopfert.

Aber ging es überhaupt um Sprache bei dem, was hier als »Sprachenkampf« bezeichnet wurde? Gibt es nicht immer ganz andere Gründe, zum Beispiel soziale oder ökonomische, diesen Kampf zu führen? Wird die Sprache nicht lediglich dazu benutzt, aus dem Nachbarn, dem Bewohner derselben Stadt oder desselben Orts einen Fremden zu machen, der am Ende vertrieben werden darf?

Sprachen haben nichts mit Grund und Boden und nichts mit Fleisch und Blut zu tun. Sie haben auch kein historisches Recht, für immer und ewig erhalten zu bleiben. Wer das glaubt, denkt ahistorisch.

4.

In vielen europäischen Zeitungen wurde im Dezember 2002 darüber berichtet, dass nationalistische Politiker in einem Teil Irlands, dem Gebiet westlich von Galway, Baugrund nur noch an Menschen verkaufen wollen, die der ursprünglichen Sprache des Landes, des Gälischen, mächtig sind. Die Politiker, die sich für dieses Vorgehen stark machen, haben Angst, Gälisch, das nur noch von ungefähr zehn Prozent der Iren fließend gesprochen wird, könnte sonst aussterben. Aber warum wäre das schlimm? Schlimmer als die Tatsache, dass der Schnee vom letzten Jahr nicht liegen geblieben ist?

Die irische Regierung stellt schon seit Jahren große Summen dafür bereit, um die dahinsiechende Sprache am Leben zu erhalten. Rundfunk- und Fernsehsendungen in gälischer Sprache werden finanziell unterstützt und ebenso Buch- und Zeitschriftenpublikationen. Behörden ziehen in Gegenden um, in denen die Sprache noch etwas mehr als anderswo gesprochen wird. In der Schule ist Unterricht auf Gälisch Vorschrift. Irland tut damit das Gleiche wie viele andere demokratische Staaten, die mit Minderheitssprachen konfrontiert sind. In meinem eigenen Land, den Niederlanden, gibt es das Friesische, das sein Fortbestehen ausschließlich staatlichen Subventionen verdankt. Man kann sein Abitur darin ablegen, freiwillig, doch das Interesse daran ist unter den Friesen nicht groß. Man kann verlangen, dass sämtliche amtliche Papiere, notfalls nur für einen selbst, ins Friesische übersetzt werden. Und nicht nur Schriftsteller, sondern sogar Übersetzer werden aufgeboten, die Illusion einer friesischen Literatur aufrechtzuerhalten, indem sie beispielsweise auf Kosten des Staates *Also sprach Zarathustra* ins Friesische übertragen. Es existiert jedoch kein einziger

Leser, der aus praktischen Gründen darauf angewiesen wäre, weil er weder Deutsch noch Niederländisch ausreichend beherrscht. Es ist reine Symbolpolitik im sprachlichen Bereich. Doch sie wird nie Wirkung zeigen, da keine anderen Interessen damit verbunden sind.

Das haben die irischen Nationalisten dann doch besser begriffen: Nur Zwang und Gewalt sind wirklich effektiv bei der Wiedererweckung einer fast toten Sprache. Oder das Aufbauen eines gemeinsamen Feindes, der nicht nur in der Sprache präsent ist. In Spanien widersetzen sich die nationalistischen Regierungen von Katalonien und dem Baskenland der Zentralregierung in Madrid – unter anderem aus ökonomischen Gründen. Die Sprache ist dabei eine Waffe, eine Methode, um mehr Abstand zu schaffen. Man begegnet in diesen Regionen zuweilen einer authentisch wirkenden Abneigung gegen das Spanische, eine Sprache, die überall sonst auf der Welt immer größere Popularität gewinnt. Auf dem europäischen Festland gibt es auch nirgends eine Volksbewegung gegen das Englische; über dessen Vormarsch machen sich lediglich ein paar Intellektuelle Sorgen. Erst in dem Augenblick, wenn zu viele Engländer sich ein Ferienhaus in Italien oder Frankreich zulegen, entwickelt man in manchen Gegenden plötzlich eine heftige Liebe zur eigenen Sprache. Und den dazugehörigen Rassismus.

5.

Das Sterben einer Sprache ist etwas anderes als das Verschwinden des Schwarzbauchhamsters oder des Dodo. Beides hat etwas Tragisches. Doch die genannten Tiere sind unersetzbar, während die Sprache per definitionem ersetzt wird. Durch eine andere Sprache. Ist das schlimm?

Es gibt einen weiteren Unterschied, der aber mit dem erstgenannten zusammenhängt. Eine Sprache ist erst dann wirklich tot, wenn sie nicht jeden Tag ein wenig stirbt. Die meisten von uns lesen und hören mit dem Gefühl einer gewissen Fremdheit die eigene Sprache, wie sie vor fünfzig und sogar schon vor zwanzig Jahren geschrieben und gesprochen wurde. Wie viel hat sich während der Zeit eines Menschenlebens bereits in ihr verändert, wie viele Wörter und Redewendungen sind gestorben! Zum Glück: es ist der Beweis, dass die Sprache noch lebt.

Unter Übersetzern gibt es die Auffassung, die Übertragung eines klassischen Werkes habe im Grunde alle fünfzig Jahre neu zu erfolgen, damit der – unveränderte – Ursprungstext in der – veränderten – Sprache der Übersetzung zugänglich bleibt. Ich habe mich manchmal gefragt, warum das dann nicht auch für das Werk in der Originalsprache gilt. Doch diese Anpassung an die Zeit, eine vertikale Übersetzung, könnte man sagen, wird eigentlich nur im Falle von Bühnenbearbeitungen oder Adaptionen für Kinder völlig akzeptiert. Man übersetzt nur selten Goethe ins Deutsche.

Die Ehrlichkeit gebietet es, zu sagen, dass es auch meist nicht die Schriftsteller und Dichter sind, die für die notwendigen Veränderungen sorgen. Sie sind von ihrem Temperament her nostalgisch, tragische Figuren, die den Kampf gegen das Fortschreiten der Zeit nun mal zu ihrem Beruf gemacht haben. Nein, die schmutzige Arbeit der Spracherneuerung wird auf der Straße verrichtet, von ganz normalen Leuten, die andere Sorgen haben als das Festnageln von Bedeutungen. Leute, die arglos ihre Wörter misshandeln und falsch interpretieren, die tauschen und entleihen, importieren und exportieren. Nichts ahnend hauchen sie so der Sprache Tag für Tag neues Leben ein. Und was die Literaten auch immer versuchen mögen: Wenn die Straße kein Interesse mehr daran hat, ist ihre Sprache dem Tode geweiht. Dann wird sie zum verhätschelten Studienobjekt, etwas für Sammler und Gelehrte. Ein Museumsstück. Ich selbst bin oft lieber im Museum als auf der Straße. Aber das kennzeichnet die Position des Schriftstellers.

6.

Die Rollenverteilung zwischen Straße und Schrift muss und soll spannungsgeladen bleiben. Es ist gut, wenn Schriftsteller und Dichter weiterhin ihre Präzision und ihre Kritik der Entwicklung entgegenstellen, wenn sie weiter stromaufwärts rudern, weiter verbessern und korrigieren, sich weiter auf ihre pathetische Weise jeder Form von Unvermeidlichkeit widersetzen. Misstrauen aber ist angebracht, wenn die Interessen von Poeten, Politikern und Plebs sich plötzlich als identisch erweisen. Das ist in einer Ausnahmesituation zu verteidigen, sollte aber nie zu lange dauern. Aus der Zeit der deutschen Besetzung der Niederlande stammt die Zeile *Mein Wort – eine Waffe zum Widerstand*, die später zum Titel eines Bandes mit Widerstandslyrik gewählt wurde. Sie suggeriert Ohnmacht: Das Volk, das hier durch den Dichter eine Stimme erhält, hat nichts als die Sprache, um sich gegen den Besatzer zur Wehr zu setzen. Das klingt schön und traf in der damaligen Situation möglicherweise auch zu, doch im Allgemeinen ist es schauderhafter Unsinn. Dichter, die sich an die Spitze einer Volksbewegung stellen lassen, sind keineswegs ohnmächtig, sondern im Gegenteil oft äußerst gefährlich. Ihre Worte sind nicht harmlos. Sie können mehr Schaden anrichten als Kugeln und Bomben. Zensur ist immer von Übel, doch es gibt Dichter, denen ich mit Freuden den Waffenschein entziehen würde.

7.

Mein Europa ist ein Europa der Übersetzer. Dabei verschließe ich die Augen nicht vor dem, was man das Problem der Unübersetzbarkeit genannt hat. Das ist aber ein Problem der Zeit und der sozialen Schicht, ebenso wie der Grenzen und Sprachen. Es ist ein interessantes, ein grundlegendes, aber ein literarisches Problem. Gesellschaftlich gesehen, ist es irrelevant. Über den Politiker, der behauptet, seine Worte könnten im Grunde nur in seiner eigenen Sprache und damit von seinem eigenen Volk verstanden werden, möchte ich noch weniger Worte verlieren. Er ist ein Schurke.

Mein Europa ist ein Haus, in dem niemand ganz zu Hause ist und in dem jeder in einer Sprache spricht, die er nicht ganz beherrscht. Es ist ein Salon, in dem auf Französisch konversiert wird, ein Börsenparkett, auf dem englische Sätze zu hören sind, ein Café, in dem deutsche Verszeilen – immer falsch – zitiert werden, ein Museum, in dem kranke und tote Sprachen liebevoll gepflegt und erforscht werden, ohne dass sie jemandem aufgedrängt würden. Es ist ein Hotel, an dem die Niederländer viel Geld verdienen. Es relativiert sich selbst, allerdings nicht aus einem Mangel an Fürsorge und Liebe. Es zieht sich nicht zurück, sondern breitet sich aus. Mein Europa beschränkt sich folglich auch nicht auf die physischen Grenzen der gegenwärtigen Union und nicht einmal auf die unseres Kontinents. Wir finden es auch in den Hafenstädten Südamerikas, in den ländlichen Gebieten Afrikas, in einer Mietskaserne in Japan oder China. Eigentlich überall, wo Menschen es als Zeichen von Kultiviertheit betrachten, nicht unter allen Umständen in ihrer Muttersprache zu schreiben und zu sprechen.

Aus dem Niederländischen von Helga van Beuningen

„Die 5 Elefanten" = Film

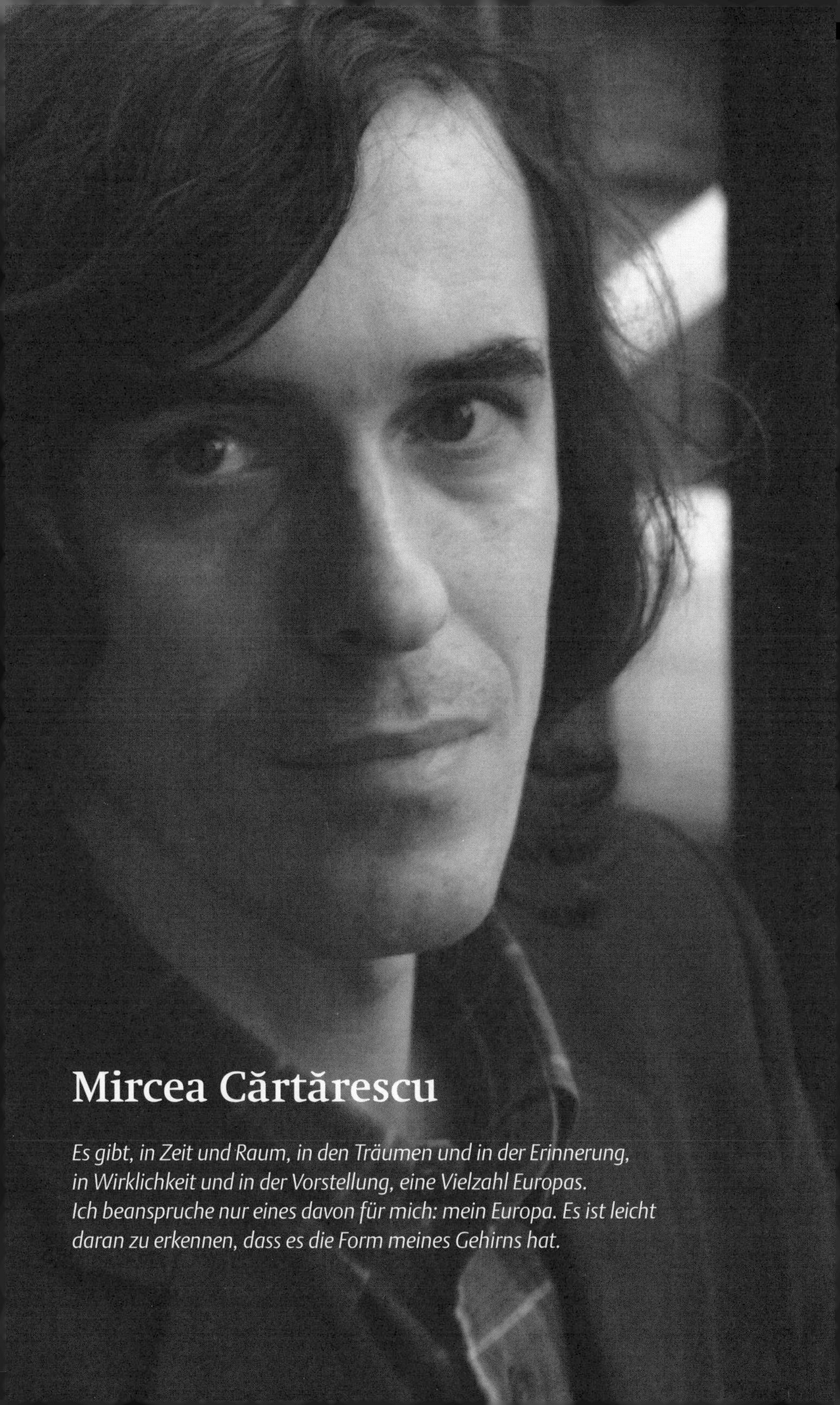

Mircea Cărtărescu

Es gibt, in Zeit und Raum, in den Träumen und in der Erinnerung, in Wirklichkeit und in der Vorstellung, eine Vielzahl Europas. Ich beanspruche nur eines davon für mich: mein Europa. Es ist leicht daran zu erkennen, dass es die Form meines Gehirns hat.

Mircea Cărtărescu
Rumänien

1956 in Bukarest geboren, studierte der Lyriker und Erzähler Sprache und Literatur an der Universität in Bukarest und veröffentlichte zwischen 1978 und 1985 mehrere Gedichtbände. Von 1989–1991 war er Angestellter des Rumänischen Schriftstellerverbandes, seit 1991 ist er Assistent am Lehrstuhl für rumänische Literaturgeschichte an der Universität in Bukarest. Sein von der Zensur um wesentliche Passagen gekürzter Prosaband *Visul (Der Traum,* 1989) erschien 1993 unter dem Titel *Nostalgia* in vollständiger Fassung, 1994 folgte sein erster Roman *Travesti (Travestie)*, der in Rumänien preisgekrönt wurde.

Literaturhinweis:

Nostalgia. Roman
Aus dem Rumänischen von Gerhardt Csejka
Verlag Volk & Welt, Berlin 1997

Selbstporträt in einer Streichholzflamme
Aus dem Rumänischen von Gerhardt Csejka
In: Spurensicherung 7, DAAD Berliner Künstlerprogramm, Berlin 2001

Europa hat die Form meines Gehirns

Există un mare număr de Europe în spaţiu şi în timp, în vise şi în amintiri, în real şi în imaginar. Eu îmi revendic doar una dintre ele, Europa mea, uşor de recunoscut prin faptul că are forma creierului meu.

Vor gut einem Jahrhundert, als es sich noch nicht herumgesprochen hatte, dass Europa in Wahrheit ein kulturelles Konstrukt ist, ein intellektueller Tagtraum, ein *heap of broken images,* Kopie in einer Welt ohne Originale, da übten die Künstler den Ausbruch aus der großen, kohleraucherfüllten, von Kriegen, sozialen Konflikten, bürgerlicher Mediokrität geplagten Festung. Was war Europa für Rimbaud? Ein seichter Tümpel, wo sein trunkenes Schiff im reaktionären, chauvinistischen Schlick stranden musste. Und für Gauguin? Ein Land des Nebels und der Farblosigkeit. Mallarmé wünschte sich, weit wegzurennen, nachdem er zunächst alle Bücher zu lesen versucht hatte, um die Traurigkeit seines Fleisches zu lindern. Und selbst jenes *anywhere out of this world* bei Baudelaire lässt sich übersetzen mit ... *wohin auch immer, nur von Europa weg.* Grauenvolles Europa. Dieses rohe, blasierte, greise Europa. Wohin nur floh man, wo war das wahre Leben voll Saft und Kraft, das echte Farbenglühen noch zu finden? In Afrika, natürlich, in Tahiti, klar. Im Rotwein. Im Haschisch und in der Homoerotik. In der systematischen Verwirrung sämtlicher Sinne. Hauptsache, man entkam dem Europa-Emblem jener Zeit: der mechanistischen, stupiden, uniformierenden Vernunft der bürgerlichen Welt. Es war die Welt von Familienvätern, die man im Geist des Fortschritts und der universalen Harmonie erzogen hatte – und sie gebar einen Alb von unüberbietbarer Hässlichkeit. Kein halbes Jahrhundert später wurde offenkundig, dass es letztlich ein schreckliches Hellsehen war, was Rimbaud nach Afrika flüchten ließ: *Was soll uns das, mein Herz, die Meere von Blut ...* Ich kann mir nicht helfen, mein Gefühl sagt mir, alle diese großen Künstler haben in ihrer Art *gewusst*, was im folgenden Jahrhundert auf Ypern zukommt und auf Verdun, sie haben Stalingrad und die Normandie vorausgeahnt, haben im Traum die Panzerschlachten in der russischen Steppe erschaut, das furchtbare U-Boote-Jagen und dass ganze Städte dem Erdboden gleichgemacht würden, Tausende uralter Geschichtsdenkmäler, Bibliotheken und Kathedralen. Sie wussten, auf ihre Art, um die *Logik* der Nazis, die zum Holocaust führte, und um die sowjetische *Harmonie* als Urgrund des Horrors im Ostblock – denn sie hatten beides *in nuce* erlebt. Kafka und Trakl, Dostojewski und Unamuno wussten es gleichermaßen. Das wissenschaftlich kühle Verbrechen *zum Wohle der Menschheit*, das *social engineering*, das Experimentieren am sehr konkreten Leib des einzelnen Menschen wie auch am Leib riesiger unter Terror stehender Bevölkerungen war bis vor kurzem noch gang und gäbe in Europa, und die Auswirkungen davon sind längst nicht bewältigt. Erst wenn wir uns auch dieser Seite unseres Kontinents stellen, dürfen wir seine geistige Größe (wieder) sehen, feiern oder ausbauen.

Selbst die Einsicht jedoch, dass wir als Europäer die Verantwortung tragen für die Gräueltaten des vergangenen Jahrhunderts und dass es unsere Pflicht ist, sie weder zu vergessen noch sie zu wiederholen, berechtigt uns immer noch nicht wirklich dazu, unser Europäertum zu zelebrieren. Zumindest nicht unbesehen. Die Wogen von Kulturrelativismus, Multikulturalismus und *political correctness*, die unser unausweichliches Hinübergleiten in eine postmoderne Welt in den letzten Jahrzehnten hochbranden ließ, haben uns – trotz der vielen Übertreibungen und zuweilen ausgesprochen karikaturhaften Züge – beigebracht, dass Vorsicht geboten ist, wo es darum geht, das Erstgeburtsrecht in Sachen bedeutende Kultur für uns in Anspruch zu nehmen. Konnte der griechische Philosoph, der von Diogenes Laertios als Kronzeuge zitiert wird, noch überheblich erklären: *Drei Dinge sind es, die mich dem Schicksal zu Dank verpflichten: erstens, dass ich als Mensch zur Welt kam und nicht als Tier; zweitens, dass ich ein Mann ward und nicht ein Weib; drittens, dass ich ein Hellene bin und nicht ein Barbar*, so erscheinen diese Diskriminierungen heute selbst als Attribute der Barbarei. Ist Europa doch schließlich weit davon entfernt, eine einsame Insel des Geistes zu sein wie Swifts Laputa etwa oder Goethes pädagogische Provinz, wo die hohe Kultur, also *was in der Geschichte je an Höchstem gedacht oder gesagt worden ist* (um Matthew Arnolds Definition zu zitieren), ein blendendes Licht auf alles wirft. Ebenso wenig ist es ein nookratisches Utopie-Spiel wie Hesses Kastalien. In unseren griechisch-jüdischen Traditionsstrang sind eigentlich viel mehr Fäden mit eingeflochten, einige führen in benachbarte, andere in völlig entlegene Welten. Unsere Schrift ist phönizisch, der Kalender assyrisch, unsere *Erfindungen* kommen aus China, und was uns Alpträume verursacht, ist das Ungeheuer Humbaba. Wir sind allesamt Kinder der großen Sintflut. Europa ist ein filziger relationaler Begriff, ein komplexes mentales Gebilde, ein widersprüchliches Gefühl, in dem Selbstliebe und Selbsthass zusammengehen. Gleichwohl: Sich ganz einem Kulturrelativismus hinzugeben, der behaupten wollte, jede Kultur habe wertemäßig ihren Homer, Shakespeare und Cervantes hervorgebracht, ist genauso halbgar und dumm wie der pure, sture Eurozentrismus, der nur auf die genannten *Titanen des menschlichen Geistes schwört.*

Ich bin stolz darauf, ein Mensch zu sein, weil ich *auch* Tier bin; ein Mann zu sein, weil ich *auch* Frau bin; Hellene zu sein, *gerade weil* der Barbar in mir so voller Lebenskraft ist. Und in genau derselben Weise bin ich stolz darauf, ein Europäer zu sein. Europäer zu sein heißt für mich nicht, gut (besser als andere) zu sein, sondern komplex zu sein, eine komplizierte Figur, voll innerer Widersprüche, doch in der Lage, diese zu erkennen und auszugleichen. Mein ganzes Leben wurde von der großen europäischen Tradition – und von der Auflehnung dagegen – gesteuert. Nur spricht man von Europa nicht anders als von Amerika oder Asien: Welcher Satz könnte deren gesamte Realität umfassen? Welches Buch, welche noch so monumentale Enzyklopädie? Es gibt, über Raum und Zeit verteilt, viele Europas, eine wahre Konföderation mehrdimensionaler Europas. Welchem davon fühle ich mich verbunden? Welches hasse ich? Die einen sind reell wie eine Hand voll Erde, der Grashalme entsprießen, andere virtuell, gespenstisch, spuken in unserer Vorstellung herum. Ob die antike Welt wirklich existiert hat, da es Europa nur als eine von Zeus geraubte Nymphe auf dem Rücken des unverwüstlichen kretischen Stiers gab (das wohl langlebigste Symbol des alten Kontinents)? Und die barbarische, in grellen Farben wie ein PC-Strategiespiel leuchtende, seltsame Welt von Arthur und Lancelot, worin es vor Arabern und Mirakeln wimmelte? Die zügellose Welt Fragonards oder Napoleons gleichsam ausschließlich von Zinnsoldaten bevölkerte Heldenwelt? Oder etwa die fleckige Welt der Schwarz-Weiß-Filme um 1900 mit Kutschen und Zylinderhüten? Irgendwer schrieb, es gebe die Welt zwar erst seit wenigen Minuten, doch wir alle trügen bei unserer Geburt ein Transplantat falschen Gedächtnisses in uns. Ich werde mich nicht in die Grotten und verworrenen Gänge verirren, die – laut Hocke – dem Denken des *homo europeus* eigentümlich sind. Das Europa, zu dem ich ein Verhältnis habe, ist vor allem das heutige, das im Übrigen keineswegs einen höheren Wirklichkeitsgrad aufweist als die voraufgehenden, für mich aber das konkreteste ist, da mir nur durch dieses meine Schritte zu lenken vergönnt war, im Traum nicht anders als im wirklichen Leben.

Von einem Europa der unterschiedlichen Geschwindigkeiten war die Rede. Von einem Europa, das eine stupide Mauer aus Beton und Stacheldraht über Jahrzehnte hinweg in zwei Teile aufspaltete. Als die konkrete Mauer dann aber fiel (wenigstens in Berlin), war ganz deutlich zu erkennen, dass sie nicht nur zwei geopolitische Zonen getrennt hatte, sondern in mindestens ebendemselben Maße auch zwei mentale. Als Beleg mag der Umstand dienen, dass Europa noch heute nicht eins ist und dass sich daran auch in absehbarer Zukunft nichts ändern wird, selbst nachdem alle Staaten des imaginären Ostens im imaginären Westen integriert sein werden. Weil nämlich die Phantasmen in unseren Köpfen nicht nur die Huntington-Europas kennen, die entlang der Grenze zwischen Katholizismus/Protestantismus und Orthodoxie aufeinander prallen und sich wie tektonische Platten gegenseitig zertrümmern, sondern zudem auch noch die Europas von Goethe und Thomas Mann, die dem verstandeskühlen strengen Norden den dionysischen Süden gegenüberstellten ...

Drei Klischees, drei sprachliche Stereotypen, drei fast schon sexuelle Phantasien legen sich auch heute über die am Ural beginnende große Halbinsel. Ich weiß nicht: Scheiden wir sie fortwährend als Sekret aus oder fabrizieren wir sie, sperren sie uns in eine andere Art infantilisierender und ruhig stellender *Lager* oder tragen sie uns gleich rettenden Flößen der Medusa: Westeuropa, Mitteleuropa, Osteuropa. Die Zivilisation, die Neurose, das Chaos. Wohlstand, Kultur und Chaos. Vernunft, Unterbewusstsein, Chaos. Ein Verleger sagte mir vor ein paar Jahren in einem Gespräch auf der Frankfurter Buchmesse, er sei an Autoren aus Osteuropa interessiert. Ich antwortete ihm sogleich, dass ich persönlich mich nicht dazu zähle. *Sie haben Recht,* entgegnete der Verleger, *Sie als Rumäne kommen aus Südosteuropa.* Wunderbare Klarstellung! Tolle Unterteilung der Unterteilung! Bleib da, wo dein Platz ist, sagte mir der Verleger damit wohlwollend. Bleib in deinem Ghetto. Schreib du dein Stückchen (süd-)osteuropäischer Geschichte auf. Schreib über deine Securitate, über deinen Diktator Ceauşescu, über das Haus des Volkes. Und über die streunenden Hunde, die Straßenkinder, die Zigeuner. Zeige stolz dein Dissidententum während der kommunistischen Zeit vor. Und überlasse es uns, über die Liebe, den Tod und das Glück zu schreiben, über Agonie und Ekstase. Lass uns die Avantgarde bilden, Erneuerungen in die Welt setzen und kulturelle Normalität atmen. Du hast nur die Chance, deiner kleinen exotischen Welt Ausdruck zu geben und einen kleinen Verlag hier bei uns zu finden, der dich vielleicht druckt. Denn, schließlich, wen kümmert's? Wen interessiert das schon? Du kannst wählen: Entweder du bestärkst uns in unseren lieb gewonnenen Klischees, oder du verschwindest.

Ich wiederhole hier meine Antwort von damals. Ich bin *kein* Autor aus Osteuropa. Ich erkenne jenes Dreizoneneuropa *nicht* an, weder geopolitisch noch kulturell, religiös oder sonst irgendwie. Mein Traum gilt einem vielgestaltigen, aber nicht schizophrenen Europa. Ich las Musil nicht, weil ich in ihm einen Wiederkäuer aus Kakanien vermutet hätte, sondern weil ich einen Prinzen des europäischen Geistes in ihm sah. Es ist mir egal, in welchem Land André Breton gelebt und geschrieben hat. Keine Ahnung, wo sich Bulgakows Kiew auf der Karte findet. Ich suchte mir auch Catullus oder Rabelais, Cantemir oder Virginia Woolf nicht nach einer Landkarte heraus, um sie zu lesen, sondern fand sie in der Bibliothek, wo Bücher nebeneinander stehen. Die Bücher, die ich schreibe, sind nicht von irgendwelchen Lämmchen der rumänischen Folklore oder von orthodoxen Rosenkränzen durchsetzt, sondern vielmehr geprägt von Dantes Sternen, John Donnes Kompass, der Lanze des Cervantes, von Kafkas Käfer, Prousts Madeleine, dem Butt des Günter Grass. Ich sehe mich nicht allein mit den rumänischen Autoren oder mit den Bulgaren, Russen, Serben, Tschechen oder Polen aus meiner Weltgegend im Wettstreit, sondern mit allen Schriftstellern, die ich bewundere und liebe. Sicher, meine Stoffe und die Requisiten mögen umstandsbedingt rumänisch sein, meine Sprache den psycho-linguistischen Raum erkennen lassen, dem ich zugehöre, meine Themen aber können nur die großen Themen der europäischen Tradition sein, die für Euripides die gleichen waren wie für Joyce. Die Einflüsse, die ich erfuhr, in der Lyrik ebenso wie in der Prosa (vor allem aber im Nachdenken – der, wie George Enescu schrieb, wichtigsten Beschäftigung des Künstlers), gingen hauptsächlich von der großen Literatur der Moderne des vorigen Jahrhunderts aus, der internationalen wie der rumänischen, denn glücklicherweise ist die Tradition der rumänischen Moderne nicht weniger komplex und üppig als jede andere in Europa. Jene unter den rumänischen Autoren, denen es gelang, die Mentalitätsgrenzen zwischen Ost und West zu überwinden (und dadurch gewissermaßen auch wieder zu bestätigen), haben sich am europäischen Kulturhimmel als Sterne erster Größe erwiesen: Tzara, Ionescu, Cioran. Doch sehr viele andere – die zumindest in einigen Fällen nicht schlechter waren als sie – verfingen sich in der süßen Falle einer unendlich ausdrucksstarken und eben deshalb unübersetzbaren Sprache: Urmuz, Arghezi, Blaga sind Unbekannte geblieben. Bei allem Respekt, den ich für sie empfinde, ich möchte ihr Schicksal nicht teilen. Ich möchte auch nicht der Rumäne vom Dienst werden, den man mit schöner Regelmäßigkeit als Vertreter seines Landes bei Tagungen aufzutreten bittet. Ich habe außer mir selbst, außer dem Vaterland meiner Texte nichts zu vertreten. Ich könnte Portugiese, Este oder Schweizer sein. Ich könnte Frau sein, Hellene oder Barbar: Die Textur meiner Texte wäre natürlich jedes Mal eine andere, ihr Geist aber wäre unwandelbar der gleiche. Denn Valéry lag nicht ganz falsch mit der Behauptung, dass man alle Gedichte, die je geschrieben wurden, einem einzigen, zeitlosen Dichter zusprechen könnte, dem schöpferischen Geist eben. So weit gehe ich gar nicht, doch scheint mir ganz klar, dass es etwas gibt, was allen der hohen Kultur zurechenbaren Schriften, wo immer sie entstanden und wie sehr sie auch mit andersartigen Kulturen kontaminiert sind, (tautologisch) innewohnt: europäischer Geist nämlich. So betrachtet, ist Márquez ein Europäer, Pynchon ein Europäer und Kawabata nicht minder. Vielleicht nicht in der Einstellung und der Ideologie, aber sicher im großen kollektiven Unterbewusstsein des Kunstwerks, in der *Philosophie* dieses von den alten Griechen begründeten Erkenntnisbereichs. In den Grundannahmen, in dem, was unausgesprochen bleibt, für einen literarischen Text aber bestimmend ist.

Das postmoderne Denken bemüht sich seit einigen Jahrzehnten aufzudecken, was mit der hohen Kultur nicht in Ordnung ist: ihre Arroganz, ihre Autarkie, ihr elitäres Wesen. Dass sie in Museen eingeschlossen ist, sich vom unmittelbaren Leben entfernt hat. In einem glänzenden Essay hat Walter Benjamin gezeigt, dass die *Aura* des Kunstwerks im Zeitalter seiner technischen Reproduzierbarkeit schwindet. All dies ist richtig. Die hohe Kunst hat die *Affronts* eines Duchamp von dazumal verdient – das auf einem Sockel im Museum aufgestellte Urinoir und den Schnurrbart der Gioconda –, und sie verdient heute die Angriffe der zahllosen Spielarten von Kunst, die immer *populärer* wird, sich immer mehr randomisiert. Der europäische Geist der uralten hellenisch-jüdischen Tradition aber wird durch solche Mesalliancen nicht verdorben, sondern ihm wird frisches Blut zugeführt, was unbedingt nötig ist. Die Mona Lisa mit Schnurrbart hat außerhalb des Bezugs zur wahren, unsterblichen Gioconda keinen Sinn und kann diese nicht erniedrigen, sondern lässt sie im Gegenteil noch schöner erstrahlen. Die Welle von Popkultur im Zuge der *Amerikanisierung,* die so viele fürchten, ist nicht das Ende von großer Kunst, sondern bietet ihr nur Gelegenheit, auf dem Kamm dieser Welle zu surfen. Obschon aus der Kunst *show-biz* geworden ist, Schauspiel für einen Tag, lasse ich mich doch nicht davon abbringen, dass eine solide künstlerische Bildung selbst in der heutigen Welt einen unermesslichen Vorteil darstellt gegenüber den Heeren mittelmäßiger und namenloser Künstler, die ein von der Droge Werbung und Fernsehen abhängiges Publikum bedienen.

Es gibt, in Zeit und Raum, in den Träumen und in der Erinnerung, in Wirklichkeit und in der Vorstellung, eine Vielzahl Europas. Ich beanspruche nur eines davon für mich: mein Europa. Es ist leicht daran zu erkennen, dass es die Form meines Gehirns hat. Und das kommt einfach daher, dass es mein Denken vom ersten Tag an nach seinem Angesicht prägte. Meine Gehirnoberfläche hat Rillen und tiefe Falten, motorische Zonen und sensorische Zonen, Areale für die Sprache und Areale für das Verstehen. Doch nirgendwo Mauern aus Beton, keinen eisernen Vorhang und keine Grenze.

Aus dem Rumänischen von Gerhardt Csejka

Stefan Chwin

Das wirkliche Europa ist für mich das Europa, das zögert. Und das trotz des Zögerns effektiv zu handeln vermag.

Stefan Chwin
Polen

1949 in Gdańsk geboren, wurde der Literaturwissenschaftler und Schriftsteller mit seinem 1997 in deutscher Übersetzung erschienenen Roman *Tod in Danzig (Hanemann)* dem Publikum als poetischer Chronist der deutsch-polnischen Geschichte bekannt. Der Roman wurde 1995 in Polen zum »Roman des Jahres« gewählt und in Deutschland u.a. mit dem Andreas-Gryphius-Preis der Esslinger Künstlergilde ausgezeichnet. Eine Theaterversion des Romans wurde im Januar 2002 im Danziger Theater uraufgeführt. Stefan Chwin veröffentlichte (unter Pseudonym) phantastische Abenteuerromane, die er selbst illustrierte, kritische und historische Studien zur Literatur und mehrere Essaybände. 2000 erschien in Deutschland sein zweiter Roman *Die Gouvernante (Esther)*. Er lebt in Gdańsk und lehrt dort an der Universität.

In deutscher Übersetzung u. a.:

Tod in Danzig. Roman
Aus dem Polnischen von Renate Schmidgall
Rowohlt Verlag, Berlin 1997

Die Gouvernante. Roman
Aus dem Polnischen von Renate Schmidgall
Rowohlt Verlag, Berlin 2000

Gerechtigkeit u. Wahrheit
polit. Religion

Die Kindergärtnerin aus der Twerskaja-Straße

Prawdziwą Europą jest dla mnie Europa, która się waha. I która mimo wahań potrafi skutecznie działać.

Ein Schriftsteller, der darüber nachdenkt, was das Wesen des europäischen Geistes ist und was es in der heutigen Welt bedeutet, Europäer zu sein, steht vor dramatischen Fragen.

Sie werden noch krasser, wenn wir ganz schwierige Dinge berühren.

Seit ich lebe, und das ist schon recht lange, habe ich noch keinen Menschen getroffen, der nicht für Gerechtigkeit und Wahrheit wäre. Für Gerechtigkeit und Wahrheit waren und sind immer alle. Jedenfalls bekennt sich keiner dazu, dagegen zu sein.

Und alle sagen mir, die Gerechtigkeit sei auf ihrer Seite, mehr noch: Du sollst zu uns gehören, du sollst auf unserer Seite sein. Denn wenn du nicht auf unserer Seite bist, gehörst du nicht zu den Gerechten.

Die einen sagen also, der Befehl, die Terroristen in dem Moskauer Theater zu töten, sei gerecht gewesen. Dass, wenn man für die Unabhängigkeit kämpft, man zwar die Institutionen des feindlichen Staates angreifen dürfe, nicht aber völlig *unschuldige Menschen,* die am Abend ins Theater gegangen sind. Da hält ihnen plötzlich jemand die Pistole an den Kopf und verwandelt innerhalb weniger Sekunden die nette Kindergärtnerin aus der Twerskaja-Straße, die alle Kinder lieben, in eine politische Geisel. Sie sagen, dass diejenigen, die für die Unabhängigkeit ihres Landes kämpfen, in Wirklichkeit zwischen Georgien und Russland einen barbarischen islamischen Staat errichten wollen – ist es daher nicht recht und billig, dass Russland die islamischen Fanatiker unterdrückt, damit in Europa – ja, in Europa, denn Tschetschenien

2.1.97

ist ein europäisches Land – nicht noch ein Staat entsteht, in dem den Frauen alle Rechte aberkannt werden und körperliche Züchtigungen an der Tagesordnung sind? Ist also, wenn wir schon wählen müssen, das in einem Modernisierungsprozess begriffene Russland, wenn auch ungerecht und brutal, angesichts des Zivilisationskonflikts, der uns unweigerlich erwartet, nicht das kleinere Übel gegenüber dem gelben Halbmond auf der grünen Flagge?

Andere versuchen mich davon zu überzeugen, dass die Tschetschenen keine andere Wahl hatten, dass die Russen selbst sie zu solch verzweifelten Taten zwingen, indem sie dem kleinen Volk das Recht auf Unabhängigkeit absprechen, dass die harte, strenge Gerechtigkeit eben auf Seiten der verzweifelten Kämpfer mit dem grünen Band im Haar sei, denn in der Konfrontation mit einer Großmacht hat kein kleines Volk eine Chance auf einen Kampf, der den Regeln des Kriegsrechts entspricht, und wenn es nicht – machtlos, zerstört, von Panzern zermalmt – mit blutigen Demonstrationen der Welt seine Existenz beweist, wird die Welt es vergessen, wie sie so oft kleine, unbequeme Völker vergessen hat, die von Regierungen und Parlamenten ohne Skrupel zum politischen (und nicht nur politischen) Tod verurteilt wurden, also ist das, was die Tschetschenen in dem Moskauer Theater getan haben, zwar grausam, schrecklich und verwerflich, doch irgendwie auch gerecht.

Und wenn ich all das höre, frage ich mich: Welche dieser Gerechtigkeiten ist gerechter, welche ist niederträchtiger und gemeiner?

Von den einen höre ich, dass in dem Moskauer Theater ungerechterweise völlig unschuldige Menschen umgekommen sind, die zu einem Musical über die Rote Armee gekommen waren, um sich beim Anblick der auf der Bühne tanzenden russischen Soldaten in beschlagenen Stiefeln etwas zu zerstreuen, dass dort unschuldige Frauen grausam bedroht wurden.

Andere sagen, man sehe, wenn man nach den Erfahrungen des 20. Jahrhunderts behauptet, es gebe in den modernen Massengesellschaften völlig unschuldige Menschen, nicht den grundlegenden strukturellen Wandel des Verantwortungsbegriffs, denn in den modernen Massengesellschaften sei die politische Verantwortung gestreut, gerecht verteilt auf alle, und unter den Zuschauern in dem Moskauer Musical seien Hunderte von Männern im wahlfähigen Alter gewesen, von denen jeder, wenn er nur den Einberufungsbefehl erhielte, ohne mit der Wimper zu zucken auf die Menschen in Grosny schießen würde; und die unschuldigen Frauen, die zusammen mit ihren Männern und Brüdern im wahlfähigen Alter im Zuschauerraum des Moskauer Theaters saßen, seien Frauen gewesen, die Putin gewählt haben, damit er in Tschetschenien Ordnung schafft, und die liebe Kindergärtnerin aus der Twerskaja, die heitere blonde Frau im hellen Kleid, die alle Kinder aus der Marienkäfer-Gruppe so gern mögen, habe Putin gewählt, damit er endlich in Russland und in der Welt Ordnung schafft. Diese normalen, netten Frauen erzählen zu Hause ihren Söhnen und Töchtern, man müsse *endlich mit diesen Tschetschenen aufräumen,* so wie die netten, normalen deutschen Frauen in den dreißiger Jahren beim Frühstück zu ihren Kindern sagten, man müsse *endlich mit diesen Juden aufräumen;* und die netten Moskauerinnen, die keiner Fliege etwas zuleide tun können, reden zu Hause genauso über die Tschetschenen wie die normalen, unschuldigen Russen während des polnischen Aufstands 1863 *über die polnischen Banditen und Aufrührer* geredet haben, denen man endlich für immer das Handwerk legen müsse.

Andere wiederum sagen, es sei ungerecht, ja geradezu verrückt, und stehe in krassem Widerspruch zum Geist der europäischen Kultur, die Verantwortung allen zu übertragen, es gebe auf der Welt auch wirklich gerechte Menschen mit einer *sauberen Weste,* denen man nichts vorwerfen könne, es sei absurd, für Auschwitz und den Holocaust eine liebenswerte deutsche Mutter verantwortlich zu machen, die in den dreißiger Jahren, während sie Käsebrötchen zum Frühstück schmierte, beiläufig zu ihrem kleinen Sohn sagte: *Hans, nimm dich vor den Juden in Acht. Die Juden sind gefährlich. Mit denen müsste endlich mal einer aufräumen.* Und später wurde dieser Hans erwachsen und fuhr ins Generalgouvernement.

Denn was hatte sie damit zu tun, dass er Juden umbrachte? Sollte sie dafür zur Rechenschaft gezogen werden? Ihr ging es doch nur, wie ich neulich von einem jungen Mann in Nürnberg hörte, der mir von seiner Großmutter erzählte, die 1933 Hitler wählte, um die Ordnung und den Bau der Autobahn. Ja, ihr ging es um Ordnung, um die Autobahn und um weniger Arbeitslose. Nicht für den Bruchteil einer Sekunde dachte sie an Gaskammern. Allein der Gedanke daran hätte sie entsetzt. Im Übrigen hat Hitler nie von irgendwelchen Gaskammern gesprochen. Hätte er das getan, so hätte sie ihn nie gewählt. Und die Juden? Er wollte nur, dass sie nicht die Geschäfte dominieren. Er hat nie gesagt, er wolle sie umbringen. Hat sie also eine Sünde begangen, für die sie beichten müsste, als sie 1934 der NSDAP beitrat?

Und die mitteleuropäischen Dinge, die mir am nächsten liegen? Welchen Sinn hatte eigentlich die unschuldige Geste, in Polen, in der DDR, in Ungarn und der Tschechoslowakei in der Zeit des Kommunismus den Wahlschein in die Urne zu werfen? Und das taten wir, gerecht und unschuldig, wie wir waren, sagten wir uns doch – war es nicht so? –, das totalitäre Regime habe uns auf brutale Weise dazu gezwungen, und selbst wenn wir nicht zur Wahl gegangen wären, hätte das nichts geändert und wir hätten nur überflüssigerweise unsere Familien in Gefahr gebracht; also gingen wir fast alle regelmäßig alle vier Jahre zur Urne. Und was soll man von den normalen, anständigen Leuten halten, die im März 1968, während der antisemitischen Ausschreitungen, und im Juni 1976, als die Miliz die Arbeiterproteste in Radom unterdrückte, über ihren Köpfen Transparente hielten, die man ihnen in die Hand gedrückt hatte und auf denen stand *Zionisten nach Zion, Strafe für die Aufrührer aus Radom, Das ganze Volk mit der Partei?* Diese Leute dachten keinen Moment daran, was auf den Plakaten stand, sie dachten nur daran, dass man sie entlassen, aus der Fabrik werfen könnte, und Politik interessierte sie nicht im Geringsten. War diese Geste – die Gleichgültigkeit, mit der sie die Transparente über den Köpfen schwenkten – Ausdruck eines indirekten Einverständnisses damit, dass die protestierenden Arbeiter in Radom von der Miliz auf so genannten Trimm-dich-Pfaden mit Gummiknüppeln geprügelt wurden, oder war sie eine unbedeutende, vom kommunistischen System erzwungene Pantomime, die niemand (?), weder in Polen noch anderswo auf der Welt, ernst nahm? Ist es denn tatsächlich gerecht, anzunehmen, dass jemand, der angesichts des Bösen nicht offen protestiert, damit indirekt mit dem Bösen einverstanden ist? Schließlich kamen solche Szenen, an denen Millionen von Menschen beteiligt waren, im Herzen Europas Tausende von Malen vor, überall, wo Nazis, Faschisten oder Kommunisten die Macht übernahmen.

In der Seele eines Schriftstellers, der mitten in Europa lebt und darüber nachdenkt, was an der europäischen Kultur am meisten europäisch ist, rufen all diese Fragen starke Unruhe hervor. Wie soll man über das totalitäre Böse, das halb Europa geformt hat, Recht sprechen, wenn dieses Böse auf alle verteilt war, wenn es sich auf das Prinzip der schweigenden, indirekten – und oft unbewussten – Teilnahme aller bei allem stützte, mit Ausnahme derer, die offen protestierten, das heißt in Gulags und Gefängnissen endeten?

Denn die Prozeduren der demokratischen Gerechtigkeit – der europäischen Gerechtigkeit, die harte Beweise einer konkreten, individuellen Schuld fordert – sind hilflos angesichts des verteilten, kollektiven, indirekten und anonymen Bösen. Kann es uns daher wundern, dass nach dem Fall totalitärer Systeme, obwohl sie von Millionen von Menschen errichtet wurden, in der Regel in einem fast leeren Saal fünf ehemalige Funktionäre der Geheimpolizei vor Gericht stehen, denen man mit Mühe und Not drei Verbrechen nachweisen kann? Und diese Menschen – ergraut, senil, unzurechnungsfähig, krebskrank, sich kaum auf den Beinen haltend, vor Müdigkeit einschlafend – sterben meist weg, bevor der Prozess zu Ende ist. Ist es also nicht gerechter, die alten Geschichten zu vergessen und sich auf das Urteil der gottlichen Gerechtigkeit zu verlassen?

Und die Gewissensfragen und das Problem der Treue zu den eigenen Überzeugungen? Die einen sagen uns, es sei gerecht und richtig, also in vollem Einklang mit dem Geist der europäischen Kultur, alle Religionen und Glaubensrichtungen zu achten, und man müsse eine Religion selbst dann achten, wenn sie befiehlt, eine Frau zu steinigen, die ein uneheliches Kind geboren hat, und wenn sie zudem vorschreibt, die Steine, mit denen diese Frau totgeschlagen werden soll, dürften nicht kleiner und nicht größer als die Faust eines erwachsenen Mannes sein, damit die Frau langsam stirbt und die gerechte Strafe schmerzlich zu spüren bekommt, denn das sei Gottes heiliger Wille.

Andere dagegen sagen, es sei gerecht, ja sogar notwendig und daher in vollem Einklang mit dem Geist der europäischen Kultur, eine Religion zu verurteilen, die solche Dinge erlaubt, es sei nötig, die Souveränität eines Staates, in dem so etwas passiert, in Frage zu stellen; ein Gericht, das solch entsetzliche Urteile spricht, müsse man zum Teufel jagen, man müsse sogar, wenn es keinen anderen Ausweg gibt, die Städte eines solchen Staates bombardieren, seine Armee zerschlagen, die Regierung vernichten, um die Menschen aus der Gewalt solch eines niederträchtigen Rechtes zu befreien, so wie man es vor kurzem mit Afghanistan getan hat.

Ist es also gerecht, dass die Behörden in Genf, wo man mir diese Geschichte erzählt hat, einen Lehrer arabischer Herkunft, der in einer öffentlichen Schule unterrichtete, auf der Stelle entlassen haben, weil er in einer Genfer Zeitung geschrieben hatte, eine Nigerianerin, die ein uneheliches Kind geboren hatte, solle genau an dem Tag gesteinigt werden, an dem sie aufhört, das Kind zu stillen, denn so wolle es Gott, und darüber gebe es keine Diskussion? Haben die Behörden dieser Schweizer Stadt gerecht, also im Einklang mit dem Geist der europäischen Kultur gehandelt, als sie entschieden, dass solch ein Mensch keinen Kontakt mit europäischen Kindern haben sollte? Aber es gibt doch selbst in Deutschland ein paar Millionen Moslems, und vielleicht wird einer von ihnen in zwanzig Jahren oder vielleicht auch früher, deutscher Präsident sein, und das *aussterbende Europa* wird sich aufgrund der Einwanderungen aus Ländern der Dritten Welt und anderer demographischer Faktoren derart verändern, dass es nicht wiederzuerkennen sein wird.

Die einen wollen uns davon überzeugen, dass es gerecht und richtig sei und somit mit dem Geist der europäischen Kultur übereinstimmt, im Kampf gegen den Terrorismus die Menschenrechte aufzuheben, dass alle Mittel erlaubt seien, um diese Seuche auszurotten, dass es gerecht sei, Bürger fremder Staaten zu entführen, die des Terrorismus verdächtigt werden, und sie ohne jegliches Gerichtsurteil im Stützpunkt Guantanamo in eiserne Käfige zu stecken und sie dort beliebig lange festzuhalten, dass es gerecht sei, die Entscheidungen des Haager Tribunals nicht anzuerkennen, denn das Respektieren dieser Entscheidungen erschwere effektive antiterroristische Operationen, mehr noch: dass es gerecht, erlaubt und sogar notwendig sei, Funktionäre spezieller Geheimdienste in fremde Länder zu schicken, zum Beispiel nach Dänemark oder Schweden, so wie es die zaristische Polizei – und nicht nur diese – getan hat, um auf der Straße Leute zu liquidieren, die des Terrorismus verdächtigt werden, dass es gerecht und richtig sei, Flugzeuge mit entführten Menschen an Bord abzuschießen, die von den Terroristen als fliegende Bomben benutzt werden können, dass man diejenigen zum Schweigen bringen müsse, die die Richtigkeit brutaler antiterroristischer Aktionen in Frage stellen und dazu aufrufen, selbst mit den größten Fanatikern zu verhandeln, und die Journalisten müsse man rücksichtslos vom Tatort vertreiben, damit sie der Gesellschaft keinerlei Informationen geben können, was dort geschieht.

Andere wiederum versuchen uns davon zu überzeugen, dies sei in höchstem Maße ungerecht und treffe in selbstmörderischer Weise den Kern des europäischen Wertesystems, obwohl es aussehe, als sei es notwendig und gerecht, und wenn wir weiterhin diesen Weg gingen, wüssten wir bald nicht mehr, was wir eigentlich verteidigen, so sehr würden wir uns verändern.

Wahrhaftig geheimnisvoll – wunderbar und schrecklich – ist die Welt. Und alles, was wir berühren, ist unscharf wie das Bild auf einer verschwommenen Fotografie. Wir wissen nicht, warum die Wirklichkeit eine so undurchsichtige Struktur besitzt, dass selbst die heiligen Bücher, auf die sich das Gebäude der europäischen Kultur stützt, uns keine klaren Antworten darauf geben, was es heißt, in konkreten Situationen gerecht zu handeln.

Deshalb wählen wir in schwierigen Situationen gewöhnlich ein vereinfachtes Bild der Welt, denn nur in einer schwarz-weißen Wirklichkeit sind wir fähig, Entscheidungen zu treffen und wirksam Gerechtigkeit walten zu lassen. Doch vielleicht gibt es – wie Shakespeare meinte – zwischen der Tat und der tieferen Erkenntnis der Welt einen nicht zu lösenden Widerspruch. Deine Rede sei *ja, ja – nein, nein* – sagen wir uns immer wieder. Aber die Wirklichkeit, die wir in eindeutige Worte und Entscheidungen zwängen wollen, spottet über uns, selbst wenn sie sich unserem Willen unterwirft, denn sie ist hundertmal komplizierter, als es uns die zwei harten Wörter versprechen. Sie sagt selten *ja, ja – nein, nein*. Sie besitzt wesentlich mehr Farben und Schattierungen. Es ist ein wahrhafter Wald von Dingen, verschlungen, dunkel, in dem nur ganz weit weg, im Dickicht zwischen den Bäumen, ein fernes Licht leuchtet, auf das wir zustreben. Und erfahrene Menschen sagen, dass derjenige, der zu viel sieht und zu viel weiß, ähnlich wie der, der zu wenig sieht und zu wenig weiß, leicht vom richtigen Weg abkommt und untergeht.

Wir können uns nur schwer, etwa nach dem Muster der großen alten Meister, vorstellen, wie das Jüngste Gericht aussehen wird und welche Urteile dort gefällt werden könnten: Gewiss werden die Gerechten von den Ungerechten geschieden werden wie auf dem berühmten Bild von Hans Memling, wo auf der linken Seite eine gläserne Treppe ist und auf der rechten rote Flammen lodern. Aber wir wissen nicht, wie der Richter ein gerechtes Urteil für jemanden fällen wird, der Menschen der kommunistischen Geheimpolizei ausgeliefert hat, um das Geld für die Rettung seiner krebskranken Tochter aufzubringen. Wie das gerechte Urteil für einen Präsidenten ausfallen wird, der den gerechten Befehl gibt, ein Passagierflugzeug mit Kindern an Bord abzuschießen, das sich über Washington, Hamburg, Stockholm oder Warschau in der Gewalt von Terroristen befindet. Wie es einen israelischen Polizisten richten wird, der für die gerechte Sache vermeintliche Terroristen foltert, um aus ihnen Informationen über ein geplantes Attentat herauszubekommen, die es ermöglichen, das Leben Hunderter Unschuldiger zu retten. Wie wird es einen palästinensischen Kämpfer richten, der Bomben unter Wohnhäuser unschuldiger Menschen legt, derselben unschuldigen Menschen, die seelenruhig ihren Zettel in die Wahlurne werfen und auf diese Art und Weise den Palästinensern das Recht auf uneingeschränkte Unabhängigkeit absprechen? Wie wird es die Mullahs richten, die in voller Überzeugung, den heiligen göttlichen Willen zu erfüllen, die Frau zur Steinigung verurteilen, die ein uneheliches Kind geboren hat? Und wie wird es diejenigen richten, die diese Frau eigenhändig mit Steinen erschlagen in der Überzeugung, das sie richtig und gerecht, weil in Übereinstimmung mit ihrem Gewissen und mit den religiösen Vorschriften, handeln? Und wie wird es uns richten, wenn wir nicht versuchen, diese Frau zu retten, indem wir zumindest einen Protestbrief zu ihrer Verteidigung schreiben, denn auf die großen Dinge dieser Welt haben wir zwar keinen großen Einfluss, aber vielleicht haben wir in dieser einen, kleinen (?) Sache doch ein wenig? Und wie wird es all jene richten, die früher Frauen auf Scheiterhaufen verbrannt haben, in der Überzeugung, dass sie gerecht handeln, zum Wohle dieser Frauen, zum Wohle der Menschheit und der Kirche?

Und was ist mit Europa? Europa wird Europa sein, solange es in der Lage ist, diese Fragen zu stellen. Solange es also seine moralische Unruhe nicht loswerden wird, der diese Fragen entspringen. Das ist sein größtes Erbe, auch wenn wir Europäer selbst – wie die blutige Geschichte unseres Kontinents zeigt – nicht immer im Einklang mit diesem Erbe gelebt und so genannte unnötige Komplikationen, die ein effektives Handeln erschweren, manchmal verächtlich zurückgewiesen haben.

Das Europäischste an uns ist, dass wir immer noch fähig sind, diese Fragen zu stellen, und dies auch immer wieder tun. Und dass auch die europäische Literatur sie zu stellen vermag. Denn es gab und gibt leider Zivilisationen auf der Welt, die nicht imstande sind, solche Fragen zu stellen, und das auch gar nicht wollen. Europäisch ist an uns das Bewusstsein über die Kompliziertheit der menschlichen Welt, ein Bewusstsein, das uns vor dem Schwarz-Weiß-Sehen schützt. Das Bewusstsein des Konflikts zwischen Erkennen und Handeln, zwischen Ethik und Politik, Gerechtigkeit und Erbarmen, individuellem Schicksal und kollektiver Verantwortung, zwischen Strafe und Rache, Wirksamkeit und Wahrheit. Ein schwieriges Bewusstsein, das wir von Shakespeare, Goethe, Thomas Mann, Mickiewicz und der Kultur der klugen alten Griechen geerbt haben. Denn eben die *unnötigen Komplikationen* des Nachdenkens darüber, was in der Welt und in den Herzen der Menschen geschieht, macht uns zu Europäern, obwohl die europäische – und nicht nur die europäische – Massenkultur alles tut, damit wir diese *Komplikationen* vergessen.

Der polnische Dichter Zbigniew Herbert hat in einem seiner Gedichte geschrieben: *Am schönsten ist Nike in dem Moment, in dem sie zögert.* Ich sage es ganz deutlich: Das wirkliche Europa ist für mich das Europa, das zögert. Und das trotz des Zögerns effektiv zu handeln vermag. Das sich also in dem schwierigen Raum zwischen dem uns – wie wir manchmal denken – *schwächenden* Bewusstsein der Undurchsichtigkeit der Welt und der Notwendigkeit eindeutiger Entscheidungen zu bewegen vermag, zwischen dem Skrupel und der Gewissheit der Richtigkeit des eigenen Handelns, zwischen kritischer Selbstironie und Eifer, in dem moralischen Raum, den man manchmal einfach als Raum des europäischen Gewissens bezeichnet.

Und eben darin sehe ich seinen wirklichen Geist.

Der uns nie verlassen möge.

Und ich selbst will alles dafür tun, dass dieser Geist mein Schreiben leitet.

Aus dem Polnischen von Renate Schmidgall

Aleš Debeljak

Ich möchte betonen, dass die Anziehungskraft des Kosmopolitismus in seinem empathischen Potenzial liegt, welches als geschärfter Sinn für die Notwendigkeit verstanden werden kann, die Welt, wenn auch nur einen flüchtigen Moment lang, mit den Augen des Anderen zu sehen.

Aleš Debeljak

Slowenien

1961 geboren, studierte er Philosophie, Vergleichende Literaturwissenschaft und Soziologie in seiner Geburtsstadt Ljubljana und in Syracuse (USA), wo er zum Ph. D. promovierte. Dem Lyriker, Kulturkritiker und Übersetzer wurden zahlreiche internationale Auszeichnungen verliehen, darunter der slowenische Nationalpreis für Literatur. Er gilt als einer der führenden Dichter Mitteleuropas, dessen Werke in viele Sprachen übersetzt werden. In New York gibt Aleš Debeljak die Buchreihe *Terra Incognita: Writings from Central Europe* heraus. Er lebt mit seiner Familie in Ljubljana und unterrichtet als Professor an der dortigen Universität Kulturwissenschaften.

In deutscher Übersetzung u. a.:

Untergang der Idole
Aus dem Slowenischen von Franci Zwitter
Wieser Verlag, Klagenfurt-Salzburg 1994

Gemeinsame Träume. Europa ohne Europäer?
In: Lettre International 57, II/2002

Auf der Suche nach dem verlorenen Paradies.
Aus dem Slowenischen von Franci Zwitter u. a.
Wieser Verlag, Klagenfurt-Salzburg 2003

Konzentrische Kreise der Identität

Rad bi poudaril, da kozmopolitizem črpa svojo privlačnost iz empatičnega potenciala, ki ga je morda mogoče prevesti v povišan občutek za potrebo, da bi se videlo, četudi le za bežeči trenutek, svet skozi oči drugega.

König Arthur und die Ritter der Tafelrunde, das Nibelungenlied, der lange Feldzug des russischen Fürsten Igor oder die in der Krypta des Krakauer Wawel Schlosses vor sich hin modernden königlichen Knochen, die lustlos die polnische Phantasie anregen, wenn der Kalender der nationalen Rituale zur Begehung einer Feier anhält: Die meisten europäischen Nationen sind in der Lage, in einer Erzählung ihrer Geschichte eine Bedeutung zu finden, die ihnen in Momenten der Krise für ihre weltlichen Unternehmungen, ihren kulturellen Stolz und ihre kollektive Identität einen Halt bietet. Geschichte hat, wie wohl bekannt ist, auch die Bedeutung der Geschichte als Erzählung. Eine Geschichte trägt dazu bei, den Raum der eigenen Er-Kenntnisse von innen heraus zu formen. Die Bedeutung einer individuellen Biographie, der eigenen Geschichte, überrascht nicht, kann sie doch, meiner Meinung nach, ihren vollen Ausdruck nur innerhalb des Kreises einer bestimmten kollektiven Tradition finden. Eine Geschichte über diese Tradition ist in der Lage, einem von Tatsachen wimmelnden Chaos eine bedeutsame Ordnung zu geben. In den öffentlichen Auseinandersetzungen zwischen ihren vielfältigen Prägungen nimmt eine Erzählung über die Vergangenheit eine zentrale Stelle für das gegenwärtige Selbstverständnis einer Gemeinschaft ein. Die Art, wie man über die Schulter zurückschaut, bestimmt die Art, wie man die Gegenwart sieht.

Was sehe ich, wenn ich über meine Schulter in die Sammelbecken kollektiver Tradition schaue? Ich sehe Slowenen, die das leise Murmeln der Inspiration nicht nur im Positivismus der Kulturgeschichte hören, sondern vielleicht am deutlichsten in der *nationalen Mythologie* – selbst wenn sie von einem so bescheidenen Ensemble von Figuren zusammengehalten wird wie die Schöne Vida, die sich tränenvoll in ihrem Ammenexil nach der Heimat sehnt, von Črtomir, dem Führer einer Bauernarmee, die von den eindringenden Christen geschlagen wurde, von König Mathias, der für immer im Herzen eines Berges mit seinen Befreiungssoldaten wartet, Martin Krpan, einem siegreichen Bauern, der den Wiener Hof erfolgreich gegen die Türken verteidigte und, zu guter Letzt, von Knecht Jernej, einem aufständischen Proletarier, und Martin Čedermac, einem antifaschistischen katholischen Priester. Sie alle gelangten direkt aus der traditionellen slowenischen Folklore und der frühmodernen Literatur in das Bewusstsein der Öffentlichkeit.

Ihre symbolische Bedeutung ist aber noch überhaupt nicht festgelegt, denn miteinander im Wettstreit stehende öffentliche Interpretationen führen noch die Auseinandersetzung über den Konflikt zwischen großen öffentlichen Taten, die im Namen einer größeren Gruppe begangen werden, und dem privaten Wunsch nach einem guten Leben. Diese Helden offenbaren, wie sehr das kollektive Dilemma der Slowenen beständig mit dem Dilemma einer kulturellen Identität verbunden war, einer Identität, die von ihren Gegnern nicht anerkannt wird – so wie sie von den Deutschen und den Österreichern nicht anerkannt wurde, unter denen die Slowenen elf lange Jahrhunderte lebten, oder auch von den Serben, mit denen, und häufig auch unter denen, die Slowenen siebzig Jahre lang in einem *gemeinsamen jugoslawischen Haus* verbrachten. Diese Helden der nationalen slowenischen Mythologie mussten zuerst selbst die eigene Identität aus Stein hauen und dann mühevoll für deren öffentliche Anerkennung kämpfen. In der slowenischen Kultur, und besonders in der Literatur als dem modernen Ersatz für Mythologie, kann man das Auftreten des Archetyps der *Riten des Übergangs* beobachten. Auch dieser Archetyp birgt Andeutungen in sich, deren Bedeutung sich den Slowenen bis zum heutigen Tag erschließt, auch wenn ich zugebe, dass die kollektive Inspiration heutzutage doch eher von den internationalen Ikonen der Kulturindustrien als von lokal verbreiteten Romanen genährt wird.

Metaphorisch gesprochen, besteht der slowenische Nationalstaat, damit die slowenische Sprache zusammen mit der Kultur, die sie als grundlegende Struktur des Denkens und Fühlens zum Ausdruck bringt, über das Maß der herablassenden Verwendung hinaus praktiziert werden kann, welche die österreichischen Eroberer den Slowenen gestatteten. Diese verwendeten sie, um mit ihren Pferden zu kommunizieren. Die führende Stimme der slowenischen Dichtkunst des zwanzigsten Jahrhunderts, der voraussehende Edvard Kocbek (1904–1981) schuf diese prägnante Metapher in seinem Gedicht *Die Lippizaner* aus den 60er Jahren:

> Andere verehrten heilige Kühe und Drachen,
> tausendjährige Schildkröten und geflügelte Löwen,
> Einhörner, doppelköpfige Adler und Phönixe,
> wir aber wählten das schönste Tier,
> das sich auszeichnete auf Schlachtfeldern, in Zirkussen,
> gezäumt für Prinzessinnen und die goldene Monstranz,
> daher sprachen die Herrscher von Wien
> Französisch mit agilen Diplomaten,
> Italienisch mit charmanten Schauspielerinnen,
> Spanisch mit dem ewigen Gott
> und Deutsch mit ungebildeten Dienern:
> zu den Pferden aber sprachen sie in Slowenisch.

Slowenisch ist daher mehr als nur ein Instrument zur technisch-formalen Kommunikation, es ist mehr als eine Sprache, die man zufälligerweise spricht. Wird seine öffentliche Verwendung vernachlässigt, verachtet oder erschwert, bedeutet dies für die Wahrheit der kollektiven Geisteshaltung den beständigen Niedergang. Schlecht geschrieben ist schlecht gedacht, merkte Theodor W. Ardorno an. Am wahrscheinlichsten kann man nur in der Sprache *gut denken,* das heißt mit der Gesamtheit seines Wesens, die es einem ermöglicht, sich ganz persönlich, mit den Worten der Liebe, des Gebets und der Dichtung auszudrücken, in denen sich die körperliche Dringlichkeit über eine kritische Reflexion hinwegsetzt. Deshalb sollte es nicht unmöglich sein, die Muttersprache als primäres Element kultureller Identität anzusehen, welches das integrierte Europa ehren und bewahren sollte. Wenn wir die Muttersprache nicht für alle komplexen Formen des miteinander Redens verwenden (Handel, Wissenschaft, Verwaltung, Medizin und so weiter), in denen allein eine komplexe Sicht der Realität ausgedrückt werden kann, dann verkümmert sie zur Sprache einer behinderten Nation.

Ich muss betonen, dass die Trennung zwischen ethnischer und staatsbürgerlicher Identität besonders wichtig ist. Ich erinnere mich, dass, bis Mitte der 1970er, eine Vielzahl von Identitäten ein beträchtliches Maß öffentlicher Verbreitung in meinem Geburtsland, der früheren jugoslawischen Föderation, genossen. In ihr, so undemokratisch sie auch war, konnte ein einzelner Bürger zumindest eine doppelte Identität – als ethnischer Kroate, Slowene, Serbe oder Mazedonier und, gleichzeitig, als ein Mitglied einer größeren politischen Einheit – haben. Dies war nicht nur möglich, sondern weitgehend akzeptiert. Nach dem Zerfall Jugoslawiens scheint diese historische Lektion bei den nationalen Gemeinschaften, die aus der Asche des früheren Jugoslawiens hervorgingen, fast in Vergessenheit geraten zu sein, zogen sie es doch vor, sich für die Definition ihrer jeweiligen Nationalstaaten auf eine exklusiv ethnische Identität anstelle einer inklusiv staatsbürgerlichen Identität zu beziehen.

Sowohl als Künstler, der sich universeller Ausdrucksformen bedient, um das darzustellen, was meiner Meinung nach eine persönliche Sicht ist als auch als ethnischer Slowene mit einer besonderen kollektiven Erfahrung im Rücken, habe ich allmählich die Anziehungskraft des Kosmopolitismus zu schätzen gelernt. Kosmopolitismus beinhaltet, dass die eigene Ausdrucksweise und, in der Tat, das eigene Wesen gerade durch die Berührung mit anderen Sprachen und anderen kulturellen Traditionen schöner werden. Dem Kosmopolitismus mangelt es vielleicht an der emotionalen Anziehungskraft kollektiver Identität, die zum Beispiel der Nationalismus bietet, aber er gewinnt, weil er individuellen Haltungen Raum gibt. Dies ist in großem Maße eine Frage der ethischen Entscheidung. Es mag sehr wohl wahr sein, dass dies einer der Hauptgründe ist, warum der Kosmopolitismus keinen breiten Zuspruch genießt, ein Streben danach ist aber alles entscheidend, wenn wir nicht nur überleben wollen, sondern nach einem sinnvollen und sicheren Leben trachten. *Was auch bedeutet, dass wir uns allein nicht genügen, dass wir untrennbar mit dem Schicksal eines jeden anderen auf diesem Planeten verbunden sind, und dass wir eine Welt der Würde und Menschlichkeit nur gemeinsam errichten können. Ferner bedeutet es aber auch, dass wir dies nur erreichen können, wenn wir völlig wir selbst sind. Kosmopoliter Globalismus und patriotischer Lokalismus sind deshalb zwei untrennbare Gesichter der gegenwärtigen Weltsituation, aus der ein gewisses Maß an Spannung nicht wegradiert werden kann, schrieb Alberto Melucci ermutigend in Co-existing with Differences* (1998).

Der rechtliche Rahmen für den Kosmopolitismus ist in der staatsbürgerlichen Identität gegeben. Die selbstgewählte, staatsbürgerliche Identität unterscheidet sich stark von einer *natürlichen,* ethnischen Identität, da sie auf der Anerkennung von Unterschieden und deren aktiver öffentlicher Darstellung und nicht auf liberaler Toleranz beruht. Letztere tarnt ihren grundsätzlich passiven Charakter, da sie anderen, unterschiedlichen und vielfältigen Traditionen nur erlaubt, Seite an Seite zu existieren. Als solche, kann sie nicht vollständig getrennt gesehen werden von einer selbstbeweihräuchernden, aber zutiefst bevormundenden Haltung. Ich möchte betonen, dass die Anziehungskraft des Kosmopolitismus in seinem empathischen Potenzial liegt, welches als geschärfter Sinn für die Notwendigkeit verstanden werden kann, die Welt, wenn auch nur einen flüchtigen Moment lang, mit den Augen des Anderen zu sehen. Kosmopolitismus verbindet daher aktiv, ohne zu vereinigen und trägt daher zu einer Transformation der *natürlichen, ererbten* und *echten* Identitäten in eine staatsbürgerliche Identität bei, die auf allgemeiner Rechtsstaatlichkeit beruht, welche frei von freien und gleichen Menschen angenommen wird. Eine solche Akzeptanz der Rechtsstaatlichkeit kann es nur in modernen, säkularen und demokratischen Nationalstaaten geben.

Im post-kommunistischen Mittel- und Osteuropa greifen zwei Formen von Provinzialismus diesen kosmopoliten Habitus an. Die erste kam durch die häufig gewalttätige *Nabelschau* auf, das heißt durch eine Geisteshaltung, die nichts von anderen lernen und noch viel weniger diese anderen im öffentlichen Leben akzeptieren kann, dies tun würde oder dazu in der Lage wäre. Die bona fide Haltung liberaler *Internationalisten* stellt die zweite Form von Provinzialismus dar. Sie scheuen jedes kleinste Anzeichen nationaler kultureller Identität und schrecken zurück in der Angst, möglicherweise mit lokalen Konservativen in einen Topf geworfen zu werden. Letztendlich geben sie jeder Idee, die aus dem Westen kommt, ihre unkritische Unterstützung. Solche Köpfe stehen mit einem einschmeichelnden *Gesundheit* zur Seite, sobald ein angesagter Kulturguru in Paris, London oder Berlin niest.

Die *Samtrevolutionen* von 1989 boten in der Tat den Anschein, nationale Ideen hätten eine Renaissance in Mittel- und Osteuropa, und fachten damit die Debatten über die Gültigkeit kollektiver Erfahrung an, während sie gleichzeitig die Menschen mit dem billigen Versprechen lockten, Konflikte würden sich in den neuen, unabhängigen Nationalstaaten wundersam von selbst lösen. Ein Jahrzehnt nach 1989 aber ist sehr deutlich geworden, dass sich auf den Ruinen des kommunistischen *Ancien Régime* nur wenige eigenständige Ansätze zu der Beziehung zwischen nationaler und globaler Facette kollektiver Identität herauskristallisieren konnten. Viele Intellektuelle aus Mittel- und Osteuropa haben murrend die Rolle der *armen Verwandten* akzeptiert, die nur miteinander wetteifern, um ihre reichen Vettern in Europa, das heißt, in Westeuropa, wie es in der Europäischen Union Gestalt gefunden hat, zu beeindrucken.

Aber, über was für eine Art von Europa sprechen wir überhaupt? Ich meinerseits bleibe weiterhin überzeugt, dass sich die Diskussion auf den folgenden Unterschied zwischen zwei Aspekten der europäischen Idee konzentrieren sollte. Einerseits ist das Projekt der Integration vielfältiger Nationen in einer *noch engeren* Europäischen Union als vornehmlich politisch-ökonomisches und technologisches Unterfangen zu verstehen. Als solches ist es ein Ziel, das ebenso interessant wie unvermeidbar ist. Andererseits muss man Europa als gemeinsame, wenn auch schwer zu fassende kulturelle und geistige Landschaft begreifen. Welcher Preis ist zu zahlen, wenn der erste Aspekt den zweiten überwiegt? Das moderne Europa zeigt sich nicht nur in der edlen Tradition der griechischen Philosophie, des römischen Rechts, des Humanismus der Renaissance, der romantischen Dichtkunst und in dem politisch entscheidenden Erbe der Aufklärung, den universellen Menschen- und Bürgerrechten. Das gegenwärtige Bild von Europa zeigt sich vermehrt auch in der populären, rechtsradikalen Politik als *Festung Europa,* als *verbarrikadierte Gesellschaft* und als *Faschismus mit menschlichem Antlitz.* Dieses unerschütterliche, konservative Bewachen der Tore wird genutzt, um eine als *natürlich* angesehene ethnische Gemeinschaft zu fördern, in die man entweder hineingeboren wird oder ausgeschlossen bleibt. *Tertium non datur.*

Für mich, der ich aufgrund meiner Berufung Dichter und aufgrund meiner Wahl Kritiker bin, ist es die Dichtung, die den Charakter menschlicher Existenz in seiner destilliertesten Form offenbart. Nicht unähnlich vielen anderen Dichtern, sehe ich in der Dichtung mein wirkliches Vaterland, nur innerhalb ihrer Geographie und Geschichte fühle ich mich wirklich zu Hause. In den zerbrechlichen Palästen der Dichtung könnte man den Urtext des Lebens finden, der bereit ist, sein Geheimnis zu lüften. Mit ihrer fremden und schönen Einfachheit zarter Gefühle und pochenden Schmerzes gelingt es nur der Dichtung, mein Herz auf eine Anmut und Weisheit einzustimmen, die einem Ort entspringen, wo Spinnen ihre Netze im Stillen weben, in den Gossen verrottender Träume, um Ben Okri zu paraphrasieren. Da sie in ihrer sozialen Marginalität in der heutigen Unternehmenswelt geschäftlich irrelevant ist, kann nur die lyrische Dichtung ungehindert Angst und Hoffnung wecken, die in solchen Ecken des Herzens wohnen, in die sich nur verzweifelte Abenteurer wagen. Verzweifelt? Warum verzweifelt? Weil das ursprüngliche Abenteuer der Menschheit der Wunsch ist, die Begrenzungen des Selbst, die nicht weniger bequem als erstickend sind, zu überwinden.

Lyrische Dichtung ist aber mit der Muttersprache vermählt und rennt damit gegen die Begrenzungen einer spezifischen ethnischen Tradition an. Es kommt natürlich auch zu Scheidungen, aber diese führen nur selten zu einer Besserung der Partner. Für einen Dichter ist die Muttersprache von primärer Bedeutung; das steht außer Frage. Czesław Miłosz, zum Beispiel, hat in der Dichtung als seiner Hauptbeschäftigung niemals den Versuchungen möglicher Karrierevorteile nachgegeben und lehnt es auch nach dreißig Jahren des Lebens in Kalifornien ab, sein ursprüngliches Polnisch gegen das weltumfassend verbreitete Englisch einzutauschen.

Auch wenn es eine Anzahl exzellenter ausländischer Schriftsteller des zwanzigsten Jahrhunderts gibt (Samuel Beckett, Emile Cioran, Vladimir Nabokov, Milan Kundera etc.) die erfolgreich zu der Sprache der von ihnen gewählten Länder gewechselt haben, so handelt es sich bei ihnen doch um die Ausnahmen, die die Regel bestätigen. Ein wahrer Dichter ist in seine Muttersprache hineingeboren, in ihre Last und Inspiration. Kein Wunder, dass diese Ausländer vornehmlich wegen ihrer Prosa und nicht der Dichtung bekannt sind, die aus dem Bewusstsein hervorgeht, dass die Gesamtheit formativer Ereignisse, durch die der *genius loci* ausgedrückt wird – symbolische, historische, soziale und metaphysische – in den Schichten der eigenen Muttersprache verborgen liegen, so dass eine ethnische Tradition einen mehr oder weniger greifbaren Anker zu bieten scheint.

Ein versöhnlicher Aspekt der modernen Welt ist immerhin, dass wir nicht in nur einer Tradition eingebettet leben. Konzentrische Kreise der Identität gehen von dem engsten, lokalen und damit fruchtbarsten Umfeld aus, von einem Leben in der Nachbarschaft, sie dehnen sich aus, um sich an regionale Gewohnheiten anzupassen, ziehen in abstrakterer Form weiter auf die Ebene nationaler, staatlicher und europäischer Identität und enden für diejenigen unter uns, die über die am besten gestimmten Instrumente der Vorstellungskraft verfügen, vielleicht sogar in einem gemeinsamen Menschsein.

Aus dem Englischen von Hilla Widemann

Jörn Donner

Die Verwirklichung einer europäischen Wertegemeinschaft im täglichen Sprachgebrauch erfordert politische Beschlüsse und politisches Handeln. Voraussetzung bleibt, dass wir um unsere Unterschiede und unterschiedlichen Erfahrungen wissen. Die Rolle der Literatur ist eine am Rande.

Jörn Donner

Finnland – gehört zur schwedischen Minderheit

– zweisprachig

1933 in Helsinki geboren, ist Schriftsteller, Politiker, Schauspieler und Filmregisseur. Nach seinem Studium an der Universität Helsinki arbeitete er zunächst als Filmkritiker, Publizist und Autor von Reisebüchern. In den 60er Jahren gründete Jörn Donner seine eigene Produktionsfirma und leitete von 1978 bis 1982 das Schwedische Filminstitut. Er war bis 1995 Abgeordneter des Finnischen Reichstags (als Vertreter der Schwedischen Volkspartei), wurde 1995 als Finnischer Generalkonsul nach Los Angeles berufen und als Vertreter der Sozialdemokraten ins Europaparlament gewählt.

International ist Donner vor allem als Filmregisseur bekannt. Als seine besten Filme bezeichnet er die frühen Werke *En Söndag i September (Ein Sonntag im September,* 1963) und *Black on White (Schwarz auf Weiß,* 1968). Trotzdem ist er mit bereits 50 erschienenen Werken (vor allem Belletristik, Essays und Reisesachbücher) in erster Linie ein Schreibender. Sein erstes Buch erschien 1951, sein Roman *Far och Son (Vater und Sohn,* 1984) gewann den Finlandia-Preis.

Da Jörn Donners Romane bisher nicht ins Deutsche übersetzt sind, hier ein Hinweis für ausführliche Informationen zu Jörn Donner (in englischer Sprache): http://www.kirjasto.sci.fi/jdonner.htm

schreibt schwedisch, über Finnland

Europa, vom Rand aus gesehen

För att en europeisk värdegemenskap skall bli verklighet i vardagliga termer krävs politiska beslut och politisk handling. Det är en lång process. Början har blivit gjord. Det förutsätter att vi har kunskap om varandras olikheter och olikartade erfarenheter. Litteraturens roll är marginell.

Europa beschäftigt mich, seit ich erwachsen bin. Ich habe alle europäischen Länder bereist. Und doch spielt der Begriff Europa im täglichen Leben kaum eine Rolle, es sei denn im Zusammenhang mit dem Euro, der nun zwölf Länder in der Union vereint. Ich lebe am Rande. Trotzdem weiß ich, dass dasselbe Meer, an dessen Ufer mein Haus steht, sich bis zum Mittelmeer hin erstreckt und einen Teil Europas umschließt.

Der große Unterschied zwischen dem Zentrum und der Peripherie Europas bleibt einigermaßen schwer verständlich für den, der in der Mitte des Erdteils lebt, womit ein relativ großer Bereich des Kontinents gemeint ist – von Frankreich im Westen bis Polen, von der Küste im Norden Deutschlands bis hin zu Teilen von Norditalien, einschließlich jenes Triest, das Italo Svevo und später Claudio Magris eingehend beschrieben haben.

Zur Peripherie gehören Finnland, Irland, Portugal und Griechenland. Im geographischen Sprachgebrauch meinte man, mit den Worten de Gaulles, *ein Europa vom Atlantik bis zum Ural,* man hat aber Mühe, große Teile Russlands in unsere Diskussion mit einzubeziehen. Während der Zeit seines Entstehens als Nation im 19. Jahrhundert stand Finnland jedoch teilweise unter dem Einfluss europäischer Ideen, die aus St. Petersburg importiert waren, Gesetzgebung und Rechtswesen kamen freilich aus dem Westen.

Als Deutsch und Französisch die internationalen Gelehrtensprachen waren, in gewissem Umfang auch Latein, wirkten die kulturellen

Einflüsse vom Zentrum Europas auf dessen Ränder am stärksten. Dieser Trend wurde dann vom wachsenden Einfluss der angelsächsischen Kultur, zumal der amerikanischen, gebrochen, vermehrt nach dem Zweiten Weltkrieg. In den meisten entwickelten europäischen Ländern ersetzte man Deutsch oder Französisch als erste Fremdsprache durch Englisch – eine Entwicklung, die sich im Computerzeitalter und unter dem Einfluss des Internets noch verstärkt. Musik, Filme und Fernsehen aus den USA dominieren den Alltag in Europa, ohne dass dieses sich auflehnen würde.

Die innereuropäische Migration war schon immer beträchtlich, manchmal freiwillig, manchmal unter Zwang. Als Strafe für die Unmenschlichkeit Nazi-Deutschlands wurden über zehn Millionen Deutsche aus den Heimatgebieten, wo ihre Familien oft jahrhundertelang gelebt hatten, nach Westen vertrieben. Längst nicht alle blieben so gelassen und verständnisvoll wie Marion Gräfin Dönhoff. Sie besiedelten eine verkleinerte, für lange Zeit geteilte fremde Heimat, aber sie mussten ihre Sprache nicht ändern.

Millionen von Ungarn wurden für die Teilnahme ihres Landes am Ersten Weltkrieg an der Seite der Zentralmächte mit einer anderssprachlichen Fremdherrschaft bestraft, während sie ihren Wohnort aber im Großen und Ganzen behalten durften. Im Elsass vollzog sich dieser Wechsel der Nationen in einem Zeitraum von fünfundsiebzig Jahren allein vier Mal.

Finnland war bis 1918 ein ausgeprägter Agrarstaat. In den letzten vierzig Jahren kam es zur großen Völkerwanderung: von dünn besiedelten Gebieten in die größeren Orte, von größeren Orten in die Städte, von Norden nach Süden, aber auch nach Schweden, wo die Sprache zwar fremd, die Verhältnisse sonst aber ähnlich waren. Überall in Europa nahm die Urbanisierung ihren dramatischen Lauf.

Im früheren, offenen Europa, vor der Geburt des modernen Nationalismus, begaben sich unternehmungslustige Europäer auf der Suche nach einer besseren Zukunft in die Fremde. Die Geschichte meiner eigenen Familie erzählt davon. Im Jahre 1694 kam ein Deutscher aus Lübeck als Schullehrer in einen schwedischen Ort, an jene Stelle, an der St. Petersburg gegründet wurde. Über Viborg zog er mit seiner Schulklasse nach Helsinki und dann nach Stockholm, durch Heirat entstand für seine Nachkommen aber eine Bindung an Gamlakarleby an der finnischen Westküste, und mein Großvater zog später nach Helsinki, wo damals die einzige Universität des Landes stand. Dort ist die Familie geblieben.

Migration, ob freiwillig oder unfreiwillig, bringt nicht nur eine Veränderung der Umgebung mit sich, sondern oft auch eine der Sprache. Im vielsprachigen, multikulturellen Amerika ist der Weg zu akademischem oder wirtschaftlichem Erfolg vollkommen abhängig von englischen Sprachkenntnissen. Europa ist ein babylonischer Turm aus vielen Nationalsprachen geblieben, wobei oft vergessen wird, dass es auf unserem Kontinent noch immer kleine Sprachinseln gibt. Viel zu oft übersieht man solche Fragmente, deren Überleben im Wesentlichen vom Wohlwollen jener Staaten abhängt, in denen sie geographisch gelegen sind. Ein Beispiel dafür ist das Samische, das sowohl in Norwegen als auch in Schweden und Finnland gesprochen wird und derzeit eine verspätete Renaissance erlebt.

Gern wird behauptet, die europäischen Sprachen seien gleichrangig. Das stimmt nicht. Besonders im Bereich der Literatur führt eine Einbahnstraße von den großen Sprachen zu den kleineren. Vertrautheit mit dem literarischen und intellektuellen Erbe Europas setzt die Bekanntschaft mit Montaigne, Goethe, Shakespeare und Cervantes voraus, kaum aber die mit der literarischen Tradition Polens. Zuweilen kann die Peripherie das Zentrum beeinflussen, wie das Beispiel James Joyce zeigt, aber auch Joyce hat in einer großen europäischen Sprache geschrieben, ebenso wie Musil und Proust.

Wenn sprachliche Gemeinschaft fast ein Ding der Unmöglichkeit bleibt, vor allem nach einer Erweiterung der EU, gibt es denn dann etwas anderes – ein europäisches Ideal oder eine europäische Idee?

Vor dem Hintergrund eines Europas, das zwei Weltkriege verursacht hat, den Tod von etlichen Zehnmillionen Menschen durch Krieg und Unterdrückung, ist es vielleicht vermessen, von einer solchen Idee zu sprechen.

Die praktischen Schwierigkeiten sind groß; ich will das zu beleuchten versuchen, indem ich meine eigene Entwicklung und mein Verhältnis zu Europa beschreibe: Paradoxa im Lichte unterschiedlicher europäischer Erfahrungen. Mein Eintritt ins Erwachsenenalter fiel in die Zeit des Kalten Krieges, die erste Hälfte der fünfziger Jahre. Der Zufall wollte es, dass ich dem europäischen Kontinent im Sommer 1952 zum ersten Mal in Berlin begegnete. Die Stadt lebte immer noch in einem Nachkriegszustand, der – wie meine Reisen in die unter sowjetischer Vormundschaft stehenden Teile Europas zeigten – noch bis 1989 anhielt. Der krasse Unterschied zwischen den beiden Teilen Berlins fiel schon 1952 auf, trotzdem konnte man ihn zum Teil noch mit der Erklärung abtun, die fusionierten drei Teile im Westen seien stark subventioniert, während Ostberlin schon damals die Last eines repressiven politischen Systems zu tragen hätte. Politische Diktatur und die Idee von Europa lernte ich als unvereinbare Gegensätze kennen. Insofern war Europa klein.

Im selben Jahr richtete Helsinki die Olympischen Spiele aus, unter Teilnahme auch der Sowjetunion. Und im selben Jahr bezahlte Finnland die letzten Reste einer recht belastenden Reparation, nachdem man in zwei Kriegen, 1939–1940, teils auch 1941–1944, zunächst einen Verteidigungskampf gegen die Aggression der Sowjetunion geführt hatte, sich dann aber auch als *cobelligerent* an der nazideutschen Aggression gegen die Sowjetunion beteiligt hatte, worauf man nach dem Waffenstillstand 1944 einerseits den harten Wirtschaftsbedingungen zustimmen musste, zugleich aber versprach, die deutschen Truppen aus Nordfinnland zu vertreiben. Am 25. April 1945 verließen die letzten deutschen Soldaten das Land.

Die Beziehungen zum übrigen Europa verdüsterten sich durch den *Freundschafts- und Beistandspakt* Finnlands mit der Sowjetunion. Das Land sollte gemeinsam mit den Russen gegen einen Angriff Deutschlands oder eines seiner alliierten Partnerländer verteidigt werden können. Auf diese Weise war es unmöglich, Finnland in die westeuropäische Integration und die anhaltenden Bemühungen darum mit einzubeziehen.

Trotz des Pakts, der sich im finnischen Alltag kaum bemerkbar machte, entwickelten sich die Handelsbeziehungen zu den wichtigsten Abnehmerländern, besonders zu Deutschland, positiv. Kulturell wuchs die angelsächsische Dominanz, mit Auswirkungen auch auf Wissenschaft und Technologie. Als später das Reisen im Zeitalter des Chartertourismus zum Allgemeingut wurde, flog man nach Spanien,

Italien und in andere Teile Südeuropas, freilich nicht aus Wissensdurst, sondern wegen der Sonne.

Politisch verhielt es sich nicht ganz so. Der offizielle Staat proklamierte *ewige Freundschaft* mit der Sowjetunion. Versuche, im Konflikt zwischen den Großmächten als neutraler Staat anerkannt zu werden, wurden von Moskau zurückgewiesen. Durch geschickte Diplomatie erreichte man aber die Anerkennung des Freihandels mit Westeuropa und seiner sich im Keim entwickelnden ökonomischen und politischen Integration. Es sollte aber noch bis 1989 dauern, bevor man sich einer so harmlosen Gemeinschaft wie dem *Council of Europe*, dem Europarat in Straßburg, anzuschließen wagte.

Die Frage, wo wir stehen und warum, gewann in der Zeit des Kalten Krieges für mich immer mehr an Bedeutung. Schreiben hieß, Stellung nehmen, auch zu den zentralen ideologischen Zielen. Aus diesem Grund, aber nicht nur deshalb, fuhr ich, sooft ich konnte, nach Europa. Viele glaubten an eine Annäherung der einander entgegengesetzten Systeme. Das Wort vom *friedlichen Zusammenleben* machte die Runde, um der Angst vor einem Krieg zu entgehen.

Unter diesen Bedingungen war es dennoch nicht ausgeschlossen, den eigentümlichen Balanceakt Finnlands zu verstehen: Auf der einen Seite gab es den offiziellen Staat, der sich die Sowjetunion mit einer freundschaftlichen Umarmung vom Leibe hielt, auf der anderen eine Gesellschaft, die sich *de facto* zu den westeuropäischen Idealen bekannte. In den Massenmedien wurde Finnland damals Opfer einer Selbstzensur, die im oft zitierten Vorwurf der *Finnlandisierung* gipfelte, was in einer bestimmten Auslegung ein Berücksichtigen der Wünsche Moskaus bedeuten konnte, vor allem ein Ausbleiben der Kritik an den Verhältnissen im Sozialismus: 1956 im Falle Ungarns, auch 1968 in dem der Tschechoslowakei oder schon im Juni 1953 gegenüber Deutschland blieb das offizielle Finnland neutral, das heißt, es enthielt sich einer Stellungnahme. Trotzdem gab es genügend Nachrichten über das, was vorging.

Bei vielen Anlässen suchten die Russen nach diplomatischer Anerkennung für ihren Vasallenstaat DDR, von Seiten Finnlands erfolgte sie aber erst, nachdem es im Zeichen der Versöhnungspolitik von Willy Brandt zu einer gewissen Annäherung zwischen Ost und West gekommen war.

Wie in anderen westeuropäischen Ländern versuchten ab 1968 auch die jungen Radikalen in Finnland, Schlüsselpositionen an den Hochschulen und Universitäten zu erobern, was teilweise gelang. Wer andere Ansichten verfolgte, wurde als *antisowjetisch* abgestempelt – eine Bezeichnung, mit der man auch mich versah, nachdem ich sehr deutlich für die in der westeuropäischen Gemeinschaft symbolisierten Werte eingetreten war.

Einer meiner Romane erzählt von einem jungen Mann, der gewisse Ähnlichkeiten mit mir hat und den die Russen dafür anheuern wollen, Informationen über die Haltung der Intellektuellen zur Sowjetunion zu liefern. Solche Versuche hat es wirklich gegeben, was mich angeht, begleitet von Essen und Trinken in rauen Mengen. Sie unterblieben, als man wahrscheinlich dahinter gekommen war, dass ich nichts wusste, was für die Russen von irgendwelchem Nutzen war. Schon bald begriff ich, wie der ostdeutsche Nachrichtendienst eine Reihe von Finnen als IM, *inoffizielle Mitarbeiter,* anwerben konnte und warum es wahrscheinlich noch sehr lange dauern wird, bis man Klarheit über das große Kontaktnetz hat, das die DDR auch in meinem Land unterhielt.

Die europäische Realität, in der wir leben, änderte sich in den wichtigen Jahren von 1989 bis 1991 nicht mit einem Schlag, von der Öffnung der Grenzen in Ungarn nach Westen bis zum Fall der Mauer und dem Zerfall der Sowjetunion. Diese Ereignisse verschafften Finnland aber eine Spanne an politischer Bewegungsfreiheit, die 1995 zur Mitgliedschaft in der Europäischen Union führte. In meinem *Rapport från Europa* (Bericht aus Europa) aus dem Jahr 1990 schrieb ich, dass wir noch sehr lange in einem Zustand der Unsicherheit leben würden, zum Teil aufgrund der krassen sozialen und wirtschaftlichen Unterschiede zwischen den Ländern und Regionen in Europa. Die Unsicherheit hält an.

Während dieser gesamten Entwicklung spielte die Literatur nur eine geringe und vollkommen untergeordnete Rolle. Oft wurde ein Gegenbeispiel genannt, nämlich die Stellung Václav Havels in der Tschechoslowakei – sie beruhte aber nicht primär auf seiner schriftstellerischen Arbeit, sondern auf der ideologischen Dimension seines Handelns und der symbolischen Position, die er als Sprachrohr für eine Veränderung innehatte. Schriftsteller traten 1989 zwar als Redner für eine Veränderung in Ostdeutschland ein, in allen wesentlichen Punkten handelte es sich bei den Montagsgebeten in Leipzig und den großen Demonstrationen aber um eine volkstümliche Protestbewegung.

Grund für all dies war dennoch das totale Scheitern des Sozialismus als politisches und wirtschaftliches System, sein Versuch der Gleichschaltung von Ansichten, wovon man sich in Deutschland allein schon durchs Fernsehen leicht ein Bild machen konnte, ebenso wie die estnische Bevölkerung durch Zugang zum finnischen Fernsehen die Kluft erkennen konnte, die die beiden auch sprachlich einander nahe stehenden Länder trennte. Ohne den Zerfall des sowjetischen Imperiums wäre es kein Leichtes gewesen, die Völker in Zentral- und Mitteleuropa ohne Blutvergießen zu befreien. Ich erinnere mich der Worte Willy Brandts: Man lebt nicht von Freiheit, sondern in Freiheit. Hier liegt ein Kern des Problems.

Marx, Freud und Churchill waren schreibende Ideologen, die Europa direkt und indirekt stark beeinflusst haben, falls man an die Rolle des Individuums in der Geschichte glaubt, was immerhin relevant ist, wenn es um eine destruktive Rolle geht wie diejenige Hitlers, basierend auf einer einzigen Schrift, geschrieben im Gefängnis. Und doch kann man die oben Genannten nur schwer als Schriftsteller bezeichnen, trotz der poetischen Kraft des Kommunistischen Manifests, trotz des Scharfblicks in Freuds Kulturkritik und trotz der majestätischen Prosa Churchills in seiner Schilderung der Englisch sprechenden Völker oder des Zweiten Weltkriegs.

Von Anfang an war ich mir der Grenzen schriftstellerischer Tätigkeit bewusst, wenn es galt, am Herbeiführen einer humaneren Gesellschaft mitzuwirken, und ich entschied mich deshalb später für eine aktive Teilnahme an der Politik. Nach all der Zerstörung, die Europa zustande gebracht hatte, galt es, einen gemeinsamen Wertekanon zu finden.

Was heißt: Gleichheit vor dem Gesetz, gleiche Möglichkeiten der Ausbildung, eine von politischem Druck freie Presse, die Freiheit zu reisen und sein Land ungehindert verlassen zu können, ein zuverlässiges Steuersystem und gleicher Lohn für Männer und Frauen – dennoch sind die Unterschiede zwischen den Ländern und Regionen immer noch enorm, wenn die Einkommensunterschiede zwischen

Reich und Arm anscheinend immer größer werden und wenn ein Teil der Mitgliedsländer die Osterweiterung mit kaum verhohlener Ablehnung sieht, aus Angst, einen Teil der Subventionen zu verlieren, die jetzt diesen Ländern zufallen? Solidarität mag bis an die Grenzen der eigenen Nation reichen, jedenfalls teilweise, aber nicht weiter.

Eine Schlüsselfrage in diesem Zusammenhang ist das Verhältnis zum Staat und zur öffentlichen Macht. Es gibt in Westeuropa die Ansicht, der Staat solle nur Funktionen übernehmen, die als unbedingt notwendig gelten, während der Einzelne in immer größerem Umfang über sich und seine Einkünfte verfügen solle.

Unmittelbar betroffen von einer solchen Politik sind zwei Gruppen. Zum einen Arbeitslose und Kranke, für die der Staat ein soziales und wirtschaftliches Schutznetz bedeutet. Zum anderen Künstler und Intellektuelle. Es ist unmöglich, wichtige kulturelle Institutionen wie Theater, Bibliotheken und kulturelle Aktivitäten wie die Film- und Fernsehproduktion ohne erhebliche öffentliche Unterstützung aufrechtzuerhalten, ganz zu schweigen von der Arbeit des einzelnen Künstlers, die sich meist nur in Ausnahmefällen wirtschaftlich lohnen kann.

Dieser Tatbestand war für mich ein weiterer Grund, in die Politik zu gehen.

Welchen Sinn hat europäische Offenheit aber in der Praxis, wenn einerseits offene Grenzen verkündet und praktiziert werden (zumindest im Bereich des Schengener Abkommens), man andererseits aber mit begrenztem Erfolg die Migration aus Ländern außerhalb der Union verhindert – vor allem aus dem Balkan, aus Afrika und Asien –, weil man die Ansicht vertritt, sie aber kaum öffentlich ausspricht, dass das EU-Europa mit seinen vielen sprachlichen und ethnischen Minderheiten keinen weiteren Zuzug über den der letzten drei Jahrzehnte hinaus verkraftet, der in der Praxis dazu führte, dass einige zentrale europäische Länder im Lauf des mühsamen und zuweilen unmöglichen Prozesses einer Assimilierung jetzt multikulturell sind?

Auch in wirtschaftlicher Hinsicht praktiziert Europa eine Doppelmoral, mit der an Handelshindernissen gegenüber Ländern festgehalten wird, die vom freien Handel größeren Vorteil hätten als von den gelegentlichen Zuwendungen durch internationalen Beistand.

Arbeit mit Worten setzt die Bindung an ein Sprachgebiet oder Land voraus. Ich persönlich kann auf eine weitere Komplikation hinweisen. Ich schreibe auf Schwedisch in einem Land, dessen Bevölkerung zu vierundneunzig Prozent Finnisch spricht. Trotz der schwedischen Sprache habe ich in Schweden keinen Markt, sondern zunächst nur auf Finnisch in Finnland, denn die geschichtliche Erfahrung, die sich in meinen Büchern spiegelt, ist finnisch, nicht schwedisch. Diese Erfahrung ist spezifisch und nicht so ohne weiteres übertragbar. Deshalb muss ich mich, wenn von Europa die Rede ist, beim Beschreiben einer gedachten Gemeinschaft politischer Termini bedienen. Dass ich mir von verschiedenen deutschsprachigen Schriftstellern wie Musil, Brecht und Thomas Mann Anregungen hole, ist dann eine andere Geschichte.

Die Verwirklichung einer europäischen Wertegemeinschaft im täglichen Sprachgebrauch erfordert politische Beschlüsse und politisches Handeln. Das ist ein langer Prozess. Der Anfang ist gemacht. Voraussetzung bleibt, dass wir um unsere Unterschiede und unterschiedlichen Erfahrungen wissen. Die Rolle der Literatur ist eine am Rande. Um all das zu verstehen, ist es nötig, sich die Worte des Titus Petronius Arbiter von vor zweitausend Jahren zu Herzen zu nehmen: *Der den Sand fremder Ufer betritt, des Maß soll wachsen.*

Aus dem Schwedischen von Renate Bleibtreu

Mario Fortunato

Nein. Noch einmal: Keine Heimat. Weder im Vaterland noch in Europa und auch nicht anderswo. Auch weil man, ganz nebenbei gesagt, dieses Anderswo nirgendwo mehr fand: alles gleich, alles auf unterstem Niveau gleichgeschaltet.

Mario Fortunato

Italien

1958 im kalabrischen Ciró geboren, studierte Philosophie in Rom. Mario Fortunato schreibt Gedichte, Erzählungen und Romane. Er arbeitete für das Radio und wirkte an diversen Drehbüchern mit. Seit 2000 ist er Direktor des Italienischen Kulturinstituts in London. Gegen seine durch die italienische Regierung geplante Absetzung unterzeichneten Künstler wie Doris Lessing und Salman Rushdie einen Aufruf. Mario Fortunato publiziert regelmäßig in *L'Espresso* und *La Stampa.*

In deutscher Übersetzung u. a.:

Die Entdeckung der Liebe und der Bücher. Roman
Aus dem Italienischen von Moshe Kahn
Klaus Wagenbach Verlag, Berlin 2001

Die italienischen Schriftsteller und die Politik. Essay
In: Berlusconis Italien. Italien gegen Berlusconi
Klaus Wagenbach Verlag, Berlin 2002

Die Liebe bleibt. Roman
Aus dem Italienischen von Moshe Kahn
Klaus Wagenbach Verlag, Berlin 2002

Europa?

No. Ancora una volta: nessuna patria. Non in Patria, né in Europa e neppure Altrove. (Anche perché, detto per inciso, l'Altrove non si trovava più da nessuna parte: tutto uguale, tutto uniformato al basso.)

Ich wurde im Süden Italiens geboren, in Cirò, der Provinz Crotone, in Kalabrien und stamme aus einer bürgerlichen, seit etlichen Generationen konfessionslosen Familie mit ein paar Tropfen jüdischen Bluts. Die Landschaft meiner Heimat war noch nicht verunstaltet durch achtstöckige Hochhäuser entlang des Strandes, im Gegenteil, gut geschützt vor dem Elend erweckte sie in jeder Hinsicht den Eindruck von Stille und Genügsamkeit. Eine schroffe, eher raue und abweisende Landschaft. Auch das Meer (das Ionische) hatte diese Eigenschaften: Um dorthin zu gelangen, bedurfte es fürchterlicher Odysseen, von wenigen Kilometern zwar, auf nicht asphaltierten Straßen, schrecklich schweißtreibender Märsche unter der sengenden Sonne; am Strand: keine Spur einer Bar, eines Tanzlokals oder einer Hütte für ein heimliches Tête-à-Tête. Im Dorf wimmelte es von Baustellen, als wäre es die unglücklichste Peripherie von Tripolis. Und alle waren sie katholisch, erzkatholisch: mit der für diese Gegend ganz typischen Gewohnheit, über Gott und die Welt große Reden zu schwingen, während das Dach des Hauses *(Mensch, schau mal)* runterkommt oder während die Nachbarn *(Wie ist denn das nur möglich?)* buchstäblich mit pittoresken Fetzen am Hintern herumlaufen. Hier lebten nur wenige junge Leute: Wer konnte, haute ab oder, besser noch, emigrierte. Dagegen die vielen Alten in Erwartung der jenseitigen Welt.

Aber wenn die Umgebung auch noch so sehr dazu einlud, still abzuwarten, um sich dann so schnell wie möglich aus dem Staub zu machen, so galt dies nicht für meine Familie. Die Familie (ein Glücksfall angesichts dieser Stimmung) bediente sich häufig einer ironischen, dezenten Sprache, einer Sprache, die mir im Rückblick die Sprache aller Flüchtlinge zu sein schien – und man kann durchaus ein Flüchtling im eigenen Vaterland sein.

Also: mein Vater – ein sehr liberaler und geistreicher Rechtsanwalt, meine Mutter – eine Hausfrau mit einem unverhohlenen Hang zur Hypochondrie, die schon erwachsenen Geschwister waren schnell ausgeflogen, um zu studieren und zu heiraten. Und lange, denkwürdige Nachmittage, um alles Mögliche zu lesen, was die besagte Familie empfahl. Doch fast immer mit einer Vorliebe für die Literatur anderer Nationen: die Franzosen, die Engländer, die Deutschen ... Nur meinen hundertjährigen, großen und ein bisschen snobistischen Großvater mit seiner umfangreichen, europäischen Bildung weihte ich in meine Pläne ein: Werde ich in Paris, Heidelberg oder London leben? (Budapest und Prag erschienen damals eindeutig unbewohnbar: Ich war zwar schon links, aber natürlich mit Verstand.)

Das heißt: Europa war noch ein geistiger Raum. Ein Raum, den man in seiner Phantasie kreuz und quer durchwandern konnte. Schnell und mit vielen Sehnsüchten.

Aber was möchte ich eigentlich damit sagen? Dass ich, aufgrund meiner Herkunft und meiner Abstammung, in meiner Kindheit und Jugend vom Begriff des *Vaterlands* praktisch keine Ahnung hatte und dass er mich auch nicht weiter kümmerte. Ganz im Gegenteil, jedes Mal wenn ich andere darüber reden hörte, dachte ich, dass da mit Sicherheit etwas faul war. Oder: Das Vaterland war diese Sache mit dem großgeschriebenen V, in deren Namen man, mit gerade einmal achtzehn Jahren, in einen ganz anderen Teil Italiens verpflanzt wurde, nach Trient oder ins Aostatal, um ganze zwölf Monate bei freier Kost und Logis *dem Vaterland zu dienen.* Oder auch: Das Vaterland (doch hier verschwimmt der Begriff des Vaterlandes mit dem noch teuflischeren des Staates) war dasjenige, was wenigstens einmal im Jahr Steuern und Steuerzuschläge, Progression und Degression auferlegte, und dabei konnte man sich gleichzeitig *brüsten:* mit einer hohen Arbeitslosigkeit und entsprechender Emigration (in den Norden oder nach Deutschland), prähistorischen Dienstleistungen, einem Schulwesen auf Nullniveau, lebensgefährlichen Krankenhäusern und einer fröhlichen, sehr gut organisierten, auf die politische, damals meist christdemokratische Schicht abgestimmten Unterwelt.

Kurz und gut: Als Jugendlicher gefiel mir dieser Begriff des Vaterlandes nicht. Er hatte etwas Merkwürdiges, Verdächtiges. Und auch als ich älter wurde, dachte ich immer noch so.

Ich lebte nicht mehr im tiefen, armen Süden. Aber einen Schritt weiter in Richtung Europa. Rom war groß und lau – nicht nur wegen des Klimas. Vorteilhaft anonym. Doch dann, wenn man genau hinschaute, aus der Perspektive eines privilegierten Observatoriums von Universitätsmensen oder heiteren Studentenwohnheimen, dann ermunterte mich Rom nicht besonders. Auch hier gab es nichts, was auch nur einigermaßen funktionierte. Keine Veranstaltungen oder Konzerte, die man unbedingt besuchen (und dafür zweckmäßige und nützliche Opfer bringen) musste. Keine Vorlesung, die halbwegs pünktlich begann und wo ausreichend Sitzplätze vorhanden waren. Und auch außerhalb der Hörsäle war Rom eine Stadt, verroht durch den Terrorismus, wo jedermann seine eigenen jämmerlichen Vergehen bei seinem dümmsten Nachbarn ablud.

Währenddessen war das Zeitalter des Fernsehens angebrochen, so hörte ich um mich herum sagen. Dieses Medium gab es zwar schon seit einiger Zeit – das ist offensichtlich –, aber erst jetzt entfaltete es seine flächendeckende Macht. Das Fernsehen war nun der wahre Kitt zwischen allen Italienern. Das neue Vaterland: ein 12-Zoll-Bildschirm.

Jetzt beklagte man sich, dass alles nur Spektakel, Fiktion, Irrealität sei: Das übliche aufgewärmte Süppchen für den Gebrauch des neuen Publikums von Rundfunkteilnehmern, das dank des kommerziellen Fernsehens höchst demokratisch sein persönliches Leid ins Rampenlicht tragen und *die Diskussion eröffnen* konnte. Während die alles bestimmende Zuschauerquote, die *audience* und der *share* einen schon den Zeiten nachtrauern ließ, als die Tanten noch nicht durch die Fernsehstudios zogen, um die soziokulturellen Motive für die Tatsache zu erläutern, dass sie in der Jugend auf den Strich gegangen sind, als Großeltern, Neffen, Enkel und andere Verwandte sich noch nicht live im Studio 5 gegenseitig abschlachteten, sondern ihre schmutzige kleinkarierte Wäsche würdevoll zu Hause wuschen. Und waren es keine Abhängigen, die seit Jahrzehnten zweimal am Tag erklärten, *Was wir nicht sind, was wir nicht wollen,* dann waren es Intellektuelle und

Kritiker, die sich mit Anzüglichkeiten, schwachsinnigen Bemerkungen und in jahrelangem Studium erlernten Beleidigungen produzierten. Oder es waren Minister und Politiker, die auf dem allgegenwärtigen kleinen Bildschirm auftauchten mit ihrem Gequassel, das auf unglaubliche Weise immer abstruser und stupider wurde.

Dies war also das Vaterland: ein (metaphorischer) Arsch zwischen Plausch und Gekreisch.

Ich kam zu dem Schluss, dass wir mitten in ein Verderben geraten sind, das zu jeder Stunde von Zeitungen und Journalisten sehr gerne kommentiert und glossiert wurde, doch es gab niemandem, der ab und zu einmal wie beiläufig gesagt hätte: Eine U-Bahn baut man so, ein Museum muss man auf diese Weise leiten, und ein Krankenhaus sollte in dieser anderen Weise arbeiten. Nichts dergleichen. Zwischen sorgfältig einstudiertem Unsinn aller Art und mit Hilfe von Kündigungen und Deregulierungen gelösten wirtschaftlichen Krisen fand man sich selbst immer orientierungsloser und verwirrter wieder. So arrangierte ich mich, auch dank des einen oder anderen guten Buches, mit einem Leben in einem *Land ohne,* gleich einem Buchtitel jener Jahre[1], und vielleicht auch ohne ein Land. Vor dem ich so oft wie möglich und bei jeder Gelegenheit floh: im Flugzeug, im Zug, per Anhalter. Auf jeden Fall raus: Als Auslandsfan wie alle echten Provinzler, um dabei mit einem gewissen Schaudern zu entdecken, dass sich unser *Entwicklungsmodell* ausbreitete und ganz Europa überschwemmte.

Nach der ersten Schwärmerei für die funktionierende U-Bahn und für die fähige Bürokratie, als ich immer noch in alle mögliche Richtungen lief, nur um mich vom Vaterland zu befreien, begann ich daher mit dem unheimlichen, gefährlichen London der Furcht erregenden Frau Thatcher abzurechnen, mit dem wiedervereinigten und wirtschaftlich zugrunde gerichteten Berlin, mit Paris, das jedem die Leviten liest und gleichzeitig Le Pen wählt, mit den mittelgroßen und den kleinen Städten, die, nach glorreichem amerikanischem Modell, Schwarze auftreten lassen, die einen im Rap-Sound zerstampfen, weil man weiß ist, und umgekehrt.

Und natürlich konnte auch der Maastrichter Vertrag mich nicht beruhigen. Vielleicht war ich noch zu jung, aber ehrlich gesagt, sah ich keine Fortschritte.

Im Laufe nur weniger, zu betrauernder Jahre waren sie also dahin, die Zeiten, in denen man noch fast überall in Europa eine neue Heimat suchte, sie sich ersann, und ich selbst saß stets und wo auch immer in der Falle. Immer mit einem unbehaglichen Gefühl. Wo auch immer: Wie Christopher Isherwood und eine umfangreiche, häufig nachgeschlagene Literatur schon bemerkte.

Nein. Noch einmal: keine Heimat. Weder im Vaterland noch in Europa und auch nicht anderswo. (Auch weil man, ganz nebenbei gesagt, dieses Anderswo nirgendwo mehr fand: alles gleich, alles auf unterstem Niveau gleichgeschaltet.)

Und sogar 1991 während des Golfkrieges, wohin ich als Berichterstatter geschickt wurde, inmitten von Trümmern und Tragödien, unter Journalisten, die sich nicht selten weigerten, die Hotels zu verlassen, wo sie dank der Aufwandsentschädigungen herumlungerten, erschütterte mich dieses Empfinden einer planetarischen Homogenisierung, eines überall verbreiteten Zynismus, wenn zwischen zwei Bombardements nur von der Live-Schaltung gesprochen wurde und von: *Ist der Krieg ein gerechtfertigtes oder ein ungerechtfertigtes Mittel? Präventiv oder therapeutisch?* Als ob sich alle auf einer Eigentümerversammlung befänden. Immer dasselbe, auch heute noch.

Entwurzelung also. Und ein gewisses Vorurteil gegenüber solchen Aussagen wie: *Meine Heimat ist die Schriftstellerei*, samt Kaskaden kitschiger, hohler Phrasen. Es hat mich nie überzeugt, dieses gefühllose, eiskalte Aufschreien nach Art moderner Oberlehrerinnen. Und außerdem scherte ich mich den Teufel um den *Text als Hörerlebnis* und den *Raum des Romans* und das Wort, das die Stille bewohnt. Gefesselt von ganz anderen, noch zweifelhafteren Obliegenheiten (Rechnungen, Miete, Hautentzündungen und südamerikanischen Preisen) versuchte ich eher die Energie aufzubringen, mich selbst ganz ehrlich zu fragen: Warum eine Rhetorik durch eine andere ersetzen? Um die Reihe der Statussymbol-Literatur zu erweitern, das intellektuelle Prêt-à-porter? Mein Gott, nein. Nur um so ein Gerede nicht mehr hören zu müssen, fühlte ich mich gezwungen, mit Zahnärzten, Immobilienmaklern, Notaren, Angestellten, Friseuren zu verkehren. Wenigstens konnte man, statt der üblichen leeren und oberflächlichen Leier, spritzigen, weltlichen Debatten lauschen über Popo und Pipi.

Als ich schon in London lebte, kamen mir schließlich einige Zweifel, ob man sich womöglich gar nicht auf die Suche nach der Heimat begeben müsse, sondern nach ein bisschen einfacher, schöner und guter Zivilisiertheit, an der es im Allgemeinen mangelt. Und ich fing wieder an – wie in alten Zeiten – sie in irgendeinem alten treuen Freund zu suchen, aus welcher Himmelsrichtung er auch immer stammte. Im Grunde genommen ist die Zusammengehörigkeit nichts anderes als: das Gefühl, das uns mit Personen oder Dingen verbindet.

In der Zwischenzeit wurde das wirtschaftliche Europa, der Euro aus der Taufe gehoben. Doch in England benutzt man ihn nicht. Ich brauche weiterhin Wechselkurse, Banken und sogar einen Pass. Es mag seltsam und wenig nett erscheinen, aber mich stört das nicht. Es ist wie ein Antidot gegen die vorherrschende Rhetorik. Es erinnert mich daran, dass Europa doch etwas mehr ist als eine simple Münze.

Aus dem Italienischen von Christine Jarnot

1 Anmerkung d. Übersetzerin: Alberto Arbasino: Un paese senza, 2. Aufl., Mailand, 1990, Garzanti libri.

Eugenio Fuentes

Wenn ich mich als Schriftsteller in die Menschen hineinversetze, die die Straßen Europas bevölkern, nehme ich dieses Europa zugleich als Versprechen und als Drohung wahr.

Eugenio Fuentes
Spanien

1958 in Montehermoso/Cáceres geboren, studierte er spanische Literaturwissenschaft und arbeitete als Lehrer. Er veröffentlichte zahlreiche Erzählungen in Zeitschriften und Anthologien. Seit 1997 schreibt er Kommentare für *ABC* und andere Zeitungen. Für seine Romane, die in seiner Heimat, der Estremadura, angesiedelt sind, erhielt er zahlreiche Auszeichnungen, u. a. 1990 den Premio Cáceres de Novela corta, 1993 den Premio Internacional de Novela Ciudad de San Fernando, 1997 den Premio de Novela Extremadura a la Creación und für *En el interior del bosque* 1999 den Premio Alba/Prensa Canaria.

In deutscher Übersetzung u. a.:

Mörderwald. Roman
Aus dem Spanischen von Svenja Becker
Klett-Cotta Verlag, Stuttgart 2002

Die Hälfte des Abendlandes

Si, como escritor, intento aprehender qué es Europa para los personajes que recorren sus calles, advierto que es al mismo tiempo una promesa y una amenaza.

I

Als die Seefahrer aus meiner Heimat zum ersten Mal nach Amerika kamen, waren sie – in einer Reise um die Erde in Richtung Sonnenuntergang – auf der Suche nach einem neuen Seeweg nach Indien, das mit seinem Reichtum an Gewürzen lockte. Einige Reisen später hatten sie begriffen, dass das, was sie da entdeckt hatten, ein neuer Kontinent war, den sie Westindien nannten, ehe er seinen endgültigen Namen erhielt. Die koloniale Expansion Europas in dieser neuen Weltgegend, die Durchsetzung der Sprachen, Grundüberzeugungen und Gepflogenheiten der Kolonialherren, führten schließlich dazu, dass Europa und Amerika einen Block bildeten, der sich als Abendland bezeichnete, um sich vom Morgenland abzugrenzen. Die Geschichte hat seither Europa und Amerika jahrhundertelang in einem Atemzug genannt, als eine Einheit verstanden, die gegenüber dem Rest der Welt mehr oder weniger mit einer Stimme spricht und mehr oder weniger die gleichen Entwicklungsschritte in Bezug auf Kultur, Überzeugungen und Lebensstil vollzieht.

Nun tut jedoch im dritten Jahrtausend vielleicht eine weitere geographische Differenzierung Not, denn die herkömmliche Teilung in zwei kulturelle Hemisphären erweist sich zusehends als ungenau. Noch lässt es sich nicht mit Sicherheit sagen, aber die jüngsten politischen Richtungswechsel und Veränderungen leiten womöglich ein Auseinanderdriften ein, durch das sich dauerhaft zwei unterschiedliche Kraftfelder innerhalb des Abendlandes unterscheiden lassen: das europäische und das US-amerikanische. Auch wenn es bisher nicht zu einem Kurzschluss zwischen beiden Seiten des Atlantiks gekommen ist, so deuten doch erste Funken auf eine Spaltung hin.

Nach den Terrorakten vom 11. September haben die Vereinigten Staaten ihre Politik – die aggressiver, globaler und in vieler Hinsicht unilateraler geworden ist – geändert und streben ein neues Weltszenario an, in dem sich Europa – überspitzt formuliert – an zwei wild gewordene Pferde gefesselt wiederfinden könnte, die in ihrem Extremismus in entgegengesetzte Richtungen lospreschen und drohen Europa in Stücke zu reißen: auf der einen Seite die auf Waffengewalt setzende Politik – ich glaube nicht, dass man von einer *Doktrin* sprechen sollte – von Bush und sein Entschluss, eine militärische und politische Hegemonie über den Rest der Welt durchzusetzen; auf der anderen Seite Terrorbewegungen, die spektakuläre, blutige und grausame Aktionen durchführen. Beiden gegenüber sollten die Europäer mehr denn je die Merkmale ihrer eigenen Identität verteidigen.

Unter anderem hat uns das zwanzigste Jahrhundert eine grundlegende Lektion erteilt: Ein Land kann sich gut mit seinen Grenzen bescheiden. Brachte in früheren Zeiten die Fremdherrschaft über andere Völker der Kolonialmacht in der Regel Reichtum und Prestige, so ist das heutzutage nicht mehr so einfach. Mit fortschreitender Globalisierung und der Erleichterung des Transports von Gütern und Personen ist das Streben nach Vorherrschaft für jede Nation mit Risiken verbunden, mit dem Unbehagen ständiger Wachsamkeit, mit ungeheueren Kosten, von denen ich nicht weiß, ob sie die Gewinne aus der Herrschaft decken, mit grausamen Attentaten, mit Angst unter der Zivilbevölkerung. Zusammengenommen: mit Instabilität.

Glücklicherweise scheint Europa frei zu sein von dem Wunsch nach Hegemonie. Auch wenn Europa den Anschlag auf das World Trade Center mit Entsetzen gesehen und dazu beigetragen hat, dass so etwas sich nicht wiederholt, hat es ihn doch nicht als Vorwand für einen dauerhaften Kreuzzug genutzt. Ich glaube, dass der 11. September, bei all seiner weitreichenden Bedeutung, weder eine Stunde Null markiert noch zum *Big Bang* einer Neuordnung der Welt werden sollte, durch die sich Europa von den Prinzipien entfernt, die seine Identität, seine Persönlichkeit und sein Wesen ausmachen.

Unsere Kultur ist ein Ergebnis der jüdischen Theologie, der griechischen Tradition und der sozialen, geographischen und legislativen

Ordnung von Rom, die in dem jeweiligen organischen Bodensatz jedes Landes Wurzeln geschlagen haben. Aus dieser Mischung sind wir im Wesentlichen hervorgegangen, und auch wenn sich darin zuweilen Miasmen wahrnehmen lassen, die nach Barbarei riechen, darf man doch darauf vertrauen, dass sich in dieser grundlegenden Dreifachhelix unseres historischen Genoms alles Notwendige findet, um uns als ein zivilisierter Kontinent zu organisieren, auf dem sozialer Frieden herrscht. Ich habe nach Merkmalen gesucht – und bin zu einer zweifellos unvollständigen Aufzählung gekommen –, die Europa für einen großen Teil seiner Bevölkerung zu einem privilegierten Ort machen, in dem sich frei und zufrieden leben lässt: das Bewusstsein seiner Bürger, dass eine Gemeinschaft in Wort und Tat von politischen Repräsentanten geleitet werden sollte, die an den Urnen gewählt werden, und nicht von dreißig oder vierzig mächtigen und unsichtbaren Männern; die radikale Trennung von Kirche und Staat und die Toleranz gegenüber den Überzeugungen und der Lebensweise des anderen; das Gespür dafür, dass neben dem gemeinsamen geographischen Raum der gemeinsame historische Raum bedeutsam ist, denn – und ich zitiere einen Satz, den Ortega y Gasset hier in Deutschland gesagt hat: *Als Gesellschaft ist Europa älter als die europäischen Nationalstaaten*[1,2]; die gewissenhafte Einhaltung der Menschenrechte und das Verbot der Todesstrafe; die Erinnerung an die Gräuel der Kriege und Bürgerkriege, die Narben und der spätere Schmerz der Sühne; die Skepsis gegenüber jedweder Spielart von Utopie; der großzügige Verzicht auf Teile individueller Souveränität, *um jenem internationalen Rechtsfrieden, der Kant vorgeschwebt hatte, näher zu kommen*[3]; die Entschlossenheit von Regierungen und Gesellschaft, das soziale Wohlergehen der Bürger nicht allein dem Markt zu überlassen; die Verpflichtung zur Neutralität von Bürokratie und Verwaltung und die Verfolgung der Korruption; die Hilfe für die Länder der Dritten Welt; die Sorge um die Ökologie, um den Schutz von Flüssen, Wäldern und Meeren und um die Bewohnbarkeit der Städte; das Primat des Wissens über die Meinung; die Gewissheit, dass Wissenschaft und Technologie allein uns nicht alles bieten können, was der Mensch zum Leben braucht; die Anerkennung von Kultur nicht als ein schmückendes Beiwerk, sondern als Fundament, auf dem alle wesentlichen Institutionen unserer Gesellschaftsordnung gründen; der weitverbreitete Hang, in Momenten des Scheiterns und des Unglücks in dem immensen Fundus unseres kulturellen Erbes nach Erkenntnis und Zuflucht zu suchen, weil wir uns sicher sein können, dass es immer ein Buch, ein Musikstück oder ein Gemälde gibt, in dem wir Trost finden.

II

Während des Schreibens habe ich eine Frage gerne im Hinterkopf: Was geschieht auf den Straßen, was nicht in den Büchern geschieht? Oder, um es hier präziser zu fassen: Wie viel von dem, was auf den europäischen Straßen geschieht, nimmt Einfluss auf das Geschehen in den Büchern? Will der Schriftsteller diese Frage beantworten, muss er sich fortwährend auf den Weg aus seinem Innersten in die Außenwelt und von der Außenwelt in sein Innerstes begeben.

In meinem Fall ist dieser Hin- und Rückweg weiter geworden, weil sich auch mein tatsächlicher Radius von der Region auf Europa ausgeweitet hat.

Bisher spielten praktisch alle meine Bücher an einem einzigen fiktiven Schauplatz, der sich geographisch im Norden Extremaduras ansiedeln lässt, wo ich geboren bin und lebe. Entstanden ist er aus der alten Idee, dass in einem kleinen Stein das ganze Universum steckt, dass sich in einem Schmetterling alle Tiere finden, dass ein einzelner Baum das Potenzial eines ganzen Waldes birgt. Indem ich von diesem Stein sprach, wollte ich also von der Welt sprechen.

Und doch heißt dieser imaginäre Ort *Breda*, was, wie Sie alle wissen, auch der Name einer niederländischen Stadt ist. Ich habe diesen Ortsnamen gewählt, das Lokalkolorit bewusst vermieden, weil er in der Fiktion von einem Veteranen gegründet wird, der in Flandern gekämpft hat. Erschaffen wurde dieses Territorium – in das niemand eindringen kann, um von mir Rechenschaft für mein Tun zu fordern, wo ich nach Gutdünken den Zutritt verweigere oder gewähre, wo ich Figuren von der Bildfläche verschwinden lasse oder ihnen eine Herkunft erfinde – 1985, wenige Jahre nachdem sich Spanien aus einer für die Ewigkeit gedachten Diktatur verabschiedet hat und wenige Monate bevor es als neues Mitglied der Europäischen Gemeinschaft begrüßt wurde. Das heißt, als die Pyrenäen noch mehr als eine geographische Barriere waren. Dennoch schwingt in meinem Schreiben schon damals die europäische Geschichte mit, war mir bewusst, dass die Beziehungen zu Europa entscheidend dazu beigetragen hatten, was und wie Spanien ist. Genau wie Gadamer, der sich im gleichen Jahr die Frage nach dem Europa von 1985 stellte, so blickte auch ich zurück, *um vorausblicken zu können*[4].

Seit zwei Jahren bin ich nun in einen Roman eingetaucht, in dem sich eine Frau auf die Suche nach ihrem Kind macht, von Madrid hinunter nach Cádiz reist, an den Südzipfel Europas, wo sie die Boote stranden sieht, die das unglückliche Afrika gen Norden schickt, um dann die Reise bis ins nördliche Baltikum fortzusetzen. Hat der griechische Geograph Strabon einmal geschwärmt, ein Eichhörnchen könne die Iberische Halbinsel überqueren, ohne ein einziges Mal von den Bäumen herunterzusteigen, so können die Nachkommen der Menschen, die zur Zeit jenes Eichhörnchens gelebt haben, heute, 2000 Jahre später, fast ganz Europa durchqueren – von der Küste Tarifas bis zu den norwegischen Fjorden, von Finisterre bis zu den Ufern der Wolga, von Hamburg bis Sulina –, ohne dass eine Grenze sie zwingt, aus dem Zug oder dem Auto zu steigen.

Ohne meine früheren Reisen, ohne die neue politische und gesellschaftliche Integration und ohne das Bewusstsein, dass ich mich in anderen europäischen Ländern in vielerlei Hinsicht wie zu Hause fühlen kann, hätte ich diesen Roman wohl niemals geschrieben.[5]

Und dennoch ist dieser Übergang vom Regionalen zum Kontinentalen nicht frei von Konflikten. Wenn ich mich als Schriftsteller in die Menschen hineinversetze, die die Straßen Europas bevölkern, nehme ich dieses Europa zugleich als Versprechen und als Drohung wahr. Für viele ist es ein Versprechen, weil ihre Zugehörigkeit sie an seinem Fortschritt teilhaben lässt und ihnen einige der oben genannten Sicherheiten garantiert. Für andere ist es eine Drohung, weil sie spüren, dass die Europäische Union alles Alte, Ländliche und Untechnisierte verachtet und allem Jungen, Städtischen und Technisierten den Vorzug gibt. Dadurch entsteht ein dialektischer Antagonismus zwischen dem Wunsch nach Flucht und Verweilen: Die Europäer sind hin- und hergerissen zwischen dem Ureigenen und dem Gemeinsamen. Wie es in Zukunft weitergeht, wird auch davon abhängen, ob Regierende und Intellektuelle deutlich machen können, dass die Zugehörigkeit zu einem Ganzen nicht zwangsläufig mit dem Verrat an einem Teil einhergeht.

Ich komme aus einer armen Gegend eines Landes, das nicht reich ist, und dort ist diese Spannung spürbar. Dem Versuch, durch einige meiner Romanfiguren dem Unwohlsein ein Gesicht zu geben, das sich einstellt, wenn man einen Platz in einer globalisierten Welt finden muss, die einem fremd ist, während man zugleich sieht, dass es kein Zurück in die alten regionalen Gewissheiten gibt, sind einige meiner Seiten gewidmet.

Aus dem Spanischen von Svenja Becker

1 José Ortega y Gasset: *De Europa meditatio quaedam*, Edit. Revista de Occidente, 1971, Obras completas, Bd. 9, S. 257.

2 Sir James George Frazer führt in seinem monumentalen Werk *Der Goldene Zweig* etliche Beispiele dafür an, wie sich dieselben uralten Riten und Gebräuche innerhalb der ethnographischen Einheit Europa wiederholen.

3 Jürgen Habermas: *Ensayos políticos*, Ed. Península, 2002, S. 128. Zitiert nach: Jürgen Habermas: *Kleine politische Schriften*, Bd. V: *Die Neue Unübersichtlichkeit*, Suhrkamp, Frankfurt a. M., 1985, S. 117.

4 Hans-Georg Gadamer: *Die Vielfalt Europas – Erbe und Zukunft*, Stuttgart, 1985. (*La herencia de Europa*, Ed. Península, 2000, S. 20). Zitiert nach: Hans-Georg Gadamer: *Das Erbe Europas*, Suhrkamp, 2. Aufl., Frankfurt a. M., 1990, S. 9.

5 Der Roman wird – bei allen bleibenden Unterschieden – mein kleiner Beitrag zu der Fülle von Büchern europäischer Autoren sein, die Länder bereisen, sie beobachten und über sie schreiben, in denen sie nicht geboren sind. Claudio Magris: Donau. W. G. Sebald: *Die Ringe des Saturn*. Cees Nooteboom: *Der Umweg nach Santiago*. Rafael Chirbes: Am Mittelmeer... Sie alle sprechen von diesen Ländern, als wären sie dort zu Hause, beinahe vertraulich, ohne wie romantische Reisende das Exotische oder das Unerhörte zu suchen.

Jens Christian Grøndahl

… dass wir alle eher Geschichtenerzähler als Vertreter dieser oder jener gemeinsamen, aber begrenzten kulturellen Gemeinschaft sind; dass wir tatsächlich die Erzähler dieser miteinander verflochtenen Geschichten sind, die das sich ständig verändernde Gewebe der menschlichen Zivilisation bilden.

Jens Christian Grøndahl

Dänemark

1959 geboren, studierte er Philosophie in Kopenhagen. Er absolvierte eine Ausbildung zum Filmregisseur und verfasste Hörspiele und Essays. Jens Christian Grøndahls Romane sind vielfach ausgezeichnet worden und erscheinen weltweit in über 20 Ländern. Der große Durchbruch gelang ihm mit dem 1996 erschienenen Roman *Tavshed i oktober (Schweigen im Oktober)*.

In deutscher Übersetzung u. a.:

Indian Summer. Roman
Aus dem Dänischen von Paul Zirk
Deutscher Taschenbuch Verlag, München 1996 und 2001

Schweigen im Oktober. Roman
Aus dem Dänischen von Peter Urban-Halle
Paul Zsolnay Verlag, Wien 1999

Lucca. Roman
Aus dem Dänischen von Peter Urban-Halle
Paul Zsolnay Verlag, Wien 2002

Anmerkungen eines Eskapisten

... that we are all storytellers rather than representatives of this or that common but limited cultural kinship; that we are indeed the narrators of those intertwining tales that form the everchanging web that is human civilization.

Vor ein paar Jahren war ich in St. Petersburg und las vor einer Studentengruppe aus meinem Roman *Lucca*. Nach der Lesung fragte eine Studentin ganz fasziniert, wieso Dänen ihre Partnerin oder ihren Partner verlassen und, einfach so, eine neue Bleibe finden könnten. Was sie zu interessieren schien, war nicht der Vorgang des Verlassens, sondern das Finden einer Wohnung. Ich nehme an, sie hatte keine andere Wahl, als bei ihren Eltern zu wohnen, einerlei ob sie gut miteinander auskamen oder nicht. Dies war möglicherweise die größte Verständniskluft, der ich begegnet bin, seit ich in andere Sprachen übersetzt werde.

Die junge Russin erinnerte mich daran, dass meine Gestalten der privilegierten westlichen Mittelschicht angehören und dass ihre Freiheit ihr größtes Problem ist, größer als materielle Bedürfnisse wie das Dach über dem Kopf eines sündigen Westlers. Unsere Verständnisschwierigkeit war eher gesellschaftlich als kulturell bedingt. Junge Russen können, wenn sie erst einmal geheiratet haben, offenbar nicht ohne weiteres voneinander wegziehen, auch wenn manche es bestimmt gern täten.

Abgesehen von diesem Nachmittag in St. Petersburg, werden mir in Paris, Amsterdam, New York, Barcelona oder Hamburg gewöhnlich die gleichen Fragen gestellt, und oft strenge ich mich an, neue, einfallsreiche Antworten zu finden. Das beweist wahrscheinlich meinen allgemeinen Mangel an Einfallskraft, aber ich werte die immer wieder gestellten Fragen auch als Zeichen dafür, dass die Menschen mit dem, was ich geschrieben habe, anscheinend etwas anfangen können, einerlei wer sie sind, wo sie leben und welcher Kultur sie angehören.

Womöglich rede ich so, weil ich selbst dieser säkularisierten, globalisierten, erbarmungslos entfremdenden Kultur der westlichen Mittelschicht angehöre, von der kaum noch Kultur übrig ist. Obwohl ich das nicht glaube. Ich glaube, dass ich hier auch die Frage berühre, was Romane sind und was sie bewirken.

Man sagt uns ständig, die Menschen könnten ihrer unterschiedlichen kulturellen Gegebenheiten wegen einander nicht verstehen, und heutzutage muss ich mich dauernd selbst daran erinnern, dass es beim Verstehen weniger ums Können als ums Wollen geht. So, wie ich es sehe, gäbe es in dieser Welt keine Schriftsteller, existierte nicht der Wille, es mit dem Verstehen wenigstens zu versuchen, immer in dem Bewusstsein, wie viel es zu lernen gibt und wie *wenig* davon wir je ergründen werden.

Das Schreiben ist eine seltsame Angelegenheit: Man fügt der Kultur etwas hinzu, indem man gegen sie revoltiert. Die meisten von uns schreiben in ihrer Muttersprache, und das mag eine tröstliche Vorstellung sein, andererseits: Wer kann sich vorstellen, ein ganzes Leben unter dem Rock seiner Mutter zu verbringen? Für den Schriftsteller bedeutet Erwachsenwerden, eine eigene Sprache zu finden; eine Annäherung an die Sprache, die bewirkt, dass sie fast so klingt, als hätte man sie selbst erfunden, ein Interpretieren der alten Wörter auf eine Art und Weise, dass sie von persönlichen Gedanken und Erfahrungen widerhallen.

Das klingt nach einem gewaltigen Unterfangen, da wir doch einzig und allein die uns von unserer Kultur überlieferte Sprache haben, einschließlich dessen, was andere vor uns geschrieben haben. Was wir schreiben, wird, wenn es Literatur geworden ist, schließlich in die Tradition unseres Landes übergehen und sie hoffentlich bereichern, vielleicht sogar ein bisschen verändern. Wenn aber die Kultur durch das Werk von Schriftstellern bereichert und verändert wird, dann deshalb, weil sie, die Schriftsteller, die gesellschaftliche Funktion der Sprache herausgefordert haben, die darin besteht, die Werte und Konventionen dieser oder jener Kultur, oder auch Subkultur, zu bekräftigen und beglaubigen. Selbst Minderheiten und so genannte avantgardistische Bewegungen werden oft von Konventionen, Vorurteilen und repressiven Moralvorstellungen behindert.

Literatur sollte immer das Gegenteil tun. Jedenfalls ist das die einzige Forderung an die Literatur, die ich selbst je akzeptieren würde: diese Werte und Konventionen zu hinterfragen; den gemeinschaftlichen Drang nach Zugehörigkeit in Frage zu stellen; die imaginierten Barrieren zwischen *uns* und *ihnen* zu transzendieren und die Phantasie als das Abenteuer individueller Freiheit zu feiern.

Schreibend, während ich die unendlichen Möglichkeiten menschlicher Erfahrung erkunde und scheinbar aus dem Nichts heraus Gestalten erschaffe, entdecke ich, dass ich selbst das Produkt meiner Phantasie bin; der Protagonist der sich entspinnenden Geschichte meines Lebens. Das bedeutet nicht, dass ich irgendwer sein könnte; es bedeutet vielmehr, dass die Identität eng mit dem eigentlichen Vorgang des Geschichtenerzählens verknüpft ist, so wie die Literatur uns daran erinnert, dass wir alle eher Geschichtenerzähler als Vertreter dieser oder jener gemeinsamen, aber begrenzten kulturellen Gemeinschaft sind; dass wir tatsächlich die Erzähler dieser miteinander verflochtenen Geschichten sind, die das sich ständig verändernde Gewebe der menschlichen Zivilisation bilden.

Das Wunderbare an der Literatur ist, dass sie einer persönlichen Sichtweise treu bleibt, während sie gleichzeitig das, was persönlich und privat ist, in Erzähltes verwandelt, das auf tausenderlei Art gelesen, verstanden und gedeutet werden kann, über alle Grenzen von Raum und Zeit hinweg. Das ist der Grund, warum Geschichten aus einer anderen Zeit und Kultur uns berühren. Die Literatur *reist* mühelos, was daran liegt, dass Schreiben und Leben für den einzelnen Schriftsteller eine Reise ist, die uns von den Begrenzungen ererbter Identitäten befreit und uns ins Unbekannte entführt.

Sie werden sich vielleicht fragen, was all dies mit den europäischen Aspekten meiner Arbeit zu tun hat, doch hoffe ich, dass Sie das nicht tun, denn was ich bisher gesagt habe, drückt nur auf andere Art und Weise aus, was ich dazu zu sagen habe.

Europa ist eine ebenso seltsame Angelegenheit wie die Literatur. Ein babylonisches Sprachengemurmel, ein buntscheckiger Flickenteppich von Kulturen zwischen Asien und dem Atlantischen Ozean, einst verbunden durch ein Imperium, dann durch eine Religion und letzthin, ein gutes Jahrhundert lang, durch eine Idee – alle jeweils mit einem Hang zum Universalismus. Unter dem römischen Imperium wurde der Universalismus durch das Gesetz erzielt, aber dieses Gesetz wurde den Untertanen von Herrschern aufgezwungen, die weit weg waren. In der Frühzeit des Christentums war der Universalismus eine Verheißung: Sie rief die Jünger Jesu dazu auf, sich von den Gemeinschaften, denen sie entstammten, zu trennen und ihre Identität aufzugeben, um Teil einer tieferen und weiteren menschlichen Gemeinschaft von Gleichgesinnten zu werden. Der italienische Philosoph Gianni Vattimo hat darauf aufmerksam gemacht, dass die christliche Vorstellung vom Mensch werdenden Gott der eigentliche Ursprung der Säkularisierung ist. Er sieht das Christentum als eine Religion, die sich nach und nach selbst säkularisiert hat und so die Fundamente für den Humanismus und die Moderne legte.

Nach der Aufklärung konnte die Demokratie nicht länger als eine lokale Angelegenheit wie die ursprüngliche, griechische Version der *polis* betrachtet werden. Vattimos deutscher Kollege Immanuel Kant träumte von einer weltweiten Gemeinschaft freier Menschen, vereint durch gemeinsame, universale Menschenrechte. Eine Vision, die großzügiger ist als alles, was sich die Bürokraten und Politiker der heutigen EU ausdenken. Mag sein, dass wir eines Tages noch dahin kommen, obwohl Kants Weltgemeinschaft nach wie vor ein Fernziel bleibt, doch das Bemerkenswerte an Europa ist, glaube ich, nicht die Tatsache, dass der Kontinent ein Übermaß von Grausamkeit und Schrecken gesehen hat, verübt von einem Volk am anderen oder von totalitären Eliten an ihrer eigenen Bevölkerung oder von Europäern an den Völkern der Dritten Welt. Grausamkeit ist eher die Regel als die Ausnahme in der Menschheitsgeschichte, und der Universalismus des Schreckens ist Teil unseres europäischen Erbes; das Gleiche gilt doch für die Vorstellung, dass wir alle Individuen sind, eigenständige Menschen und, vor allem anderen, gleich.

Seit die Demokratie quer über den Kontinent hin eingesetzt wurde, ist das nicht mehr nur ein Traum wie vor fünfzig oder selbst noch vor zehn Jahren, aber auch so klingen derartige Reden über Universalismus und das europäische Individuum wohl einigermaßen abgehoben, sogar ein bisschen naiv – außer wenn es um Literatur geht.

Von den provenzalischen Troubadouren des Mittelalters bis hin zu den Dissidenten-Schriftstellern hinter dem Eisernen Vorhang hat die Literatur stets das Empfinden einzelner ausgedrückt, das individuelle Geistesleben und seinen Widerstand gegen die Tyrannei aufgezwungener Lebens- und Denkweisen. Schon von seinen Anfängen an hat der europäische Roman den Konflikt zwischen privatem und öffentlichem Leben, zwischen individueller Hoffnung und Furcht einerseits und gesellschaftlichen oder historischen Kräften andererseits zum Thema gemacht und interpretiert. Der Roman war ursprünglich eine europäische Erfindung, ebenso wie die Vorstellung vom Privatleben und dem unverletzbaren Recht auf eine persönliche Sphäre, und wir haben keinen Grund, uns dessen zu schämen oder den Vorwurf des Eurozentrismus zu fürchten. Wohlgemerkt, beide Erfindungen werden von Schriftstellern und Bürgern in Ländern außerhalb Europas hochgehalten, wo die bürgerlichen Rechte und die Freiheit der Phantasie nach wie vor Luxusgüter sind, um die es zu kämpfen gilt.

Wenn die Geschichte der Demokratie auch die Geschichte des Individuums ist und zeigt, wie die Vorstellung der Individualität aus der warmen, tröstlichen und überaus erstickenden Umarmung kultureller Identitäten erwachsen ist, dann ist der Roman eine Möglichkeit, diese Geschichte zu erzählen. So viele große Romane erforschen die imaginäre oder sehr reale Kluft zwischen dem Druck oder der Gleichgültigkeit der Gesellschaft einerseits und den Gedanken und Gefühlen einzelner Menschen andererseits. So viele Romane handeln von Einzelnen, die verzweifelt oder in einem Akt der Rebellion ihr Zuhause und ihre Leute verlassen, weil sie ins Exil gezwungen werden oder freiwillig das Exil wählen als Konsequenz einer Selbsterschaffung. Freiheit und Verzweiflung, Einsamkeit und zufällige Begegnungen, ungesuchte und manchmal äußerst unwahrscheinliche: Der Roman verbindet das gesellschaftliche Ambiente und das intime Seelenleben, indem er beider widersprüchliche Perspektiven dramatisiert, die der Kultur und die der eigenen heimlichen Ängste und Obsessionen.

Aber die Vorstellung von persönlicher Freiheit im Gegensatz zur Hinnahme der von der Gesellschaft und Kultur angebotenen oder aufgezwungenen Identität ist nicht nur eine in Romanen erzählte Geschichte. Eine solche Geschichte wird nur von jemandem erzählt, der für sich herausgefunden hat, dass er in das alles umfassende kulturelle Muster von Werten und Verhaltensweisen, die ihm von seinen Vorfahren überliefert worden sind, nicht hineinpasst. Wenn man schreibt, wenn man beschlossen hat, Schriftsteller zu werden, dann weist das darauf hin, dass man sich, sogar zu Hause, irgendwie fremd fühlt. Es ist gesagt worden, das Schreiben laufe auf eine Form des geistigen Exils hinaus, und ich glaube, das stimmt. Ich glaube, das Schreiben wird ausgelöst durch einen Verlust von Unschuld, und es kann ebenso einen solchen Verlust hervorrufen, ein tiefes Gefühl des Nicht-Dazugehörens.

Sobald man mit dem Schreiben anfängt, verwandelt man sich in einen Fremden. Man merkt, dass man in dem Maße, in dem man das eigene Ich findet, zurückweist und widerlegt, was andere gern in einem sähen. Aber das Schreiben, wie Schriftsteller es tun, das Suchen nach der Intimität einer persönlichen Stimme führt einen auch zu der erschreckenden und umwerfenden, stolzen und zugleich beschämenden Erkenntnis, dass das wahre Ich immer unentdeckt bleiben wird – dass man immer ein Fremder sein wird, sogar für sich selbst.

Beim Schreiben macht man sich je nach seinen persönlichen Bedürfnissen die allgemeine Sprache zu Eigen, findet Worte für Dinge, die in einem sind und die man kaum auszudrücken vermag. Dabei entdeckt man das Anderssein des wahren Ichs, und am Ende entdeckt man vielleicht sogar sich selbst in anderen. Man nennt es *Fiction*, Erfindung, aber es hat sehr direkt zu tun mit dem Geschäft, Mensch zu sein – jeder für sich, und deshalb einsam, aber in der Lage, der Einsamkeit zu entfliehen und in eine wahrere Beziehung zur Welt um einen herum einzutreten. So ist Literatur manchmal in der Lage, die seltsame Erkenntnis zu vermitteln, dass das, was wir gemeinsam haben, uns zugleich mehr als alles andere trennt: dass wir an Kopf und Körper getrennt sind und unser innerstes Ich nur teilen können, wenn wir freie Individuen werden und bleiben.

Allerdings ziemt es sich für einen Schriftsteller nicht, sich allzu überschwänglich über die Segnungen der Literatur zu verbreiten, und dies ist genau der richtige Moment für mich, einen Punkt zu machen. *Fiction* wird von Details genährt, die Leben und Anschauung dieser oder jener bestimmten Person beschwören. Romane werden gewöhnlich im Singular geschrieben, und Singularität ist ihr wunderlicher Anspruch auf so etwas wie universale Wahrheit.

Was ein Schriftsteller über *den Roman* zu sagen hat, ist gewöhnlich nichts weiter als ein Plädoyer für seine eigene, persönliche Vorgehensweise beim Schreiben. Ich bin da keine Ausnahme, und meine Art zu schreiben ist aus nur *einer* von mehreren modernen Traditionen erwachsen, nämlich der, weniger Gewicht auf die Handlung zu legen, zu Gunsten von Introspektion, Erinnerung, Beobachtung und Reflexion, und eher die Abenteuer des Geistes zu formulieren als jene, die sich fortwährend draußen in der *Realität* abspielen. Ich würde jedem Schriftsteller beipflichten, der den Verdacht teilt, dass nichts realer ist als die Art und Weise des Geistes, den Fluss des Scheinbaren zu interpretieren und darauf zu reagieren.

Mein persönliches literarisches Tabernakel beherbergt eine eklektische Reihe von Idolen, die wahrscheinlich murren würden über die Gesellschaft, in der sie sich befinden; es ist eher die Form als die Thematik, die sie zusammenbringt: Marcel Proust, Patrick Modiano, Thomas Bernhard, Saul Bellow, um einige wenige zu nennen. Bei allen Verschiedenheiten teilen sie einen Hang zum Monolog – sie lassen das Schreiben selbst zum vibrierenden Band werden, auf dem sie Gedanken, Gefühle, Impressionen, Abschweifungen und Ereignisse aneinander reihen in dem erzählerischen Bemühen, die Welt und das Ich in eine Balance zu bringen.

Die meisten sind, nebenbei gesagt, Franzosen, und es ist kein Däne darunter. Wie kommt das? Vielleicht ist es leichter, auf Inspirationen hinzuweisen, die eine gewisse Mühe erfordert haben. Wie auch immer, ich gebe heute zu, dass Inspiration oft durch ein produktives Missverständnis zustande kommt. Selbstverständlich gibt es dänische Meister, die leise in meinem Hinterkopf sprechen, aber ich höre sie nicht, so sehr sind sie Teil der Atmosphäre, die ich atme. Da sind die gedämpfte Intimität und die subtilen, ironischen Verkehrungen der Perspektive bei Hans Christian Andersen und seine universale Art, sich in der Welt der Details zu verlieren. Da ist die melancholische Empfindsamkeit bei Herman Bang, eine bestimmte Milde des Tons, eine gedämpfte Verzweiflung; er ist seinen Gestalten immer so nahe, dass man sie atmen hört in der Stille ihrer Stuben, wo eine Uhr Teilchen von der Ewigkeit wegtickt.

Das Wohnzimmer, nicht die Welt, ist unsere Bühne, denn Dänemark hat den größten Teil seiner Tage an den Rändern der Geschichte zugebracht. Wir wurden von den Tragödien des nun hinter uns liegenden Jahrhunderts nur gestreift, daher unser seltsam dumpfes Empfinden einer Distanz zwischen unseren emotionalen Interieurs und den Blitzen am Horizont. Allenfalls dies wäre mein dänisches Thema für Sie, politisch wie auch philosophisch. Doch meistens könnten meine Romane in jeder modernen westlichen Gesellschaft spielen, wo rigide kulturelle Muster der verwirrenden Unbeständigkeit urbanen Lebens gewichen sind.

Deshalb ist es eine so erlösende Erfahrung, wenn man übersetzt wird. Ich sehe mich nicht als speziell dänischen Schriftsteller, vielleicht als europäischen, aber das klingt gleich viel zu prätentiös – zumal für einen Dänen. Jeder Schriftsteller wehrt sich gegen Etiketts, und ich bin da ebenso empfindlich wie jeder andere. *Eskapismus* wäre die einzige zuverlässige Ausnahme. Also lesen Sie mich, bitte, nicht wegen des rustikalen Charmes meines exotischen Dänischseins. Wie sagte doch einst der sehr kosmopolitische und doch sehr dänische Dichter Henrik Nordbrandt, selbst ein großer Eskapist: *Was ist falsch am Fortlaufen, wenn man sich die Fahrkarte leisten kann?*

Ein anderer bedeutender Dichter hat Dichtung als das bezeichnet, was in der Übersetzung verloren geht. Aber ich bin ein Geschichtenerzähler, und für mich gilt es anders herum. Wenn da nicht irgendetwas ist, das selbst eine miserable Übersetzung übersteht, dann lohnt sich, glaube ich, die ganze Mühe nicht. In einer kleinen Sprache wie der meinen zu schreiben, heißt, das Paradox des Romans auszuleben, wenn Sie mir diese letzte Verallgemeinerung erlauben. Die meisten von uns schreiben in ihrer Muttersprache, und doch steckt in jedem Roman, der es wert ist, geschrieben oder gelesen zu werden, die Ambition, die Zufälligkeit der eigenen Herkunft, Kultur et cetera zu überschreiten und daran erkannt und dafür anerkannt zu werden, wie man die Einzigartigkeit persönlicher Erfahrung erkundet.

Aus dem Englischen von Helmut Frielinghaus

Durs Grünbein

Zu spät für Europa geboren oder zu früh, blieb mir zuletzt nur sein Mythos. Ich bin einer von diesen, im universellen Sinne, Heimatlosen, die von dem alten Europa nur mehr die Trümmer vorfanden, ruinierte Orte wie meine Geburtsstadt Dresden, und von dem neuen nichts als die abweisenden Fassaden der Brüsseler Bürokratie.

Durs Grünbein
Deutschland

1962 in Dresden geboren, lebt er nach kurzzeitigem Studium der Theaterwissenschaften als Dichter, Übersetzer und Essayist in Berlin. Nach der Öffnung des Eisernen Vorhangs führten ihn Reisen nach Europa, Südostasien und in die USA. Er war Gast des German Department der New York University und der Villa Aurora in Los Angeles. Für sein Werk erhielt er zahlreiche Auszeichnungen und Preise, darunter den Peter-Huchel-Preis, 1995 den Georg-Büchner-Preis und den Literaturpreis der Osterfestspiele Salzburg 2000.

Literaturhinweis:

Erklärte Nacht. Gedichte
Suhrkamp Verlag. Frankfurt am Main 2002

Vom Schnee oder Descartes in Deutschland
Suhrkamp Verlag. Frankfurt am Main 2003

Warum schriftlos leben. Aufsätze
Suhrkamp Verlag. Frankfurt am Main 2003

Europas Liebhaber

Heute erst fühle ich mich, nach mehreren Amerikabesuchen, wieder als frischgebackener Europäer. So geht einem die Lieblichkeit der Lagunenstadt Venedig erst so richtig auf, nachdem man etwa Las Vegas gesehen hat, die aufgedonnerte Hure unter den Städten der Neuen Welt.

Der erste war bekanntlich Zeus. Er trug sie herüber, die schöne Prinzessin, in der typischen Machogestalt eines Stiers. Die Namensgeberin des uns gemeinsamen Kontinents, er kaperte sie an Phöniziens Gestaden, jenem Küstenstrich, den sich heute Syrien und der Libanon teilen. Mit anderen Worten, das Mädchen war nicht nur Trophae, erotische Beute, geraubte Gespielin des jungen Bullen. Die Schöne kam von der anderen Seite, vom gegenüberliegenden Meeresufer – aus dem Morgenland. Ihre Heimat lag am äußersten Westrand desjenigen Erdteils, den man seither als Asien kennt.

Hören wir, wie der Mythos ihrer Entführung in Ovids eleganter Version aus den *Metamorphosen* klingt. *Und wen sie beschwert da, nicht ahnend / Wagt sich die Königsmaid auf den Rücken des Stieres zu setzen. / Plötzlich der Gott lenkt den Schritt seiner täuschenden Füße / Fort vom trockenen Ufer, vom Land in die vordersten Wellen…* Drüben angekommen, darüber schweigt Ovid sich aus, tat der Gott mit ihr, was er am allerliebsten tat und überließ sie dann ihrem weiteren Schicksal. Es sei dahingestellt, ob der jungen Dame die Nominierung zum *playmate* eines ganzen Kontinents ausreichend Trost war für Entführung, Vergewaltigung und schließlich ein Leben im Exil. Fest steht nur, dass ihr Fall eine überraschende Wende nahm, die zum Musterbeispiel wurde für jederlei ätiologische Sage. Selten war ein Mädchenname so folgenreich. So unergründlich auch, folgt man den Philologen, der Zusammenhang zwischen der Okeanidentochter und der schließlichen Benennung des Erdteils nach ihr ist, es bleibt dabei. Sie gab den Rufnamen her, der uns bis heute das Erkennungswort liefert, der so länderübergreifend und regionenumfassend gilt, dass er im Weltatlas eine eigene Rubrik einnimmt. Und neuerdings bezeichnen wir sogar die gemeinsame Geldwährung nach ihm.

Damals, in frischer Erinnerung an den peinlichen Akt, war zunächst nur das unmittelbare griechische Festland gemeint, im Gegensatz zu den windigen Inseln im Mittelmeer. Erst später ging der Name auf ganz Hellas über, bevor er zum Synonym wurde für die gesamte Landmasse, die sich heute zwischen der Peloponnes im Süden und Lappland im Norden erstreckt, zwischen den Aran-Inseln Irlands und jenem schwer umkämpften Kilometerstein an den Ufern der Wolga im tiefsten Russland. Anfangs war der Name weit entfernt davon, so groß zu sein wie heute der ganze Erdteil. Es brauchte erst äußeren Druck, um seinen Geltungsbereich zu erweitern. Doch kaum war der Angreifer in die Wüste zurückgeschickt, aus der er gekommen war, ging es zum ersten Mal in die Breite, das schöne Barbarenweib. Das neue Raumgefühl entsprach den schwellenden Körperformen, wie eine Schwangerschaft sie mit sich bringt. Das künftige Selbstbewusstsein wuchs mit der geographischen Distanz zum Geburtsort.

Noch einmal: Nach heutigen Maßstäben betrachtet, war Europa eigentlich eine Orientalin. Das ist in mehr als nur einer Hinsicht merkwürdig. Nicht nur, dass sie dem Exil, in das der Götterwüstling sie verschleppte, ihren eigenen Namen gab, der noch heute seine Gültigkeit hat; sie brannte ihm damit zugleich für alle Zeiten auch den Stempel ihrer Herkunft auf. Erklärt dies vielleicht jene besondere Erregung, in den tiefsten Tiefen der kollektiven Psyche, mit der die Kavaliere, die ihrem Mutterboden entsprangen, ihr fortan den Hof machen sollten? *Cherchez la femme*. Vielleicht nicht hinter allen, doch vielen der Raubzüge, die diesen ungestümen Kontinent später bewegten, steckt jene Frau, die ihm den Rufnamen gab. Angefangen mit den Griechen, dem einzigen Völkchen der Weltgeschichte, das aus seinen Mythen den doppelten Mehrwert zog, den von Philosophie und den von Poesie (in Gestalt von Tragödie wie individuellem Gedicht), über die Römer, ihre natürlichen Erben und ersten Ordnungshüter des Erdteils, bis zu der farbenfrohen Turnierrunde aus Nationen, die sich am Ausgang des Mittelalters formierte, war diese Brautwerbung die allerblutigste

Angelegenheit gewesen. In den vorchristlichen Jahrhunderten bestand sie hauptsächlich aus Abwehrschlachten. Mehrmals drohte Europa vom Osten her verschlungen zu werden, ein Alptraum, den seine jungen Beschützer lange nicht verwinden konnten. Immer waren da aus den unerforschlichen Tiefen des Raumes irgendwelche streitbaren Assyrer und Perser, Mongolen und Hunnen aufgetaucht, schnell wie der Wind mit ihren Pferden und Sichelwagen, und es hätte nicht viel gefehlt, und die zarten zivilisatorischen Keime auf Europas Boden wären zertrampelt worden von diesen Despotentruppen und Nomadenheeren. Die anmutige Schöne wäre ihren Liebhabern gewissermaßen wieder abgejagt und heimgeholt worden, hätte nicht jedes Mal die kleine Völkerschar selbstbewusster Galane, zahlenmäßig hoffnungslos unterlegen, das Blatt für sich wenden können im letzten Augenblick. Jedes Mal geschah etwas, das – wie im Fall des Seesieges bei Salamis – an ein Wunder grenzte und tatsächlich so etwas schuf wie einen besonderen historischen Nimbus.

Worin besteht der? Mag sein, es handelt sich, ganz ihrem Gegenstand entsprechend, um eine bloße Fata Morgana, so ist doch immerhin auffällig, wie zäh diese Luftspiegelung auf dem europäischen Boden sich hält. Gemeint ist dieses zauberhaft vielversprechende Gemisch, zunächst nur eine Ahnung, aus geistiger Abenteuersucht und einem beinah erotischen Hang zu persönlicher Freiheit. Es scheint darin, so flüchtig und ungefähr die Vorstellung auch ist, eine gesamteuropäische Grundströmung zu liegen. Man kann es auch existenzielle Neugier nennen oder geistiges Draufgängertum, der Formeln sind viele. Sie alle laufen zusammen in einem bestimmten imaginären Punkt, von dem aus das kulturelle Leben dieses vielschichtigen und vielgesichtigen Kontinents, quasi in Fortführung seiner geologischen Vorgeschichte, sich immer wieder erneuern konnte. Nach jeder totalen Verfinsterung folgte hier eine Renaissance, jedem Hieronymus-Bosch-Inferno ein Botticelli-Frühling. Diese Verführung zur Freiheit, diese charitische Leichtigkeit und Heiterkeit im Beginnen, wie sie, noch in den schlimmsten Katastrophen, lebendig blieb, ist eine Eigenschaft, die man beim Einzelnen zutreffend Charme nennt und im Geschlechterzusammenleben Galanterie. Und wieder scheint es, als hätte Altgriechenland hier ein für alle Mal den Maßstab gesetzt. Zumindest die Worte – der alte Goethe hat sie in einer visionären Auf-

Aglaia = die Glänzende

wallung *Urworte* genannt – und erst recht die zugehörigen Vorstellungen sind uns von dort her überkommen. Den Chariten, jenen Göttinnen der Anmut, verdankte Europa bis gestern seinen Wesenskern, das Charisma seiner verschiedenen Kulturen, den Charme seiner besten Eingeborenen. Noch einmal: In jener unermüdlichen Klarsicht, der Fähigkeit und dem Willen, zu begreifen und zu gestalten, in diesem tapferen Anlaufnehmen steckt sein besonderes, alle übrigen Weltteile mitreißendes Vermögen, von dem wir mittlerweile schmerzhaft erfahren mussten, dass es sich im Guten wie im Bösen offenbaren konnte, Gott seis geklagt. Der unerhörten geistigen Spannung, wie sie den Morgen Europas auszeichnete, die Jahrhunderte von – sagen wir, Sappho bis Ausonius, war wie aus dem Meeresschaum jenes Individuum entstiegen, das wir seither als Zentrum der Kreativität kennen. Und sooft seine Namen (und Eigenschaften) später auch wechseln sollten, es kam doch, in dieser trugbildartigen Erscheinung, aus ein und demselben Kreis von Entführern und Verführern.

Wenn es stimmt, dass eine Frau erst so recht dank ihrer Liebhaber erblüht, dann war Europa in der glücklichsten Position. Jahrhundertelang war sie begehrt, in der raffgierigsten, militantesten, schäbigsten Art gleichermaßen wie in der am höchsten verfeinerten Umgangsform. Dabei war sie es gewesen, die ihren Bewerbern erst die Manieren lehrte. Diese jungen Männer, auf Bildern venezianischer und florentinischer Meister sieht man sie manchmal lässig an eine Säule gelehnt, in ihren Strumpfhosen, Schnabelschuhen und plissierten Samtröcken. Vor oder nach der Jagd, die Armbrust lässig geschultert, mit einem gewinnenden Lächeln auf den Lippen, lungern sie am Rand der Piazza herum, diese munteren Gecken, Zaungäste einer düsteren Prozession, gelangweilte Zeugen irgendeines Martyriums. Allesamt Frauenverehrer, sind sie es, in ihrer *sprezzatura* – oder *coolness,* wie man heut sagt –, die Europa, mit ihrem Schönheitssinn bewaffnet, den Hof machten. Ausgerechnet sie? Zugegeben, sie waren nur ausnahmsweise Moralisten. Baldassare Castigliones noble Dialoge über den idealen Edelmann galten ihnen mehr als Pico della Mirandolas universelle Überlegungen zur Würde des Menschen. Und doch war in ihnen, wenngleich modisch verpackt, jener menschliche Mikrokosmos entfaltet, in dem der eine, sehr elitär, die Blüte der Kultur, der andere den

Sinn aller Schöpfung erblickte. Denn mit dem Liebhaber war, im Lateinischen, vieles gemeint: der Minnesänger, der Studiosus und Freund philosophischer Gedanken wie auch der Diener eines Kults, in dem sich die sublimsten Qualitäten des Gesellschaftslebens vereinten. Dies also war er, der europäische Mensch, der seinen Stolz auf den italienischen Tafelbildern zur Schau trug. Man begegnet ihm überall, in wechselnden Gestalten, auf den Streifzügen durch die Museen und Bibliotheken, jenem Typus von Adoranten mit seiner keck auf die Stirn geschriebenen Erobererlust, dem Erkennungszeichen aller Europaschwärmer. Gewiss, im Laufe der Zeiten machte er mancherlei Wandlungen durch. Nach dem römischen Legionär war es der Christ, der als Wandermönch zuerst die Größe des Kontinents am eigenen Leib erfuhr. Ihm folgte der Söldner im Dienst verschiedener Mächte, dann der Reisende auf seiner *grand tour*, schließlich der Landvermesser, der Entrepreneur mit der Fratze des Kolonialisten und Geostrategen. Schließlich sah man ihn im Porträt des bärtigen Theorielöwen aus dem neunzehnten Jahrhundert, in dessen Lebenswerk, unwiederbringlich, das alte Europa zum letzten Mal kulminierte. In jedem von ihnen lebte, glühend und aktuell, etwas vom Ursprungsmythos, das nicht mehr vergehen konnte.

Wie gesagt, mag das Ganze nach zweitausend Jahren Gewöhnung auch kaum mehr sein als eine Phantasmagorie, jeder, der hier geboren wurde und über den Tellerrand blickte, hat es auf diese oder jene Weise, und sei es nur mehr in einsamer Lektüre, kennen gelernt und kann es nun nicht mehr vergessen. Ich spreche von dem Verlangen nach persönlicher Autonomie, das für die einen Erfahrung geworden ist, während es für die andern ein Leben lang unerfüllbare Sehnsucht blieb. Dies war, mit einem Ausdruck, der Mythos und Reklame vereint, der Nimbuseffekt Europas. Er entspringt, so wenig auch heute noch davon übrig sein mag, aus solchen Epochenbegriffen wie Aufklärung und Humanismus.

Man kann sich nun fragen: Was hat das alles mit jener Jungfrau aus dem Morgenland zu tun? Nun, so viel ist klar: Der Mythos, wie ihn die Griechen uns überlieferten, die Stiftungslegende unserer territorialen Identität, handelt nicht nur von einer Gewalttat, sondern auch von einem historisch einmaligen Reifeprozess, von Großzügigkeit, Selbstbestimmung und Toleranz. (Um auf die Perser zurückzukommen: Wo gab es das je, dass ein Volk das Schicksal seines geschlagenen Gegners, der noch dazu der Angreifer war, öffentlich verhandelte, das heißt ohne Häme, mit selbstkritischer Einsicht? Doch genau das geschah im griechischen Amphitheater mit der Aufführung von Aischylos' Tragödie *Die Perser.* Anders gesagt und auf den Mythos zurückübertragen, Zeus kompensierte gewissermaßen, was er durch seine unersättliche sexuelle Gier anrichtete, und lieferte damit das Vorbild für jene typische europäische Dynamik, wie sie der Philosoph Hegel den Geschichtsgläubigen später unter der Reklameformel vom Weltgeist schmackhaft machte.

Zugegeben, es bleibt ein seltsamer Einfall, einen ganzen Kontinent nach einer nackten Frau zu benennen. Er sagt einiges aus über das Subjekt der Geschichte – in der Regel ist es männlich. Erst die Tatsache, dass man sie, Zeus folgend, als Sexualobjekt betrachtete, erklärt die Gewalt, die der Kampf um ihren Besitz in den Bewerbern entfesselte. Erobert wird, was als fruchtbar und Lust versprechend gilt, und der Minnesang geht der Landnahme voraus. Dass Europa umgekehrt ihr Schicksal in die eigene Hand nehmen könnte, war eine Pointe, mit der erst spätere Zeiten aufwarten sollten. Nicht Abgrenzung um jeden Preis, im Gegenteil, listige Neugier auf das vollkommen Fremde war der Trieb, der dem räuberischen Gründungsakt zugrunde lag. Allerdings war es ein langer Weg, mit immer neuen Rückfällen in den übelsten Patriotismus (der nach Goethe bekanntlich die Geschichte verdirbt), bis daraus völkerrechtliche Verbindlichkeit wurde, nationale Selbstdisziplin, mit einem Wort: echte Courtoisie.

Von Ossip Mandelstam, dem russischen Dichter, einem der Troubadoure Europas, stammt die bedeutende Zeile: *O ihr, Europas zarte Hände, nehmt euch – alles!* Sein Gedicht, im Jahre 1922 entstanden, beschreibt den Frauenraub als brausende Meerfahrt mit Rad schlagenden Delphinen und einer grünen, wild aufgepeitschten See. Erstaunlicherweise erscheint bei ihm die Prinzessin auf dem Rücken des Stiers sogleich in ihrer Doppelrolle – einerseits Entführungsopfer, andererseits fügsame Trophäe, die als Joch den Hals des Schwerenöters mehr umschmiegt, als dass sie ihn bedrückt. Die Zerrissenheit ist von Anfang an da, und das Gedicht bezieht seine Spannung daraus, dass es auf eine Ambivalenz verweist, die sich seither niemals verlor, in keinem der Stadien im Zivilisationsprozess dieses Erdteils. Sie prägte, als

Trauma wie als Versprechen, seine historische Zukunft. Das Gedicht beginnt mit einer Augenblicksaufnahme des Gottes in Tiergestalt. *Den rosa Schaum der Müdigkeit auf weichen Lippen / Bricht dieser Stier es schnaubend um, das grüne Meer, / Nicht Ruderschläge, nein, die Frauen liebt er – / Die Last ist ungewohnt und seine Mühe schwer.* Nicht zufällig übrigens war sein Verfasser Russe. Im Moment der Niederschrift, so viel ist sicher, im Jahre fünf der so genannten Oktoberrevolution, war er weiter denn je entfernt von seinem Ideal einer Weltkultur auf europäischem Boden. Mit der Hellsicht des Enttäuschten, des Ausgeschlossenen, erkannte er als einer der Ersten, was sich damals im Osten vollzog. Das sozialistische Staatsschiff legte ab vom europäischen Ufer. Im zwanzigsten Jahrhundert war es endgültig um die geliebte Einheit geschehen. Hier sprach ein Verlassener, und er sah, was damals nur wenige sahen: Der europäische Mensch war der antiquierte Mensch *par excellence*. Das große Schisma, die Entfremdung des Ostens von Europa, war das Ergebnis eines Titanenkampfs, jenes von Hitler und Stalin, der beiden antieuropäischen Rivalen. Jeder auf seine Weise zerstörten sie die gemeinsamen Grundlagen. Der eine mit seiner fixen Idee von einem Paneuropa unter germanischer Führung, der andere mit seiner als Sozialismus getarnten assyrischen Despotie. Das Ergebnis war jene Nachkriegswelt, in die jeder von uns Heutigen dann hineingeboren wurde: Hier der Westen, die europäisch-amerikanische Zivilisation, und dort der Osten, ein Völkergefängnis, das unterm sowjetischen Einfluss allmählich zum Eisblock gefror. Doch vielleicht hatte die Ost-West-Teilung, diese schwerste Prüfung des alten Europa zuletzt auch ihr Gutes. Ich spreche von einem Paradox. Nicht nur, dass dieser Kontinent, in den Zeiten des Krieges, oftmals über sich selbst hinauswuchs, um dann sogleich wieder einzuschrumpfen und bescheiden zu werden; nein, langfristig hat Krieg, der Völkerspalter, sich auch als Völkerverbinder erwiesen. Der Dreißigjährige Krieg, das napoleonische Zeitalter, der Erste und der Zweite Weltkrieg, sie alle haben diese Erde gründlich umgegraben und aufgemischt. Hinterher wussten die Krieg führenden Nationen jedes Mal mehr voneinander als vorher. Hinter dem Bruderzwist erschien, was Mandelstam *das Ganze* nannte, als eine moralische Persönlichkeit, die Heraufkunft *des gleichsam auf eine Mutter bezogenen europäischen Bewusstseins.* Am Ende jedes der mörderischen Eifersuchtskämpfe war die Isolation stückweise durchbrochen, das Flickwerk der Grenzen überflüssiger, die Verständigung untereinander um ein weniges leichter geworden.

Und damit möchte ich, zum Schluss, ohne Umschweife bekennen, dass auch ich mich zu den Liebhabern Europas zähle. Das will etwas heißen, wenn auch vielleicht nur für mich, da ich mich ansonsten nicht so leicht zugehörig fühle. Europa, das war, für einen wie mich, bis vor kurzem die Chiffre für das Unerreichbare schlechthin. Ich gestehe, dass mich der bloße Klang des Wortes immer ein wenig feierlich stimmte. Zu spät für Europa geboren oder zu früh, blieb mir zuletzt nur sein Mythos. Ich bin einer von diesen, im universellen Sinne, Heimatlosen, die von dem alten Europa nur mehr die Trümmer vorfanden, ruinierte Orte wie meine Geburtsstadt Dresden, und von dem neuen nichts als die abweisenden Fassaden der Brüsseler Bürokratie. Und doch habe ich mich immer als Eingeborener dieses Kontinents betrachtet. Ich erwähne das, weil es auch andere gab, weil ich als Teil einer Bevölkerung aufwuchs, die eine Mauer vergessen gemacht hatte, dass sie irgendwann einmal europäisch war. Was sollte man tun, wenn einem das Herz für Europa schlug? Man kompensierte, wohl oder übel, den Verlust und gab sich im Alltag des sozialistischen Lagerlebens zufrieden mit dem, was Nietzsche *Fernstenliebe* genannt hat. Und so groß war diese Liebe, dass sie mich auch nachher noch weit hinaustrug über den provisorischen Zustand der deutschen Einheit. Reisen bildet, sagt man, manchmal aber kommt es auch einer Wurzelbehandlung gleich. Heute erst fühle ich mich, nach mehreren Amerikabesuchen, wieder als frisch gebackener Europäer. So geht einem die Lieblichkeit der Lagunenstadt Venedig erst so richtig auf, nachdem man etwa Las Vegas gesehen hat, die aufgedonnerte Hure unter den Städten der Neuen Welt. Es waren die Dichter, Leute wie Ovid oder Mandelstam, die Europa – unter immer anderen Namen – im Lauf der Jahrhunderte ihre Liebe gestanden, jeder auf seine, dem historischen Zustand des Kontinents entsprechende Weise. Für den einen war es, was rings um Athen sich ausdehnte, überstrahlt von der Akropolis, für den andern, verbannt unter die Skythen ans Schwarze Meer, das ewige Rom, Zentrum eines zerfallenden Imperiums, und für den Letzten in ihrer Reihe schlicht die *Sehnsucht nach Weltkultur.*

Lassen Sie mich mit einer Bitte schließen. Wenn Sie das nächste Mal nach Griechenland kommen, werfen Sie einen Blick in Ihre Geld-

"Oh ihr, Europas zarte Hände, nehmt Euch – alles"

börse. Möglicherweise hat die Staatsbank des südlichsten europäischen Landes Ihnen ein Geschenk gemacht. Legen Sie eine dieser 2-Euro-Münzen auf Ihren Handteller, achten Sie nicht so sehr auf ihren Nennwert, sondern drehen Sie sie, meinetwegen auch aus Sparsamkeitsgründen, um und betrachten Sie das ihr aufgeprägte Motiv. Sie werden dort eine bekannte Figurengruppe erblicken – die zarte Erscheinung einer schlanken, langbeinigen Frau. Nach Damenart sitzt sie, den Kopf Ihnen zugewandt, auf dem Rücken eines vorwärts stürmenden Stiers.

Daniela Hodrová

Und sobald ein Schriftsteller das narrative Netz des erzählenden Europas mit seiner eigenen gelebten oder geschriebenen Geschichte berührt hat, darin eine neue Masche oder einen Knoten gesponnen hat, einen Kokon, wird er von ihm gefangen genommen.

Daniela Hodrová
Tschechien

1946 in Prag geboren, studierte die Schriftstellerin, Wissenschaftlerin und Übersetzerin an der Philosophischen Fakultät in Prag und promovierte mit einer Arbeit über den russischen Schriftsteller Andrej Belyi. Sie arbeitete als Redakteurin im Verlag *Odeon* und ist heute als Literaturwissenschaftlerin am Institut für tschechische Literatur und Weltliteratur der Akademie der Wissenschaften tätig. Das literarische Hauptwerk, die zwischen 1977 und 1984 geschriebene Romantrilogie *Città dolente (Podobojí, Kukly, Théta)*, konnte erst nach der politischen Wende in Prag publiziert werden. Daniela Hodrová lebt und arbeitet in Prag.

In deutscher Übersetzung u. a.:

Das Wolschaner Reich. Città dolente I. Totenroman
Aus dem Tschechischen übersetzt von Susanna Roth
Ammann Verlag, Zürich 1992

Im Reich der Lüfte. Città dolente II. Lebende Bilder
Aus dem Tschechischen von Susanna Roth
Ammann Verlag, Zürich 1994

Theta. Città dolente III. Roman
Aus dem Tschechischen von Susanna Roth
Ammann Verlag, Zürich 1998

Eingesponnen im Netz

A do této narativní sítě vyprávějící Evropy je lapen spisovatel, sotva se jí dotkne vlastním žitým i psaným příběhem a přede v ní nové oko a zauzlinu, zámotek.

Auf dem Kupferstich von Johannes Putsch aus dem Jahre 1537 wird Europa in *Forma Virginis* dargestellt. Das Gewand, das die Jungfrau trägt, ist grün – die Farbe des Lebens und der Regeneration. In der Form eines bizarren Musters sind auf ihm Namen von einzelnen Ländern verstreut, von Städten, die durch Embleme der Bauten vertreten werden, Gebirgszüge werden hier markiert, der Körper der Jungfrau wird von oben nach unten durch den Lauf der Donau entzweigeschnitten. Die Tatsache, dass sich Bohemia direkt in der Mitte der jungfräulichen Brust befindet, an der Stelle des Solarplexus und des Sonnenchakras, scheint die besondere Stellung dieses Landes zum Ausdruck zu bringen, in dem sich des Öfteren im 20. Jahrhundert und früher die Geschichte Europas verknotet hatte. Ich erlaube mir, diese Personifizierung zum Ausgangspunkt meines Essays zu nehmen – übrigens auch im Namen des Kolloquiums *Europa schreibt* verbirgt sich eine Personifizierung. Und ich möchte noch von einer anderen, vier Jahrhunderte späteren Idee ausgehen, der Idee eines universellen kosmischen Stoffes, der die Erde umhüllt und in dem *alle unsere geistigen Vorgänge, Taten und Gedanken [...], alle Handlungen [...] eingeprägt, kontinuierlich aufbewahrt und aufgezeichnet werden. Alles, was geschehen ist, ist aufgezeichnet worden,* wie in den 20er Jahren des vorigen Jahrhunderts der tschechische Psychologe Břetislav Kafka schreibt, der für diesen merkwürdigen Stoff den Begriff *Protonation* geschaffen hat (auf eine wunderbare Weise trifft sich sein Bild mit der späteren Idee von Teilhard de Chardin, der von einer *denkenden Schicht* beziehungsweise *Noosphäre* spricht). In diesem Sinne stelle ich mir nun das Wesen Europa vor, umgeben von einer Aura, von einem unsichtbaren mentalen Körper, der aus Gedanken, Erinnerungen, Themen, Motiven, Illusionen, Träumen, Ängsten, Obsessionen und Traumata gewebt wurde, die dieser Jungfrau bzw. Dame unbestimmten Alters je durch den Kopf gegangen sind, die sie durchgemacht und in Geschichten verwoben hatte – in persönliche, kollektive, uralte und moderne Geschichten. Und sobald ein Schriftsteller das narrative Netz des erzählenden Europas mit seiner eigenen gelebten oder geschriebenen Geschichte berührt hat, darin eine neue Masche oder einen neuen Knoten gesponnen hat, einen Kokon, wird er von ihm gefangen genommen.

Das Wesen des narrativen Netzes, das sich pausenlos ausbreitet, verdichtet, hier und da anreißt, macht deutlich, dass das Netz in jedem Augenblick anders und trotzdem im gewissen Sinne gleich ist, denn es verbreitet sich nach einer Art von *genetischem* Programm und pulsiert in bestimmten Rhythmen. Derjenige, der in ihm selbst eingesponnen ist und ungeduldig auf die eigene Verwandlung wartet, kann jedoch nur mit gewissen Schwierigkeiten, wenn überhaupt, die Umrisse dieses gigantischen Netzes erkennen und die Mechanismen erahnen, die seine Dynamik beherrschen, und außerdem – indem er das Netz anschaut, verwandelt sich auch dieses unter seinen Händen in eine Geschichte ... Zum Wesen dieses narrativen Netzes oder narrativen Körpers von Europa gehört ferner, dass sich die Maschen der Geschichten aus verschiedenen Zeiten miteinander vermischen, die Geschichten fließen in unsichtbaren Fäden neben- und übereinander – sogar in einem einzigen Werk, das die Gestalt des Netzes im Kleinen widerspiegelt. Welche Geschichten sind es? Die von Ödipus, zum Beispiel, die von Odysseus, von Tristan und Isolde, die Geschichte der Gralssuche, die Geschichte von Christus, Don Quijote, Robinson, Faust, die Geschichte der verlorenen Illusionen, die Geschichte der Torheit und des Wahnsinns, die Geschichte des Verbrechens und der Strafe, der unbegreiflichen Tat und der unverstandenen Schuld, die Geschichte der verlorenen Zeit und der Erinnerung, die Geschichte der Entfremdung, die Geschichte der nicht in Erfüllung gegangenen Initiation ... Von diesen und vielen anderen wurden auch europäische Schriftsteller des eben vergangenen Jahrhunderts gefesselt, auf ihre Weise haben sie diese alten und neuen Geschichten zusammengeflochten, sie häufig in Frage gestellt, nicht selten auch parodiert (mit diesen Methoden ist das erzählende Europa seit langem vertraut), sie haben ihren Sinn verändert, ihn manchmal sogar verdreht. Der Tor Hans Castorp, dieser Parzival der Neuzeit aus dem Roman von Thomas Mann, geht vom *Zauberberg* auf den Schlachthof des Ersten Weltkriegs, Kafkas Held sucht vergeblich den Weg in das Initiationsschloss, welches paradoxerweise vielleicht mit dem Dorf verschmolzen ist, in einem anderen Roman von Kafka – *Der Prozess* – kann K. seine Schuld nicht erkennen und keine Erlösung finden, die Reise des Odysseus von Joyce – Bloom – führt durch eine moderne Großstadt und dauert einen einzigen Tag, in Robbe-Grillets *Ein Tag zuviel* liefert der Mythos von Ödipus die Vorlage zu einer Pseudo-Detektivgeschichte über die Fatalität der Erkenntnis.

Kafkas Romane können gleichzeitig als Beispiel eines anderen charakteristischen Wesenszugs des *europäischen Textes* dienen – insbesondere jenes Teils von ihm, der sich auf die Brust jener allegorischen Gestalt bezieht: die Unvollendung. Auf diesen Wesenszug großer mitteleuropäischer Romane hat seinerzeit Václav Bělohradský aufmerksam gemacht und dabei Musil, Kafka und Hašek erwähnt. Er hat dabei nicht einmal jene Unvollendung gemeint, die aus den Lebensumständen der Schriftsteller resultiert, sondern Unvollendung als Folge der eigenen Zweifel über das potenzielle Ende, über die Möglichkeiten der Erkenntnis und über den Sinn der Geschichte – ihren einzigen und eindeutigen Sinn. Solche Fälle waren jedoch nur selten, wenn auch zweifelsohne symptomatisch. Die europäische Narrativität oder – um mich zeitgemäß auszudrücken – der europäische narrative Diskurs der letzten Jahre wird in meinen Augen jedoch durch eine andere und gewichtigere Unvollendung charakterisiert – die innere Unvollendung. Anstatt des erwarteten Ereignisses klafft ein *Loch* in der Geschichte wie in Becketts Theaterstück *Warten auf Godot* oder im Roman *Die Tartarenwüste* von Dino Buzzati. Die feste Struktur eines traditionell in Kapiteln gegliederten Romantextes bricht zusammen – der Text wird häufig durch eine Aneinanderreihung frei zusammenhängender Absätze gebildet. Der fragmentarisierte Text, nicht selten vor drei Punkten strotzend, korrespondiert sowohl mit dem Abstieg in die Vergangenheit wie mit dem Prozess der Textentstehung oder der Aufzeichnung einer dahinschwindenden Gegenwart. So ist es zum Beispiel in *Die ersten Buchstaben* von Milada Součková, in den Prosatexten *Kindheit* und *Zwischen Leben und Tod* von Nathalie Sarraute, in Marguerite Duras' Schreiben, Hrabals Allzu laute Einsamkeit, unzählige Beispiele gibt es außerdem in der *Frauen-Prosa*. Andererseits kann der traditionelle Textzusammenhang aber auch durch eine Hyperkontinuität gestört werden, und zwar dann, wenn ein Text wie ein Fluss konzipiert wurde – er wird durch einen einzigen unendlichen Satz gebildet *(Die Tanzstunden für Erwachsene und Fortgeschrittene von Hrabal)*, weicht immer wieder ab und verästelt sich *(Böhmische Boheme. Dorfbubensong* von Josef Hiršal), mottet sich ein und bricht scheinbar in sich selbst zusammen (das Verfahren *mise en abyme* ist häufig im *Nouveau Roman*, aber auch woanders anzutreffen). Nicht selten wird das Erzählen als Suche nach dem Erzählen und der Geschichte selbst oder als eine Art *Ausrottung* oder *Rodung* des Erzählens aufgefasst. Thomas Bernhard legt zwar dem Leser formal abgeschlossene Geschichten vor, er destruiert sie jedoch von innen her, im Text kommen die durchlöcherten Themen auf eine beinah krankhafte Weise wieder zurück. Variationen, die bekanntlich in Romanen von Milan Kundera – diesem Verkünder der messianischen Rolle des europäischen Romans – das grundlegende kompositionelle und noetische Verfahren bilden, stellen für mich in Werken, die den einzigen und *einfachen* Sinn hinterfragen, den nächsten wichtigen Wesenszug des europäischen Diskurses dar.

Jeder, der den Körper von Europa angefasst hat, scheint durch die innere Unvollendung und Zusammenhanglosigkeit von Europas Geschichten in Mitleidenschaft gezogen worden zu sein (beim näheren Hinsehen erweist sich jene Zusammenhanglosigkeit doch als eine Art Zusammenhang wie zum Beispiel der noetische), plötzlich wird er vom Strom europäischer Geschichten fortgerissen, von ihren Figuren heimgesucht, von Dämonen der Erinnerung und des Vergessens geplagt. Eben das wurde mir bewusst, als ich neulich das Buch *Die Erfindung der Einsamkeit* des amerikanischen Schriftstellers österreichischer Herkunft Paul Auster gelesen habe. Kaum ist der Erzähler in Paris und Amsterdam angekommen, versinkt er in dem europäischen narrativen Element mit seinen Geschichten und seinen alten und neuen Themen (zum Beispiel der Geschichte von Anne Frank); das typisch europäische Thema der Erinnerung verleiht dem zweiten Teil des Romans *Das Buch der Erinnerung* sogar den Namen, womit sich Austers

Roman in den Kontext großer europäischer Romane der Erinnerung einreiht von Prousts *Auf der Suche nach der verlorenen Zeit* bis zum *Buch der Erinnerung* von Péter Nádas, das Herumirren durch Amsterdam wirkt wie eine Replik des Herumirrens durch eine Stadt mit Grachten in *Ein Tag zuviel.* Erstaunt bin ich in Austers Roman auf die Geschichte des wahnsinnigen Hölderlin gestoßen, der in meinem angefangenen Roman über den Prager Friedhof irrt. Der gleiche Mechanismus der gegenseitigen Einflussnahme wie zwischen einem Kontinent und einem Schriftsteller gibt es auch zwischen einer Stadt und einem Schriftsteller und zweifelsohne fällt es noch mehr auf – die Aura der Stadt und ihrer Geschichten zieht nicht nur ihre Bewohner, sondern auch Fremde in ihren Bann. So wurde zum Beispiel *Die weinende Frau in den Straßen von Prag* der Französin Sylvie Germain, die eine Zeit lang in Prag gelebt hatte, in einem sehr engen Kontakt mit der narrativen Aura der Stadt geschrieben. Aus dieser Aura tritt ein Wesen ohne Name, Alter oder Gesicht hervor, mit *einem Körper aus Tränen und Erinnerung,* gleich dem Golem in Meyrinks Roman entspringt dieses Phantom den Steinen der Stadt. Der Text von Sylvie Germain, ähnlich wie der von Auster, neigt zu einer inneren Unvollendung, und in beiden wird der Akt des Schreibens thematisiert. Auf den ersten Blick kann dieses Verfahren als ein postmodernes Spiel mit der Geschichte erscheinen, aber sowohl hier als auch anderswo verbirgt sich die existenzielle Angst und ontologische Unsicherheit des Erzählers dahinter: *Und wer bin ich, wenn ich diesen Roman schreibe? Wer möchte ich sein? Jene, die in ihre Vergangenheit hinabsteigt, oder jene, die abseits steht und den Abstieg dieses Wesens beobachtet?* [1] Verzeihen Sie, dass ich mich selbst zitiert habe, den Roman *Theta* aus der offenen Trilogie *Città dolente.*

Und wie sieht es nun mit der europäischen Geschichte par excellence aus, einer der Subgeschichten von der Makrogeschichte der Erde und einer der Übergeschichten von den Geschichten einzelner europäischer Städte? Wie sehe ich sie im Verlauf der letzten zwei, drei Jahrzehnte, was für einen Sinn hat sie? Und warum eigentlich werden wir bzw. ich so stark von Geschichten angezogen – von meiner persönlichen wie auch jener kollektiven, deren Bestandteil auch meine eigene Geschichte ist – obwohl (oder gerade weil) sie zerfallen (meine *Wolschaner Komödie* ist immer noch nicht abgeschlossen), obwohl sie angezweifelt werden oder sich selbst auslachen? Vielleicht fühlen sich europäische Schriftsteller wie auch ich, die ebenfalls im Netz der europäischen Geschichte eingesponnen ist, deswegen von Geschichten angezogen, weil diese, wie Paul Ricœur meint, eine bewusste (wenn auch manchmal potenzielle) Kontinuität von Sinnhaftigkeit des individuellen Handelns in der Historie herstellen. Wenn es erlaubt ist zu sagen, dass der Mensch durch Geschichten, die er sich selbst oder den anderen über sich erzählt, eine gewisse narrative, von ihrem Wesen ausgehende dynamische Identität bekommt, dann gilt dies in gewissem Sinne auch für den von ihm bewohnten Raum und für seine Geschichten. Europa verdankt seine Identität sicherlich nicht nur seinen Landschaften, sondern auch den Geschichten, die es der Vergessenheit entrissen, (neu) erschaffen und erzählt hat. Die Tatsache, dass sich in der postmodernen Zeit die Geschichte hinausstiehlt und in Stücke zerfällt, fragmentarisiert und in Frage gestellt wird, ändert daran nichts. Eine solche Geschichte mag einem krank vorkommen, und sie ist es in gewissem Sinne vielleicht auch, nichtsdestotrotz entspricht sie der sich ändernden Vorstellung von der Welt und vom Charakter der Erkenntnis. Anders gesagt: Eine zerrissene und unvollständige Geschichte stellt eben eine andere Geschichte dar, die schlechter zugänglich ist und uns an einen Sinn heranführen will, der ebenfalls schwer zugänglich ist. Auf jeden Fall wird sie zum Bestandteil meiner Erinnerung, nimmt an meiner Selbsterkenntnis und vielleicht auch an meiner Veränderung teil.

Eine ähnliche Bedeutung wie Geschichten haben in unserem Leben auch Träume, wenn sie uns mittels Bildern unsere momentane Situation vorspiegeln, den Zustand, in dem sich unsere Seele gerade befindet. Es ist offensichtlich, dass nicht jede Geschichte eine solche Auswirkung auf uns hat, sondern nur solche, die wir als archetypisch bezeichnen könnten (hierher gehören auch die griechischen Mythen). Sie liegen verschüttet in unserem Unterbewusstsein, und durch Erzählen – wiederholtes Erzählen – kommt es zur Übertragung der ureigenen epischen Information, jener menschlichen Initialerfahrung, die in solche Geschichten eingraviert wurde. Die Bedeutung, welche der Geschichte in der Psychotherapie beigemessen wird, ist allgemein bekannt: Derjenige, der seine Geschichte zu erzählen vermag, das heißt sein Leben mit einem gewissen Abstand auffassen und betrachten kann, ist bereits zum Teil – wenn nicht vollständig – geheilt. Das war auch das Problem von Tristan in dem mittelalterlichen Roman, der kürzlich mit all seinen Varianten und einem umfassenden Kommentar in der Pariser Edition Pléiade erschienen ist. Tristan ist tatsächlich *wahnsinnig* geblieben, auch wenn er seine Geschichte erzählt hat. Von seiner quälenden Leidenschaft wurde er aber deswegen nicht geheilt, weil sein Erzählen und seine Selbstenthüllung eine bloße List gewesen war, eine Rolle, die er auf dem Hof des Königs Marke gespielt hatte, hier mangelte es sowohl an wirklicher Distanz wie auch an Reue.

Ich nehme an, dass die Geschichte nicht nur für den Einzelnen, sondern für eine ganze Gemeinschaft eine heilende und therapeutische Bedeutung haben kann. Die Tatsache, dass Europa gerade heute Lust bekommt, die Geschichten wieder zu erzählen, von denen es einst als eine geographisch-geistige Formation gegründet wurde, bedeutet womöglich, dass sich die vermutlich kranke Jungfrau bereits auf dem Weg der Besserung befindet. Das *wahnsinnige* Europa scheint langsam zu ahnen, dass seine zarte Identität nur dank Geschichten existiert, an die es sich erinnert, die es sich erzählt und in denen es versucht, sich selbst zu verstehen. In einer Geschichte, der von Tristan zum Beispiel, entdeckt es nämlich bestimmte phantastische Momente und angespannte Emotionen, es findet dort eine bestimmte Art von Wahrnehmung, die es lange Zeit vernachlässigt hatte – unter anderem wurde diese in den letzten Jahrhunderten durch Europas beschränkenden Rationalismus übertüncht und unterdrückt. Dabei stellen sowohl für den Einzelnen als auch für die Menschheit ausgerechnet solche Geschichten – die *großen* wie auch die *kleinen* – ein kaum zu ersetzendes Instrument der Erkenntnis und Selbsterkenntnis dar. Der Glaube an die Geschichte, durch manche moderne Romane und Philosophen in Frage gestellt, erfährt in Europa der letzten Jahrzehnte eine sichtbare Wiederbelebung, die Geschichte und ihr Erzählen werden erneut nicht nur als bloße Metapher für die menschliche Bestimmung, sondern direkt als eine wesentliche Dimension der menschlichen Existenz wahrgenommen.

Aus dem Tschechischen von Eva Profousová

1 Daniela Hodrová: *Theta*, Aus dem Tschechischen von Susanna Roth. Ammann Verlag, Zürich 1998, S. 22

Panos Ioannides

Europa ist die Wiege der humanistisch geprägten Kultur. Ihr Grundstein: der Satz des Protagoras »Der Mensch ist das Maß aller Dinge«.

Panos Ioannides

Zypern

1935 in Famagusta auf Zypern geboren, studierte der Dichter, Essayist und Verfasser von Bühnenstücken an der Pancyprian High School. Er arbeitete als Journalist und Beamter, war 1967 als Stipendiat der Syracuse University in den USA und gab Unterricht in den Fächern Soziologie und Kommunikationswissenschaft an der York University in Toronto. Von 1955–1995 war er für den Zypriotischen Rundfunk tätig, zuletzt als Direktor der Fernseh- und Radioprogramme. Panos Ioannides ist Präsident des zypriotischen Pen-Clubs. Für seine Erzählungen und Theaterstücke wurde er mit mehreren Preisen ausgezeichnet.

In deutscher Übersetzung u. a.:

Petros I. oder Die Ballade der Arodafnussa
Theatertexte 4
Aus dem Griechischen von Gudrun Rohr
Romiosini Verlag, Köln 1987

Monolog eines unverbesserlichen Zyprioten
In: Zyprische Miniaturen. Eine Anthologie
Hrsg. von Hans und Niki Eideneier
Aus dem Griechischen von Hans Eideneier
Romiosini Verlag, Köln 1987

Die Uniformen
In: Kalimerhaba –
Ein Griechisch-Deutsch-Türkisches Lesebuch
Hrsg. von Niki Eideneier und Arzu Toker
Aus dem Griechischen ins Deutsche von Jens Beucker,
ins Türkische von Herkül Milas.
Romiosini Verlag, Köln 1992

Europa in meinem Theater- und Prosawerk

Η Ευρώπη είναι η κοιτίδα του σύγχρονου ανθρωποκεντρικού πολιτισμού. Θεμέλιός του λίθος η Πρωταγόρεια ρήση «πάντων χρημάτων μέτρου άνθρωπος».

Die zentrale Frage des Symposiums lautet aus meiner Sicht: *Was ist der Kern im literarischen Œuvre eines jeden von uns, und wie wird dieser Kern thematisch, inhaltlich, formal und strukturell umgesetzt?* Um darauf eine Antwort zu finden, habe ich mich auf die Suche nach den Bestandteilen begeben, aus denen – über den geographischen Raum und die in ihm wohnenden Völker hinaus – Europa besteht. Folgende drei Elemente sind für mich als besonders wichtig hervorzuheben: die Geschichte, die Religion und die Kultur, die hier entsteht.

Beginnen möchte ich mit einem kurzen historischen Exkurs über die Geschichte Zyperns.

Die Insel wurde bereits im 14. Jahrhundert v. Chr. von Achaiern und anderen griechischen Stämmen bewohnt, die auch ihre Sprache, ihre Kultur und ihre Religion, die zwölf Götter des Olymps, mitbrachten. Der Mythos besagt, dass in Zypern die Göttin der Schönheit und des Eros, Aphrodite – Kypris, geboren wurde, und wir wissen, dass man ihr zu Ehren jahrhundertelang Volksfeste und Mysterien feierte, die Besucher aus allen Nachbarländern auf die Insel lockten.

Im Jahre 45 n. Chr. verbreitete der Apostel Paulus mit seinem Reisegefährten, dem apostelgleichen Barnabas, einem Zyprer aus Salamis, die christliche Lehre auf Zypern.

Doch vor allem wurde die Insel von jeher wegen ihrer geographischen Lage und ihres Reichtums an Bodenschätzen von aus dem Osten einfallenden Räubern, Persern, Arabern und Osmanen, aber auch von vielen westeuropäischen Königreichen oder Ritterorden erobert. Unter dem Vorwand, Zypern als Marinestützpunkt für die Kreuzzüge oder als Schutzwall gegen die asiatischen Angreifer zu benutzen, besetzten letztere die Insel immer wieder während des gesamten Mittelalters. Sie nutzten so ihre geographische Schlüsselposition, beuteten ihre Schätze aus und verkauften die eingeborenen griechischen Einwohner als Sklaven. Nach und nach wurde Zypern also von wechselnden Mächten beherrscht: Im Altertum fiel es an die Ägypter, Perser und Römer; im Mittelalter wurde es zur byzantinischen Provinz, um bald darauf von englischen Kreuzzugfahrern, dem Templerorden und den Hospitalitern, den fränkischen Lusignans sowie den Genovesen und Venezianern besetzt zu werden. Im Jahr 1571 wurde Zypern von den osmanischen Türken eingenommen. Bis 1878 herrschten sie über die Insel, um sie dann an die Engländer zu verkaufen. Während der vier Jahrhunderte andauernden osmanischen Herrschaft bildete sich auf der Insel eine bis heute existierende türkische Minderheit heraus, die bis 1974 rund 18 Prozent der zyprischen Bevölkerung ausmachte. Seine Unabhängigkeit aus britischer Knechtschaft gewann Zypern schließlich im Jahr 1960 nach dem Befreiungskampf der EOKA (Nationale Organisation Zyprischer Kämpfer), dem 1964 die Rebellion der Türkisch-Zyprioten folgte – ein Ereignis, das die Weichen stellte für die spätere Bildung eines Pseudostaates im besetzten nördlichen Teil Zyperns; äußerer Anlass war der Putsch der Athener Militärregierung gegen den Staatspräsidenten Erzbischof Markarios im Jahre 1974, der eine türkische Invasion und die bis heute andauernde Besetzung von etwa 40 Prozent unseres Landes nach sich zog.

Der Europäische Gipfel von Kopenhagen, der am 13. Dezember vergangenen Jahres stattfand, besiegelte die Aufnahme der Republik Zypern – im Moment nur des freien griechisch-zyprischen Teils – in die Europäische Union. So fanden die seit Jahrhunderten nicht immer unproblematischen Beziehungen der Insel zum übrigen europäischen Raum einen glücklichen Ausgang.

Im Laufe seiner 25 Jahrhunderte währenden Geschichte hat Zypern seine griechische Identität, die Sprache und die Religion wie seinen Augapfel gehütet. Trotz der tragischen Abenteuer, die es erlebte, und der unmenschlichen Umstände hörte es nie auf, kulturell schöpferisch tätig zu sein. Im griechisch-römischen Geist wirkten die antiken und die byzantinischen Chronisten, seine Dichter und Philosophen. So der Dichter Stasinos – mythischer Schwiegervater Homers –, Zenon aus Kition – der Begründer der stoischen Philosophie –, die Chronisten Leontios Machairas und Georgios Vustronios, der anonyme mittelalterliche Dichter, der in makelloser Petrarca-Technik Liebessonette – die ersten in griechischer Sprache – verfasste, oder Konstantinos Euteles Anagnostes, dem das Szenarium eines der ältesten und wichtigsten byzantinischen Passionsspiele zugeschrieben wird, oder viele andere, ältere oder jüngere Schriftsteller und Intellektuelle, die ein beachtliches Werk hinterließen und der Kulturkarte Europas den zyprischen Stempel aufdrückten.

Diese lange und bewegte Geschichte, deren jüngste gewalttätige Wirren und die daraus resultierenden gesellschaftlich-politischen Veränderungen wir Zyprer in den letzten Jahren am eigenen Leib erfuhren, das heißt, seitdem der Befreiungskampf gegen die Engländer begann und sich die Forderungen der Türken nach Teilung formierten, ist eine der Quellen, aus denen ich einen beachtlichen Teil meiner Thematik schöpfe. In einigen Theaterstücken und auch in vielen meiner Erzählungen beschäftige ich mich mit den a priori zum Scheitern verurteilten Bemühungen der Zyprer, ihre Freiheit und ihre Rechte zu erlangen.[1] Gleichzeitig stelle ich den Wohlstand und die Heuchelei der Besatzer dem Elend der Einheimischen gegenüber.

Parallel zu den Aufständen im Namen der Freiheit widme ich viele Seiten auch den Zusammenstößen zwischen einheimischen und fremden Bewohnern der Insel und den aus dem Osten einfallenden Invasoren, Türken, Sarazenen, Mamelucken, also der islamischen Welt jener Zeit. Die kriegsunerfahrenen Zyprer werden von ihren fremden, aus Europa stammenden Herren angeheuert, in den Krieg hineingezogen und vernichtet, um deren eigenen Thron zu schützen.

Die Geschichte verwerte ich häufig auch, indem ich Personen und Ereignisse, die augenfällige Ähnlichkeiten mit zeitgenössischen Persönlichkeiten und Zuständen aufweisen, ausgrabe. Ich habe keine Mühe, sie zu finden; oft hinterlassen sie sogar den Eindruck, dass sie, inzwischen zu Geistern geworden, wie in einer Inkarnation von einem Jahrtausend ins nächste wirken, um einige zeitlose Tatsachen herauszustellen. Das erinnert uns an den klassischen Vers Eliots aus den *Vier*

Quartetten: Time present and time past are both perhaps present in time future. Entsprechende *diachronische* Verbindungen habe ich auch zwischen dem General Georgios Grivas Digenis, Heerführer des Aufstandes 1955–1959, und einem mittelalterlichen Bauern, genannt Rigas oder *Wolf* Alexis, hergestellt – beide kennzeichnete die gleiche romantisch-heroische Dummheit. Rigas Alexis wurde von den Franken aufgehängt, wobei er Hunderte von unschuldigen Zyprern mit in den Abgrund zog. Georgios Grivas hat unbeabsichtigt und durch seinen anmaßenden Patriotismus Zypern zum Putsch und in die Katastrophe geführt. Diese Sprünge durch die Jahrtausende sind nur in der Literatur von Völkern mit großem historischem Hintergrund möglich. Deswegen halte ich sie für ein wesentliches Element der Kunst unserer Alten Welt und sehr viel weniger der Neuen Welt. Robert Graves in *I, Claudius,* Anouilh in *Antigone,* Marguerite Yourcenar in den *Mémoires d'Hadrien (Ich zähmte die Wölfin)* wie auch andere europäische Schriftsteller vollbringen mit unerhörter Meisterleistung ähnliche Sprünge zu einer verewigten Vergangenheit, mit jeweils unterschiedlichen Zielsetzungen natürlich.

Wie die Geschichte, so beansprucht auch die Religion einen wichtigen Platz in meinem Werk, in dem sich die zwölf Götter des Olymps und hauptsächlich das Christentum immer wieder begegnen, sowohl in der Erzählung *Kinyras* wie auch in den Theaterstücken *Du, der du fürs Licht umgekommen bist* und *Onissilos.* Hauptperson in einer Szene dieses Theaterstücks ist Paulus, der Heidenapostel, der von Zypern aus die Christianisierung Europas betrieben hat. Der erste europäische Bürger, der vom Apostel zum Christen getauft wurde, war der römische Konsul von Zypern, Sergius Paulus.

Im Mittelalter eskalierten die politisch-sozialen und religiösen Machtkämpfe zwischen den Zyprern und den europäischen Besatzern. Beide Parteien waren Christen, römisch-katholische die Besatzer, griechisch-orthodoxe die Besetzten. Die Verbreitung des Katholizismus mit allen Mitteln war das erklärte Ziel des Vatikans. Gegen diese Willkür haben die Zyprer heftig aufbegehrt, manchmal friedlich, manchmal mit den Waffen; stets endete ihr Widerstand mit einem Martyrium oder dem Tod.

Welche Position nimmt nun die Weltanschauung, das geistige und ideologische Fundament des Europäers in den Zeitläuften, in meinem Werk ein?

Europa ist die Wiege der humanistisch geprägten Kultur. Ihr Grundstein: der Satz des Protagoras *Der Mensch ist das Maß aller Dinge.* Der Mensch ist das Größte! Und zugleich sind die Werte und die Rechte, die der Mensch sich zu Eigen machte, wofür er gekämpft und sich geopfert hat, am wichtigsten: die politische und religiöse Freiheit, die Demokratie, die Gleichheit vor dem Gesetz, die Gerechtigkeit, die Würde des menschlichen Lebens, das Recht auf Verschiedenheit. Also alles, was die griechisch-römische Kultur, aber auch das Christentum, bevor es sich in dogmatischen Streitigkeiten erschöpfte, gelehrt hat, und alles, was die römischen Gesetzgeber, Justinian mit seinem *corpus juris civilis,* aber auch sehr viele später wirkende europäische Philosophen und Schriftsteller vermittelt haben. Diese Werte bilden den ideologischen Grundstock meiner Schriften und äußern sich als reine, sichtbare Ziele wacher Menschen oder als deren Abwesenheit, aber auch als die instinktive Suche danach von Alltagsmenschen, die ich ebenfalls beschreibe.

Parallel dazu beschäftigen mich die Barbarei der zeitgenössischen *zivilisierten* Gesellschaft, die sich oft in nichts von der mittelalterlichen unterscheidet, außer vielleicht im äußeren Lack. Außerdem: die Einsamkeit und die Entfremdung des Menschen, die epikureische Lebensauffassung nach Sybariten-Art, wie sie sich im unermesslichen, grenzenlosen Konsumverhalten und im Wohlstand ausdrückt; die Macht und deren Beziehung zum Individuum, die Kunst – wenn die Kunst noch einen Platz beanspruchen kann in der Zeit des Internets und der gleichgeschalteten Massenmedien –, die Identität auf persönlicher und kollektiver Ebene, der Niedergang aller Wertvorstellungen und so weiter und so fort. Alles, anders ausgedrückt, was ich und meine Landsleute die letzten Jahre auf unserer Insel und in unseren Nachbarländern des tragischen Nahen Ostens erlebt haben und erleben und was meistens zeitverschoben in Bezug zum übrigen Europa geschieht, denn Europa hat all das bereits erlebt und einiges sogar überwunden, etwa ein halbes Jahrhundert zuvor. Diese Motive also, manchmal von ihrer positiven und manchmal von ihrer negativen Perspektive beleuchtet, durchdringen mein Werk. Die Partisanen, Hauptpersonen der Erzählung *Gregory* stellen unter Lebensgefahr die

Sybariten = dem Vergnügen nachgehen, Weichling.

Freundschaft und die Menschlichkeit über die *nationale Pflicht*. So opfern sich auch *Onissilos* und *Kyriakos Matsis* in den gleichnamigen Theaterstücken, um ein Beispiel zu geben und ein Symbol zu schaffen. Die dreizehn orthodoxen Mönche von Kantara, die in ihrer Weigerung, den Katholizismus anzunehmen, das Schlimmste erleiden – sie werden, von den Papisten an Pferdeschwänze angebunden, in das Flussbett geschleift und dort der Feuersbrunst übergeben –, erleiden all das in vollem Bewusstsein, weil sie die Orthodoxie auf der Insel festigen wollen. Der König Petros, der, wie schon erwähnt, aus Liebe zum einfachen zyprischen Mädchen weitreichende Reformen einführt, bezahlt seinen politischen Wagemut sehr teuer. Der vereinsamte Held der Erzählung *Das Mahl*, der glaubt, er würde sich verwandeln und die ewige faustische Jugend erlangen, wenn er seinen Körper dem unbarmherzigen Licht aussetzt, obwohl er schließlich zum Gespött aller wird, setzt in völliger Isolation seine Experimente fort. Der einfältige Soldat in der Erzählung *Stummer Infanterist*, der sich in die Isolation einer Berghöhle zurückzieht, unheilbar verletzt durch die Härte der Menschen, wird am Schluss von der Stille und der Einsamkeit besiegt und verlässt die Höhle, um die menschliche Nähe zu suchen. Ein Geistlicher niederen Grades stürzt sich in der Erzählung *Der Schreiberling* vom Balkon des erzbischöflichen Palastes, und mit diesem Selbstmord unterstreicht er seinen Ekel, den er vor der Heuchelei und der hirnrissigen, sturen Religiosität empfindet. Kriton Stefanis, der Held des Theaterstücks und der Erzählung *Das Bad* (aus der vorher gelesen wurde), der wegen seiner Habgier – als Medikamentengroßhändler hatte er seine Mitmenschen ausgebeutet –, von Skrupel und Schuldgefühlen geplagt wird, beginnt an seinem Lebensabend damit, sich täglich für bis zu zehn Stunden badend im Bad einzuschließen, um sich von dem imaginären, ihn quälenden Schlamm zu befreien.

Dies waren also einige der immer wiederkehrenden Leitmotive meiner Thematik, die nichts anderes sind als die Quintessenz von Erfahrungen, die wir als Zyprer die letzten Jahrzehnte durchlebt haben. Entsprechende Erfahrungen findet man sicherlich im Werk von Hunderten anderer europäischer Schriftsteller, sowohl zeitgenössischer wie älterer, aber auch in den Werken unserer Kunstgenossen von anderen nahen oder fernen *Nachbarschaften der Welt*. Denn schließlich bestimmen die Bezeichnungen *Europäer* und *europäisch* nicht nur den Raum, die Geschichte und so weiter, sondern etwas viel Größeres und Umfassenderes; sie bestimmen das *Menschliche schlechthin.*

Am Schluss meines kurzen Essays möchte ich noch zwei Worte über die Art meines Schreibens anführen, die Struktur, die Ästhetik und die Sprache meiner Werke, die mich möglicherweise als einen europäischen Schriftsteller ausweisen.

Ich versuche, so gut es geht, so schlicht wie möglich und eher mit Andeutungen zu erzählen. Viele Kritiker nennen diese Erzählweise *modernistisch* oder *abstrahierend*, was immer auch diese Termini bedeuten mögen (vielleicht die Vermeidung von Geschwätzigkeit?). In vielen Romanen, zum Beispiel in *Volkszählung,* aber auch in vielen Erzählungen werden Wörter und Sätze zerteilt, das geradlinige Erzählen wird unterbrochen. Oft mache ich Tauchversuche ins Unterbewusstsein, indem ich der Verlockung der Psychoanalyse nachgebe. Und da ich ein heimlicher Verehrer der Dichtung bin, ersetze ich hin und wieder in manchen Teilen die Prosaschrift durch das dichte poetische Wort. In den Romanen *Die unerträgliche Vaterlandsliebe des P.F.K.* und *Volkszählung* stelle ich die klassischen Erzählkonventionen auf den Kopf. In den Theaterstücken *Kontrapunkt* und *Schlüssel aus Perlmutt* vermische ich die Realität mit dem Traum oder dem Alptraum, mit der Allegorie und der Metaphysik. Im satirischen Theaterstück *Leontios und Smyrna* verkleidet sich zunächst mein Held und verwandelt sich schließlich innerlich und expressis verbis in einen Zentauren. Die metrisch gestaltete Beschreibung kommt seiner Liebhaberin zu:

Leontios des Leontios, vom Geschlecht der Unsterblichen,
ein Zentaur, der kraftvoll und vollkommen.
Über dem Bauchnabel ein weiser Mann
lorbeerbekränzter Dichter und geheiligt.
Was das Übrige angeht
von der Hüfte abwärts bis zu den Füßen
ein gar so seltenes Exemplar eines vollblutigen Stiers.

Die Struktur vieler meiner Prosawerke ähnelt der eines Theaterstücks, was ich meiner Liebe zum Theater mit seinen griechisch-europäischen Wurzeln verdanke. Zuweilen mache ich sogar Folgendes: Nachdem ich eine Erzählung geschrieben und publiziert habe, kehre ich wieder zum selben Thema zurück und verfasse es als Theaterstück neu, um so seine weiteren Möglichkeiten zu erforschen. Viele meiner Theaterstücke sind auf diese Weise entstanden.

Mein Vokabular ist vielschichtig. Ich benutze den Wortschatz aus allen Zweigen und Zeiten der griechischen Sprache: altgriechisch, byzantinisch-mittelalterlich, den zyprischen Dialekt und natürlich die heute gesprochene griechische Volkssprache. Das intensiviert mein Bemühen, die Mythen durch die Zeitlosigkeit auszudehnen. Ich zögere auch nicht, Fremdwörter zu benützen, die übrig geblieben sind aus den Zeiten fränkischer, türkischer und englischer Oberherrschaft, die aber auch von den Zyprern angenommen wurden und sich etabliert haben.

Darüber hinaus nehme ich mir das Recht – vielleicht etwas stärker, als es die kleine zyprische Gesellschaft erlaubt –, schlimme Zustände zu tadeln und zu kritisieren, indem ich die Satire, den Sarkasmus und die Selbstironie anwende. Infolgedessen werde ich oft zur Zielscheibe böser Kritik, in einem Fall sogar von Todesandrohung. Dennoch, denke ich, war diese Art des Schreibens schon bei den Schriftstellern unseres alten Kontinents sehr beliebt, wenn wir von Aristophanes und Menander über Plautus und Terenz ausgehen und bei Molière, Tschechow und Gogol und vielen anderen älteren und neueren Schriftstellern landen.

Schließlich möchte ich hinzufügen, dass ich durch mein gesamtes Werk, sei es Dichtung, Prosa oder gar Theater, stets versuche, mit Hilfe der ketzerischen Sprache der Literatur ein Wandgemälde modernen Kunststils zu schaffen, auf dem die zeitgenössische, sozialpolitische Wirklichkeit Zyperns – und nicht nur Zyperns – abgebildet wird; ein Wandgemälde, dessen ideologischer Kern nichts anderes ist als die intensive Suche nach einer Welt, die von jenen Werten beherrscht sein wird, die dem Menschen Substanz und Identität verleihen.

Aus dem Griechischen von Niki Eideneier

1 So in den Theaterstücken *Du, der du fürs Licht umgekommen bist, Petros der I.* oder *Die Ballade der Arodafnussa und Gottesdienst für Kyriakos Matsis* und den Erzählungen in den Sammlungen *Im winddurchfluteten Zypern und Cronaca I und II.*

Mirela Ivanova

Europa ist ein Teil meiner Biographie, meiner Gedichte und meiner Freiheit. Nicht ein Kontinent, sondern ein Staat des Geistes und der Worte. EIN Mensch, in dem unendlich viele Menschen zusammenleben.

Mirela Ivanova

Bulgarien

1962 in Sofia geborene Lyrikerin, Journalistin, Übersetzerin und Redakteurin. Mirela Ivanova studierte bulgarische und russische Philologie an der Universität in Ploviv und ist als Kustodin im Ivan-Vasov-Museum tätig. Sie übersetzte u. a. Gedichte zeitgenössischer deutscher Autoren ins Bulgarische. Bisher veröffentlichte sie sieben Gedichtbände, darunter den 1985 erschienenen Debütband *Steinerne Flügel* – eine Umschreibung der damals bedrückenden Situation für kreative Menschen im gesamten Ostblock. 2002 erhielt sie den Hubert-Burda-Preis für Junge Lyrik.

In deutscher Übersetzung u. a.:

Hör den Weg der Erde. Poesie aus Bulgarien
Herausgegeben von Gregor Laschen
edition die horen, Bremerhaven 1994

Das Buch der Ränder. Bulgarien:Lyrik
Aus dem Bulgarischen von Klaus Detlef Olof
gemeinsam mit Valeria Jäger
Wieser Verlag, Klagenfurt 1977

Einsames Spiel. Gedichte
Aus dem Bulgarischen von Norbert Randow
Verlag Das Wunderhorn, Heidelberg 2000

Europa – eine Lesart

Европа е част от моята биография, от стиховете ми и свободата ми. Не континет а държава на духа и думите. Човек, у когото живеят беэброй хора.

Dem Namen Europa begegnete ich zum ersten Mal in einem Gedicht unseres Nationaldichters Ivan Vasov. Er redete es darin an wie einen lieben und nahe stehenden Menschen, dem er immer noch glauben möchte, vor allem deshalb, weil Europa den Preis der Freiheit kennt. Daher ist es ihm unbegreiflich, mit welcher Gleichgültigkeit es auf die Brutalität und die Metzeleien der türkischen Unterdrücker unseres Landes schaut, und diese Gleichgültigkeit macht er ihm leidenschaftlich zum Vorwurf. In der Mitte des dramatischen und mit allen seinen grausamen Einzelheiten auch epischen und pathetisch-polemischen Gedichtes ruft Vasov im Namen seines Volkes aus: *Europa! Reich mir die Hand – und ich bin gerettet!*

Ich war ein frei und ungebunden aufwachsendes Dorfkind; abends, wenn meine Mutter müde und gedrückt von der Arbeit nach Hause kam, las sie mir Gedichte unserer bulgarischen Klassiker vor. Wahrscheinlich eröffnete sich ihr selbst auf diese Weise eine parallele Welt, in der sie sich glücklich fühlen konnte, jenseits der Wirklichkeit, die so ungerecht gegen sie war, gegen die junge, nur mühsam gegen den dörflichen Schmutz und ihre Armut angehende Zahnärztin. So gewöhnte ich mich bereits als Kind an die parallele Existenz zweier Welten. Tagsüber gab es die Weite der Felder, den Staub der Äcker, die wilden Spiele, das Klettern auf Bäume, die unnachsichtig harte Sprache der Bauern, am Abend dagegen die Magie der großen Worte, ihren emotionalen Glanz, den tragischen Geist der Klage mit ihrem Schwindel erregenden Pathos sowie die Aureole bebend vorgetragener, klangvoll nachschwingender Verse um die Haarpracht meiner schönen und traurigen Mutter. Auch Vasovs Europa zeigte das parallele Nebeneinander zweier Welten: *Was ist das für ein Europa, groß durch seine Menschlichkeit, / und doch fühllos beim Betrachten dieser grässlichen Bilder…* – die freiheitlichen Ideen der *wie Altarkerzen* strahlenden Menschen neben der überheblichen Gleichgültigkeit und den wirtschaftlichen Interessen, *die den furchtbaren Schuldspruch der erzürnten Muse* hervorrufen müssen.

Damals war ich vier oder fünf Jahre alt, und unter Europa stellte ich mir in der Tat einen Menschen vor, der die Realität unseres ungerechten Leidens nicht begriff und auch nicht begreifen wollte. Als einen Menschen, mit dem wir nur schwerlich eine gemeinsame Sprache finden würden, denn das Bestreben, den anderen verstehen zu wollen, ist die einzige Brücke, die uns in das Fremde als in das Eigene zu führen vermag. Darüber hinaus ward ich für das Leiden sensibilisiert und behielt das Wort *Freiheit* fest im Gedächtnis, ja ich empfand es geradezu als Stigma meines eigenen Schicksals. Später eignete ich mir im Erdkundeunterricht sämtliche langweiligen Fakten über den Kontinent Europa an, die Tausende von Quadratkilometern, die Anzahl der Staaten, die Naturwunder und Erzvorkommen, die höchsten Gipfel und alles Übrige. Doch die angehäuften Informationen blieben Informationen und rührten nicht an meine leicht erregbare kindliche Vorstellung, in der Freiheit und Leiden sich vielstimmig und doch auf unerklärliche Weise mit der Stimme eines einzigen Menschen überschrien, dessen Name Europa war. Die Mythen des alten Hellas waren mir wenig nütze, sie stützten lediglich meine kindliche Phantasie, dass Europa ein Mensch sei, und verknüpften sie mit der Schmerzempfindlichkeit der Jugend, eines Lebensabschnittes, in dem auch die Götter uns nicht helfen.

Erst als ich aufs deutsche Gymnasium kam und während der ersten Wochen an die hundert Wörter täglich auswendig lernen musste, merkte ich, dass Europa wohl auch eine Sprache sei, in der neue Welten zu mir sprechen würden. Anfangs war das allerdings nur eine Ahnung, später entdeckte ich dann die deutschen Expressionisten, die Maler und Dichter. Ich schwänzte die Schule und versteckte mich in der Bibliothek, um mich stundenlang ihrer Kraft hinzugeben, dieser besitzergreifenden und rätselhaften Leidenschaft. Erst später sollte ich sie auch bei dem Spanier Federico García Lorca und dem Bulgaren Geo Milev entdecken, beide feige ermordet im Europa der Revolutionen und Gerechtigkeitsutopien.

Mit zwanzig wusste ich bereits sehr viel über Europa, mit fünfundzwanzig hatte ich mir eine Europakarte an die Wand des Kellers geheftet, den ich damals in einem Sofioter Stadtteil bewohnte. Ich glaubte nicht, dass ich es einst anders würde kennen lernen können, außer in meiner Phantasie und in der Literatur. So reiste ich durch Europa, begleitet von den großen griechischen Dichtern Kavafis, Seferis und Sikelianos, reiste durch ein schönes, mythisches Arkadien, durch ein unmögliches, doch innig ersehntes Jenseits. Und es war nicht mehr der Kontinent, sondern ein Staat der Wörter und des Geistes. Jetzt erinnere ich mich daran, zu wie vielen romantischen Gesten ich damals meine Zuflucht genommen habe, um den Mangel an Freiheit zu kompensieren. Ich nahm Französischstunden, um die französischen Symbolisten im Original lesen zu können. Tagelang befasste ich mich nur damit, die verschiedenen bulgarischen Übersetzungen von Baudelaire und Rimbaud mit dem Original zu vergleichen, oder die Gedichte Apollinaires laut vorzutragen und sie auf diese Weise auswendig zu lernen. Mein *Elfenbeinkeller,* wie ich ihn später nannte, mit seinen feuchten Wänden und seiner düsteren Ungemütlichkeit, half mir, mich innerlich der so vielfältigen und nie endenden Tragik der europäischen Dichtung zu öffnen. Ich war fasziniert von Hölderlin und Zwetajewa, von der dunklen Seite des Wortes, das uns überall in Verbannte verwandelt, ich war von der Vorstellung beherrscht, mein Los auf die Schicksale, auf die Verrücktheiten und Selbstmorde dieser Dichter projizieren zu müssen.

Die Jahre, da mir das konkrete Europa vorenthalten war und ich mir ein eigenes Europa erschaffen musste, um es leidenschaftlich lieben zu lernen, betrachte ich heute als Geschenk. Ich bildete mich wahllos, gierig, ich verschlang Wissen und Trauer, um den Mut zu haben, so zu sein, wie ich bin. Heute begreife ich, über wie viel Zeit ich damals verfügte. Über wie viel Einsamkeit, die nur mit Wörtern bevölkert werden konnte. Ich führte Tagebuch, schrieb und las, suchte meinen Charakter zu bilden und fahndete nach Wegzeichen. Natürlich war ich gleichzeitig auch auf Arbeitssuche, denn das Leben ist konkret und alltäglich und außer allem Schönen und Erhabenen braucht es beispielsweise auch Brot und Kleidung. Und so lebte ich weiterhin in zwei parallelen Welten. Sie waren allerdings weitaus weniger miteinander vereinbar als in meiner Kindheit; das Hinüberwechseln aus der einen in die andere kostete mich jedes Mal ungeheure Anstrengung oder aber es ließ mich in völlige und wie sumpfiges Gelände hinabziehende Verzweiflung versinken. Damals ging ich tagelang nicht aus dem Hause, starrte auf irgendeinen Punkt der Karte Europas und zählte bis zur Verblödung die Verbote auf, unter denen es mir beschieden war, zu leben. Natürlich sind Jugend und Poesie stärker als jede von ihnen selbst hervorgebrachte Verzweiflung, sie verfügen über unvorstellbare Energien, über Phantasie und Stolz, und sind gewillt, aller Prüfungen Herr zu werden.

1988, nach einer Unzahl erniedrigender Hindernisse, gelang es mir endlich, als Redakteurin in einer Zeitschrift für Kinderliteratur angestellt zu werden. Außerdem arbeitete ich an meinem zweiten Gedichtband *Einsames Spiel;* die Überschrift ist einem Essay von Hermann Hesse entliehen. Dabei musste ich lange und fast hoffnungslose Gespräche mit einer mir sonst wohlgesinnten Redakteurin über Pessimismus und Optimismus in meinen Gedichten führen, ich verteidigte jedes Wort, wehrte mich gegen jede Kürzung. Als der Titel in den Plan des Verlages *Bulgarischer Schriftsteller* aufgenommen war, bekam ich einen kleinen Vorschuss auf das Honorar. Er war hoch genug, dass ich mir das erste Bild kaufen und mich für eine vom Verlag organisierte Exkursion nach Griechenland einschreiben konnte. Es war begeisternd und aufregend, zugleich aber auch beschämend. Der Gruppe zugeordnet war der staatliche Spitzel des Übersetzerverbandes, Angel. Ein lustiger Typ, der einige Flaschen Schnaps mit sich trug, sich im Übrigen aber durch nichts hervortat. Viele hatten verschiedene Dinge bei sich, die sie in Griechenland verkaufen wollten: Schafskäse, Frottiertücher, ja sogar Autoschläuche. Man durfte nämlich nur dreißig Lewa in Devisen umtauschen, eine lächerlich kleine Summe für was auch immer. Die Exkursion nach Griechenland war meine erste lebendige und konkrete Berührung mit Europa. Im Grunde reisten wir durch einstiges bulgarisches Gebiet, besuchten Städte, die Namen und Geschichte auch in meiner Muttersprache hatten. Aber das große Staunen rührte von etwas anderem her: von der Buntheit und Mannigfaltigkeit, den Farben, der Dynamik und dem Tag und Nacht hier brodelnden Leben. In einem Gedicht über Kavala schrieb ich: *Diese Stadt ist eine Terrasse mit dem Ausblick zur Freiheit.* Das Europa meiner Phantasie deckte sich mit dem wirklichen Europa, und alle meine Sinne, mein ganzes Inneres erschauerten vor Begeisterung während dieser wenigen Tage, da eine Kollegin, die ihre Cousine in Westdeutschland besucht hatte, nicht umhinkonnte, immer wieder zu bemerken: *Aber dort erst – wenn ihr wüsstet, wie es dort erst zugeht!*

So also, in gehobener Stimmung, wurde ich vom Fall der Berliner Mauer und der ersten Einladung ins Literarische Colloquium überrascht, das damals immer noch in Westberlin lag. Ein Visum zu bekommen war anfangs noch nicht wer weiß wie kompliziert und erniedrigend. Man brauchte nur die erforderlichen Dokumente vorzulegen und es zu bezahlen. Später hingegen, als ich in langer Schlange anstehen musste und glaubte, niemals an die Reihe zu kommen, erinnerte ich mich häufig an jenes Gedicht von Ivan Vasov und stellte mir voller Rachegelüste die hochmütige Gleichgültigkeit Europas vor, das sogar die Maßnahmen als lästig empfand, die es gegen die seine Gemütlichkeit bedrohenden osteuropäischen Heuschrecken ergriff. Ich rächte mich im Kleinen, indem ich illegal ein, zwei Tage lang einen Abstecher nach Amsterdam und Paris machte, in Städte, nach denen ich in meiner eingeschlossenen Jugend vor Sehnsucht verging. Durch Brückengeländer starrte ich in die Fluten der Seine oder des Neckars und ließ mich von meinen Lieblingsgedichten dahintragen. Sobald ich irgendeine Berliner, Londoner oder Pariser Straße betrat, war ich eins mit ihrer Freiheit und überließ mich ihrer Unermesslichkeit, ich betrachtete sie, stundenlang in einem Café sitzend, und freute mich ihrer grenzenlos und unersättlich, und ich erwanderte mir Galerien, Museen und Menschen.

Die geistige Vielfalt Europas, die es immer wie einen Rucksack mit sich schleppte, hat mich nicht daran gehindert, auch seine konkrete

Ordnung wahrzunehmen, die Regeln, nach denen das Leben hier abläuft, den lächelnden Alltag. Ich reise, von Sinngebungen und Symbolen in Spannung versetzt, durch die Städte und weiß, dass ich im Grunde zu mir selbst reise, in meine Kindheit, die zwei parallele Welten harmonisch und unkompliziert in sich vereinigte, die Unendlichkeit des Wortes mit der Unendlichkeit der Felder und Wiesen, die Gebäude der Zivilisation mit dem Staub des Spiels, das Fest menschlicher Nähe mit dem metaphysischen Schmerz des Menschen, *der allein ist auf dem Herzen der Erde, die Unbeschwertheit des Dichters,* wie Unamuno sie beschreibt, mit dem Stress des modernen Menschen, absorbiert von unzähligen einander ausschließenden Aufgaben.

Europa ist eine Lebens- und Geisteskomplexität, eine scheinbare Ordnung, die alle unsere menschlichen und nationalen Unvollkommenheiten und Begabungen in sich vereint, eine unaufhörliche Aufforderung zur Toleranz gegen andere, ein guter Platz für die Existenz von Parallelwelten, die ohne einander gar nicht existieren könnten. Europa ist ein Teil meiner Biographie, meiner Gedichte und meiner Freiheit. Nicht ein Kontinent, sondern ein Staat des Geistes und der Worte. *Ein* Mensch, in dem unendlich viele Menschen zusammenleben.

Vasov, unser Nationaldichter, in dessen Museum ich gegenwärtig arbeite, hat in seinen Gedichten die Namen derjenigen von ihnen genannt *die wie Altarkerzen strahlen in der allgemeinen Finsternis.*

Aus dem Bulgarischen von Norbert Randow

byzantinisch

Lídia Jorge

Das Wichtigste, was die portugiesische Literatur zu bieten hat, ist die Aussage über seine Beziehung zum Anderen, dem Andersartigen, als die eine Stimme des unvermeidlichen Dialogs, den die Zukunft unerbittlich fordert.

Lídia Jorge
Portugal

1946 in Boliqueime im Algarve geboren, studierte Lídia Jorge in Lissabon Romanistik und verbrachte einige Jahre während des Kolonialkrieges in Angola und Moçambique. Nach ihrer Rückkehr unterrichtete sie an einem Gymnasium, arbeitete für das portugiesische Erziehungsministerium und lehrte an der Universität Lissabon Literaturwissenschaft. 1980 erschien ihr erster Roman *O Dia dos Prodígios (Der Tag der Wunder)*, 1982 folgte *O Cais das Merendas*, für den sie den Preis der Stadt Lissabon erhielt, und 1984 *Notícia da Cidade Silvestre (Nachricht von der anderen Seite der Straße)*, der enthusiastisch als ein Meisterwerk der portugiesischen Gegenwartsliteratur gefeiert wurde. Für *O Vento Assobiando nas Gruas* (2002) erhielt sie den Großen Romanpreis des Portugiesischen Schriftstellerverbands 2003. Lídia Jorge lebt in Lissabon.

In deutscher Übersetzung u. a.:

Nachricht von der anderen Seite der Straße. Roman
Aus dem Portugiesischen
von Karin von Schweder-Schreiner
Suhrkamp Verlag, Frankfurt am Main 1990

Die Küste des Raunens. Roman
Aus dem Portugiesischen
von Karin von Schweder-Schreiner
Suhrkamp Verlag, Frankfurt am Main 1993

Die Decke des Soldaten. Roman
Aus dem Portugiesischen
von Karin von Schweder-Schreiner
Suhrkamp Verlag, Frankfurt am Main 2000

Pesoa : Schriftsteller

Wie ein großes Portugal

... aquilo que de mais importante a Literatura portuguesa tem para oferecer é o recado que dá de si na relação com o Outro, o diferente, enquanto metade da voz de um inevitável diálogo, a que o futuro clamorosamente obriga.

1.

Anfang der siebziger Jahre machte die Geschichte von einem portugiesischen Studenten die Runde, der in Paris vor dem Café Flore die Arme hochgerissen und gejubelt haben soll: *Europa! Ich bin in Europa!* Und am nächsten Tag soll er sich von der Gruppe Examenskandidaten, zu der er gehörte, abgesetzt haben und aus dem Hotelzimmer verschwunden sein, um fortan illegal in Frankreich zu leben. Selbstverständlich blieb der Student nicht etwa in Paris, weil das Café Flore für ihn zur Mythologie einer bestimmten Epoche des europäischen Denkens gehörte oder weil Paris zu den Städten zählt, die im kollektiven Gedächtnis besonders eng mit der Geschichte Europas und der Welt verankert sind. Wie Tausende andere damals kehrte der Student nicht nach Lissabon zurück, weil sein Heimatland jeglicher Kultur der Freiheit entbehrte. Er war aus einem Land geflohen, in dem eine Diktatur herrschte, das einen grausamen Kolonialkrieg führte, wo die Universitäten geschlossen, Versammlungen verboten, die Bewegungsfreiheit eingeschränkt, finanzielle Mittel knapp, gesellschaftliche Strukturen archaisch waren und es kein Recht auf freie Meinungsäußerung gab. Vereinfacht betrachtet, nahm die Glasscheibe, hinter der Sartre bei einem Kaffee zu sitzen pflegte, fraglos die Funktion eines leuchtenden Symbols ein. Andere ins Exil gegangene Portugiesen sind vermutlich nicht legendär geworden, weil sie vor einem berühmten Café gejubelt haben, doch dürften sie zweifellos alle genauso empfunden haben, dass ihr Land nur aufgrund seiner geographischen Lage zum freien Europa gehörte, dem einzigen, das damals auf der Landkarte in unserem Kopf existierte. Diese Situation sollte aber nicht mehr lange währen. Drei Jahre später kam es zur Nelkenrevolution. Fünfzehn Jahre später trat Portugal der Europäischen Gemeinschaft bei. Und damit wurden Begriffe wie *Beitritt, Integration* und *Konvergenzbemühungen* zu den wesentlichen Schlüsselwörtern unseres neuen politischen Sprachgebrauchs.

2.

Doch weder das Herz noch die Erinnerung oder die Zukunftsahnung schlagen im Takt von Abkommen und Vertragsunterzeichnungen. Die Einzigartigkeit von Portugals Vergangenheit, seine Beziehung zum alten Kolonialreich überdauerten den historischen Moment, als 1985 Mário Soares im Kloster Jerónimos mit seiner Unterschrift den offiziellen Wandel einleitete, und blieben erhalten. Portugals Isolation, die uns sowohl vom demokratischen als auch vom anderen Europa immer weiter entfernt hatte, konnte nicht auf einen Schlag beseitigt werden. Das Bild von den verschreckten Menschen, die tagtäglich aus Afrika auf dem Lissabonner Flughafen eintrafen, ein Exodus biblischer Dimensionen, der mit der bevorstehenden Unabhängigkeit der ehemaligen Kolonien einsetzte, war uns noch zu nah, um es mit dem Umblättern einer Seite im Buch der Geschichte hinter uns zu lassen.

Kein noch so vielversprechender Vertrag über den Beitritt zur Europäischen Gemeinschaft konnte den gespenstischen Anblick der Kisten auslöschen, die sich am Ufer des Tejo stapelten, so als hätte eine gigantische, über fünfhundert Jahre alte Welle die Portugiesen, die einstmals von dort nach Afrika aufgebrochen waren, samt Waffen und Gepäck zurückgespült. Neben der staunenden Aufregung darüber, dass es von der Gemeinschaft Fördermittel für den Bau von Brücken und Autobahnen gab, stand das Bild der Bürgerkriege, die in der Zwischenzeit in den ehemaligen Kolonien ausgebrochen waren. Der blutige Alltag in Angola, Moçambique, Timor und später auch Guinea-Bissau führte zu einer kontroversen Orientierungslosigkeit bei all denen, die geglaubt hatten, mit der Unabhängigkeit der Kolonien würden neue, zu Frieden und Fortschritt fähige Staaten entstehen. Zwar waren die portugiesischen Mädchen nun, nach zwanzig Jahren, zehn Zentimeter größer, als ihre Mütter es in ihrem Alter gewesen waren, und die jungen Leute konnten mit dem Pass der Freiheit um die Welt reisen, doch zugleich setzte sich das Bewusstsein durch, dass das portugiesische Staatsgebiet sich auf die geringe Größe reduziert hatte, die es zu Beginn seiner Eigenstaatlichkeit besessen hatte, das heißt auf seine Grenzen im Mittelalter. Noch in den neunziger Jahren wurde diese Amputation eines bedeutenden Teils des portugiesischen Körpers immer wieder thematisiert. Die Vorstellung vom Kolonialreich als schmerzendem *Phantomglied* hielt sich über lange Zeit. So wurde der Nationalismus als zweite Ontologie des Staatsbürgers in seinen Formen der Ausdünnung durch Zersetzung und ebenso in seinen obsoleten Formen früherer Festigkeit immer wieder analysiert und überprüft. In dieser widersprüchlichen, psychisch brutalen Stimmungslage, die in Portugal das letzte Viertel des 20. Jahrhunderts beherrschte, traten die Gespenster der Vergangenheit Hand in Hand mit den heutigen Akteuren auf und bewirkten eine besondere Aktivität unserer Dramaturgie.

Insofern kann man sagen, dass Portugal eine einzigartige emotionale Geschichte erlebt hat, mit keinem anderen europäischen Land vergleichbar: So fundamental war das, was verloren gegangen war, so radikal die Veränderung, so gleichzeitig, aber viel zu spät geschah dies alles. Vor diesem Hintergrund – wie es immer in solchen Situationen geschieht – begaben sich die Künste und noch konkreter die Literatur als die wichtigste Kunst, weil ihr Rohstoff die Sprache aller ist, sozusagen auf die Couch, das Land schickte sich an, von seiner mentalen Verfassung zu erzählen, und eine turbulente, fruchtbare Zeit machte die portugiesische Literatur zu etwas Merkwürdigem, Brutalem, Einzigartigem innerhalb der europäischen Literaturen.

Als Mitte der achtziger Jahre zunehmend portugiesische Autoren im Ausland übersetzt und gelesen wurden, ließ sich eine fast immer bedingungslose Bewunderung für die Lyrik beobachten. Von der Belletristik jedoch, dem Bereich der Literatur, der mit der Geschichte teilweise ein gemeinsames Zuhause hat, hieß es, sie sei *gefangen* in dem unausweichlichen Dreieck *Altes Kolonialreich, Kolonialkrieg, Nelkenrevolution.* Diese Thematik schien lange noch nicht überwunden, und was man als kosmopolitisches, das heißt weltweit gültiges oder an keinen bestimmten Ort gebundenes Erzählen zu bezeichnen pflegt, war anscheinend kein Stoff, der das Schreiben der Portugiesen beflügelte. In diesem Zusammenhang wurde gelegentlich von einem redundanten Identitätsfieber gesprochen, von der Befremdlichkeit portugiesischen Erzählens, es sei auf die Erfahrungen mit Afrika und die Bewältigung seiner Geschichte fixiert. Bei einer Veranstaltung ähnlich dieser, die 1991 in Straßburg stattfand, bezeichnete zum Beispiel Pascale Casanova Portugal als eine *paradoxe Insel,* und über die portugiesische Literatur sagte er, die Intellektuellen, vor allem die Schriftsteller, beschäftigten sich fortwährend mit einer einzigen Problematik, der Problematik der nationalen Identität, woraus er klipp und klar die Theorie ableitete, Portugal stehe außerhalb der europäischen Geisteswelt. Wörtlich sagte er: *Die Bezüge zur portugiesischen Geschichte und Kultur gehören in keiner Weise mehr zum gemeinsamen, verpflichtenden Erbe Europa ...* Womit er sagen wollte, die portugiesischen Schriftsteller verfehlten die moderne, kosmopolitische Literatur, die Filmliteratur, sie verfehlten den großen Plot des ausgewiesen zeitgenössischen Erzählens. Dasselbe lässt sich in gewisser Weise aus der Lektüre der Cahiers de Strasbourg *Le Désir d'Europe* folgern, publiziert im Anschluss an die Veranstaltung, bei der Portugal einen Schwerpunkt bildete.

Elf Jahre später indes scheint diese Diagnose reichlich an Aktualität verloren zu haben. Im letzten Jahrzehnt wurde nicht nur anerkannt, dass die portugiesische Identitätsthematik durchaus nicht uneuropäisch war, plötzlich sah man auch in der Art, aus der Randstellung seine Beziehung zur restlichen Welt zu hinterfragen, eine von vielen europäischen Arten des Sich-selbst-Hinterfragens. Die portugiesische Welt, nahezu lächerlich in ihrer Unentschlossenheit gegenüber den abwechselnd geeinten und dann wieder zerfallenden Regionen, wurde zu einem Musterbeispiel für die Beziehung Europas zu den übrigen Kontinenten. Zum heutigen portugiesischen Witzrepertoire zählt die – natürlich übertriebene – kuriose Behauptung, Europa sei mit seiner unglaublich lähmenden Unentschlossenheit offenbar zu einem großen Portugal geworden. Ironie beiseite, vollkommen unangebracht ist auch nicht die Feststellung, dass das Wichtigste, was die portugiesische Literatur zu bieten hat, die Aussage über seine Beziehung zum Anderen, dem Andersartigen ist, als die eine Stimme des unvermeidlichen Dialogs, den die Zukunft unerbittlich fordert.

Und dies nicht etwa, weil die portugiesische Literatur nun eine andere wäre, sondern weil die Welt einen anderen Weg eingeschlagen hat. Zum einen, weil in den neunziger Jahren überall in den ehemals von England, Frankreich, Belgien, Spanien und Holland kolonisierten Gebieten Bürgerkriege ausbrachen, in denen es nicht nur um einen Teil, sondern um das gesamte europäische Vermächtnis in der Welt ging. Zum anderen, weil die ethnischen Kämpfe, von denen man geglaubt hatte, sie beschränkten sich auf den afrikanischen und den asiatischen Kontinent, mitten in Europa mit der gleichen Brutalität und Grausamkeit ausgetragen wurden. Damit befiel das Identitätsfieber zu Beginn der neunziger Jahre ganz Europa, das nunmehr verstört, wie gelähmt an einem Kreuzweg stand, ohne grünes Licht in Sicht. Der portugiesische Faktor war zu einem zeitgenössischen Faktum geworden.

3.

Um die eigene Identität zu erkennen, bedarf es eines Anderen, der uns identifiziert. Denn niemand kennt sich, wenn er sich nicht im Antlitz seinesgleichen gespiegelt sieht. Der Spiegel, in den wir am Morgen schauen, ist lediglich ein Mittler zwischen uns und dem Anderen. Von einer ganz eigenen Realität angetrieben, haben die portugiesischen Schriftsteller nichts anderes getan, als wie besessen über diese Beziehung zum Anderen zu schreiben. Literarische Werke über diese Beziehung in all ihren Schattierungen, in denen sich Kolonisatoren, Kolonisierte, Gegner, Brüder, Liebespaare, Rachsüchtige und Reumütige, Freunde und Feinde begegnen.

Hinsichtlich dieser totalen Auseinandersetzung mit dem Anderen als untrennbarer Fortsetzung des eigenen Ichs würde ich sagen, dass der *Ausgangstext* zum Prozess der mentalen postimperialen Entkolonialisierung paradoxerweise im Imaginationsfieber eines Schöpfers metaphysischer und anderer Imperien entstanden ist. Ich spreche von dem großen Gedicht über das rückhaltlose Bekenntnis zur *Großen Piraterie.* Der portugiesischen und der europäischen, der globalen Piraterie, die die Welten in Turbulenzen versetzt hat, Völker vermischt, Herrschaftsgebiete verletzt, die Besiegten beseitigt, Flaggen gehisst hat. Ich spreche von dem langen Gedicht *Ode Marítima,* das Fernando Pessoa 1915 in seiner Maske als Álvaro de Campos verfasst hat. Von den Passagen, in denen er in einem euphorischen Gefühlstaumel über das Grandiose der Menschheit als Eroberer und Piraten, gepaart mit der anderen, von einem Amalgam der Menschheit als Ganzes spricht:

... Männer, die ihr stille afrikanische Ortschaften geplündert, / mit Kanonenlärm jene Rassen in die Flucht gejagt, / die ihr getötet, geraubt, gefoltert habt / und den Lohn des Neuen errungen dafür, dass ihr/ mit gesenktem Haupt gegen das Geheimnis neuer Meere anstürmtet, / ahoi! / Euch alle in einem, euch alle in euch allen wie einen, / euch alle miteinander vermischt, / euch alle, ihr Bluttriefenden, Grausamen, Gehassten, Gefürchteten, Geheiligten, / ich grüße euch, ich grüße euch, ich grüße euch!

Dieses Anfang des 20. Jahrhunderts, während des Ersten Weltkrieges, geschriebene *Lied des Großen Piraten* öffnet so – ohne Reue, ohne Sündenbewusstsein – die Tür zur Unvermeidbarkeit dessen, was heute Geschichte ist. Zur unvermeidbaren Expansion der europäischen Kultur, als diese, überschäumend, sich für weltweit maßgeblich hielt und sich zum Strahlungszentrum machte. Und sich folglich all dem aussetzte, was heute an Gewalt auf uns zurückschlägt. Die jüngere portugiesische Belletristik zur Frage der Identität aus der – wankelmütig demokratischen, melancholischen und selbstbetrachtenden – postkolonialen und -revolutionären Zeit hat die Abrechnung mit einem eklatanten Teil dieser gewaltsamen Reaktionen untersucht, und in dieser Hinsicht kennt sie sich aus. Oder anders gesagt, für Europa, dessen erstes Problem darin besteht, seine inneren Grenzen abzustecken, seine äußeren Grenzen zu konzipieren, seinen neuen Mittelpunkt oder seine verschiedenen Mittelpunkte zu bestimmen, bietet die portugiesische Erfahrung keinen bedeutenden Beitrag. Das Problem geographischer Grenzen ist ihr kein inneres Anliegen.

Wohl aber die Grenze des Anderen, der mögliche Dialog mit dem Anderen, die Problematik des Teilens mit dem fremden Nachbarn, nun, da es keine fernen Räume mehr gibt und die Mobilität uns plötzlich überall zu Gast und Gastgebern zugleich macht. Wie den Anderen in unserem Haus aufnehmen, wie sich verhalten, um im Haus des Anderen aufgenommen zu werden. Wie miteinander umgehen im immateriellen Raum, für den man nicht im Voraus Ordnungsregeln konzipieren, in den man weder Polizeipatrouillen noch Kampfflieger schicken kann. In diesem nicht konkreten Raum, in dem jeder denkbare Krieg ausgelöst, aber keiner gewonnen werden kann. Dies ist die unumgängliche Frage mit der Überschrift *Das Lied des Großen Piraten.* Seit über zwanzig Jahren widmet sich die portugiesische Belletristik mit Beharrlichkeit diesem Thema, so als wären die Abrechnung und die innere Versöhnung für alles der unvermeidliche Mittelpunkt. Dort sehe ich auch mich. Dorthin stelle ich die Buchrücken meiner Werke. In ihnen, meinen Büchern, sehe ich wilde Geschöpfe, zustande gekommen durch den Zufall. Und der Zufall hat mich inmitten von Menschen gesetzt, die von der Geschichte vertrieben wurden, Menschen, die auf der Suche nach einem Ruheort ständig hin und her wandern. Zwar schreibe ich vor allem wegen etwas anderem, etwas, das außerhalb der Geschichte steht und nicht benennbar ist. Mein Anliegen ist ein anderes. Doch ebenso trifft es zu, dass sich mir im Thema *Bruder* die konkrete Romanfigur bietet, durch die ich das Leben nach diesem Rätsel befrage, warum wir, obwohl wir alle Menschen und allein auf der Welt sind, uns nur über einen Dolch zwischen uns verständigen können. Vielleicht gehört deshalb zu meinen Lieblingsbüchern ein Werk, das von einem streitbaren Europäer in den Jahren 1951 und 1952 geschrieben wurde, das über das aus dem letzten großen Konflikt hervorgegangene Europa spricht und dieses Europa als *Mamma Marcia* (wörtl.: Vermoderte Mutter, dt. Titel: Der Zerfall) bezeichnet. Sein Autor war Curzio Malaparte. So lautet der Originaltitel. Ich lese es nicht wie eine grausame Bibel, nehme es aber regelmäßig zur Hand, um darüber nachzudenken, wieso man plötzlich vom Frieden zur Schändlichkeit verkommen und darüber schreiben kann. Dagegen schreiben kann.

Aus dem Portugiesischen von Karin von Schweder-Schreiner

Dževad Karahasan

Wenn es etwas gibt, auf dessen Grundlage es Europa als eine einigermaßen kulturelle Einheit gibt, dann ist es die Zeit – die gemeinsame Vorstellung von der Zeit, die alle Teile Europas zu einem – natürlich immer offenen – Ganzen verbunden hat.

Dževad Karahasan

Bosnien

1953 in Duvno (Jugoslawien) geboren, promovierte Karahasan an der Philosophischen Fakultät in Zagreb in Literaturtheorie. Er war Dramaturg am Volkstheater Zenica, Redakteur der Literaturzeitschriften *Odjek* und *Izraz*. Als Professor lehrte er an der Akademie für szenische Künste in Sarajevo und war Juryvorsitzender des größten jugoslawischen Theaterfestivals. Die Belagerung Sarajevos ist Thema seines Buches *Tagebuch der Aussiedlung* und seiner Romane *Schahrijârs Ring* und *Sara und Serafina*. Sein Werk wurde mit zahlreichen Preisen ausgezeichnet. Karahasan lebt in Graz als Stadtschreiber und in Sarajevo, wo er als Professor an der Philosophischen Fakultät der dortigen Universität tätig ist.

In deutscher Übersetzung u. a.:

Tagebuch einer Aussiedlung. Essays
Aus dem Serbokroatischen von Klaus Detlef Olof
Wieser Verlag, Klagenfurt 1993

Schahrijârs Ring. Roman
Aus dem Serbokroatischen von Klaus Detlef Olof
Rowohlt Berlin Verlag, Berlin 1997

Das Buch der Gärten. Grenzgänge zwischen Islam und Christentum
Aus dem Bosnischen von Katharina Wolf-Grießhaber
Insel Verlag, Frankfurt am Main 2002

Zu einer Geometrie des Erinnerns

Ako postoji nešto na temelju čega Evropa postoji kao kakvo-takvo kulturno jedinstvo, to je onda vrijeme – zajednička predodžba o vremenu koja je u nekakvu (naravno uvijek otvorenu) cjelinu povezivala sve dijelove Evrope.

Kultur ist vor allem und mehr als alles andere Formung der Zeit, ein System von Vorstellungen und Ritualen, die dem Tag und dem Jahr Form geben, die die Schwellen im Leben des Einzelnen und der Gemeinschaft definieren und die Handlungsweisen vorschreiben, mit denen diese Schwellen überschritten werden. Vielleicht ist die untrennbare Verbundenheit von Kultur und Zeit nirgendwo so offensichtlich wie in Europa: Nicht einen Augenblick in seiner Geschichte war Europa identisch mit seinen geographischen Grenzen, nicht einen Augenblick in seiner Geschichte hatte Europa eine räumliche *Einheit,* die es als kulturelle Identität definiert hätte, niemals hatte Europa eine sprachliche oder eine Einheit des Schulsystems. Wenn es etwas gibt, auf dessen Grundlage es Europa als eine einigermaßen kulturelle Einheit gibt, dann ist es die Zeit – die gemeinsame Vorstellung von der Zeit, die alle Teile Europas zu einem (natürlich immer offenen) Ganzen verbunden hat, wie unklar es auch immer war, wo die europäischen Grenzen sind und worum es sich innerhalb dieser Grenzen wirklich handelt. Europa war, bei allen Unterschieden, immer ein kulturelles Ganzes, weil es immer um ein einheitliches Bild von der Zeit integriert war.

Schreiben bedeutet, sich zur Zeit zu verhalten. Das hat auch einer der ersten großen Europäer, Gotthold Eprahim Lessing, bemerkt, als er in seinem Essay *Laokoon* auf den Unterschied zwischen *zeitlichen* und *räumlichen* Künsten hinwies und die Musik und die Literatur als *zeitliche Künste* einordnete. Ich erinnere mich nicht, wie Lessing den Unterschied zwischen der Musik und der Literatur im Verhältnis zur Zeit definierte, ich erinnere mich nicht, ob er ihn überhaupt definierte, und weiß nicht, ob man ihn definieren muss, weil er aus der Natur des Materials, in dem sich die Musik und die Literatur verwirklichen, hervorgeht und daher ganz offensichtlich ist. Musik ist Zeit, die man hört, sie braucht keine materielle Welt und sie braucht eigentlich nichts außerhalb ihrer selbst; aus gutem Grund redeten die Alten von der *Musik der Sphären,* wodurch sie die Überzeugung ausdrückten, dass das Universum Musik produziert, dass es Musik ist oder die Musik zumindest seine Grundeigenschaft ist. Die Literatur dagegen könnte nicht ohne materielle Welt oder außerhalb von ihr bestehen, sie verwirklicht sich in der Sprache und daher ist eine der Grundeigenschaften der Literatur wie auch der Sprache das Über-sich-Hinausverweisen – das literarische Werk ist wie jede andere sprachliche Äußerung Anwesenheit, die als solche das Abwesende evoziert, ein Körper, der als solcher die Wahrhaftigkeit der körperlosen Existenz bezeugt. Literatur ist nicht Zeit, der man schlicht Hörbarkeit zugesetzt hat, wie die Musik, Literatur ist der Versuch, der Zeit eine bestimmte Form zu geben, damit sie im Einklang mit der Frage nach dem Sinn gestaltet wird, damit der Gegenwart des Menschen in der Zeit eine Gestalt verliehen wird und dadurch auch Bedeutung, Verständlichkeit. Die Musik fragt nicht und behauptet nichts, sie existiert einfach; Literatur ist vor allem Frage, sie fragt nach der Art der Gegenwart des Menschen in der Zeit und fragt nach dem Wert der Art dieser jeweiligen Gegenwart.

Schreiben bedeutet, sich zur Zeit zu verhalten, auch dann, wenn man schreibt, um die Zeit zu negieren. Samuel Beckett, sagen wir, projiziert die logischen Paradoxa des Zenon von Elea aus dem Raum in die Zeit, indem er sich bemüht, die Zeit zu negieren, wie Zenon die Bewegung negiert hatte: Wenn die Schildkröte beim Start auch nur einen geringen Vorsprung hatte, kann Achill sie beim Laufen nicht einholen, weil der Raum, logisch gesehen, unendlich teilbar ist, so dass die anfänglichen zehn Schritte Abstand zwischen der Schildkröte und Achill in unendlich viele Einheiten geteilt werden, die Achill nicht bewältigen könnte, es sei denn, in der Ewigkeit. Becketts Drama demonstriert dieses logische Paradox auf der Ebene der Zeit: Da die Zeit unendlich teilbar ist, ist klar, dass auch jeder Teil von ihr unendlich teilbar ist, und das macht klar, dass auch in der winzigsten Zeiteinheit die ganze

Zeit, das heißt die Ewigkeit, enthalten ist; daher ist dieser Augenblick jedem beliebigen anderen Augenblick gleich, daher ist die Unterscheidung einzelner Zeiteinheiten illusorisch, daher gibt es weder eine Bewegung der Zeit noch eine Bewegung in der Zeit. Ergibt sich dadurch eine Symmetrie zwischen Beckett und Aurelius Augustinus? Augustinus behauptete, die Zeit sei durch die Erschaffung der Welt in Bewegung gesetzt worden, sie habe bis zu dem Moment geruht, in dem der liebe Gott sein erstes *Es werde* ausgesprochen habe, und von diesem Moment an habe sie begonnen, sich auf den Jüngsten Tag zuzubewegen und bringe nun jedem von uns Alter, Ermüdung und Tod. Beckett redet dagegen von einer Welt, in der die Zeit nicht mehr fließt, und in der es Zeit schlicht nicht gibt. Und so ergibt sich eine Symmetrie zwischen einem Autor, der sich obsessiv bemüht, die Zeit zu verstehen, und einem Autor, der die Zeit obsessiv negiert, eine Symmetrie zwischen Eingang und Ausgang. Vielleicht eine Symmetrie zwischen dem Anfang und dem Ende eines Prozesses oder einer Reihe?

Worin besteht nun diese Symmetrie, das heißt, wie verhalten sich diese beiden Autoren, *von innen gesehen,* zueinander? Wie der Anfang und das Ende in einer auf Kausalität gegründeten Kette? Hat Augustinus wirklich Beckett *hervorgebracht?* Ist Becketts Negation der Zeit zwangsläufig aus den Versuchen des Augustinus, die Zeit zu verstehen, hervorgegangen?

Die Mystiker und Rationalisten wissen, dass diese beiden Autoren untrennbar miteinander verbunden sind und dass ihre Symmetrie nicht nur eine äußere ist. Zwischen den Mystikern und den Rationalisten, also zwischen zwei scheinbar entgegengesetzten Typen des Determinismus, sind verschiedene Grade ein und derselben Grundüberzeugung sichtbar, nach der zwei verschiedene Punkte der Zeitreihe nicht miteinander verbunden sind, und demzufolge gibt es zwischen Augustinus und Beckett keine *objektiv existierende* Symmetrie und keine wirkliche Verbindung. Eine äußere Symmetrie aber entdecke ich, der Leser, indem ich in das, was ich betrachte, eine Beziehung hineinlese, die nur in meinem Erleben existiert. Da diese Überzeugung die Verbindung, mit der wir uns hier beschäftigen, negiert, können wir ihre Fürsprecher vernachlässigen und uns mit den Mystikern und Rationalisten befassen. Jakob Böhme zum Beispiel weiß, dass Augustinus im Augenblick, als er seine *Confessiones* schrieb, Beckett notwendig gemacht hat, er weiß im Grunde, dass Beckett die *andere Seite* des Augustinus ist und sie einander möglich machen. Als Augustinus schrieb, ihm scheine, dass er wisse, was Zeit sei, wenn man ihn nicht danach frage, und habe begriffen, dass er es nicht wisse, wenn er es jemandem zu erklären versuche, hat er Beckett *hervorgebracht,* das heißt notwendig gemacht, der Zenons logische Paradoxa illustrieren und so die Behauptung aufstellen sollte, dass es keine Zeit gebe und dass es da nichts zu wissen gebe. Jakob Böhme weiß auch, dass Beckett, wenn er seine Dramen schreibt, in denen er die Zeit negiert, Augustinus bestätigt, beweist, dass er gelebt und geschrieben hat, behauptet und beweist, dass er notwendig ist, ihn evoziert und im Saal, in dem Becketts Drama aufgeführt wird, gegenwärtig sein lässt. Ich weiß nicht, ob Beckett bei der Erstaufführung des *Godot* 1953 in Paris gegenwärtig war, aber Augustinus war mit Sicherheit da.

John Stuart Mill behauptete, der bestehende Stand der Dinge sei die Folge des vorherigen, wie dieser vorherige wiederum die Folge des Standes der Dinge sei, der diesem vorhergegangen war. Immer ist der aktuelle Stand der Dinge die Folge des vorherigen, dies jetzt ist die Folge von dem, was vorhergegangen ist, dieser Augenblick ist die Folge und der vorhergehende die Ursache. Deshalb reicht es einem Menschen, der logisch denken kann, sagen wir, John Stuart Mill, irgendeinen beliebigen Augenblick in der unendlichen Kette der Zeit zu kennen, um durch eine logische, auf dem Prinzip der Kausalität begründete Folgerung alle vorherigen und kommenden Augenblicke, alle Ereignisse, die dem Stand der Dinge, den er kennt, vorhergegangen sind, und alle jene, die folgen werden, zu erkennen und zu verstehen. Wenn ich logisch (kausal) denken kann, verstehe ich durch die Lektüre von Beckett bestimmt, dass ein Jan Potocki und ein Laurence Sterne existiert und geschrieben haben müssen, dass ein Racine und ein Rutebeuf geschrieben und dadurch die Fragen über die Zeit formuliert haben müssen. Wenn ich logisch denken kann, wenn ich, sagen wir, J. S. Mill oder Claude Lévi-Strauss bin, wenn ich Positivist oder Strukturalist, Marxist oder Angehöriger irgendeiner anderen szientistischen Sekte bin, werde ich über Beckett ganz sicher auf Augustinus kommen, weil Beckett eine Folge von Augustinus ist, ebenso wie Glasscherben die Folge eines Wurfs mit einem Ball in eine Fensterscheibe sind. Aber im Gegensatz zu Jakob Böhme werde ich glauben, dass Augustinus nicht bei der Aufführung von Becketts Drama gegenwärtig war, weil alles, eben auch die Toten und die Bedeutungen, einer mechanischen Ordnung unterliegt, und eben auch ein Toter nicht in der Gegenwart auftauchen und die Folge (Beckett) nicht die Ursache (Augustinus) beeinflussen kann.

So denken die Mystiker und Deterministen (also die Mystiker der szientistischen Religion). Aber was denke ich? Wie verhalten sich in meinem Empfinden Augustinus und Beckett zueinander, dieser Tag zu jenem lang zurückliegenden Tag, an dem Franz von Assisi zum ersten Mal fühlte, dass der Wolf sein Bruder ist? Auf diese Fragen muss ein Mensch antworten, der schreiben und sich sein Verhältnis zu seinem Handwerk und zur Kultur, in der er schreibt, bewusst machen möchte. In der Literatur ist die Frage nach dem Sein des Menschen in der Zeit grundlegend. Schreiben bedeutet, der Zeit eine Form zu geben und das Verhältnis des Menschen zu dieser Form zu artikulieren, so dass wir beim Schreiben nach der Zeit fragen, wir fragen auch dann, wenn wir uns dessen nicht bewusst sind. Und so verhält es sich auch mit der Kultur.

Diese Fragen habe ich in Essays diskutiert, ohne dass es mir gelungen wäre, dahinter zu kommen, ob ich ehrlich bin, wenn ich eine direkte Verbindung zwischen zwei sehr weit entfernten Punkten in der Zeitreihe negiere oder wenn ich behaupte, dass man diese Verbindung nicht in Frage stellen kann, weil sie zu offensichtlich ist. Einmal habe ich (im Essay *Sprache und Geschichte* zum Beispiel) unbesonnen das deterministische Konzept von Geschichte ironisiert, indem ich mir die Frage stellte, ob Hannibal wirklich die Alpen überquert hat, damit ich gerade so wäre, wie ich bin; ein anderes Mal habe ich meine tiefste Überzeugung niedergeschrieben (die nicht vom Gefühl zu trennen ist, die ohne Gefühl nicht komplett ist!), als ich ausgerechnet das auf einer mechanischen Geordnetheit der Zeitreihe basierende europäische Konzept von Tradition (zum Beispiel im Essay *Geographie des Schattens*) befürwortete. Erst als ich wusste, dass mir das deterministische Empfinden viel näher ist, wusste ich, dass ich dem mystischen Konzept viel mehr glaube als dem szientistischen, denn die glückliche Gegenwart einstiger Lehrer konnte ich durch nichts in Frage stellen. Natürlich kann ich nicht an der mystischen Gegenwart Fariduddin Attars zweifeln, wenn ich über Ruinen schreibe, wenn ich sie in Frage stellen würde, müsste ich auch an der Gegenwart meiner Drama- und Prosagestalten zweifeln, die wirklich außer Zweifel steht, ohne die ich ein Drama oder einen Roman nicht schreiben könnte. Natürlich trete ich mit jedem Satz, den ich schreibe, in eine Diskussion mit einem Autor oder einem Werk, ganz gleich, ob ich das weiß oder nicht, ganz gleich, ob ich das absichtlich mache oder nicht. Mit jedem Satz, den er niederschreibt, webt der Mensch einen neuen Faden in das überdichte Netz der Bedeutungen ein, das potenziell immer gegenwärtig ist, überall, wo geredet oder geschrieben wird.

Aber die Beschäftigung mit diesen Fragen hat mir nicht geholfen, mich mit dem Bild von der Zeit als gerader Linie, als Achse, die sich aus unermesslicher Tiefe (oder Ferne?) auf null und dann von null auf den heutigen Tag und weiter, wohl auf den Jüngsten Tag zubewegt, abzufinden. Sie hat mir nicht geholfen, mich mit diesem Bild von der Zeit (das unweigerlich an eine Reihe natürlicher Zahlen erinnert) abzufinden, und noch weniger hat sie mir geholfen, mich von ihm zu befreien. Alle *Typen* von Zeit, über die zu reden ich fähig bin – die mythische Zeit und die heilige Zeit, die historische Zeit und die mystische Zeit –, sind eigentlich Formen, die vor allem über ihr Verhältnis zu der einen Form der Achse definiert werden, die sich von *minus unendlich* nach *plus unendlich* bewegt, einer Form, die das grundlegende und dominante Bild von der Zeit in der europäischen Kultur ist (dasjenige Bild, das die Basis dieser Kultur ist und nach dem sich diese Kultur von allen anderen unterscheidet).

Mit der Zeit habe ich mich auch im Zusammenhang mit der Form des Dramas befasst, *fachlich,* als Professor der Dramaturgie, und *unmittelbar,* als Schriftsteller. Ich habe eine ganze Chronotoptheorie entwickelt, bewiesen, dass das Erleben der Zeit entscheidend für die innere Logik des Dramas ist, in meinen Dramen habe ich verschiedene Vorstellungen von Zeit miteinander verflochten, die in den Umfeldern, in denen ich gelebt habe, nebeneinander existiert haben und die ich in den Dramen dargestellt habe. Die Komödie *Dort ist es gut* habe ich auf dem *dramatischen Vergleich* der Formen aufgebaut, in denen die kommunistischen, katholischen und bosnisch-muslimischen Menschen ihre Bilder von der Zeit artikulieren; die Komödie *Das Konzert der Vögel* habe ich der Zeit, als Thema und als Konstruktionsprinzip, gewidmet. Aber auch das hat mir nicht geholfen, mich mit der europäischen Vorstellung von der Zeit als Achse anzufreunden, und noch weniger hat es mir geholfen, mich von dieser Vorstellung zu befreien. Die Zeit bewegt sich progressiv von einem Anfang zu einem Ende, ein Augenblick folgt logisch oder zwangsläufig aus dem vorherigen, als seine Folge oder zumindest als seine Replik, jeden Moment kann und muss man auf dieser Achse präzise (mechanisch) definieren, so dass man ganz bestimmt weiß, wie weit welcher Punkt der Vergangenheit von diesem Punkt (der Gegenwart), von dem aus ich schaue, entfernt ist. Und dabei ist in meinem (und nota bene im europäischen) Empfinden der Tradition die ganze Vergangenheit in jedem Augenblick unveräußerlich gegenwärtig. Dieses in sich widersprüchliche, neurotisierende Erleben von Zeit, das mich ins Zentrum der Paradoxa stellt und mich nicht aus ihm herauslässt, war mir natürlich unerträglich, zumal es so unveräußerlich meins ist und gleichzeitig nicht ganz meinem Empfinden der Zeit entspricht.

Erst die Arbeit an den Romanen hat mir geholfen, das Problem meines Verhältnisses zur Zeit zu verstehen, eines Verhältnisses, das nicht nur rational ist und sein kann. Die stete Unzufriedenheit mit dem, was ich schreibe, eine Unzahl misslungener Versuche, Dutzende verworfener Erzählungen und Romanskizzen, die über das Stadium der reinen Experimente mit der Erzählkonstruktion nicht hinauskamen, das Gefühl, dass der Text, den ich geschrieben habe, schlicht nicht meiner ist – all das brachte mich auf das Problem der Zeit, aber nicht nur das Problem der Zeit in einem erzählerischen Werk, sondern auch auf das Problem der Zeit in meinem Erleben. Denn mein Problem war nicht so sehr die Erzähltechnik, mein Problem ist die Genauigkeit der erzählten Welt. Aber diese ist nicht zu erreichen, wenn der Autor sich von seiner Erfahrung und seinen Emotionen her nicht restlos in das Geschriebene einbringt, wenn er nicht jedes geschriebene Wort an sich selbst überprüft hat; nur dann, wenn sich der Autor so in seinen Text einbringt, kann sich das Werk selbstständig machen, und der Autor kann überprüfen, ob die Welt des Werks auch der äußeren, außersprachlichen Wirklichkeit entspricht; und erst dann, wenn die innere Wirklichkeit des Werks mit Sicherheit wahr ist, weil der Autor sie an sich selbst überprüft hat, wenn die äußere Wirklichkeit der Welt der äußeren Wirklichkeit des Werks entspricht – erst dann hat das Werk das notwendige Maß der Genauigkeit erreicht. Aber mir wollte das bei der Prosa einfach nicht gelingen, bis ich nicht die Romanform gefunden habe, in der sich das für die islamische Kultur charakteristische Bild von der Zeit als Spirale und das für die europäische Kultur charakteristische Bild von der Achse miteinander verknüpft haben (sich gegenseitig ergänzt, sich in einem Spannungsverhältnis verbunden haben?).

Die Spirale ist die Form, die den Kreis und die Achse vereint, die Form, die eine Art präziser Unendlichkeit enthält. Vielleicht ist der präziseste Ausdruck der bildenden Kunst für das Erleben der Zeit als Spirale die Arabeske, die künstlerische Form, die die Bewegung abbildet, die sich bis in die Unendlichkeit wiederholt (das Ende der Wand, auf die sie gemalt ist, unterbricht die Arabeske, aber es schließt sie nicht ab, weil man die Arabeske nicht abschließen kann; aber gleichzeitig könnte man sagen, dass sie abgeschlossen ist, wenn die Grundfigur, in der alle Elemente einer arabesken Struktur verwendet sind, ausreichend oft wiederholt worden ist). *Die arabeske Zeichnung ist die durchgeistigste unter den Zeichnungen,* behauptete Baudelaire, wahrscheinlich ahnend, dass die Arabeske eigentlich das Bild von der Zeit ist, wie sie die klassische islamische Kultur erlebt. Ich kann nicht über das Schicksal reden (erzählen) und auch nicht an das Schicksal denken außerhalb der arabesken, spiralförmigen Zeit, deren sämtliche Punkte potenziell an jeder Stelle gegenwärtig sind. Die Formen des Schicksals oder die Formen des Denkens können Menschen aus verschiedenen Jahrhunderten zu Zeitgenossen machen, wenn sie sie in eine erlebte oder gedachte Verbindung bringen. Im spiralförmigen Erleben der Zeit, in meinem Erleben, sind Augustinus und Beckett Zeitgenossen, vielleicht sogar Freunde, die nicht aufhören, sich leidenschaftlich zu streiten. Dieses Erleben der Zeit habe ich mir in meinem Elternhaus angeeignet, habe es ein für alle Mal mit dem Gebet und dem Tod, mit dem Schicksal und der Wahrheit verbunden. Dieses Erleben der Zeit hat sich mich angeeignet und sich in dem Teil meines Seins niedergelassen, aus dem das Erzählen kommt.

Aber auch die spiralförmige Zeit nur für sich entsprach nicht meinen Vorstellungen vom Erzählen und von meinem Erleben der Zeit. Augustinus und Beckett sind mit Sicherheit Zeitgenossen, daran ist nicht zu zweifeln, aber man muss wissen, dass einer dieser Zeitgenossen aus dem fünften und der andere aus dem zwanzigsten Jahrhundert kommt, wie auch durch die Erzählung deutlich werden muss, dass einer von ihnen Erfahrungen mit den Barbaren und der andere mit Maschinen gemacht hat und wohl deshalb einer von ihnen Glauben predigte und der andere Hoffnungslosigkeit. Nämlich die ganze Welt außerhalb meines Elternhauses, alle Erfahrungen, die mir die Schule und die Straße, die Kneipe und das Stadion brachten, waren von dem anderen, dem Empfinden der Zeit als Achse, geprägt, das untrennbar mit einer äußeren Präzision, mit Messbarkeit (wirklich ist nur das, was messbar ist, hat uns Max Planck erklärt) verbunden ist. Und deshalb musste meine Form des Erzählens die Zeit als Achse und die Zeit als Spirale, die äußere *Messbarkeit* und die innere Gleichzeitigkeit technisch sehr weit voneinander entfernter Augenblicke miteinander verknüpfen. Manchmal denke ich, dass die Suche nach einer solchen Form das Entscheidende ist, was die europäische Kultur mir als Schriftsteller gebracht hat, das Wichtigste in einer Fülle von Segnungen, mit denen sie mich uneigennützig überhäuft hat.

Aus dem Bosnischen von Katharina Wolf-Grießhaber

Fatos Lubonja

Dass man im Westen die Intellektuellen der kleinen Länder nur als Zeugen begreifen möchte, dass sich Europa weigert, Schriftsteller aus den kleinen Ländern als europäische Schriftsteller anzuerkennen, hat das Schaffen dieser Autoren zwangsläufig beeinträchtigt.

Fatos Lubonja
Albanien

1951 in Tirana geboren, gilt Fatos Lubonja, der 1997 in der *New York Times* als *Vaclav Havel Albaniens* tituliert wurde, als einer der profiliertesten unabhängigen Publizisten Albaniens. Seine scharfsichtigen Analysen finden im In- und Ausland große Beachtung. Unter dem kommunistischen Regime verbrachte er 17 Jahre als politischer Gefangener in Gefängnissen und Arbeitslagern. Seine Erfahrungen aus dieser Zeit hat er in autobiographischen Erzählungen und dem Roman *Ridënimi (Das zweite Urteil)* festgehalten. Lubonja ist Herausgeber des 1994 von ihm gegründeten Journals *Përpjekja*. Er lebt und arbeitet in Tirana.

In deutscher Übersetzung u. a.:

Eqerem. Prosa
Aus dem Albanischen von Joachim Röhm
In: Lichtungen. Zeitschrift für Literatur, Kunst und Zeitkritik. Nr.86/XXII. 2001, S.61 ff.

Ismail Kadare
– Schriftsteller aus Albanien –

Anila Wilms
– alb. Schriftst. –
1971 geb. in Tirana

Das albanische Öl

Zwischen Lokalem und Universalem

Ky lloj konceptimi thjeshtë si dëshmitar i rolit të intelektualit të vendeve të vogla në nivel kontinenti, kjo rezistencë e Evropës për t'i pranuar edhe si shkrimtarë evropianë shkrimtarët e vendeve të vogla nuk ka mbetur pa lënë gjurmë alienuese në procesin krijues të shkrimtarëve.

Als ich mir eine Antwort auf die Frage überlegte, was das Europäische in meinem Werk sei, fielen mir mein von 1988 bis 1991 im Gefängnis von Burrel niedergeschriebener erster Roman und das Tagebuch meines letzten Gefängnisjahres (1990/1991) ein. Der Roman heißt *Das letzte Morden*, das Tagebuch ist später unter dem Titel *Im siebzehnten Jahr* erschienen.

Jedes Mal, wenn ich an Burrel denke, habe ich sofort die schlauchartige Gefängniszelle vor Augen, in der ich zusammen mit acht oder neun und manchmal auch zehn Mitgefangenen die letzten Jahre meiner Haft verbrachte. Auf einem langen Brettergestell an der einen Längswand reihten sich die Betten, zwischen Gestell und gegenüberliegender Wand befand sich ein schmaler Gang, und an der Schmalseite, die nach außen wies, gab es so weit oben, dass man nicht hinausschauen konnte, ein vergittertes Fensterloch. Die Tür an der gegenüberliegenden, also inneren Wand öffnete sich nur selten, während die Sichtluke darin nur selten geschlossen wurde. Zweiundzwanzig von vierundzwanzig Stunden verbrachten die Gefangenen in diesem Schlafkorridor, auf dem Bett sitzend oder sich in dem engen Gang die Beine vertretend, denn nur zwei Stunden am Tag durfte man beim Hofgang ein wenig frische Luft schnappen. Die meiste Zeit über hockte man da, den Hintern auf dem Strohsack, der so schmal war, dass sich benachbarte Leidensgenossen dauernd mit den Ellenbogen ins Gehege kamen, und versuchte es sich dadurch ein wenig bequemer zu machen, dass man sich das Kissen zwischen den Rücken und die kalte

Wand schob und vor allem im Winter seine in die Decke verpackten Beine dicht an den Oberkörper zog.

So vergingen die Tage eines Lebens, in dem die banalste Realität mit dem höchsten Ideal zusammenhauste, in dem sich zu dem verbeulten Essnapf aus Aluminium, den selbst gedrehten Zigaretten aus schlechtem Tabak und dem Pisskübel in der Ecke, welche die biologische Existenz bestimmten, phantastische Träume, Gemütsregungen und Ambitionen gesellten. Ein inhaftierter Dichter hat den Zustand in folgende Verse gefasst:

Schmerzen im Bauch, erwach ich in der Dämmerung,
schon kommt es hoch: Erinnerungen,
die mich würgen lassen.
In Vergessen hüll ich mich, es kocht mein Blut,
auf Sehnsüchten streck ich mich aus
und die Lampe der Träume flackert die ganze Nacht.
(Chronik) [1]

Zu diesem Dasein gehörte eine Zeit, die seltsamen Deformierungen ausgesetzt war. In trostloser Monotonie schlichen die Tage dahin, und der daraus resultierende Verlust der Gegenwart bewirkte, dass die zurückliegende Zeit als ungemein kurz, die noch bevorstehende Zeit dagegen als extrem lang empfunden wurde. Alle Ereignisse der Vergangenheit, sowohl geschichtliche als auch persönliche, schienen sich zusammenzudrängen und an einen heranzurücken. Geschichten, von denen man gelesen hatte und die man sich in den Unterhaltungen immer wieder erzählte, fanden allmählich Eingang ins Leben, wurden vertraut und Bestandteil der eigenen Realität, in der sie die *normalen* alltäglichen Erlebnisse der Menschen in Freiheit ersetzten. Was eigentlich vor langer Zeit geschehen war, im alten Griechenland eines Sokrates oder im Rom eines Nero, schien noch gar nicht lange zurückzuliegen. Die Kreuzigung Christi und die Bücher kopierenden Mönche in den Klöstern des Mittelalters waren zum Greifen nahe. Noch gegenwärtiger war die Renaissance. Man meinte, fast schon miterlebt zu haben, als in der Französischen Revolution der König seinen Kopf verlor und Danton im Angesicht der Guillotine dazu aufrief, keine Schwäche zu zeigen. Und erst gestern schien es gewesen zu sein, dass der

Zweite Weltkrieg mit dem Sieg der Alliierten zu Ende gegangen war und in Albanien die Nationalisten im Ringen um die Macht gegen die Kommunisten den Kürzeren gezogen hatten. Der gleiche Prozess der Komprimierung der Zeit fand auch in den persönlichen Erinnerungen statt: Kindertage, Schulzeit, Heirat, die Geburt der Kinder, die Verhaftung, alles hätte in einen zweistündigen Film gepasst. Die im Gefängnis zugebrachte Zeit verkürzte sich auf ein paar Augenblicke. Dagegen wollte sich alles bis ins Endlose dehnen, wenn man nach vorn schaute. Der nächste Besuch der Familie schien erst in einem Jahrhundert stattzufinden, und der Tag der Haftentlassung war ferner als der Tod. Es war wie in einem Raumschiff, das mit Lichtgeschwindigkeit unterwegs ist, nur in umgekehrter Richtung.

Den geographischen Räumen erging es nicht anders. Je länger man isoliert war, desto mehr verloren geografische, staatliche Grenzen an Bedeutung. Die Gefangenen empfanden sich mehr und mehr als Weltbürger, erlebten in ihrer Phantasie andere Zivilisationen jenseits der Adria, jenseits des Atlantiks, jenseits des Indischen Ozeans, und Albanien wurde für sie immer kleiner.

Und dann bemerkte der Häftling auf einmal, dass seine Gedanken zu schweifen aufhörten, dass er an einem toten Punkt angelangt war, wo sich nichts mehr bewegte, im Zentrum des Globus, in der Hölle.

Jäh stockt der Erdball, hört auf, sich zu drehen,
treibt ohne Schwerkraft hinein in den Schlund,
Alles Geräusch verebbt, Echos verwehen,
Welt unter Wasser: stumm bewegter Mund.
(Der Erdball)[2]

Nun sehe ich mich selbst, wie ich, zerrissen zwischen dem universellen Sein eines Bürgers aller Welten und Zeiten und dem Vegetieren an diesem Punkt der Erstarrung, mit einem Heft und einem Stift in der Hand auf dem Bett hocke, den Rücken an die Wand gelehnt und die Beine in die Decke gehüllt, und meinen Roman und das Tagebuch schreibe.

Das letzte Morden

Als ich *Das letzte Morden* und *Im siebzehnten Jahr* schrieb, war ich bereits zu der festen künstlerischen Überzeugung gelangt, dass ein nur lokales Werk ebenso unzulänglich sei wie ein ausschließlich universales, dass also ein Werk, um wirklich gelungen zu sein, zugleich lokal und universal zu sein habe. Wenn ich nun die Entstehungsgeschichte und das Schicksal meiner beiden Werke beschreibe, geht es mir eben um das Verhältnis zwischen Lokalem und Universalem oder, in anderen Worten, um das Verhältnis zwischen Albanischem und Europäischem und um Reflexionen aus der Zeit, als ich heraus war aus dem *Raumschiff* Gefängnis.

Was brachte mich auf die Idee, *Das letzte Morden* zu schreiben? In den leidvollen Jahren meiner Haft hatte mich ständig eine Frage beschäftigt: Wie konnte es sein, dass die herrschenden Kommunisten sich angesichts des doch offensichtlichen Scheiterns ihrer Idee weiterhin an der Macht festkrallten und immer schlimmere Verbrechen begingen? Ganz besonders galt dies für Albanien, in dem es bis 1990 keinen Entstalinisierungsprozess, kein Tauwetter, keine Perestroika gegeben hatte, sondern im Gegenteil ein ständiges Wachsen des stalinistischen Terrors.

Um das Problem fassbar zu machen, griff ich zurück auf die universalste Quelle meiner Bildung, die griechische Mythologie, die ich im *Zentrum des Globus,* wo ich also hauste, so ganz und gar als die meine empfand. Sophokles' Tragödie von Ödipus, der sich mit Hilfe des Orakels von Delphi bewusst wird, dass er selbst verantwortlich für Thebens Unglück ist, daraufhin der Macht entsagt, sich blendet und, von den Thebanern verbannt, die Einsamkeit sucht, brachte mich auf eine Idee: Wie wäre es, wenn ich der Ödipus-Sage eine andere Richtung geben würde? Und so nahm die Handlung meines Romans seinen Lauf:

In uralter Zeit strömt der *zornige Regen* (ein Symbol, das von mir stammt) auf die von Kadmos ausgesäten Drachenzähne herab, aus denen bei solcher Nahrung die Söhne des Drachens hervorwachsen, die Stammbürger Thebens, wie die Legende weiß. Immer wieder ergießt sich dieser Regen auf Theben, worauf die Thebaner, die von den Wasserfluten trinken, sich in Bestien verwandeln, die übereinander herfallen. Mit dem Regen erscheint jedes Mal auch die Sphinx, welche Rätsel stellt, deren Lösung der einzige Ausweg aus dem vom Regen verursachten tödlichen Unheil sein soll. Doch alle Lösungen, die den Thebanern angeboten werden, erweisen sich als Legenden, die früher oder später der Entmythisierung anheim fallen. Das gilt auch für Ödipus' Antwort auf das Rätsel der Sphinx, und neues Unglück bricht über Theben herein. *Mein* Ödipus erkennt dies sehr wohl, doch anders als Sophokles' Held lässt er trotz der Erkenntnis seiner Schuld (er hat seinen Vater getötet, mit seiner Mutter geschlafen und das Rätsel der Sphinx falsch beantwortet) und des Wissens, dass die Fortsetzung seiner Herrschaft auch die Fortsetzung des allgemeinen Unheils bedeutet, nicht von der Macht, sondern versucht sie durch eine Politik des Terrors gegen alle, die für die Wahrheit eintreten, zu erhalten.

Verglichen mit Sophokles, hebe ich bei meinem machtbesessenen Ödipus noch auf einen anderen Aspekt ab. In der Psychoanalyse wird darauf hingewiesen, dass die fehlende affektive Bindung an die Mutter im ersten Lebensjahr die affektive Disposition des Menschen für den Rest seines Leben bestimmt, ja determiniert. Bei meinem Ödipus bedingt sie die dunkle Seite seines Charakters, neben Selbstgefälligkeit stehen Hass, Zerstörungswut und die Lust an der Vergewaltigung und Erniedrigung anderer Menschen, alles Eigenschaften eines Tyrannen. Inzest und die Neigung zur Tyrannei kommen also zusammen.

Am Ende des Romans hört man die Flügel der Sphinx rauschen, die mit ihrer Ankunft einen neuen Guss des *zornigen Regens* ankündigt. Anders als bei Sophokles ist Ödipus allerdings nicht von den Bürgern Thebens verbannt worden, sondern als einsamer Herrscher über ein ausgestorbenes Theben zurückgeblieben, denn seinen Mordorgien sind nicht nur die Söhne des Drachens zum Opfer gefallen, alle wirklichen und eingebildeten Gegner, sondern auch seine engsten Anhänger bis hin zu den getreuen Leibwächtern. Der einsetzende Regen wird also unweigerlich sein Ende bedeuten. Ich möchte an dieser Stelle auf einen von Leonardo Sciascia wiedergegebenen Gedanken Elias Canettis verweisen: Der Diktator strebt nach Gottgleichheit, sein Ich soll die Welt umfassen, was die Existenz anderer Ichs ausschließt. Der Traum eines Diktators müsste also eine Welt ohne Menschen sein. Da dies aber unmöglich ist, weil es in diesem Falle niemanden mehr zu beherrschen gäbe, ist es sein Bestreben, wenigstens eine Welt ohne Individuen zu schaffen.

Das letzte Morden war zugleich eine Vorausschau darauf, was mit dem Fall des Kommunismus geschehen würde.

Im siebzehnten Jahr

Teils parallel zur idealen Welt und teils untrennbar mit ihr verknüpft, fand im Gefängnis das reale Leben des Häftlings statt. Es vollzog sich in Form dreier täglicher Kämpfe: mit der Regierung, mit den Gefangenen und mit sich selbst. Kein Häftling konnte alle drei Kämpfe siegreich bestehen. Meistens gewann er einen und verlor die beiden anderen.

Mit diesen Kämpfen und dem Alltag der Häftlinge setzt sich mein Gefängnistagebuch *Im siebzehnten Jahr* auseinander. Schilderungen der Beziehungen der Gefangenen untereinander, zu den Wärtern, zu den Soldaten auf den Wachtürmen, von Begegnungen mit der Familie reihen sich an Erinnerungen und Briefe. Schließlich sind aus der Sicht des Häftlings die Ereignisse der Jahre 1990 und 1991 dargestellt, die schließlich zum Sturz des Kommunismus in Albanien führten. Einer der Höhepunkte war der 21. Februar 1991: Im Verlauf einer Studentendemonstration in Tirana wurde das Denkmal des Diktators Enver Hoxha geschleift, also der Person, die mich zu meinem Roman inspiriert hatte.

Das Tagebuch endet mit meiner Freilassung am 17. März 1991.

Prophet, Richter, Zeuge

Die beiden Bücher erschienen in Albanien nach dem Sturz des Kommunismus, im Jahr 1994.

Der Roman *Das letzte Morden* lag mir sicherlich mehr am Herzen, denn ich hatte viel Mühe auf ihn verwendet, ja sogar Sprachstudien betrieben, um durch Worte aus dem archaischen Bestand des Albanischen die Atmosphäre einer Geschichte ohne Zeit zu erzeugen. So viel lag mir an dem Roman, dass ich ihn nach seiner Fertigstellung im Gefängnis auf Zigarettenpapier kopierte, um ihn bei einer Kontrolle durch die Wärter leichter verstecken zu können. Ich bin immer noch der Meinung, nicht nur eine einfache Allegorie geschaffen zu haben, sondern eines jener Kunstwerke, die man als *offene Parabel* bezeichnen kann und bei denen zahlreiche, virtuell sogar endlos viele Interpretationen und Dekodierungen aus der Sprache des Symbols in die Sprache der Idee möglich sind. In diesem Sinne barg der Mythos in sich die

Möglichkeit von Resonanzen mit unzähligen Bestimmungen des Universalen, der Welt des Menschen, betrachtet aus der Perspektive eines psychometaphysischen Symbolismus.

Er war mir so lieb, weil ich beim Schreiben von der Idee beseelt war, als ein ebenso albanischer wie weltbürgerlicher Schriftsteller am Werk zu sein, der zweitausendfünfhundert Jahre im Raum der ganzen Welt durchlebt hatte.

Das Schicksal allerdings, das den beiden Büchern nach ihrer Veröffentlichung innerhalb und außerhalb Albaniens beschieden war, entsprach überhaupt nicht meinen Erwartungen. Das *Morden* stieß auf fast völliges Schweigen, während das in Albanien sehr erfolgreiche Tagebuch darüber hinaus in Italien vollständig und in anderen Ländern in Auszügen veröffentlicht wurde.

Unabhängig von der Frage, ob das *Morden* wirklich den Wert hat, den ich ihm in der Liebe des Schöpfers für sein Werk vielleicht fälschlich zuschreibe: Der Misserfolg des Romans beziehungsweise Erfolg des Tagebuchs hat für mich auch etwas damit zu tun, wie man auf dem Kontinent die Rolle der Schriftsteller aus den kleinen Ländern und den so genannten kleinen Literaturen auf der einen und der so genannten europäischen/westlichen Schriftsteller aus den großen Ländern und großen Literaturen auf der anderen Seite sieht. Die entsprechenden Auffassungen bedrohen meiner Meinung nach das Wesen des Schöpferischen.

Was ich meine, kann ich am besten erläutern im Rückgriff auf ein Treffen in Budapest Mitte der neunziger Jahre, das dem Thema *Die Intellektuellen in Ost und West* gewidmet war. Dort definierte der ungarische Philosoph Gaspar Miklos Tamas mit einem Bonmot die Rolle der Intellektuellen:

Erstens Prophet – derjenige, der Visionen für die Zukunft entwickelt und verbreitet ...,

zweitens Richter – derjenige, der über die Zeit, die Geschichte, die Wirklichkeit urteilt ...,

drittens Zeuge – derjenige, der die Zeit bezeugt...

Dabei, fuhr Tamas fort, haben die Intellektuellen aus dem Westen die beiden Hauptrollen – Prophet und Richter – für sich selbst reserviert, während für uns östliche Intellektuelle nur die Rolle des Zeugen bleibt.

Dieses provozierende Bonmot beleuchtet, wie ich meine, auch den Erfolg meines Tagebuchs, das vor allem Zeugnis ist, und den Misserfolg des Romans, der auch Urteil und Prophetie sein möchte: Dass man im kontinentalen Maßstab die Intellektuellen der kleinen Länder nur als Zeugen begreifen möchte, dass sich Europa weigert, Schriftsteller aus den kleinen Ländern (ich gehe hier vor allem von den Erfahrungen in meinem eigenen Land aus) als europäische Schriftsteller anzuerkennen, hat das Schaffen dieser Autoren zwangsläufig beeinträchtigt. Im heftigen Bestreben, über die Grenzen der eigenen Länder hinauszugelangen, nahm ein Teil von ihnen Richtung auf das Exotische, auf lokale Zeugnisse ohne universale Dimension. Ein anderer Teil, vor allem die Jungen, wählte das Universale unter Verzicht auf alles Lokale.

In einem von Eckermanns Gesprächen mit Goethe geht es um einen chinesischen Roman. Goethe berichtet, er habe das Buch in der Erwartung zur Hand genommen, sich von der Fremdartigkeit der chinesischen Welt bezaubern zu lassen, wirklich verwundert habe ihn allerdings dann nicht die Verschiedenartigkeit, sondern die Ähnlichkeit beider Welten. Damals beschäftigte ihn die Frage von Übersetzungen und des Austauschs zwischen den Kulturen. Diese aufklärerische Idee barg einerseits über zweihundert Jahre hinweg und heute, im Zeitalter der Globalisierung, vielleicht mehr denn je die Gefahr in sich, dass das, was sich westliche Kultur nennt, den anderen die Methoden aufzwingt und Kulturen assimiliert. Andererseits schließt sie aber auch den Anspruch jeder Kultur ein, nicht nur von lokalem Interesse, sondern in ihren Denkmethoden und Wahrheiten auch universal zu sein, geeignet, die unterschiedlichsten Völker anzurühren, auf dass durch sie jedes menschliche Wesen sich selbst besser erkenne. Keiner erfährt stärker als der Schriftsteller diesen Widerspruch, der im schöpferischen Prozess mehr gelebt als gelöst sein will.

Aus dem Albanischen von Joachim Röhm

1 Gjergj Peçi: Zorn, Tirana, 2000, Botime Përpjekja.

2 Ebendort.

Adolf Muschg

Im Kern ist das Europa, das ich meine, eine gemeinschaftliche Haltung, ein Synergie-Effekt nicht mehr trennbarer nationaler Gedächtnisse; eine Zivilisation der Erinnerung.

Adolf Muschg

Schweiz

1934 in Zollikon, Kanton Zürich, geboren, studierte er Germanistik, Anglistik und Philosophie in Zürich und Cambridge. Seit 1970 ist Adolf Muschg als Professor für deutsche Sprache und Literatur an der Eidgenössischen Technischen Hochschule Zürich tätig. Er ist Mitbegründer der Schweizer Autoren-Gruppe *Olten,* Mitglied der Sozialdemokratischen Partei der Schweiz und war 1975 Zürcher Ständeratskandidat. Der seit Mai 2003 amtierende Präsident der Akademie der Künste Berlin erhielt zahlreiche Auszeichnungen, u. a. 1994 den Georg Büchner-Preis und 2001 den Grimmelshausen-Preis. Adolf Muschg lebt und arbeitet in Berlin und Männedorf bei Zürich.

Literaturhinweis:

Stadt Europa
Verlag Schwabe & Co, Basel 1999

Sutters Glück. Roman
Suhrkamp Verlag, Frankfurt am Main 2002

Gehen kann ich allein und andere Liebesgeschichten
Suhrkamp Verlag, Frankfurt am Main 2003

Europa oder Elevtherä, der Mnemosyne Stadt

Das begründete Erschrecken Europas über sich selbst heilig zu halten und eben daraus Gelassenheit zu schöpfen, ist ein anspruchsvolles Geschäft: Aber seine Geschichte hat Europa kein geringeres auferlegt.

Die dürften, fürchte ich, die Einladung überhört haben, die Europäische Union möge doch lieber der Schweiz beitreten als umgekehrt. So sprach's vor zwei Jahren der eidgenössische Volkstribun Christoph Blocher in seiner so genannten Albisgüetli-Rede, die man vielleicht am passendsten mit den Aschermittwochpredigten der CSU in Passau vergleicht, in der Tradition des seligen Franz Josef Strauß. Hier wird dem eigenen Fußvolk der Marsch geblasen und der übrigen Welt gezeigt, wo Gott hockt: nämlich in der unverdorbenen Seele der Provinz und – von ihr säuberlich getrennt – in der Demonstration weltweiter Tüchtigkeit. Auch Herrn Blochers Erfolgsgeheimnis beruht darauf, dass er patriotisches Selbstbewusstsein mit globalem Unternehmertum verbindet. Er repräsentiert den Typus des frommen Nationalkonservativen, dessen globalisierte Ausgabe man heute in George W. Bush wiedererkennen kann. Seit Jefferson und Madison beruht die Explosivkraft der republikanischen Partei auf diesem Mix von patriotischem Sonderinteresse – damals zugunsten Virginias – und universalem Geltungsanspruch seiner Maßstäbe und Maximen. Diese revolutionäre Kernenergie entfesselt die Präsidentschaft Bush heute, um das weltweite Imperium seines gottgefälligen Unilateralismus zu errichten; Blocher sah es vor einem Jahrzehnt freudig kommen, als er seine Insel-Schweiz den Amerikanern als Freihafen und Offshore-Facility für ihr Europa-Geschäft andiente – bevor ihm der Jewish World Congress diese herrliche Aussicht durch peinliche Nachfragen nach der Rolle der Schweiz im Zweiten Weltkrieg verdarb. 1992 hat er den

Beitritt der Schweiz zum Europäischen Wirtschaftsraum zu vereiteln gewusst und schickte sie auf den steinigen Weg bilateraler Verhandlungen, auf dem ihr die absehbare Erfahrung nicht erspart bleibt, dass der Schwanz nun einmal nicht mit dem Hund wedelt. Seit auch ihr Bankgeheimnis nicht mehr das sicherste ist, hat sich die Europa-Temperatur in der Schweiz vollends abgekühlt.

Keinem Frieden zu trauen hat viele hundert Jahre zu den schweizerischen Eigenarten gehört. Das Land hat fast zu gut gelernt, den Notfall als Normalfall zu betrachten und aus dem drohenden Normalfall einen vorsorglichen Notfall zu machen. Der Keller meines Ateliers musste noch 1992 mit einem Bunker ausgerüstet werden, komplett mit sechs Schlafstellen, Trockenklo und Frischluftanlage für alle Fälle: Der Glücksfall ist in meinem Land nicht vorgesehen. Er wäre ein Risiko für seine Identität.

Hier kommt mir die Geschichte mit den japanischen Christen in den Sinn. Im 17. Jahrhundert wurden sie von iberischen Missionaren zum alleinseligmachenden Glauben bekehrt, danach von ihrer japanischen Obrigkeit verfolgt, so dass sie die Messe nur bei verschlossenen Läden zu feiern wagten. Als fast 250 Jahre später die Missionare in das wieder geöffnete Japan zurückkehrten, bekamen sie diese Läden nicht mehr weg. Die Verdunkelung gehörte inzwischen zum dogmatischen Selbstverständnis der Gemeinschaft.

Das ist nicht einmal ganz lächerlich. Der vorsorgliche Trotz, der verbohrte Eigensinn ist für mein Land lebensrettend gewesen. Gab es doch kaum ein Ereignis der Geschichte, das nicht das Zeug gehabt hätte, die Schweiz zu spalten. Sie hätte jederzeit an ihren unterschiedlichen Kulturen scheitern können, wie in unsern Tagen Jugoslawien. Ist es ein Wunder, dass die paradoxe Waffe der Neutralität zum identitätssichernden Instrumentarium einer Nation gehört, die sogar den ungeliebten Begriff Staat am liebsten für den eigenen Kanton reservierte? Wenn Schweizern keine *deutliche und unmittelbare Gefahr* droht, muss es deren Simulation tun, die immer nutzbringende *Gefahr auf Verdacht.* Es ist diese Angst vor Auflösung (nach Dürrenmatt: wie Zucker im Tee), die der Schweiz im Nacken sitzt; sie ist Blochers stärkster Eidgenosse.

Nur: Mit seinem Bild der Schweiz ist sie heute nicht mehr zu retten – höchstens vermag er die Einsicht zu blockieren, dass sie *gegen Europa* gar nicht gerettet zu werden braucht. Im Gegenteil: Das Europa, das sich zu einem Verbund ziviler Gesellschaften entwickelt und eine Föderation verschiedenförmiger Staaten trägt, ist nicht nur die einzige Garantiemacht der Schweiz, es wäre auch die ihr adäquate politische Heimat. Was sie einzubringen hat, ihre historisch-genetische Mitgift an Reflexen, Gewohnheiten und Institutionen, verdient nicht begraben zu werden wie die bekannten biblischen Talente. Denn Europa könnte sie wohl gebrauchen. Die Schweiz wäre nicht nur ein Nettozahler Europas, sondern ein Geberland.

Ich rede hier nicht von Föderalismus oder Subsidiarität, von direkter Demokratie und Gemeindeautonomie: Ich rede von etwas Unscheinbarem, quasi einem Existenzminimum, das mit dem Zivilisationsoptimum Europas bestens zusammentrifft. In einer einzigen und einfältigen Identität *nicht* aufzugehen, sich ihr gegebenenfalls stur zu verweigern, darin hat bisher die zuverlässigste Identität der Schweiz bestanden. Und wenn es an dem Bundesstaat, der gerade 150 Jahre alt geworden ist, eine Leistung zu feiern gibt, so ist es der instinktive Widerstand gegen voreilige Identifikationen, nationale, soziale, kulturelle. Zum Feiern ungeeignet und doch bemerkenswert ist die Tatsache, dass die Unschärfe ihrer Identität Schweizerinnen und Schweizer nicht daran gehindert hat, einen gemeinsamen Haushalt zu führen, den Alltag ehrenhaft zu bestehen, *Good Governance* zu praktizieren, Unrecht nicht immer hinzunehmen, kurzum: eine erträgliche Gesellschaft einzurichten. Die Schweiz ist ein Stück föderatives Spätmittelalter, das sich nicht erst zur Nation formieren musste, um als modernes Staatenbündnis zu taugen. Wenn Sie so wollen, war der eigensinnige Entschluss zum Weiterwursteln geradezu die Grundlage seiner Gemeinschaftstauglichkeit.

Das Leben selbst – wenn ich die Biowissenschaft recht verstehe – verfährt nach dem Prinzip Eidgenossenschaft, will sagen: prinzipienfrei. Es sucht sich eine zur Not passende Nische und schaukelt sich in ihr von Fall zu Fall ins biologische Gleichgewicht. Es sucht und findet immer neu die prekäre Balance zwischen Stoffwechsel und Selbsterhaltung. Von feststehender Identität ist da keine Rede, noch weniger von einem Plan oder gar Heilsplan, einem *Grand Design,* einer immanenten Entelechie. Das besser passende Wort wäre Bastelwerk, *Bricolage, Patchwork;* wo's weniger stört, wird ein Loch geschnitten, um ein anderes zu stopfen, das eher stört. Sie sieht einfach aus, diese Armeleuteschneiderei, und ist so unendlich komplex wie jeder Handel mit der Umwelt, der nicht mehr und nichts Geringeres bezweckt, als das bloße Dasein zu sichern.

La Suisse n'existe pas, war 1992 im Schweizer Pavillon an der Weltausstellung von Sevilla zu lesen – die nationale Aufregung über das Sätzchen war so groß, dass man das Weiterlesen versäumte: Was nicht ist, kann ja immer noch werden. Gerade dass die Krypta der Nation leer ist, eröffnet die Chance, sich mit Völkern, welche die ihrige mit Gewalt und Trauer haben entgiften müssen, zu einem erträglichen Leben zu verbinden. Die Indefinition einer Kultur ist ihre Wachstumsstelle: Zum Kräfte verzehrenden Vakuum degeneriert sie erst, wenn sie wie eine Lücke behandelt und mit dem Schrott von Legenden gestopft, mit dem Abfall des Selbstmitleids zugeschüttet wird. Das ist das Zeug für Hochmut und Angst – sie sind Lückenbüßer des Lebens und seine Feinde, denn sie verderben ihm den Stoffwechsel, der Identität immer wieder aufhebt, um sie immer neu zu begründen.

Die Einigkeit, die Europäer unter sich jetzt herzustellen haben, muss also in das Glücksgefühl münden, wie verschieden sie sein dürfen, ohne dass darum ein Zweifel an ihrer Bundestreue aufkommt. Um es mit Thekla in Schillers Wallenstein zu sagen: *Wie du dir selbst getreu bleibst, bist du's mir.* Die gleichzeitige Anerkennung von Identität und Differenz – das klingt abstrakter als nötig, man darf auch schlicht von Höflichkeit reden – könnte auch das Kostbarste sein, was die Europäer der Weltgesellschaft zubringen könnten. Denn im Bestehen auf den konkreten Ort, der gelebten Zeit verbirgt sich auch der nötige – ich glaube: der Zivilisation dringend nötige – Widerstand gegen die fatalsten Globalisierungseffekte. Nicht Brüssel, der Profit um buchstäblich jeden Preis ist der wahre Plattmacher der lokalen Kulturen, wenn Kultur heißt: Liebe zu meinem durch *diesen* Ort, durch *meine* und *deine* Zeit bestimmten Platz in der Welt. Ohne diese Begrenzung gibt es kein Gefühl der Beheimatung in ihr. Findet sie es nicht jetzt und hier, so sucht sie dafür in der alles verheißenden Utopie, in der hypertrophen Nationalität, in der vergötterten Stammeszugehörigkeit oder in der religiösen Sekte einen niemals ausreichenden, darum immer gefährlichen Ersatz.

Nur: Wer garantiert, dass Europa, als politische Lebensform, als erweiterte Eidgenossenschaft, nicht eben zu jenem bösartigen Wachstum neigt, von dem zum Beispiel der Albisgüetli-Redner tief durchdrungen ist? Niemand. Aber vielleicht beweist gerade die Schweiz durch ihre Vergangenheit, dass Europa eine pragmatische Zukunft gelingen kann. Den Glauben an, die Liebe zu, die Hoffnung für Europa gründe ich auf eine Lücke seiner Identität, die keine Marktlücke ist, viel eher eine offen bleibende Wunde. *L'Europe n'existe pas* – es ist im schwärzesten aller Löcher verschwunden, als es seinen Juden ein Grab in den Lüften schaufelte. Aber die Nullstelle seiner Geschichte wurde auch der Ort seiner Wiedergeburt. Dafür musste es die Illusionen des Menschen über sich selbst gründlich genug in Frage gestellt haben. Zwei europäische Bürgerkriege, dann Auschwitz haben alle Heilsgeschichten falsifiziert, am meisten diejenigen, die auf den schlüpfrigen Boden der Nationalität gebaut waren. Nach jenen Massenproduktionen des Todes war die Gesellschaft Europas dazu verurteilt, sich der Relativierung der Barbarei unter allen Bedingungen zu widersetzen – davon entband sie auch kein wirtschaftlicher Erfolg. Versucht dieser nicht schon wieder mit dem *lebensunwerten Leben* Geschäfte zu machen – in der Verkleidung der Gentechnologie? Ohne den Mut zum Blick in seine Vergangenheit, die nie vergeht, wäre Europa nicht notwendig, denn es verfehlte seinen Beruf: wenigstens die gröbste Not zu wenden, die Europäer mit ihrer Humanität gehabt haben und haben. Der Hoffnung auf diese Wende bekenne ich mich schuldig. Sie hat mich zum Europäer gemacht. Ich möchte, als Schweizer, dahin, wo Menschen bereit sind für eine andere Geschichte. Mein Europa ist mehr als eine Interessen- und Wirtschaftsgemeinschaft, auch wenn ich nicht leugne: Wäre es weniger, es wäre gar nicht geworden. Es ist eine Topographie vieler Lücken, die zu strahlen nicht aufhören. Es geht darum, ihre tödliche Energie zu transformieren in die Leistung gemeinsamer Zivilisation. Aus einer Topographie der Lücken muss ein Kontinent der Erinnerung werden – des Eingedenkens. Jede Narbe Europas verlangt die Erinnerung, dass sie wieder aufgehen kann. Der flüchtigste Blick auf die Karte sagt jedem, dass Europa nicht mehr und nicht weniger als ein Erd-*Teil* sein kann. Die Grenze, an der seine Teilnahme enden darf, gibt es für Europäer auf dem Planeten so wenig wie für den Schweizer in Europa.

Im Kern ist das Europa, das ich meine, eine gemeinschaftliche Haltung, ein Synergie-Effekt nicht mehr trennbarer nationaler Gedächtnisse; eine Zivilisation der Erinnerung. Vision in Ehren, aber sie kann nur aus beständiger Re-Vision erwachsen. Das begründete Erschrecken Europas über sich selbst heilig zu halten und eben daraus Gelassenheit zu schöpfen ist ein anspruchsvolles Geschäft: Aber seine Geschichte hat Europa kein geringeres auferlegt.

Eine späte Hymne Hölderlins spricht von der Pflicht, *vieles zu behalten – wie auf den Schultern eine Last von Scheitern:* So zerarbeitet die dunkle Sprache des Gedichts das Kreuz des Abendlandes. Der Titel *Mnemosyne* deutet auf die Göttin Erinnerung, die Mutter der Musen, und ihr widmet das Gedicht eine Stadt mit Namen *Elevtherä,* die Freie. So viel zur Topographie meiner europäischen Hoffnung. An der Nullstelle der Geschichte wache das Gedächtnis und bewahre sie vor dem Vergessen. So allein wird die Geschichte zu einer Quelle der Freiheit.

Péter Nádas

Europa ist seit Urzeiten ein in seiner Bestialität dösendes, dumpfköpfiges Ungeheuer. Ab und an stöhnt es auf seinem stinkenden, zwischen die großen Meere gezwängten Lager auf, faucht es, wälzt sich hin und her.

Péter Nádas
Ungarn

1942 geboren, absolvierte der Erzähler, Dramatiker, Essayist und Fotograf nach dem Abschluss der Schule zunächst eine Fotolehre und arbeitete für einige Jahre als Fotoreporter und Journalist. 1967 veröffentlichte er seinen ersten Band mit Erzählungen *(Die Bibel)*. Das Buch *Ende eines Familienromans*, das erst 1979 in Ungarn publiziert werden konnte, wurde als »das wichtigste Manifest einer neuen ungarischen Autorengeneration« gelobt. Für seinen Roman *Buch der Erinnerung*, erhielt er u. a. den Österreichischen Staatspreis für Europäische Literatur, den französischen Prix du Meilleur Livre Étranger und den Leipziger Buchpreis zur Europäischen Verständigung.

In deutscher Übersetzung u. a.:

Buch der Erinnerung. Roman
Aus dem Ungarischen von Hildegard Grosche
Rowohlt Berlin Verlag, Berlin 1991

Heimkehr. Essays
Aus dem Ungarischen von Hildegard Grosche, Christian Polzin und Christina Virágh
Rowohlt Berlin Verlag, Berlin 1999

Der eigene Tod
Aus dem Ungarischen von Heinrich Eisterer
Steidl Verlag, Göttingen 2002

In der Körperwärme der Schriftlichkeit

Európa az idők kezdete óta állatiasságban szunnyadó, ködös agyú szörnyeteg. Olykor felnyög, fújtat, hánykolódik a nagy tengerek közé szorított büdös fekhelyén.

Europa, die mit ihrem auf phönizischen Ursprung hindeutenden Namen aus dem Dunkel prähistorischer Zeit hervortritt und bei Hesiodos als eine der vierzig älteren Töchter von Tethys und Okeanos und eine der vier Frauen von Zeus erwähnt wird, liest und schreibt natürlich nicht. Die Bewohner des Kontinents, der ihren Namen trägt, sind der Ansicht, dass jeder, der schreiben gelernt hat, schreiben kann. Wahrscheinlich hindert sie dieser peinliche Irrglaube daran, es jemals wirklich zu lernen. Europa ist seit Urzeiten ein in seiner Bestialität dösendes, dumpfköpfiges Ungeheuer. Ab und an stöhnt es auf seinem stinkenden, zwischen die großen Meere gezwängten Lager auf, faucht es, wälzt sich hin und her.

Einigen Sagen zufolge duftet Europas Atem nach Safran. Rubens malte sie roh als fettes Frauenzimmer, das sich im Augenblick der Entführung mit einem Leopardenfell bedeckt. Immer schon hatte Europa mehr Fett und Gold als brauchbares Wissen. Europa ist seit undenklichen Zeiten Analphabetin und wird es bis ans Ende der Zeit bleiben. Da hilft es auch nichts, dass einzelne Individuen schreiben können und manche von ihnen sogar lesen. Vielleicht ist es nicht überflüssig zu erwähnen, dass das Wort *Analphabet* im Griechischen solche Personen bezeichnet, die nicht nur der Schrift unkundig, sondern auch in Fragen der Gerichtsbarkeit unwissend sind. Es nicht verstehen, Verträge zu schließen und vor Gericht ihr Recht zu verteidigen. Schnaubende Haustiere. Schon in der Antike mochte ein solches prähistorisches Wesen oder ein solcher Zustand eine ziemliche Last, ein Klotz am Bein der Gesellschaft gewesen sein. Das Gericht konnte als Grundlage seines Urteils nur jene Umstände berücksichtigen, die von den streitenden Parteien schriftlich vorgelegt wurden. *Quod non est in actis, non est in mundo.* Was nicht aktenkundig ist, existiert nicht.

Was natürlich bedeutet, dass es vor der Antike einen Urzustand gab, in dem das Reden zum Dasein vollauf genügte. Ich für meinen Teil schreibe. Das Individuum hat sich zweifellos mittels der Schriftlichkeit aus dem Urschleim herausgehoben. Seit mehr als vierzig Jahren setze ich mich jeden Morgen zehn vor acht an meinen mit handgeschriebenen Blättern bedeckten Tisch. Wer hat schon ein anderes Mittel, um den anderen von seiner Existenz zu benachrichtigen. Obzwar sich auch mit Schreiben nicht mehr von der Persönlichkeit darstellen lässt als eine halbwegs gelungene Skizze. Von der Körperwärme erfährt man mehr durch Berührung. Wenn es hingegen nicht gelingt, einander wenigstens skizzenhaft von der Körperwärme unseres Seins Nachricht zu geben, bleibt unser aller Dasein taub und blind, fühllos für soziale und körperliche Berührung, dann sinken wir alle zurück ins Chaos. Was des Öfteren schon in der schreckensvollen Geschichte Europas geschehen ist und zweifellos noch geschehen wird.

Damit es nicht geschehen kann, müsste sich jeder jeden Tag selbst aus dem Urschleim der eigenen Dumpfheit herausheben.

Wer zumindest für seinen Teil täglich von diesem erfolglosen oder erfolgreichen Unternehmen schriftlich Rechenschaft gibt, in dem wird nach einigen Jahrzehnten sogar die Hoffnung aufkeimen, dass er das Schreiben möglicherweise vor seinem Tode noch lernen wird.

Das Schreibenlernen kann man nicht mit Schreiben beginnen. Ich für meinen Teil zum Beispiel nehme nach dem Schreiben jeden Nachmittag mein Nichtschreiben auf, denn um am nächsten Tag schreiben zu können, muss ich jeden Tag genau erfahren, wo die Grenze zwischen meiner Realität und der Realität meines Schreibens liegt. Nach der Natur der Dinge verschiebt sich diese Grenze täglich. Doch was auch immer ich tue oder unterlasse, alles Weitere muss unter dem Aspekt des Schreibens geschehen. Ich darf mich nicht zu spät, aber auch nicht zu früh niederlegen und muss darauf Acht geben, wie tief ich die unvermeidbaren Einwirkungen anderer im Schlaf oder Wachen dringen lasse. Ob sie bis ins Knochenmark gehen oder bereits in der Epidermis stecken bleiben. In jüngeren Jahren habe ich zum Beispiel so schlafen gelernt, dass ich meine Träume schon während des Träumens deute und beim Aufwachen so in meinem Bewusstsein verankere, dass ich sie später nicht vergessen kann. Die Realität des Traumes soll in der Realität des Schreibens ihren Platz finden. Am Rande des Wahnsinns beginnt man die Struktur des eigenen Bewusstseins zu erkennen, und das ist überaus wichtig, um andere zu verstehen. Schon allein deshalb, weil die gemeinsame Muttersprache, die am andern Tag Material und einer der Gegenstände des Schreibens sein wird, ohne den Sprachgebrauch anderer nicht zu verstehen ist.

Seither verbringe ich jede erste Stunde jedes Morgens mit klassischer Assoziation, einer kleinen klassischen Analyse, mit der Zergliederung und Neuordnung des Bewusstseinsinhaltes. Ich knüpfe da an, wo die Mönche am Ende des Mittelalters aufgehört haben. Wenn mich jemand bei solchen Gelegenheiten beobachtet, sieht er einen, der sich zwingt, nichts zu tun, blöde aus dem Fenster glotzt und jeden Tag fast das Gleiche erblicken muss. Während sich draußen die Leute abzuhetzen beginnen, herrscht bei mir die größtmögliche Ereignislosigkeit. Die vielen kleinen Nuancen erhellen mit der Zeit vieles. Aber nicht alles und nicht von selbst.

Durch die absichtslose Betrachtung erweist sich der menschliche Bewusstseinsinhalt als so üppig und reichhaltig an Einzelheiten, dass ein einzelner Mensch zu seiner Aufarbeitung mehrere Leben benötigen würde.

Im Nachdenken über sich selbst gibt es keinen Moment, wo man nicht aus sich selbst heraustreten müsste. So ist man gezwungen, alles in die Bedingungsform zu setzen und sein Denken in einem System paralleler Relationen weiterlaufen zu lassen. Was allenfalls von einem Computer zu leisten wäre. Als hätte man sich während des Nachdenkens ununterbrochen abzufragen, denken andere, was ich denke; oder umgekehrt, denke ich, was andere anderer wegen sich zu denken gezwungen sehen.

Man hat noch gar nicht zu schreiben begonnen und weiß schon, dass man nicht zu Ende kommen wird, weil man nicht zu Ende kommen kann, deswegen muss man jedoch nicht die Fassung verlieren. Man kann das Ganze getrost wieder von vorn beginnen und dann wieder von vorn. Der Sprachgebrauch fremder Personen enthält Hinweise auf den fremden Bewusstseinsinhalt, und diese verschiedenen sprachlichen Zeichen liefern zumindest die Umrisse der Struktur eines anderen Denkens. Es ist allerdings schwer, auf diesem Weg Anfangs- und Endpunkt fürs Schreiben zu finden. Weil es sie nicht gibt. Von der Erkenntnis wird man nur in jungen Jahren gelähmt. Das eigene Leben und das Leben anderer, Gott, oh Gott, besteht aus Wiederholungen. Woraus sollte es sonst bestehen. Man isst, entleert sich, macht Liebe und beginnt wieder von vorn. Nach Anfang und Ende haben schon andere gesucht. Wenn Gott nicht zu finden ist und auch keine Erklärung für den Mangel, dann reicht es vielleicht aus, die Struktur der Wiederholungen zu erkennen, auszuwerten und zu der eigentümlichen Struktur der Wiederholungen anderer in Beziehung zu bringen. So erhält man doch einen kleinen Einblick in die Natur der Schöpfung. Wenn man jeden Morgen einiges davon schafft und es gelingt, sich mit dem Ergebnis selbst noch zu überraschen, dann kann man mit diesem Wissen langsam an das am Vortag verlassene Manuskript gehen.

Es ist wichtig, dass es seit Jahrzehnten mit der Hand geschrieben wird und so an der Handschrift sogleich Unterschiede, Ähnlichkeiten und Übereinstimmungen zwischen all den Vortagen und dem heutigen Tag zu sehen sind. Diese Ebenen muss ein Schreibender erkennen können. Was auf dem Typoskript oder Bildschirm nie möglich sein wird. Das Manuskript eröffnet eine Einsicht, die niemand wahrnehmen möchte. Man erblickt etwas, das nach sofortiger Korrektur verlangt. Mit Korrekturen lässt sich die Qualität des Manuskripts verbessern oder verschlechtern, doch was das Schriftbild des Vortages angeht, ist nichts zu machen. Ob befriedigt oder unbefriedigt, man hat es als die einzige Realität zur Kenntnis zu nehmen.

Das Schriftbild ist persönlich, die persönliche Schreibweise wiederum in eine größere Tradition eingebettet, die kontinentale Eigenheiten, aber keine kontinentalen Grenzen kennt. Meine eigene Schreibweise ist zwar stark eingebunden in ein Geflecht von geheimen Beziehungen und komplizierten Zusammenhängen der europäischen Literatur, doch diese geheimen Beziehungen folgen ja gerade ihrer Natur, wenn sie die ethnischen, sprachlichen, religiösen und nationalen Grenzen überschreiten. Sie überschreiten sie selbst dann, wenn sich der Kontinent in das Schwert seiner eigenen ethnischen, sprachlichen, religiösen und nationalen Verschiedenheiten stürzt und in einen prähistorischen Zustand zurücksinkt.

Hier müsste ich meinen Vortrag beginnen, meine Damen und Herren, doch hier beschließe ich ihn.

Aus dem Ungarischen von Heinrich Eisterer

Emine Sevgi Özdamar

Es wurde in Istanbul auf beiden Seiten oft diskutiert. Sind wir Europäer? Wo fängt Europa an? Wie viel Europäer sind wir? Um echte Europäer zu werden, müssen wir noch zweihundert Bäckereien leer essen. Wir schaffen es nicht, zu Europa zu gehören. Wo stehen wir, wo steht Europa?

Emine Sevgi Özdamar

Türkei

1946 in Malatya geboren, besuchte sie die Schauspielschule in Istanbul. Danach hatte sie Engagements an der Ostberliner Volksbühne, in Paris und Avignon und beim Bochumer Schauspielhaus unter der Intendanz von Claus Peymann. Neben der Arbeit an eigenen Theaterstücken ist sie seit 1986 als freie Schriftstellerin tätig. Ihr erster Erzählband *Mutterzunge* wurde von der *Times* zum »International Book of the Year« gekürt. Für ihr literarisches Schaffen erhielt sie zahlreiche Auszeichnungen, darunter 1991 den Ingeborg-Bachmann-Preis.

Literaturhinweis:

Die Brücke vom Goldenen Horn. Roman
Verlag Kiepenheuer & Witsch, Köln 1998

Der Hof im Spiegel. Erzählungen
Verlag Kiepenheuer & Witsch, Köln 2001

Seltsame Sterne starten zur Erde
Wedding – Pankow 1976/77. Roman
Kiepenheuer & Witsch, Köln 2003

Sie erzählt !

Gastgesichter

Als junge Frau in der 68er-Bewegung in Istanbul hielt ich auf den Schiffen zwischen Asien und Europa wieder die europäischen Toten als Bücher in meinen Händen und in meinem Herzen, und der Mond über Istanbul schien in den Nächten auf diese Bücher und beleuchtete sie.

Als Kind in Istanbul war das erste europäische Wort, das ich gehört habe:

Deux-Pièces. Meine Eltern gingen jeden Montag in ein Kino, das *Teyyare Sinemasi* hieß. Das bedeutete auf Deutsch: Flugzeugkino. Dieses Kino zeigte nur europäische Filme. Meine Mutter erzählte mir von dem Besitzer des Flugzeugkinos, der sich selbst wie ein Filmstar verkleidete und die Besucher am Eingang seines Kinos empfing. Er wusste, dass die Zuschauer in manchen europäischen Filmen, die er zeigte, weinen würden. Für solche traurigen Filme ließ er aus feinen Stoffen Taschentücher herstellen, die er persönlich vor dem Kino verteilte. Meine Mutter gab mir eines von diesen Tüchern, mit dem sie im Kino ihre Tränen getrocknet hatte. Ich legte das Taschentuch mit den Tränen meiner Mutter in meinen Schulatlas, genau zwischen die Seiten, wo Europa abgebildet war.

Meine Mutter und mein Vater zogen sich jeden Montag sehr schick an, um ins Flugzeugkino zu gehen. *Was wirst du anziehen?,* fragten sie sich jedes Mal. Einmal sagte meine Mutter: *Ich werde mein Deux-Pièces* anziehen. Ich fragte: *Mutter, was heißt Deux-Pièces? Deux-Pièces ist Deux-Pièces,* antwortete meine Mutter.

Meine Großmutter war eine abergläubische Frau. Sie hatte Angst, dass die Schatten auf der Leinwand die Gesichter meiner Eltern wegnehmen würden. Am nächsten Morgen fragte ich meine Eltern, was sie im Kino gesehen hatten und wie der Film hieß. Mein Vater antwortete, *ich hab vergessen, wie der Film heißt, aber schau, der Schauspieler Jean*

Gabin raucht so, und er machte Jean Gabin nach, wie er rauchte. Die Zigarette steckte in seinem Mundwinkel, bis die Asche herunterfiel. So rauchte mein Vater ein paar Wochen lang wie Jean Gabin, bis er an einem anderen Montag im Flugzeugkino einen Film mit Rossano Brazzi sah und am Dienstag zu Brazzi überwechselte. So waren unsere ersten europäischen Gäste in unserem Istanbuler Holzhaus Jean Gabin und Rossano Brazzi. Als Kind hatte ich Schwierigkeiten, die Namen unserer europäischen Gäste richtig auszusprechen und fand für Jean ein türkisches Wort, *Can,* was auf Türkisch *die Seele* heißt, also *Seele Gabin,* und für Brazzi das türkische Wort *Biraz iyi,* das bedeutet auf Deutsch *ein bisschen besser.* Bevor ich ins Kino ging und *Seele Gabin* und *Rossano Einbisschenbesser* selbst auf der Leinwand sah, hatte ich sie schon im Gesicht und am Körper meines Vaters kennen gelernt. Auch meine Mutter brachte in ihrem Gesicht und mit ihrem Körper zwei europäische Gäste nach Hause: Silvana Mangano und Anna Magnani. Für ihre Namen gab es auf Türkisch auch ähnliche Wörter: Silbana, das heißt, wisch mich ab, Mangano, und *Ana,* das heißt Mutter, Magnani. Die ersten Gesichter, die zwischen den Ländern ausgetauscht wurden, waren die Filmgesichter.

Irgendwann tauchte in unserem Istanbuler Haus ein Hut namens *Borsalino* auf. Mein Vater setzte ihn jeden Morgen vor dem Spiegel auf und warf einen letzten Blick auf seinen Hut, bevor er die Tür aufschloss, um hinauszugehen. Er legte so viel Wert darauf, diesen Hut richtig aufzusetzen und blieb so lange vor dem Spiegel stehen, dass ich dachte, sein Kopf mit dem Borsalino bliebe im Spiegel zurück, auch wenn mein Vater aus dem Haus gegangen war. Atatürk hatte den Hut in der Türkei zur *Europäisierung* eingeführt. Auf den Fotos sah man Atatürk entweder mit einem Hut auf dem Kopf oder in der Hand. Er begrüßte die Menschen immer mit dem Hut. So reiste er in der Türkei herum, um die Menschen von der Europäisierung zu überzeugen. In einer Kleinstadt am Schwarzen Meer trugen alle Männer auf einmal europäische Damenhüte, um Atatürk zu empfangen. Dort hatte ein schlauer Kaufmann keine Männerhüte mehr, sondern nur altmodische Damenhüte, und die Männer kannten den Unterschied noch nicht.

Als meine Eltern *Seele Gabin, Rossano Einbisschenbesser, Wischmichab Mangano* und *Mutter Magnani* als Gastgesichter in ihre Gesichter eingeladen hatten und sich mit ihnen sehr gut verstanden, bekam auch ich meine ersten europäischen Freunde. Als Kind wurde ich krank. Tuberkulose. In unserer Gasse wohnte eine verrückte Frau. Sie lud mich manchmal auf ihren Balkon ein, dessen Boden mit vom Baum gefallenen Maulbeeren bedeckt war. Sie fragte mich, ob ich, bevor ich sterbe, das Paradies verdienen wolle. Sie sagte, *wenn man einen Granatapfel in zwei Teile schneidet und jedes einzelne Stückchen Granatapfel, das in seiner Schale liegt, essen kann, ohne es auf den Boden fallen zu lassen, wird man ins Paradies gehen.* Die verrückte Frau und ich aßen einen Granatapfel. Eine Hälfte des Granatapfels lag in ihrer Hand, die andere Hälfte in meiner Hand. Die verrückte Frau aß, ohne ein Stückchen herunterfallen zu lassen. Ich hatte auch fast den halben Granatapfel gegessen, ohne etwas fallen zu lassen; beim letzten Stückchen aber beeilte ich mich vor Freude, und es fiel auf den Boden. Ich konnte nicht ins Paradies gehen. Ich wollte aber dorthin, weil ich glaubte, dass meine Großmutter, die ich sehr liebte und die mir jede Nacht Märchen erzählte, auch ins Paradies gehen würde. Sie hatte acht Kinder verloren. Sie glaubte, dass jeder Mensch im Leben zwei Engel hat. Auf einer Schulter sitzt der Engel, der deine guten Taten in ein Heft schreibt. Der Engel auf der anderen Schulter schreibt deine Sünden auf. Wenn man stirbt, werden die Engel aus den Heften die Sünden und die guten Taten lesen. Auf einer Waage werden sie deine Sünden und die guten Taten wiegen. Dann wird man zu einer Brücke gebracht, eine Brücke dünn wie ein Haar, scharf wie ein Messer. Man muss darauf barfuß laufen, und wenn man diese Brücke bis zum Ende laufen kann, wird man ins Paradies gehen, sonst in die Hölle, und die Hölle ist genau unter dieser Brücke.

Meine Großmutter dachte, sie hätte viele Sünden, weil sie, als ihre Kinder starben, aus Kummer viele Zigaretten geraucht hatte. Aber sie glaubte auch, dass ihre acht Kinder, die ganz klein waren, als sie starben und sowieso noch keine Sünden gehabt hatten, als Engel zu dieser Brücke fliegen und sie mit ins Paradies fliegen würden, bevor die Großmutter wegen der Sünden der gerauchten Zigaretten in die Hölle fiel. *Wie kann ich mit dir ins Paradies kommen?,* fragte ich sie. Sie sagte, ich sollte die Toten nicht vergessen und für ihre Seelen beten. Manchmal ging sie mit mir auf den Friedhöfen spazieren. Sie blieb vor jedem Grabstein stehen und betete für die fremden Toten. Meine Großmutter war Analphabetin. Ich las ihr die Namen der Toten vor und lernte die Namen auswendig, und in der Nacht betete ich, zählte die Namen auf und schenkte diese Gebete ihren Seelen. Ich hatte bald lange Listen von Toten. Erst hatte ich nur türkische Tote, dann kamen europäische hinzu. Ich las meiner Großmutter und ihren analphabetischen Freundinnen laut Romane vor. Mein erster europäischer Gasttoter war Madame Bovary, um die die alten Frauen weinten und deren Namen ich in der Nacht in meine Liste der Toten aufnahm. Dann erschien ein weiterer europäischer Toter: Robinson Crusoe. Während ich Robinson Crusoe laut las, fragte meine Großmutter immer: *Wie haben seine Eltern das ausgehalten? Was hat seine Frau gemacht? Was haben seine Kinder gegessen, als ihr Vater nicht da war?* Großmutter dachte immer an die Familie von Robinson Crusoe. Weil sie besorgt war, las ich ihr als Antwort Lügen vor, was seine Kinder aßen, Reis mit Lamm und Mais und Kastanien, und betete in der Nacht für Robinson Crusoe. Mein dritter europäischer Gasttoter war Isadora Duncan. Eine Nachbarin, die Theaterschauspielerin war, fragte eines Tages meine Mutter, ob sie ihr einen Schal für den Hals leihen könnte, weil sie mit ihrem offenen Auto das Meer entlangfahren wollte. Meine Mutter gab ihr einen langen Schal. Die Schauspielerin lehnte den Schal ab und erzählte, dass in Frankreich eine sehr berühmte Tänzerin auf diese Weise erstickt sei. Sie hieß Isadora Duncan. Sie war in ihrem offenen Auto gefahren und hatte einen sehr langen Schal um den Hals gehabt. Dieser Schal flatterte beim Fahren in der Luft, wickelte sich um das Hinterrad und erstickte die Tänzerin. Mein vierter europäischer Gasttoter war Molière. Ich wurde von der Tuberkulose geheilt und spielte am Staatstheater in einem Stück von Molière. Ich hörte von erwachsenen Schauspielern, dass Molière auf der Bühne gestorben ist, und so bekam auch er in der Nacht Gebete. Ich betete, bis ich mich eines Tages verliebt hatte, jede Nacht für die türkischen Toten und Madame Bovary, Robinson Crusoe, Isadora Duncan und Molière. Als ich mich verliebte, vernachlässigte ich die Toten etwas.

Es sind nicht nur die Filmgesichter, die die Menschen zwischen den Ländern zuerst austauschen, sondern auch die Toten.

Istanbul – halb Europa, halb Asien

In Istanbul weiß man nicht, ob das Meer die Stadt in seinen Armen hält oder die Stadt das Meer. Wenn das Meer die Stadt in seinen Armen hält, dann hält es auf einem Arm die europäische Seite und auf dem anderen Arm die asiatische Seite von Istanbul. Und wenn die Stadt das Meer in ihren Armen hält, dann halten ein europäischer Arm und ein asiatischer Arm das Meer gemeinsam. Meist ruhen die beiden Arme. Doch manchmal schaukeln sie gemeinsam das Meer zwischen Asien und Europa hin und her. Wenn die Arme von Europa und Asien anfangen, das Meer hin und her zu schaukeln, ist das Springen auf Schiffe, von beiden Ufern aus, gefährlich. Die Schiffe bewegen sich am Kai hin und her, sie entfernen sich von der Kaimauer und klatschen wieder dagegen. Man kann ins Meer fallen und von den Schiffen zerquetscht werden. Deswegen sagten die Mütter jeden Tag, *spring nicht auf das Schiff, bevor der Steg ausgelegt ist; mit Wellen, egal ob aus Europa oder Asien, kann man nicht scherzen.*

In meiner Kindheit zogen meine Eltern mehrmals von der asiatischen auf die europäische Seite von Istanbul und umgekehrt, weil sie in Istanbul verliebt waren und in allen Gegenden leben wollten. Wenn wir auf der asiatischen Seite wohnten, schaute mein Vater Richtung europäische Seite und sagte: *Europa ist da.* Dann schwieg er. Ich schaute auf sein Gesicht, um dort Europa zu sehen. Manchmal zählte er die Lichter der Häuser auf der europäischen Seite, die auf den Hügeln Richtung Asien blinkten. Die Autos fuhren auf der europäischen Seite und sahen aus wie hintereinander laufende Sterne, die uns ununterbrochen zuzwinkerten. Meine Mutter sagte an manchen Abenden zu meinem Vater: *Wenn man die Sterne am Himmel zählen kann, kann man auch die Lichter vom europäischen Istanbul zählen.* Wenn mein Vater meiner Mutter ankündigte, dass er am nächsten Morgen auf der europäischen Seite etwas zu erledigen hätte, wählten sie noch in der Nacht gemeinsam sein Hemd und seine Hose sorgfältig aus, um sie auf einem Kleiderbügel auf den Balkon zu hängen. In der Nacht blinkte die weiße Farbe des Hemdes in meinen Augen, und es kam mir vor, als ob sich Hemd und Hose so sehr auf die Reise nach Europa freuten, dass sie in der Nacht nicht schlafen konnten. Wenn die Arme der Stadt ruhig waren, fuhr man von Asien in zwanzig Minuten nach Europa, aber wenn der Südwestwind die Schiffe, die zwischen der asiatischen und europäischen Seite hin- und herfuhren, mit seinen hohen Wellen mal nach links und mal nach rechts schlug, rutschten auf dem Schiff die Menschen und die Teegläser in der Schiffsbar hin und her und draußen stieg, vom Schiffsfenster aus gesehen, das Ufer auf der europäischen Seite hoch und stürzte herab, mit seinen Häusern, den byzantinischen Mauern, den orthodoxen und armenischen Kirchen, dem Genueser Turm und den osmanischen Palästen und Moscheen. An solchen Tagen, an denen das unruhige Meer die Schiffe nach rechts und nach links schlug, sagte mein Vater, wenn er mit dem Schiff zurück nach Hause gekommen war, dass er heute Nacht auch im Bett schwanken würde. In solchen Nächten ging er immer wieder zum Balkon, schaute Richtung Europa und sagte: *Das Meer ist verrückt geworden. Ob meine Schuhe morgen Europa sehen werden?*

Die beiden Ufer von Istanbul erinnern mich an ein Märchen, das meine Großmutter mir als Kind erzählte: Es war einmal, es war keinmal. In einem Land suchte ein junger Mann nach dem schönen Vogel Zümrüt-ü Anka, um mit ihm zum Berg Ararat zu fliegen. Dort wollte er einen heiligen Mann treffen, der auf die drei Fragen Antworten wusste, die der Sultan dem jungen Mann gestellt hatte. Er kam auf dem Weg zum Vogel in das Haus eines Riesen. Die Riesenmutter saß da und schärfte ihre Zähne. Der junge Mann nahm sofort die Brüste der Riesenmutter und saugte Milch aus ihnen. Die Riesenmutter sagte: *Menschenkind, Menschenkind, ich hätte dich jetzt gegessen, aber du hast meine Milch getrunken, jetzt werden meine Söhne kommen und dich essen. Hier ist ein Spiegel, lauf weg, wenn meine Söhne in deine Nähe kommen, wirf den Spiegel hinter dich.* Die Riesensöhne kamen, und die Mutter versteckte den Jungen unter ihren Beinen. Die Riesensöhne sagten: *Mutter, hier riecht es nach Menschenfleisch.* Sie zogen mit ihren Nasen die Luft ein bis unter die Beine ihrer Mutter. Die Riesenmutter sagte: *Lauf, schnell!* Der Junge lief weg, die Riesen hinter ihm her. Der Junge schaute sich um und sah sie kommen. Er warf den Spiegel, und es entstand ein großes Meer. So blieben die Riesensöhne am anderen Ufer.

Das passiert auch in Istanbul. Du wirfst den Spiegel hinter dich, und das Meer entsteht zwischen dir und deiner Wohnung. Du bist an einem anderen Ufer, auf einem anderen Kontinent, in einem anderen Leben. Man kann in Istanbul jeden Tag den Spiegel hinter sich werfen. Das Meer ist immer da. Europa ist da, Asien ist da. Die Lichter Europas sind von Asien aus zu sehen und die Lichter Asiens von Europa aus. Meine Mutter und ihre Freundinnen fuhren zur europäischen Seite Istanbuls, um in den Geschäften die europäischen Stoffe, die aus dem richtigen Europa importiert waren, zu kaufen. Avrupa mali (europäische Ware). In meiner Jugend sonnte ich mich *oben ohne* auf einer Istanbuler Insel. Ich dachte, ich wäre ganz allein am Strand, da fuhr plötzlich ein Boot mit zwei Pärchen übers Meer. Einer der Männer stierte lange auf meine Brüste, bis seine Frau zu ihm sagte: *Mit dir will nicht mehr reden.* Er sagte: *Warum denn, das ist ein guter Tag, um sich europäische Ware anzuschauen.* Er dachte, ich wäre eine Europäerin.

Die Puderdose meiner Mutter aus Paris wurde nicht weggeschmissen, als sie leer war. Sie lag neben ihrem Bett, auf dem kleinen Nachttisch, neben Dostojewskis Buch *Der Idiot.* Ich roch als Kind heimlich an dieser Dose und an Dostojewskis Buch. Wenn eine der Freundinnen meiner Mutter mit ihrem Mann Probleme hatte, schlug sie meiner Mutter vor, auf die europäische Seite zu fahren: *Lass uns nach Europa gehen, dort wollen wir dem Schicksalsengel einen Tag klauen und unseren Kummer vergessen. Oder: Lass uns unsere Würmer in Europa ausschütten.* Der Kummer der asiatischen Seite wurde mit den Schiffen nach Europa getragen, um dort gelassen zu werden. Wenn diese Frauen auf die europäische Seite fuhren, sagten sie: *Lass uns nach Europa hochsteigen.* Wenn sie auf die asiatische Seite zurückkehrten, sagten sie: *Steigen wir nach Asien runter.*

Unsere Nachbarin Madame Athena, eine Istanbuler Griechin, zog damals ihre älter gewordenen Wangen bis hinter ihre Ohren und klebte sie mit einem Klebeband fest. Ich sollte ihr dabei helfen. Mit dem Klebeband hinter den Ohren ging Madame Athena mit mir zum Hafen. Ich war acht Jahre alt. Sie sah mit ihren nach hinten gezogenen Wangen wirklich jünger aus, deswegen lief ich schnell. Sie wollte auch so schnell laufen wie ich, und manchmal fiel sie dabei auf die Straße. Sie sagte mir öfter, sie sei weder Asiatin noch Europäerin, sie sei Byzantinerin und spazierte mit mir in die Kirche Hagia Sophia. Ich liebte die Hagia Sophia. Ihr Boden war uneben, und an den Mauern sah man Christusfresken ohne Kreuz, und dieser Christus war ein sehr schöner Mann. Ich versuchte seine Fingerhaltung nachzumachen. Der Daumen lag an dem kleinen Finger und dem Ringfinger, die beiden anderen waren gestreckt. Madame Athena erzählte mir von zwei Verrückten aus Istanbul: Der eine stand am europäischen Ufer und sagte, *ab hier ist Istanbul mein,* und der andere stand auf der asiatischen Seite am Ufer und schrie zur europäischen Seite, *ab hier ist Istanbul mein.* Einmal kehrten Madame Athena und ich mit dem Schiff von Europa zum asiatischen Teil zurück. Madame Athena zeigte mir einen kleinen Turm am Meer und erzählte mir seine Geschichte: *Der byzantinische Kaiser, dem man wahrgesagt hatte, dass seine Tochter von einer Schlange gebissen und getötet würde, ließ draußen im Meer, vor dem asiatischen Ufer, diesen Leanderturm (Mädchenturm) bauen und versteckte hier seine Tochter. Als sich das Mädchen einmal nach Feigen sehnte und man ihr von der europäischen Seite der Stadt mit dem Boot einen Korb Feigen brachte, wurde sie von der Schlange, die sich im Korb versteckt hatte, gebissen und starb.*

Ich wuchs in Istanbul zwischen dem asiatischen und europäischen Teil der Stadt auf, und über unseren beiden Himmeln sah ich den Regenbogen, den Mond, Schnee, die Sonne, die Sterne, Donner und Blitz. In einer Nacht, in der sich Donner und Blitz über Europas und Asiens Himmel zeigten, saß ich auf einem Schiff, das mich von der europäischen zur asiatischen Seite fuhr. Die Teeverkäufer trugen Tee herum, in ihren Taschen klapperte Kleingeld. Als wir auf der europäischen Seite auf das Schiff gingen, hörten Donner und Blitz auf, und der Mond zeigte sich über dem Hafen. Wohin man auf dem Schiff fasste, man fasste den Mond mit an. Jeder hatte in dieser Nacht ein bisschen Mond in seinen Händen. Als das Schiff abfuhr, saß neben mir ein Pärchen. Der Junge sagte: *Du hast also noch jemand anderem deine Wohnungsschlüssel gegeben. Ich gehe. Auf Wiedersehen.* Er sprang vom Schiffsdeck ins Meer und tauchte ins Mondlicht. Das Schiff befand sich genau in der Mitte zwischen Europa und Asien. Alle Menschen eilten zur Reeling. Das Schiff neigte sich mit der Menschenmenge, auch die Teegläser rutschten mit ihren Untertassen Richtung Reeling. Der Teeverkäufer schrie: *Teegeld, Teegeld.* Die Schiffsbesatzung warf dem Jungen zwei Rettungsringe hinterher, aber er wollte keinen Rettungsring. Das Schiff drehte und fuhr hinter dem Jungen her, Richtung Europa, schließlich holte ihn ein Rettungsboot aus dem Meer. Der Mond, der jetzt am Himmel genau zwischen Asien und Europa war, verfolgte alles, was passierte, und als der Junge mit nassen Kleidern und nassen Haaren aufs Schiff geholt worden war, fragte ihn jemand: *Wohin wolltest du abhauen, Bruder?* Er antwortete: *Nach Europa.* Nach Europa, nach

Europa. Das Schiff drehte sich nach Asien, die Teeverkäufer fanden ihre Kunden und sammelten das Kleingeld ein, der Mond schien auf die leeren Teegläser, doch plötzlich drehte das Schiff wieder zur europäischen Seite, weil es die Rettungsringe im Meer vergessen hatte, die Richtung Europa unterwegs waren. Nach Europa, nach Europa.

Es wurde in Istanbul auf beiden Seiten oft diskutiert. Sind wir Europäer? Wo fängt Europa an? Wie viel Europäer sind wir? Um echte Europäer zu werden, müssen wir noch zweihundert Bäckereien leer essen. Wir schaffen es nicht, zu Europa zu gehören. Wo stehen wir, wo steht Europa?

Europäische Autos machten keine Unfälle. Europäische Hunde hatten alle in den europäischen Hundeschulen studiert, europäische Frauen waren echte Blondinen.

Ein Istanbuler Maler, der in Paris studierte, kaufte auf Bestellung seines Freundes, der in Istanbul lebte, eine Sexpuppe aus Nylon. Er brachte sie nach Istanbul zu seinem Freund und sagte: *Hier, deine Frau aus Paris.* Der Freund schaute auf das Geschlechtsteil der Nylonpuppe und rief: *Du Schuft, du hast mit meiner Pariserin schon geschlafen, die Nähte sind offen, ihr Organ müsste noch zugenäht sein.* Später, als ich in Europa lebte, in Berlin, München, Paris, Wien, Barcelona, Madrid, Amsterdam, Kopenhagen, Florenz, Athen und in Venedig, traf ich nur in Barcelona Freunde, die wie die Türken in Istanbul über ihr Europäer-Sein während des Franco-Regimes verzweifelt waren. Sie hatten sich damals öfter gefragt: *Sind wir Europäer? Sind unsere Pyrenäen Europas Arsch oder Afrikas Kopf?*

In meiner Jugend war ich in Istanbul in der 68er-Bewegung und fuhr zwischen der asiatischen und der europäischen Seite von Istanbul auf den Schiffen mit Büchern in meiner Hand, darunter Kafka, Büchner, Hölderlin, Böll, Joyce, Conrad, Borchert, und draußen stieg durch den Südwestwind wie in meiner Kindheit, vom Schiffsfenster aus gesehen, das Ufer auf der europäischen Seite hoch und stürzte herab, mit seinen Häusern, den byzantinischen Mauern, den orthodoxen und armenischen Kirchen, dem Genueser Turm und den osmanischen Palästen und Moscheen. Es regnete und schlug an das Schiffsfenster, und ich las gerade *Woyzeck* von Büchner und sah im Blitzlicht vor mir einen türkischen Mann, der Woyzeck hätte sein können. Als Kind waren meine ersten europäischen Gäste die Toten: Madame Bovary,

Robinson Crusoe, Isadora Duncan, Molière. Als junge Frau in der 68er-Bewegung in Istanbul hielt ich auf den Schiffen zwischen Asien und Europa wieder die europäischen Toten als Bücher in meinen Händen und in meinem Herzen, und der Mond über Istanbul schien in den Nächten auf diese Bücher und beleuchtete sie. Als ich später nach Berlin emigrierte, um in Berlin am Theater zu arbeiten, kam ich mir nie so vor, als sei ich nach Europa emigriert: Wir spielten am Bochumer Schauspielhaus *Woyzeck* von Büchner. Ich sah Woyzeck im Theater, nicht mehr auf den deutschen Straßen. Aber Woyzeck existierte auf den türkischen Straßen. Dort sah man Männer, die einen wie Büchners Figur Woyzeck berührten. Ich war in Europa bei meinen toten Freunden. Sie hatten mich hier nicht allein gelassen. Prinz von Homburg, Woyzeck, Hamlet, Heinrich Bölls *Und sagte kein einziges Wort,* Wolfgang Borcherts *Draußen vor der Tür,* Brecht, Kafka, die sind an Europas Himmel neben dem Mond und berühren die Menschen, auch wenn sie weit weg sind. Die Toten haben den europäischen Himmel geschaffen. Ich saß einmal in einem Flugzeug, Lufthansa, von Berlin nach Istanbul. Plötzlich stand eine türkische Frau von ihrem Platz auf, warf sich auf den Flugzeugboden und fing an zu schreien. Alle Leute erhoben sich. *Was ist los?* Die Kinder dieser Frau waren in Istanbul bei einem Unfall gestorben, und sie musste zur Beerdigung. Die Leute im Flugzeug hielten ihre Hand. Die Frau schrie: *Öffnet die Tür. Ich will sie im Himmel suchen.* Sie schaute ständig aus dem Fenster, als könnte sie ihre Toten im Himmel sehen. *Macht die Tür auf.* Dann blickte sie die anderen Passagiere hinter sich an, als sollten sie alle mit ihr in den europäischen Himmel laufen, um ihre toten türkischen Kinder zu suchen. Wie sie so in den Himmel blickte, schauten auch viele Passagiere aus dem Fenster. Als wir ankamen, flogen plötzlich Istanbuler Tauben in den Flughafen und setzten sich auf die Koffer der vielen europäischen und türkischen Reisenden.

Geir Pollen

Ist es nicht die Bestimmung des europäischen Romans, dafür zu sorgen, dass die existenziellen Fragen zur Würde und den Lebensmöglichkeiten des Individuums immer wieder gestellt werden, auch wenn sie unerhört und ungehörig erscheinen mögen, damit sie nicht in Vergessenheit geraten?

Geir Pollen
Norwegen

1953 geboren, studierte er skandinavische Literatur und Sprachwissenschaft, Russisch und Deutsch. Er unterrichtete am Gymnasium, gab (und gibt) Creative-Writing-Kurse und übersetzte Yves Bonnefoy und W.G. Sebald. 1989–95 war er Mitglied des Literarischen Rats des Norwegischen Schriftsteller-Verbandes, seit 2001 ist er dessen Vorsitzender. Geir Pollen hat bislang drei Gedichtbände und drei Romane veröffentlicht. Er lebt und arbeitet in Oslo.

In deutscher Übersetzung u. a.:

Hutchinson's Nachf.
Aus dem Norwegischen von Angelika Gundlach
Suhrkamp Verlag, Frankfurt am Main 2001

Über das Europäische im Text (mit einem Seitenblick auf einen Aal in der Badewanne)

Er det ikke den europeiske romanens bestemmelse å sørge for at slike eksistensielle spørsmål om enkeltmenneskets verdighet og livsmuligheter hele tiden stilles, også når de oppleves som uhørte, utillatelige; at de ikke får lov til å gå i glemmeboken ...

Was ist ein norwegischer Schriftsteller? In Norwegen wird der Begriff des Schriftstellers immer und unlösbar verbunden mit den großen nationalen Projekten – oder dem einen Projekt, denn es geht eigentlich um ein zusammenhängendes, sich über mehr als 150 Jahre erstreckendes Vorhaben, das kurz umrissen davon handelt, wie der Begriff *Norwegen* mit Inhalt gefüllt wird, wie Norwegen sozusagen norwegisch wird. Schließlich ist Norwegen eine der jüngsten selbstständigen Nationen Europas, abgesehen von den Staaten, die durch das Aufgehen des Eisernen Vorhangs entstanden beziehungsweise wieder entstanden sind. Mehr als vierhundert Jahre lang war Norwegen mehr oder weniger ununterbrochen anderen Nationen einverleibt, und zwar vorwiegend Dänemark, mit Dänisch als der offiziellen Schriftsprache. (Diese Zeit in unserer Geschichte nennt Ibsen voll nationaler Empörung die *400-jährige Nacht.*) Zwar gaben die Norweger sich im Jahr 1814 ihre eigene Verfassung, doch im Übrigen marschierten sie – infolge der Napoleonischen Kriege und der Allianz Dänemarks mit dem Verlierer Napoleon – geradewegs in eine fast hundert Jahre währende Union mit Schweden, ohne allerdings Dänisch als offizielle Schriftsprache abzuschaffen. Die schwedisch-norwegische Union endete 1905. Mit anderen Worten reicht die Geschichte Norwegens als selbstständige Nation – mit einer eigenständigen Schriftsprache – nicht mehr als hundert Jahre zurück. Eine kurze Zeit. Und schon vom Aufkommen der ersten Visionen eines unabhängigen Norwegens mit einer eigenen norwegischen Identität – eine Folge der Auflösung der dänisch-norwegischen Union und der neuen Verfassung von 1814 – spielen die Schriftsteller des Landes eine wichtige Rolle, und zwar nicht nur praktisch-politisch als Aufklärer des Volkes und als Agitatoren, sondern auch als Symbolfiguren und Vorbilder der Nation, die sich allmählich aus der Asche der Unionen erhebt. Die Begriffe *Schriftsteller* und *Nation* (beziehungsweise *national*) bilden in Norwegen eine enge Symbiose; sie greifen bis in unsere Zeit – so erlaube ich mir zu behaupten – tief in das Selbstverständnis des norwegischen Schriftstellers ein. Dieser Sachverhalt hat natürlich entscheidende Bedeutung für das Schreiben in Norwegen. Knut Hamsun ist nicht nur der erste wirklich moderne norwegische Romanschriftsteller, sondern auch – und dies ist kein Zufall – der erste norwegische Autor, der fundamental und unwiderruflich eben mit der Vorstellung aufräumt, es gäbe *den* norwegischen Schriftsteller. Dies tut er im Jahr 1940, zu einem Zeitpunkt, als seine eigene Berühmtheit ihren Höhepunkt erreicht und die Truppen des Dritten Reiches in Norwegen einmarschieren. Zwei Jahre später huldigt der bedeutendste Erbe Ibsens und Bjørnsons Adolf Hitler und nennt ihn einen *Vorkämpfer des Evangeliums vom Recht aller Nationen.* Bis in die Gegenwart haben viele Norweger, besonders der älteren Generation, Hamsun dies nicht verziehen.

Warum gebe ich dieser alten Geschichte so viel Raum in einem Essay, der mit der Leitüberschrift *Europa schreibt* versehen ist, das heißt in einem Text, der den Versuch unternehmen soll, das Europa zu umreißen, in dem ich als norwegischer Autor schreibe, und das Europa, das sich in meine Texte eingeschrieben hat? Ich meine, dass dieses Thema – das Europäische an den Literaturen Europas – nicht mit den Augen eines Norwegers betrachtet werden kann, ohne dass wir eben hier beginnen, mit der Feststellung der Tatsache, dass es traditionell entscheidend für norwegische Schriftsteller war, sich als Norweger zu fühlen und als solche verstanden zu werden, und dass norwegisch sein historisch gesehen bedeutete, nicht dänisch, nicht schwedisch, nicht wie die anderen zu sein. Man definierte kurz gesagt das eigene Sein und Haben als eine Negation der Anderen und des Anderen. Dieses gewissermaßen mit negativem Vorzeichen versehene Selbstverständnis ist weiterhin lebendig: Die beiden Male, als norwegische Regierungen die Mitgliedschaft in der Europäischen Union anstrebten, 1972 und 1994, stimmte die Mehrheit der norwegischen Wählerschaft mit

Hamsun Knut
Nobelpreis 1917

NEIN – man wollte keine Union mit dem übrigen Europa und verwies auf unsere Andersartigkeit im Vergleich zu Deutschland, Frankreich, Großbritannien, den Beneluxstaaten, Dänemark, Schweden, Finnland usw. Norwegen will das *Nicht-so-wie-die-anderen-Land* in Europa sein. Norwegische Bauern sind nicht wie dänische Bauern, norwegische Fischer nicht wie spanische Fischer, Norwegens bescheidene Einwohnerzahl ist auf andere Art bescheiden als die von Luxemburg. Es mag symptomatisch sein, dass einige meiner Bekannten beim Gespräch über das Thema dieses Symposiums spontan äußerten: *Ach, das hört sich doch wieder wie so eine typische EU-Geschichte an!* Lassen Sie mich als Zwischenbemerkung hier Folgendes einfügen: Natürlich bin ich mir darüber im Klaren, dass der Glaube an das eigene Anderssein keine ausschließlich norwegische Erscheinung ist – auch wenn Norwegen in seinem jugendlichen Übermut diesen Glauben vielleicht lauter und überzeugter zu Markte trägt als die gesetzteren, erfahrenen Nationen Europas –, ich nenne keine Namen, dann trete ich niemandem auf die Füße. Also, mir ist der Gedanke durchaus nicht fremd, dass eben der Glaube an das eigene Anderssein eben das Besondere des Europäischen ausmacht: Die Kulturnation Frankreich will nicht mit der Wirtschaftsmacht Deutschland gleichgesetzt werden (und umgekehrt); das Inselreich Großbritannien will etwas anderes sein als das kontinentale Europa; das alte orthodoxe Russland weigert sich, so zu werden wie der materialistische, gottlose Westen usw. Ein Amerikaner tut mehr als gerne kund, *we are all Americans* – auch wenn das amerikanische *Wir* noch weniger homogen ist als das europäische –, während ich mir nur schwer vorstellen kann, dass ein europäischer Redner mit besonderer Überzeugung oder voller Begeisterung ausruft: *Wir sind alle Europäer!*

Doch lassen wir dieses Vorgeplänkel das sein, was es ist: ein schlecht getarnter Versuch, der außerordentlich schwierigen Frage auszuweichen, ob es in dem von mir Geschriebenen etwas gibt, das ich eine europäische Signatur, Prägung oder Projektion zu nennen wagen dürfte.

Meine erste Reaktion auf die Frage war – ich will ehrlich sein: keine Ahnung. Ist dies doch nicht die Art von Fragen, die ein Autor sich beim Schreiben stellt, und nichts wird für den Autor so schnell gestrig, abgeschlossen und im Grunde uninteressant wie die eigenen Bücher. Ich lese sie selten – und nie im Bett!

Meine zweite Reaktion war dann: Gibt es überhaupt etwas Europäisches, das dem von mir Geschriebenen einen Stempel aufdrücken könnte? Und was sollte dann das Europäische im Europa unserer Zeit sein, wo der große Diskurs, an dem alle sich beteiligen können, nur als ein tiefes Schweigen oder eine weite Leere anwesend ist; oder eine Zeit, wo die europäischen Gesellschaften, einschließlich der norwegischen, vor allem einem Café in der Hauptgeschäftszeit ähneln, wo alle sich gegenseitig ins Wort fallen, wo jeder Tisch sein eigenes Gespräch führt? Was sollte das Europäische sein, wenn der große Diskurs durch kleine Gespräche ersetzt wird? Schon im Titel dieses Symposiums und in der Fragestellung lässt sich im Übrigen erahnen, dass auch die Veranstalter selbst nicht unbedingt überzeugt waren, dass es eine Antwort auf die in der Einladung formulierte Frage gibt. Es verhält sich mit dem Europäischen wohl so wie mit dem Gottesbeweis des Mittelalters: Erst wenn die Menschen an der Existenz Gottes zu zweifeln beginnen, ergibt sich die zwingende Notwendigkeit, seine Existenz zu beweisen. Das Selbstverständliche bedarf weder eines Beweises noch einer Begründung.

Meine dritte Reaktion war schließlich: Doch, es gibt etwas Europäisches in meinen Romanen, dabei handelt es sich jedoch eher um ein unsichtbares Wasserzeichen als um eine deutlich sichtbare Signatur. Das Europäische hat meine schriftstellerische Tätigkeit von Anfang an geprägt, indem ich bewusst den Versuch unternommen habe, mich von dem tradierten, geschlossenen, nur sich selbst im Auge habenden, sich selbst genügenden Norwegischen zu distanzieren; ich wollte ebenso bewusst nicht norwegisch sein, wie Norweger herkömmlicher Weise nicht dänisch, nicht schwedisch sein wollten. Konkret bedeutete dies, dass ich wusste, wie ich *nicht* schreiben wollte – lange bevor ich eine klare Vorstellung davon hatte, *wie* ich schreiben wollte. Außerdem: Mein Verständnis des Begriffes *Literatur*, und insbesondere des Begriffs *Roman*, ist und bleibt mit Europa verknüpft; der Roman ist schließlich eine europäische Erfindung – dies gilt auch für die nord- und lateinamerikanischen Romane, die in den vergangenen Jahrzehnten so gefragt waren. Für mich ist dies eine höchst gegenwärtige Realität, nicht nur eine literaturgeschichtliche Tatsache.

Was meine ich mit dem *tradierten Norwegischen?* In der Poesie: Lyrik zu zentralen Themen, geschrieben in einer romantisch gefärbten, poetischen Sprache, zusammengehalten von einem stark monologischen Subjekt, vor allem mit der norwegischen Natur (Berge und Fjorde, Schnee und Tannenwälder) als ewig-jungem Bezug und Lieferant von Metaphern und mit einer spürbaren, jedoch nicht artikulierten Affinität zum Prä-Urbanen und Prä-Modernen. In der Prosadichtung: der psychologisch-realistische Roman mit Wurzeln im 19. Jahrhundert, häufig mit moralischen, politischen oder religiösen Untertönen. Als junger, unreifer Poet machte ich mich mit voller Kraft daran, ichlose Metagedichte zu schreiben – in einer sachlichen, ich möchte fast sagen grauen, lakonischen Sprache, inspiriert von sehr unterschiedlichen und unnorwegischen Vorbildern wie den Franzosen Mallarmé und Ponge oder den Deutschen Brecht und Celan. Meine Lieblingsaussage zur Literatur war damals zum Beispiel Mallarmés berühmte These, *man schreibt Gedichte nicht mit Ideen, sondern mit Worten,* und Flauberts nicht ganz so bekannte Warnung an junge, aufstrebende Schriftsteller, *das eigene Herz nicht als Trampolin zu benutzen.* Ich war auch sehr angetan von Flauberts oft zitierter Feststellung *Madame Bovary, c'est moi.* Während ich mich in diese Dichter vertiefte, tat ich mein Bestes, um französische, deutsche und russische Theoretiker zu lesen und zu verstehen, die im Schnittpunkt zwischen Philosophie und Literatur schrieben, ich denke zum Beispiel an Roland Barthes und Walter Benjamin. Ohne Zweifel wurde meine Grundhaltung zum Schreiben damals geformt, und ohne Zweifel wurde damals der erste ungeübte Strich in dem, was ich jetzt als eine europäische Signatur in meinen eigenen Publikationen bezeichnen könnte, zu Papier gebracht. In seinem ersten zentralen literaturtheoretischen Werk *Am Nullpunkt der Literatur* behauptet bekanntlich Barthes, *die gesamte Literatur von Flaubert bis heute ist zu einer Problematik der Sprache geworden;* dies bedeutet, dass auch die große Textfläche des Romans Anspruch auf die gleiche sorgfältige sprachliche Pflege erhebt wie die kleine Textfläche des Gedichts. Dies ist für mich eine grundlegende Forderung. Der Roman ist nicht in erster Linie ein Spiegel der inneren und äußeren Welt des Menschen – ein Mittel der Wiedergabe eines psychologischen Verlaufs oder einer realistischen Wirklichkeit –, sondern eine Arena, wo das Dasein mit Hilfe des mehrdeutigen, fluktuierenden geschriebenen Textes erforscht werden soll.

Den Roman, den ich zu schreiben gedenke, habe ich mir immer als eine Art Textarchitektur oder -topographie vorgestellt, etwas Verfasstes, das sich mehr im Raum als in der Zeit entfaltet, das sich leichter mit einem Begriff wie *Relation* beschreiben lässt als mit dem Begriff *Chronologie.* Der Roman als lineare Erzählung oder Schilderung hat mich – abgesehen von der Lektüre der Kindheit – nie richtig faszinieren können, und als Romanautor erlebe ich mich fast als das Gegenteil eines Epikers, Geschichtenerzählers, und durchaus nicht als Psychologen. Meine Romane enthalten zwar offenkundige Elemente der Erzählung, doch die Erzählungen vollenden sich nicht selbst, sie werden von anderen Erzählungen weitergesponnen, werden kommentiert, ergänzt, gespiegelt, dementiert, unterbrochen. Ich würde sagen, dass ich dies als das Europäische in meinen Romanen ansehe: der langsame, umständliche Gedanke, der langsame, umständliche Satz, suchend, voller Vorbehalte, immer im Bewusstsein, dass man das Dasein nie endgültig im Griff hat, sondern es stets neu ergreifen und begreifen muss; man schreibt, um zu durchdenken, was man nicht versteht, was man nur in Umrissen weiß, was einen wach hält oder im Traum heimsucht; man schreibt, um einen inneren Widerstand zu überwinden oder gegen einen äußeren anzukämpfen – und nicht unbedingt, weil man etwas Außergewöhnliches zu erzählen hat. Milan Kundera sagte einmal: *Der Roman handelt nicht von der Wirklichkeit, sondern vom Dasein.* Diese These – eine meiner Lieblingsaussagen über den Roman – fasst das zusammen, was ich als die europäische Signatur des Romans identifizieren möchte. Wenn es eine europäische Signatur in meinen Romanen gibt, dann ist diese am Nichtabgeschlossenen, am Tastenden zu erkennen; das Europäische wirft immer mehr Fragen auf, als es Antworten gibt.

Bezeichnenderweise trägt mein erster Roman den Titel *Ål* (auf Deutsch *Aal*) und handelt sowohl von einem angesehenen Deutschlehrer gleichen Namens als auch von dem größten Rätsel bei den Fischen, dem Aal oder lateinisch *Anguilla anguilla,* der ja meines Wissens nicht zuletzt hier in Deutschland als Speisefisch sehr geschätzt wird. Doch warum fühlt mein von Grund auf solider Deutschlehrer sich erotisch so unwiderstehlich zu seiner blutjungen, unreifen Deutschschülerin hingezogen, dass er kaum im Stande ist, an anderes als das Mädchen zu denken? Und warum wandert der unvergleichliche Aal von seiner Geburtsstätte in der fernen Sargassosee bis in unsere nordeuropäischen Gewässer, um sich zehn Jahre später auf den Rückweg zu machen, damit er in der Sargassosee für Nachwuchs sorgen und sterben kann? Warum tut er dies? Warum kann er nicht glücklich und zufrieden in der Sargassosee bleiben?

Lassen Sie mich hier eine weitere Zwischenbemerkung einschieben. Zu meiner großen Beglückung las ich – während ich diese Zeilen schrieb – in norwegischen Zeitungen eine amüsante kleine Notiz. Verzeihen Sie mir, sie hat nicht unbedingt etwas mit meinem Thema zu tun, es ist also möglicherweise unpassend, hier Zeit und Platz dafür zu verschwenden, doch ich tue es trotzdem, denn eine innere Stimme sagt mir, sie gehöre gerade an diese Stelle, wo es um das Europäische im Text geht. Die Notiz lautet in ihrer prosaischen Schönheit wie folgt: *Eine Familie in Deutschland hält seit 1969 einen lebenden Aal in der Badewanne. Sie haben dem Fisch sogar beigebracht, sich in einen Eimer zu begeben, wenn ein (menschliches) Familienmitglied ein Bad nehmen möchte. »Er gehört einfach zur Familie dazu«, sagt Hannelore Richter in Bochum. Ihr Mann habe den Aal 1969 geangelt und wollte ihn auf den Tisch bringen. Doch den Kindern gefiel der Aal so gut, dass sie lautstark dagegen protestierten, ihn zu töten und zum Festschmaus werden zu lassen. Und seitdem lebt er in der Badewanne. Er zog sogar mit der Familie in ein neues Haus um.* Da liegt doch die Frage auf der Hand: Muss man über einen solchen Fisch nicht einen Roman schreiben? Und muss man nicht zutiefst bedauern, dass diese Geschichte 1989 der Öffentlichkeit noch nicht bekannt war, als mein Roman *Ål (Aal)* erschien, und dass dieses Wesen dort nicht seinen gebührenden Platz erhalten konnte?

Mein dritter Roman, *Hutchinson's Nachf.*, im Herbst 2001 bei Suhrkamp erschienen, handelt unter anderem von dem schottischen Holzhändler Robert Dalton Hutchinson, der sich aus dem sehr gut gehenden, von ihm und seinem Bruder geführten Holzgeschäft zurückzieht, um sich voll und ganz dem Fliegenfischen zu widmen, einem völlig unnützen und direkt lächerlichen Hobby, nämlich der Kunst, Fische mit einer merkwürdigen Kreation aus einem spitzen Metallhäkchen und darum herumgewickelten Haaren und Federn zu fangen, wobei diese Kreation den nichts ahnenden Fisch dazu verleiten soll, darin ein natürliches Insekt zu sehen. Dieser Mann kam Anfang des 19. Jahrhunderts nach Norwegen, wenige Jahrzehnte nach dem Ende der dänisch-norwegischen Union, und gab das erste auf Norwegisch erschienene Lehrbuch der edlen Kunst der Fliegenfischerei heraus, und zwar mit dem selbstbewussten Titel *Om Fluefiskeriets Anvendelse i Norge* (deutsch *Die Anwendung der Fliegenfischerei in Norwegen*). Außerdem handelt der Roman *Hutchinson's Nachf.* von einer Dame namens Solveig Fjellberg. Sie hat ein mindestens ebenso großes und merkwürdiges Hobby wie der alte Schotte: Sie kopiert die königlichen Festgarderoben von Königin Maud, der ersten Königin des selbstständigen Norwegens, und trägt ihre Schöpfungen bei verschiedenen Gelegenheiten auch selbst. Und schließlich handelt der Roman von einem Mann, einem einsamen, lebensängstlichen Antiquariatsbuchhändler, der sich leidenschaftlich von Robert Dalton Hutchinsons und Solveig Fjellbergs Leidenschaften faszinieren lässt – und der leidenschaftlich versucht, diese beiden Personen zu verstehen, indem er von ihnen erzählt oder anders gesagt seine ganze Zeit und all seine Kraft auf etwas im Grunde nur Fruchtloses und zudem finanziell eher Unergiebiges verwendet: schreiben, schreiben, schreiben.

Diese beiden Romane – *Aal* und *Hutchinson's Nachf.* – und eigentlich auch mein drittes Werk dieser Gattung, *Når den gule solen brenner,* das demnächst in Deutschland erscheinen wird (mit dem deutschen Arbeitstitel *Wenn die goldene Sonne brennt*), diese Romane stellen auf ihre bescheidene Art existenzielle Fragen, Fragen zu den Beweggründen des Menschen. Sie geben keine Antworten, sie geben sich nicht als psychologische Erzählungen aus, welche die dunkelsten Irrgänge der menschlichen Seele ausleuchten können, sie bieten keine Moral an, schlagen keine Lösungen vor, sondern stellen einfach Fragen, wundern sich, behalten die Unruhe und Ungewissheit bei, die da fragt: Warum *sind* wir so, wie wir sind? Warum *tun* wir, was wir tun? Wozu all das Unverständliche, oft Selbstzerstörerische, Unzweckmäßige, Lächerliche, Pathetische, nicht selten unfassbar Grausame, aber nicht selten auch unermesslich Gute, Rührende, Schöne, dessen der Mensch zweifellos fähig ist, das den Menschen zweifellos auszeichnet? Diese ewigen, im Grunde nicht zu beantwortenden Fragen – und nicht ein politisches oder pädagogisches Projekt – sind für mich das Europäische in meinen Romanen. Eine große Zahl bedeutender europäischer Schriftsteller – unter ihnen Kafka, Mann, Musil, Broch, Beckett, Céline, Hamsun und Bernhard – haben diese Fragen gestellt, ohne dass

Céline „Am Ende der Nach

dies eine Rolle spielt, denn diese Fragen haben keine endgültige Antwort und werden nie überflüssig.

In diesen Tagen habe ich gerade die Lektüre von *Mensch ohne Schicksal,* dem autobiographischen Roman des Literaturnobelpreisträgers Imre Kertész, abgeschlossen, ohne damit fertig zu sein. Hier schildert der Schriftsteller seine Erlebnisse und Erfahrungen als junger Häftling in Auschwitz und anderen deutschen Konzentrationslagern, und zwar nicht als einmalige Manifestation des irrationalen Bösen, als ein wesensfremdes Krebsgeschwür im rationalen Leib Europas, sondern – so unerhört es erscheinen mag – als etwas im Grunde vollauf Mögliches und nahezu Normales, *die extreme Wahrheit der Degradierung des Menschen im modernen Leben,* wie es auf dem Umschlag der norwegischen Ausgabe des Buches heißt. Welches andere Medium als der Roman besäße den Mut und die Fähigkeit, das Bild der nationalsozialistischen Vernichtungslager – das Symbol schlechthin für den Untergang all dessen, was wir gewöhnlich mit Europa und dem Europäischen assoziieren – dergestalt zu vermitteln: nüchtern, sachlich, ohne moralische Entrüstung oder metaphysischen Protest und dadurch noch erschreckender, herausfordernder, unausweichlicher für den Leser, weil Auschwitz sozusagen zu einem von mehreren höchst gegenwärtigen und wirklichen Räumen des europäischen Hauses wird, in dem wir alle wohnen, der Gesellschaft, der Geschichte, der Kultur, die uns umgibt? Und ich denke: Ist es nicht die Bestimmung des europäischen Romans, dafür zu sorgen, dass solche existenziellen Fragen zur Würde und den Lebensmöglichkeiten des Individuums immer wieder gestellt werden, auch wenn sie unerhört und ungehörig erscheinen mögen, damit sie nicht in Vergessenheit geraten; Fragen, mit denen sich weder die Wissenschaft noch die Technik noch der Markt noch die Politik noch die Medien sonderlich intensiv beschäftigen, unter anderem, weil Wissenschaft und Technik und Markt und Politik usw. den Menschen in Schemata, in Kategorien zwängen – in die Abgründe der Spezialisierung –, während der Roman den Einzelnen in konkreten Situationen aufgreift, in der Welt der Sinneswahrnehmungen, Gefühle, Erfahrungen, Erinnerungen, Träume, Zukunftshoffnungen usw., die stets unser Leben, unsere Welt ausmachen? Und ist es nicht so, dass der Roman auf diese Weise dazu beiträgt, denjenigen Kräften das Handwerk zu legen, die das Individuum degradieren, reduzieren, nur als eine Nebensache erscheinen lassen wollen?

Würde sich dies nicht so unerträglich pompös anhören, könnte ich abschließend durchaus sagen: *Natürlich, ich fühle mich mehr als Europäer denn als Norweger* – und damit betreibe ich keine verdeckte Propaganda für den Beitritt meines Landes zur Europäischen Union, sondern ich denke vielmehr an die Summe der Impulse, die mich zum Schreiben eben der Romane gebracht haben, die mit meinem Namen auf der Titelseite erschienen sind. Denn soweit ich überhaupt im Stande bin, etwas über meine literarischen Fähigkeiten und deren Ursprung zu sagen, muss ich feststellen, dass sie nicht aus der norwegischen Natur oder der norwegischen Volksseele erwachsen sind, wie die Romantiker sich den Zusammenhang der Dinge gern vorstellen, sondern schlicht und ergreifend aus den Schriften und den Gedanken, mit denen ich mich auseinander gesetzt habe und von denen ich beeindruckt war, und diese stammten überwiegend von europäischen Dichtern und Denkern. Ich erinnere mich an eine Definition des Begriffes *Europäer: Europäer ist, wer eine nostalgische Sehnsucht nach Europa verspürt.* Mit anderen Worten ist der Europäer eine Person, die sich nach etwas Vergangenem und unwiederbringlich Verlorenem sehnt. Das Wort *Nostalgie* geht auf das griechische *nostos* – deutsch *Rückkehr (in die Heimat)* – und *algos* – *Schmerz* – zurück. Der Europäer sehnt sich also buchstäblich mit Schmerzen nach einem Europa, das es nicht mehr gibt. Und die in meinen Romanen als Wasserzeichen zu erkennende europäische Signatur muss demnach, wenn die Definition stimmt, die Signatur einer toten Hand, einer Geisterhand sein. Oder vielleicht die Signatur einer Hand der Vergangenheit, die auf rätselhafte Weise lebendig geblieben ist, sozusagen von der Zeit selbst unsterblich gemacht?

Wie dem auch sei. Die europäische Hand der Gegenwart ist ja, soweit ich sehen kann, mehr damit beschäftigt, anderen Dingen ihren Stempel aufzudrücken als literarischen Texten, die herausfordern und unruhig machen, zum Beispiel modernen Medien und der Informationstechnologie, der Marktwirtschaft, sportlichen Leistungen und der Unterhaltungsindustrie. Nein, die Helden unserer Zeit sind zweifellos nicht die Schriftsteller, sondern die Entertainer, Spitzensportler und neureichen Firmengründer. Es fällt mir ehrlich gesagt schwer, eine neue, moderne europäische Signatur in den Romanen zu entdecken, die heutzutage in diesem Teil der Welt geschrieben werden: Die europäische Signatur, die ich in meinen und anderen Schriften ausmachen kann, ist etwas, das an einem anderen Ort, zu einer anderen Zeit zur Welt kam – nicht hier und heute. Doch trotz aller Gefahren hat es bis heute überlebt – wie der Aal in der Badewanne, Sie erinnern sich. Auch wenn dieser weit von seiner Heimat entfernt ist und wohl nie dorthin zurückkehren wird, bewegt er sich, als wäre nichts geschehen, trägt seine kleinen Geheimnisse mit sich herum und lässt sich nicht vollends verstehen.

Aus dem Norwegischen von Ulrich Linnemann

Jean Rouaud

Die Poesie ist das, was einst Gnade hieß, und was die Romantiker Äußerung des Genies nannten, und heute, da wir von Inspiration nichts mehr wissen wollen, ist sie das, was wir nicht mehr zu benennen wagen, uns aber mächtig zum Singen drängt.

Jean Rouaud
Frankreich

1952 in Campbon bei Nantes geboren. Rouaud studierte Literaturwissenschaften und arbeitete danach u. a. als Zeitungsverkäufer an einem Kiosk. 1990 erschien sein erster Roman *Les champs d'honneur* (*Die Felder der Ehre,* 1993), mit dem er über Nacht berühmt wurde und für den er den Prix Goncourt erhielt. Jean Rouaud lebt und schreibt in der Bretagne.

In deutscher Übersetzung u. a.:

Die ungefähre Welt (1997).
Aus dem Französischen von Carina von Enzensberg
und Hartmut Zahn

Der Porzellanladen (2000)
Aus dem Französischen von Josef Wininger

Meine alten Geliebten (2002)
Aus dem Französischen von Josef Winiger

Alle Piper Verlag, München

Mehr als bloßes Geschichtenerzählen

La poésie est ce que jadis on appelait la grâce, et ce que les romantiques appelaient l'expression du génie, elle est aujourd'hui, depuis que nous rejetons avec mépris l'inspiration, ce que nous n'osons plus appeler, mais que nous ressentons comme un impérieux besoin de chanter.

Diese Begegnung sei für mich zunächst die Gelegenheit, bei einem deutschen Schriftsteller eine Dankesschuld abzutragen. Er zählt nicht zu den Großen der Literatur dieses Landes, sein Werk ist so gut wie vergessen, und als ich hier gelegentlich auf ihn zu sprechen kam, zeigte man sich verwundert, dass ich mich für einen Autor interessiere, den man gemeinhin der hochgefährlichen Kategorie der Heimatschriftsteller mit Hang zu Blut und Boden zurechnet. Es fehlt nicht viel, und man sähe ihn fast schon als Propagandisten des Dritten Reichs – Schlimmeres könnte man diesem Mann nicht antun, der vom Universitätslehrstuhl herab die Eroberungsgelüste des Hitler-Regimes anprangerte und dadurch noch vor Kriegsbeginn die Erfahrung der Konzentrationslager machte. Eine Erfahrung, die er übrigens in seinem letzten Roman, *Missa sine nomine,* verarbeitet hat. Es geht um Ernst Wiechert und sein Andenken, das ich ehren möchte, weil seine Bücher, die ich als Fünfzehnjähriger las, meine erste Begegnung mit der Literatur, mit dieser rosenfingrigen Morgenröte waren, das heißt mit Erzählungen, die mehr sind als die Summe spannender Begebenheiten. Auch wenn ich mir heute bewusst bin, dass es nicht ausschließlich die Poesie des Textes war, was mich fesselte. Über zeitliche, räumliche und sprachliche Distanzen hinweg war die Entdeckung zunächst eine Begegnung. In *Die kleine Passion,* der Geschichte eines vaterlosen Kindes mit dem Vornamen Hans, also Jean, das in jenen Sumpf- und Waldgebieten Ostpreußens lebt, wo die allgegenwärtige Religion mit dem ganzen Gewicht des Himmels auf dem Gewissen und Verhalten der Menschen lastet, flüsterte mir jemand zum ersten Mal etwas von einem Beinahe-Ich ins Ohr. Diese Gemeinsamkeiten, die für mich heute sonnenklar sind, fielen mir damals nicht weiter auf. Das war mir alles so vertraut, und ich brauchte nicht viel Vorstellungskraft aufzubieten für diese Welt. Ein feuchtes Klima, eine ländliche Gesellschaft, die nicht mehr vorgeben kann, in Autarkie zu leben, die Errungenschaften der Stadt zu ignorieren und das Grollen in der Welt zu überhören (es sind dieselben jungen Menschen der *Kleinen Passion,* die dann in *Jedermann* an der Front in die erste große Schlächterei des Jahrhunderts geraten), dazu eine dermaßen prägende Religion, dass kaum Spielraum bleibt und die Zukunft als vorgezeichnet erscheint – zwischen dieser Welt und der meinen lagen nicht die Tausende Kilometer, die das lutherische Ostpreußen von meiner katholischen Bretagne trennt, wo man eine Zeit lang zum Jansenismus tendierte und den rigorosen Kodex der Gegenreformation tief verinnerlicht hat. Unausgesprochen war sofort der Eindruck da, dass wir, Wiecherts Romanfiguren und ich, derselben geographischen und geistigen Zone angehörten.

Seit dieser ersten literarischen Faszination gab es andere, in höherem Ansehen stehende Lektüren, und ich fühlte mich geehrt, als im Zusammenhang mit meiner Arbeit Proust oder Claude Simon genannt wurden, zu denen ich die hinzufügen könnte, denen ich Wesentliches verdanke, namentlich Chateaubriand, Flaubert, auch Malcom Lowry und Kerouac, aber im Grunde, was die Grundvoraussetzungen meines schriftstellerischen Vorhabens betrifft, hätte es das alles nicht gebraucht: In Wiecherts Werk war alles schon da. Zu den persönlichen Affinitäten kam freilich etwas hinzu, das mich mehr als alles andere in seinen Büchern anzog, das mich begeisterte und von dieser hohen Auffassung von Literatur überzeugte: Es war der biblische Ton seiner Sprache, der einen spüren ließ, dass da mehr intendiert war als bloßes Geschichtenerzählen. Und was diese Sprache besagte, mit Sätzen, die wie Goldadern den Text durchzogen und aus den Psalmen oder den Sprüchen Salomos hätten stammen können, wie zum Beispiel dieser hier, den ich noch gelegentlich zitiere: *Nur sich selbst erniedrigt man,* was sie besagte, diese lyrische, beschwörende Sprache, die das Risiko des Sentenziösen nicht scheute und den Wörtern keine Leichtfertigkeit gestattete, das war, dass jede Geschichte, die in quasi liturgischer Sprache dargeboten wird, unweigerlich die Geschichte eines auserwählten Volkes erzählt, welches Volk das immer sei, wie bescheiden auch immer und woher es immer komme. Die Sprache war die dichterische Feuerzunge des Pfingsttages, die sich auf die Romangestalten herabsenkte und sie zu universellen Verkündern der *conditio humana* werden ließ. Die Sprache war diese Auserwählung. Und jedes Buch war eine Facette des großen Buches der Welt, wie ein über die Jahrhunderte hinweg reichender Schatten des Romans des Hebräervolkes, aus welchem jener Mann von göttlicher Herkunft hervorging, der den Tod des Todes verhieß. Wir wissen alle, wie tief die Verbreitung dieser frohen Botschaft unsere Sicht der Welt beeinflusst hat. Wir verdanken ihr nahezu alles. Durch die Gnade des Schreibens musste es demnach möglich sein, einen verlorenen Winkel in Nordwestfrankreich zum gelobten Land zu machen.

Meine Kindheit lang hatte ich diesen biblischen, prophetischen, evangelischen Ton im Ohr. Jeden Sonntag in der Messe hörte ich, verkündet von dieser die Himmelfahrt und die Mittlerschaft des Zelebranten zwischen Gott und seiner Herde symbolisierenden Raumkapsel herab, den gewaltigen, wie ein Leitmotiv ständig wiederkehrenden Satz – und es war, als senke sich ein Stück Himmel auf die in der Kirche versammelten Gläubigen herab: Wahrlich, ich sage euch. Und weil der, der dies sagte, sich selbst als Sohn Gottes bezeichnet hatte, war es schlechterdings unmöglich, an seinem Wort zu zweifeln, denn am Anfang des Johannes-Evangeliums stand klar und deutlich, dass dieser von einer Frau geborene Mensch das Fleisch gewordene Wort war. Woraus folgte, dass Wort, Fleisch und Wahrheit ein und dasselbe waren. Ein und derselbe Er.

Man kann sich nun vorstellen, was zu bewältigen war, damit die Gestalten der Fiktion ungehindert ihren Weg gehen und ihre Wahrheitsfacette verströmen konnten, eine Wahrheit, die nicht mehr absolut, sondern an Zeit und Ort gebunden, vergänglich und menschlich war. Die Summe von Wahrheiten, die sich aus dem beharrlichen Begehren nach Bestand ergibt, wenn der Sieg über den Tod überhaupt nicht mehr gewiss ist. Der Letzte, der an den Buchstaben des Textes glaubte, war dieser närrische Don Quijote, der als Erstes ins Lesen vernarrt ist und den Ritterroman für das Evangelium hält, das man nur beim Wort zu nehmen braucht und schon hat man die Gestalt des fahrenden Ritters, den *miles Christi*, wie man ihn im 12. Jahrhundert nannte. Der erste von Gott verlassene Held. Der Bruch zwischen Fiktion und Realität, das heißt zwischen Himmel und Erde, wird gleich zu Beginn des Romans mit dem Kampf gegen die Windmühlen vollzogen. Von der Fiktion bleibt eine Mühle, die bewegte Luft mahlt. Das Wort wird wieder zum *flatus vocis*. Ein Narr, wer glaubt, was da geschrieben steht. Und fort mit der Begriffsjongliererei des Konzils von Nizäa, das die alte Streitfrage um die Göttlichkeit Christi entschied, indem es die Lehre von der Doppelnatur als verbindlich erklärte, als gäbe es zwei gegensätzliche Kräfte im Innern des Atomkerns, ganz Gott, also Wort, und ganz Mensch, also leidender, begehrender, alternder, sterbender Leib. Je mehr Zweifel aufkamen und der Mensch sich nicht mehr in der Herrlichkeit des Erlösers, sondern eher im humanen Teil, im verwesenden Tempel seines Leichnams erkannte, desto mehr griff die Ablehnung um sich, die schließlich zur unausweichlichen Spaltung führte. Das Wort regierte im Himmel, der Leib war auf sich selbst gestellt, er musste sich mit der Befriedigung seiner Wünsche behelfen, um die Unabwendbarkeit des Todes zu konterkarieren. Die späte Erfindung des realistischen Romans in diesem Teil der Welt, der mit Bangen und Hoffen dem Zeitenende entgegengesehen hatte, wurde um diesen Preis erkauft. Um den Preis dieser Desinkarnation. Da die Erleuchtungen von der Vernunft kamen statt vom Heiligen Geist, zeigten sie die Welt im grellen Licht ihrer Grausamkeit, Pascal'sche Vision des geketteten Menschen, den es mit den zu Gebote stehenden Mitteln zu befreien galt. Der Romanheld, letzter Abkömmling des fahrenden Ritters, für welchen der Ritterroman, oder der Roman überhaupt, erfunden worden war, wo man mit der Errettung der Geknechteten das ewige Heil erwirkte, dieser Romanheld also, der nur noch auf seine eigenen Kräfte bauen konnte und vom Himmel nichts mehr zu erwarten hatte, unternahm es, sich selbst zu erretten. Er handelte, manchmal mit Erfolg, manchmal ohne. Auf diese Weise entdeckte man, dass die Handlung, wenn sie systematisch und rigoros ist, die Qualität physikalisch-chemischer Laborversuche hat. Zola konnte sich also an den Theorien des Biologen Claude Bernard orientieren, und es dauert nicht lange, bis die Literatur Wissenschaftsstatus beanspruchte. Welchen Roland Barthes unter Aufbietung aller Verführungskünste seiner blitzenden Intelligenz nachzuweisen sich vornahm, um dann in seinen letzten Jahren zurückzurudern und einzugestehen, dass sein Vorhaben undurchführbar war und er bislang nur Versuche geliefert hatte, *zerklüftete Form, wo Analytisches und Schwärmerisches, Methode und Phantasma miteinander im Wettstreit liegen.*

Denn die Poesie, dieses Verdrängte, dieser göttliche Teil einer aus Dichtung und Abbildung der Realität bestehenden Doppelnatur, den der realistische Roman oftmals in sich ausmerzte, um mit Röntgenblick die Alltagswirklichkeit zu durchdringen, diese Poesie entzieht sich dem wissenschaftlichen Zugriff. Sie ist das, was einst Gnade hieß und was die Romantiker Äußerung des Genies nannten, und heute, da wir von Inspiration nichts mehr wissen wollen, ist sie das, was wir nicht mehr zu benennen wagen, was uns aber mächtig zum Singen drängt. Und dieses verhaltene, verhinderte, wie eine fossile Welle aus einem irdischen und gleichzeitig himmlischen Leib andrängende, ununterdrückbare Singen vernahm ich mit Freuden in Ernst Wiecherts Büchern. Meine eigenen Sätze müssen sich abhören lassen, ob sich sein Echo in ihnen findet.

Aus dem Französischen von Josef Winiger

Robert Schindel

Mitteleuropa ist heute ein Trugbild: Mit der Vernichtung des europäischen Judentums ist auch jenes kulturelle Mitteleuropa unwiederbringlich dahin.

Robert Schindel

Österreich

1944 wird der Lyriker, Autor und Regisseur als Kind österreichischer Kommunisten jüdischer Herkunft in Bad Hall geboren. Der Vater wird 1945 im Konzentrationslager Dachau ermordet, die Mutter überlebt Auschwitz und Ravensbrück. Nach einem Studium der Juristik und Philosophie engagiert sich Schindel politisch als Wortführer der »Kommune Wien«, später, bis 1978 in maoistischen Kreisen. Daneben entstehen erste Arbeiten für Film, Fernsehen und Rundfunk. Robert Schindel erhielt zahlreiche Auszeichnungen, u. a. 1992 den Förderpreis zum Österreichischen Literaturpreis sowie 1993 den Erich-Fried-Preis für Literatur und Sprache.

Literaturhinweis:

Die Nacht der Harlekine. Erzählungen
Suhrkamp Verlag, Frankfurt am Main 1994

Gott schütze uns vor den guten Menschen. Jüdisches Gedächtnis – Auskunftsbüro der Angst. Essays
Suhrkamp Verlag, Frankfurt am Main 1995

Immernie. Gedichte vom Moos der Neunzigerhöhlen
Suhrkamp Verlag, Frankfurt am Main 2000

Wir haben es gut.
Der Einfluss Europas auf mein Schreiben

Aber mein Schreiben hat seine Muttermale leider nicht im Reformeuropa, sondern in jenem europäischen Gulag. Je mehr dieser in der Geschichte zum Erdreich geht, desto mehr mögen künftige Texte zivilisatorischen Fortschritten Rechnung tragen.

1.

Als der Zug hält, blickt die fast zweiunddreißigjährige Frau auf das Namensschild des Zielbahnhofes. Das erste Mal in ihrem Leben nimmt sie das Wort *Auschwitz* wahr. Der neben ihr sitzende Freund hat auch von dem Ort noch nie etwas gehört. Es ist der erste November neunzehnvierundvierzig. Die beiden Schutzhäftlinge der *Gestapo* steigen aus, werden getrennt und werden einander nie wieder sehen.

Leser meiner Essays werden die Frau schon kennen. Es ist Gerty Schindel. Sie ist gut gekleidet, ebenso ihr Freund René Hajek, mein Vater. Vierzehn Monate vorher waren sie aus Frankreich aufgebrochen. Der Auftrag der exilkommunistischen Partei Österreichs lautete: eine Widerstandsgruppe aufbauen in Linz an der Donau. Die Gruppe bekommt falsche Papiere, elsässische wegen des Deutsch-Akzentes. Aus Gerty beziehungsweise Résistancename Annette wird nun Suzanne Soël, mein Vater heißt Pierre Lutz. Ich selbst höre die Änderung der Sprachmelodie durch die Bauchwand, übersiedle im Mutterleib von Paris nach Linz. Die Elsässer hatten sich als Fremdarbeiter freiwillig nach der Ostmark gemeldet, wohnen in einem Bretteldorf am Stadtrand der oberösterreichischen Hauptstadt. Gerty, die vor dem Krieg in Wien als illegale Kommunistin tätig war, verhaftet und zu fünf Jahren Haft verurteilt wurde, sollte ihren jetzigen Auftrag in einer Stadt ausführen, dort sie den Behörden und der Bevölkerung nicht bekannt ist. So arbeitet sie als Zimmermädchen im Gasthof Maischberger, eine schwarzhaarige Französin. Ich komme zur Welt, und vier Monate später fliegt die Sache auf. Der junge, versteckt lebende Jude Mottl S. erkennt sie auf der Straße, nachdem sich das Rad vom Kinderwagen gelöst und ihm vor die Füße gerollt war.

Gerty, was machst denn du da?

Meine Mutter antwortet französisch, doch es hilft nichts. Als Mottl aufgegriffen wird, muss er unter der Folter alles sagen, bevor sie ihn erschlagen, schon sitzen meine Eltern im Zug nach Wien und sind als Wiener Kommunisten und Juden enttarnt. Ich werde von einer Kinderschwester noch rasch verborgen und liege in einem anderen Zug, welcher mich meinem sicheren Wiener Versteck entgegenbringt. Nach achtwöchigem Aufenthalt bei der Gestapo Wien, Morzinplatz, unter Mörder Sanitzer werden sie nach Auschwitz gereist, um dort ihren Hochverratsprozess abzuwarten. In den mitreisenden Akten der Vermerk RU: Rückkehr unerwünscht.

Dort ist nun die Europäische Gemeinschaft auf engstem Raum versammelt. Kaum eine Nation fehlt. Einträchtig fressen sie aus dem gleichen Blechnapf, weniger einträchtig, wenn um ihn gerauft werden muss. Italiener, Polen, Deutsche, Griechen, Tschechen und Slowaken, Franzosen und Holländer und so fort trotten in den Holzpantinen zur Arbeit, sie trotten zumeist aber im Laufschritt, *schneller, Schweine, marschmarsch*. Ähnliches Bild im Frauenlager. Einträchtig sitzen sie auf den Massenlatrinen, von Typhus und Ruhr durchgeputzt bis zum Absterben, wenn sie sich nicht raufen müssen oder sich bereits im Todesblock befinden, ausröcheln in allen europäischen Seufzern.

Auschwitz? Der *Archipel Europa*, ein dichtes Spinnennetz mit Tausenden Fliegen darin, Todesplätze allerorten, von Natzweiler bis Majdanek, von Neuengamme bis Saloniki und zurück nach Stutthof, von Drancy, Stutthof und Westerbork bis Jasenovac. Das Vereinigte Europa der Sklaven, der Beleidigten, der Getöteten. Über ihm der Meister, der Weber des Netzes und seine Gehilfen, Deutschland und die mit ihm Kollaborierenden.

Als dieses Nazideutschland zuletzt auch in Schutt fällt, liegt also der alte Kontinent da, ausgeweidet, verdorrt, starr. Einen kurzen Moment, denn *Leben blüht aus den Ruinen*, wie es heißt, und der Frühling fünfundvierzig war – wie die Leute sagen – zauberhaft schön und warm.

2.

Unter diesen Trümmern bin ich hervorgekrochen worden, im Schlagschatten der großen östlichen Öfen. Versteckt in der Kinderkrippe der Nationalsozialistischen Volkswohlfahrt im Zentrum der Glasscherbeninsel, wie sie nun heißt. Vor dem Krieg nannten die Wiener sie Mazzesinsel, weil viele Juden auf ihr lebten, meine Leopoldstadt.

So wachsen wir herein in den Nachkrieg, die Kinder von Wien, spielen mit Steinen Fußball, mit Tennisbällen, mit Gummibällen, ich krieg einen Lederball, Prinz werde ich von der Jesuitenwiese. Ärgerlicherweise wird uns eine Ruine nach der anderen weggeräumt, in denen wir herrlich spielen können, Franzosen gegen Vietminh. Langweilige Gemeindebauten entstehen, aus deren Fenstern uns mürrische Erwachsene anknurren. In dieser Stadt liebt man Hunde, nicht Kinder.

Es sei denn, die Russen sind da. Kinder können über die Sowjetsoldaten zumeist nur das Beste berichten. Wir werden in die Höhe gewirbelt, riechen das seltsame Parfum aus den Mündern der strohblonden lachenden Serjoschas und Aljoschas. In den vornehmen Stadtteilen kauen die Amis ihre Gummi, an Franzosen und Engländer kann sich kein Kind in Wien erinnern.

Es geschehen seltsame Dinge: Die Nazilehrer schweigen die Unterrichtsstunden durch, gelegentlich erwähnt einer seinen Dienst als Tiefflieger bei der Wehrmacht. Europa verschwunden, für uns gibt es Amerika und die Sowjetunion.

Als ich zu schreiben beginne – mit acht – war ich Jungpionier, Sturmvogel hieß das in Wien, eine Kinderorganisation der Kommunistischen Partei. Wir Kinder sind sowieso ganz sowjetzugewandt, nicht weil die so kinderfreundlich sind: Der Sozialismus, *der Osten ist rot* (*China ist jung*, wurde damals noch gesungen), die blühende Alternative zum Ausbeuterkapitalismus Amerika und langsam, ganz langsam Westeuropas, ward uns eingefleischt und hernach als glänzende Zukunft entgegengeworfen.

Erster Splitter Kindheit

Da war die Kindheit, war ein Mordstheater
Zuerst erwürgten sie mir glatt den Vater

Dann kam die Mutter zruck aus dem Kazett
Streichelte mich ins ICH, doch ich war weg

Vagabundierte durch die Leidenschaften
Sodass die Schulen als die Zitadellen
Des Lebens stürzten. Und sie schafften
Des Aufruhrs Winde, des Versagens Wellen

Und prallte ab bei Menschenkindern
Stieß rasch hinein in solche Roten Träume.
Sodass Parolen mich umküssten aus Genossenmündern.

Bis in die Kindheit runter werfen Marx- und Leninbäume
Die Zukunftsschatten, welche meine Gegenwart verhindern:
Rauchnasenkinder zeug ich mir vom Stein der Vatersteine.

Mich und meinesgleichen interessierte keine Montanunion. Überhaupt erschien uns der Europagedanke reaktionär und rechts – da wollen sich die Konzerne supranational zusammenschließen und nennen das die *Integration Europas*. Für mich war Adenauer eine suspekte Gestalt; inwieweit er ein *großer Europäer* war, konnten diejenigen nicht erkennen, welche gar nicht wussten, was *ein großer Europäer* überhaupt sein soll. Nach dem dreizehnten August einundsechzig sangen wir: *Auf der Mauer, auf der Mauer, sitzt der Konrad Adenauer.* Wir schoben die Teilung Deutschlands durchaus dem Westen in die Stiefel und bekämpften die Revanchisten, die Vertriebenenverbände, deren Methode der Geschichtsbetrachtung – vermutlich zum Teil noch heute – in der chronologischen Schuldumkehr bestand: Nicht die Nazis mit Billigung der meisten *Volksdeutschen* hatten sich wie die Barbaren im Sudetenland und in Schlesien aufgeführt und so die Voraussetzung für die spätere Vertreibung geschaffen, nein, neunzehnfünfundvierzig war für sie die Stunde null, und es begann das Unrecht. Viel später erst begriffen wir, dass kein Unrecht ein anderes rechtfertigen kann. Für mein Schreiben aber war ihr Verleugnen der eigenen Schuld und die lautstarke Beschuldigung ihrer einstigen Opfer prägend und schloss mehr und mehr auch den Stalinismus mit ein. Denn für Stalinkantaten war ich zu jung und später als Gelegenheitsmaoist konnte ich mich zu entsprechenden Lobliedern aufgrund früherer Erfahrungen nun doch nicht entschließen.

Für einen links Sozialisierten, noch dazu mit einer vertilgten Familie im Rucksack, war der europäische Gedanke lange nicht attraktiv. Wie kam er denn daher?

3.

Eine konzertierte Aktion, eine formierte Gesellschaft, ein Wertekompendium, das die alten deutschen Herrlichkeiten mit demokratischen Stehsätzen bemäntelte, aber alles Linke zu kriminalisieren suchte. Da wurde aufgebaut, Demokratie von den einst feindlichen Westalliierten abgepaust, es wurde verdrängt, dass die Seelenschwarten krachten, die Leichen verbuddelt, die Erinnerungen an sie zur Vorgeschichte hin untertunnelt. Im Präsens standen die Wendehälse, angesehene Politiker, Ministerpräsidenten, Verkehrsminister, Vertriebenenminister, Bundespräsidenten etc.

In Österreich war der Werteverbund ähnlich und noch um einen Dreh perfider: Als erstes Opfer Nazideutschlands verkauften bekanntlich unsere bauernschlauen Politiker der Welt die Rolle der Österreicher. So konnten diese direkt vom Rand der Erschießungsgruben, in die Juden, Russen, Partisanen, Kommissare herabgeschossen wurden, in den Zuschauerraum des Nachkriegsösterreichs springen und von einem anderen Stück berichten, das sie bloß gesehen, nicht gespielt haben. Es taten immer die anderen etwas: die Partisanen, der asiatische Iwan. Juden? Nirgendwo gab es Juden und wenn, dann ging es denen dann an den Kragen, daweil man grad auf Heimaturlaub war. Zehntausende österreichische Wehrmachtssoldaten mussten mitmachen bei der Aktion *Verbrannte Erde*, doch kaum einer sah ein Verbrechen der Wehrmacht, und sah er es, schwieg er. Diese Generation war ein Wunder. Sie ging wie einst Galahad vollkommen unschuldig aus dem Weltgemetzel hervor, obwohl sie sogar Teil einer Angriffsmaschinerie war. Am Ende hatte sie ihre Pflicht getan.

Weniger die erste, doch schon die zweite Generation der Politiker und die mittleren und unteren Chargen der beiden großen Parteien waren allesamt Zuschauer eines bedauernswerten Geschehens. Die dritte Kraft – VDU, d. i.: Verband der Unabhängigen – sammelte nicht unerhebliche Reste der Ehemaligen, welche etwas abgeschwächt zu ihrer ehemaligen Gesinnung standen. Abgeschwächt heißt: zu den *guten* Seiten des Nationalsozialismus. *Hitler war ein böser Mann / doch baute er die Autobahn.* Auch das mit den Juden war ein Fehler, das Antiklerikale auch; überhaupt war es falsch, gleichzeitig gegen Weihrauch und Knoblauch zu kämpfen. In diesem Sumpf entstand und gedieh jene braune Blume, welche die österreichische Farbenblindheit – eine Volkskrankheit – für blau hielt.

Ausgerechnet aus diesen Reihen kam der Europagedanke auf uns. Unterstützt und bald überflügelt von den Konservativen des Landes griff die Idee Platz. Einer ihrer Kerne war allerdings, dass eigentlich bereits Hitler ein geeintes Europa wollte und auch bekam – siehe Archipel Europa. Diesen Kerngedanken wiesen die Konservativen zurück, ersetzten ihn durch zeitgemäßes: Das vereinte Europa soll sein ein wirtschaftskräftiges Bollwerk gegen den gottlosen Kommunismus, soll werden eine Befreiung unserer Brüder und Schwestern in Osteuropa. Um dieses Europa zu bekommen, muss es zuvor in zwei Stücke geschlagen werden, und immer, wenn von Europa die Rede war, galt es, dem Westen zugewandt zu sein.

Gegen diesen Werteverbund liefen die Achtundsechziger Sturm, wie wir wissen.

Allmählich, allmählich, mit den Ostverträgen, mit den zerbröckelnden Volkswirtschaften im Osten und ihren spießbürgerlichen Demokratiedefiziten, schließlich mit Gorbatschows Perestroika veränderte sich auch das Wertekompendium des Westens. Die Wundergeneration fährt allmählich, allmählich in die Grube und mit ihr etliche herrliche und alte Gedanken.

Als die Neunundachtzigerereignisse dem Realsozialismus den Garaus machten, hatte sich schon ein anderer Europagedanke herausgebildet, welcher sowohl mit der paneuropäischen Bewegung als auch mit dem alten Mitteleuropa mehr zu tun hatte als mit dem Europabild der Rechten und mancher Konservativen früherer Jahre.

4.

Was soll das für ein Mitteleuropa sein, in dem die Verkehrssprache Englisch ist?, fragte vor Jahren der Schriftsteller Milo Dor, geboren in Budapest, aufgewachsen in Beograd, nach dem Krieg in Wien lebend. Mitteleuropa ist heute ein Trugbild: Mit der Vernichtung des europäischen

Judentums ist auch jenes kulturelle Mitteleuropa unwiederbringlich dahin.

Doch pulst jene Zeit in mir fort, sie trägt all das Vergangne herauf, sei es in den Schriften Milo Dors, im Werk von Aleksandar Tišma, Ivo Andric, Robert Musil, Joseph Roth und vieler anderer. Insofern spielte und spielt dieser Raum auch in meinem Schreiben eine große Rolle.

Die Reise der Wörter 1 (Inmitten des Karstes)

1

Inmitten des Karstes und Leichen liegen auf ihm
Blutpfützen da und dort ein blasser Himmel und drunten
Baumgruppen ein See mit gekräuseltem Wasser inmitten
Des Steins südöstlicher Geschichte zusammengekauert
Mit Ohren als wär es schwankendes Schilf eine
Gruppe von Wörtern mit Augen aus Objektiven
Hockt in den Mulden des Karstes auf den Höhen
Sieht in zerschossnes Gehöft diese Gruppe hört auf

In der Gegend zusammengebuckelt still zu halten
Sondern erhebt sich fährt aus was an Triebkraft
Ihr Flügel verleiht und flattert und fliegt und entfernt sich
Von den Blutmeeren als die sie da schweigen und
Infizieren rundum alles mit Stille entfliegt
Den Jammertalen den gepanzerten Bergnasen
Gewinnt an Höhe an Breite verliert im Fluge
Die Schatten der Gegend und schlüpft in unsern Gehörgang

2

Ich melde dies war er besoffen das sah ich mit den
Gebe ich zu eignen herausgewälzten Augen vorne ein Mädchen
Dazwischen ein Greis Srebrenica meine Liebste von vorne
Bückt sich dein Gebihatschter samt seinem Goratsch zum Ende.
Kannitverstan! Meld er verständlich den Gruelfakt
Herauf in unsere Kästen wen interessierts dass du da
Irgendeine Srebrenica gefickt was ist mit den Messern
Im Maul der einen der andern der einen ists wahr dann ists wahr

3
Über den zentralen Alpen trennen sich die Wörter von sich
Verlassen die Kavalkade nesseln herunter verschwinden
In den Computern kommen aus diesen durchrastern die Bilder
Und Schilf wiegt sich zu Minen Markt zu Massakern die
Wörter stoßen vom Gehörgang zum Zungengrund von dort
Neue Wörter aus jenen und der Kontinent plappert
Die Gegend zu dort frühere Bauern und Ärztinnen
Einstige Kinder und Soldaten ein stilles Equipment ergeben

Ausgerechnet diese Region hat es zerrissen, die Blutfahnen des ganzen vergangenen Jahrhunderts kehrten in den Neunzigerjahren auf engstem Raum zurück und drohten anfangs auch das ganze Europa zu renationalisieren.

Während des Bachmann-Wettbewerbs 1992 in Klagenfurt hörte man das Schießen fast bis zu uns herein.

Reise der Wörter 2 (Sterbien)

Während mich der Schlaf übermannt denke ich zerfahren
Über die Stimmen nach die den südslawischen Wirren
Nun ein Echo sind im Halbschlaf seh ich
Als wär ich dabei das Einreiten der Ustaschaflagge
In den Gehöften der Krajina das ununterbrochene
Beschieße Ostslawoniens die Arme von Vukovar die Toten und
Den Filmer Niki Vogel niedergestreckt am
Süßen Flugfeld der nördlichen Stadt Ljubljana

Die nach Liebe klingt Falter umrunden die Leselampe
Daweil die Bosnier in Srebrenica längst ins Grab geschossen und
Murmele Selbstbestimmungsrechte der Völker Tschetschenen
Krajinageserbe Muslime Deutschtyrol im Süden was ist mit Erdberg
Am Weltkanal das Blut füllt meine Augendeckel Ignorant und Nörgler
Begutachten Bombardierungen der Weißen Stadt es ist als
Ob Serbien zu sterbien hat jeder Schuss ein Russ die Bauchatmung

Die ich bei mir beobachte hier macht sie mich lachen
In der Wiener Bettstatt nun prügeln sie aus ihren Redaktionen
Ihren Wirtshäusern auf den Dichter H. ein weil der ein Trauernder des
Gesamtstaates gerechte Berichterstattung sich wünschte einen
Gräueltatbestand und aber bevor ich die Augen
Zuklappen kann torkelt Herr Joseph R. oder so ähnlich über
Meinen Nabel soll doch Franz Joseph eher leben als
Tudjman und Milosevic flüstert der ich

Dreh mich um nehme ein Bein aus der Decke
Strecke den Hintern nach Südost bette beide Hände
An der Wange und jetzt hab ich zu schlafen schon
Morgen muß ich einer Figur meines Romans
Hinterherschreiben die begehrt nicht schuld
Daran zu sein spät ist es für aufgeschriebenes Zeug denn
Unten auf der Straße kratzen die Schneeräumgeräte
Als ob Panzer darauf warten dann endlich holt mich der Traum

Wiederum erwies sich seitens der Medien diese einseitige Berichterstattung als Indiz, wie schnell sich nationalistische Scharfmacherei entwickeln kann. Der serbische Nationalismus, der gewiss ebenso Schuld trug an den Kriegen in der Region wie der kroatische, wurde in alter Serbienmussstherbien-Manier verantwortlich gemacht. Peter Handke, der diese Einseitigkeit anprangerte, wurde von diesen Medien aus Deutschland und Österreich nahezu zum Feind des Friedens und der Demokratie erklärt. Dass er dann später auch etwas einseitig die serbische Politik in Schutz nahm und sich womöglich auch etwas verrannt hat, ist angesichts jener Medienkampagne verständlich, wenn es auch zu einer gewissen Klarheit der Orientierung wenig beitrug.

Doch sukzessive fasste auch in dieser Krise dieses neue Europa Fuß. Eventuell werden die Konturen einer Friedensunion sichtbar.

5.

Ich fühle mich in der Europäischen Union ganz gut, freue mich, dass wir in den Haiderjahren innerhalb und nicht außerhalb der EU waren. Es wäre unangenehm gewesen in Zeiten aufsteigenden Populismus mit den Haider nachlaufenden österreichischen Schlaumeiern allein geblieben zu sein.

Jetzt mit der Osterweiterung müsste sich die Union zur Sozialunion weiterentwickeln, doch auch in der puren Wirtschaftsunion wird es zu neuen sozialen Kämpfen kommen. Doch diese Kämpfe als neue Klassenkämpfe und nicht als Kämpfe der Staaten gegeneinander mögen auch mehr soziale Gerechtigkeit zum Resultat haben. So wären auch jene Linke mit diesem Europa einverstanden, die sich die Auseinandersetzung zwischen Kapital und Arbeit immer schon im internationalen Maßstab gewünscht haben.

Mir solls recht sein. Aber mein Schreiben hat seine Muttermale leider nicht im Reformeuropa, sondern in jenem europäischen Gulag. Je mehr dieser in der Geschichte zum Erdreich geht, desto mehr mögen künftige Texte zivilisatorischen Fortschritten Rechnung tragen.

Neunzehnfünfundvierzig. Der Zug hält. Die Türen gehen auf. Männer – in anderen Uniformen als bisher gesehen – werfen Strohsäcke in die Waggons. Meine Mutter, sowohl mit zweiunddreißig Jahren als auch mit zweiunddreißig Kilo, fragt einen Uniformierten:

Wieso auf einmal Strohsäcke?

Der Mann in der Uniform der Feldpolizei schweigt. Die Häftlinge aus den diversen KZs schweigen ebenso. Plötzlich sagt der Mann:

Heute ist der neunte Mai, Friedensschluss. Und mit Blick auf die herumstehenden und einherliegenden Skelette fügt er hinzu:

Ihr habt es gut.

Mit freundlicher Genehmigung des Suhrkamp Verlages, Frankfurt am Main:
Erster Splitter Kindheit.
In: *Ohneland. Gedichte vom Holz der Paradeiserbäume 1979–84.*
Suhrkamp Verlag, Frankfurt am Main 1986
Die Reise der Wörter I (Inmitten des Karstes) und *Reise der Wörter II (Sterbien).*
In: *Immernie. Gedichte vom Moos der Neunzigerhöhlen.*
Suhrkamp Verlag, Frankfurt am Main 2000

Ivan Štrpka

Ich würde Europa heute nicht als Kontinent bezeichnen, eher als einen sich formulierenden Kontext. Einen offenen Kontext inmitten anderer Kontexte. Sich schreibenden.

Ivan Štrpka

Slowakei

1944 in Hlhovec geborener Dichter, Schriftsteller und Übersetzer. 1963 gründete er mit Ivan Laučík und Peter Repka die Dichtergruppe *Die einsamen Läufer.* Nach einem Studium der Slawistik und Romanistik in Bratislava arbeitete Štrpka als Redakteur bei der demokratischen Wochenzeitschrift *Kultúrny život (Kulturelles Leben)*, die nach der Okkupation verboten wurde. Ab 1970 war er als Dramaturg und Redakteur für Kindersendungen beim Slowakischen Fernsehen tätig.
Er übersetzte u. a. Werke von Cervantes, Borges und Pessoa ins Slowakische und brachte mit dem Musiker Dežo Ursiny erfolgreiche LP's heraus. Štrpka leitet die Literaturzeitung *Romboid*, lebt und arbeitet in Bratislava.

In deutscher Übersetzung u. a.:

Zwischenspiele. Puppen (um) einen Kopf kürzer
Gedichtband
Aus dem Slowakischen von Ursula Macht
Verlag BONsai-typART, Berlin 1997

Im Wortwechsel – Ein literarischer Zirkel aus Europa
Hrsg. Elisabeth Vera Rathenböck und Peter Klimitsch
Anthologie. Edition Gruppe für angewandte Texte
Linz 1998

Ach, Kinder, beschmiert mit Honig und Blut

Nenazval by som dnes Európu kontinentom, skôr formulujúcim sa kontextom. Otvoreným kontextom uprostred iných kontextov. Píšucim sa.

Meine Damen und Herren, ich spreche zu Ihnen von einem unbekannten Ort, sende ein Rauchzeichen inmitten einer der jüngsten und am wenigsten sichtbaren Gegenden der glänzenden literarischen Tradition dieses bunten, reichen und alten Festlands. Ich melde mich direkt vom Tatort, vielleicht sogar geradewegs aus einer Art von unentdecktem und etwas exotischem kleinem, literarischem schwarzem Loch genau in der geographisch phantasmagorischen Mitte der Mitte Europas. Mythen haben bei uns ein Zuhause. *Ich erinnere Paris und war niemals dort*, singt unser geistreichster Komiker, so indiskret enthüllend unsere Tradition von Schwärmerei und melancholischer Frustration über die historische Abgeschlossenheit, über unzureichende Selbstgeltung und Bewegungsfreiheit. Jedoch ist bei uns auch die Ansicht verbreitet, dass das Leben inmitten einer solchen Phantasmagorie ein prachtvoller Quell von Energie, Kreativität, des Durchdringens von Zeiträumen, ein reales Tor zu einer neuen Wirklichkeit sein muss.

Machen wir's kurz: Ich spreche zu Ihnen als ein slowakischer Dichter aus der Slowakischen Republik. Und also, wie mein Freund, der Dichter Ivan Laučík treffend bemerkt, *schreibe ich Ihnen von unbestimmtem Ort auf den Karten.*

Und gerade diese Ungewissheit des Ortes, das Nichtverankertsein in festen, abschließenden Koordinaten von Formen und entleerten Stereotypen, diesen unsicheren Ort, der sich der Definitivität entgegenstemmt, einen Ort, der sich in sich und dir gleichzeitig entwickelt, diesen unfesten, beweglichen Ort einer sich fortwährend verlagernden und überschneidenden *beweglichen Identität*, deren einzige Stütze und annehmbarer Rahmen der Plural ist – diesen beweglichen Boden der fruchtbaren Wüste unter den Füßen (der a priori niemandem gehört), diese ahistorisch fortdauernde Unruhe des Ortes, die unablässig eine lebendige Tradition aus der schwimmenden Archäologie des unaufhörlichen Bewusstseins von Zusammenhängen schöpft, aus der Bewegung von Intuition, Empathie und direkt aus der Luft der Kultur, ausbildend die zerbrechliche Eierschale einer Schutzatmosphäre zum Reifen des Lebens gegenüber einer sich ungeduldig wälzenden Geschichte (wie Nietzsche bemerkt) – diesen beweglichen Ort des Gedichts, den unsicheren, lebendigen Ort unserer aktuellen Veränderung, jenen veränderlichen Ort kann ich heute ohne Verlegenheit als Stützpunkt meiner Versuche, zu leben, und meines Schreibens benennen. In meinen Fingern ertaste ich von Anfang an unterbewusst das lebendige Nomadentum des Schreibens als meinen alten, ununterbrochenen Irrfaden. Ja, diese Unruhe des Ortes, dieses sein offenkundiges und nachweisbares Nomadentum ist irgendwo in mir als Identifikationsmerkmal abgelegt. Als Pakt einer europäischen Identität. Das grundlegende, lebendige Paradox, notwendig für das Leben und sein Wachsen. Das Paradies des Schreibens ist beweglich, seine Hölle ist die Unbeweglichkeit. Kommunikation ist in diesem Code wiederum eher ein permanentes Fegefeuer unseres Wahrnehmungsvermögens und seiner eigenen Worte. Bei diesem Spiel oder dieser persönlichen Religion geht es jedoch nicht nur um die Wahrheit oder um die Lüge reiner Suggestion der Worte.

Ganz am Anfang steht für mich die Frage nach dem Wert. Dem Wert eines Gedichts und dem Wert des einzelnen, konkreten Menschenlebens. Und das unabweisbare Gefühl, dass zwischen ihnen eine gewisse, womöglich schicksalhaft bestimmende Beziehung besteht. Die beständige Spannung, zielend auf den reinen Wert des Sinns, sucht nach eigener Lösung und Erfüllung – sie will Form radikal zerbrechen und hervorrufen: Die Art und Weise entscheidet. Ist das nicht ein immer währendes Thema der europäischen Kultur?

Ich erinnere mich, dem Wort *Europa* erstmals als ganz kleiner Junge begegnet zu sein, eben im Zusammenhang mit dem Wert und der Art und Weise. Beim Erzählen des Vaters: In den ersten Friedenstagen nach dem Ende des Krieges, der die meisten Toten von allen produziert hatte, erneuerten Soldaten der siegreichen Roten Armee die provisorische Brücke über den Fluss Waag. Sie beeilten sich, scharfe Kommandos fielen, mitunter fielen auch Balken und Bauleute in den Fluss. Sie ertranken. *Russland ist reich! Wir sind viele! Weitermachen! Haltet euch nicht auf, wir haben keine Zeit!* – Der kommandierende Offizier hatte dafür nur eine wegwerfende Handbewegung. Und vor den Augen der schockierten Einheimischen erlaubte er niemandem, auch nur einen von ihnen zu retten. *Barbaren, ein Menschenleben bedeutet ihnen nichts*, rief aufgebracht meine Mutter, *das würde ein normaler Europäer niemals tun!* Diese Brücke war eine Metapher unserer Zukunft und praktizierter Kommunismus. Das Leben des Einzelnen hatte für ihn jeglichen Wert verloren. Das waren die neuen Menschen, die neuen Befreier Europas. Sie kamen, uns zu befreien auch vom Wert unserer eigenen Leben. Und in dieser revolutionären Praxis gingen sie uns vom ersten Augenblick an mit gutem Beispiel voran. Im Namen ihrer großen Idee.

Ich war ein Kind und empfand wie ein Kind. Noch nichts wusste ich damals über Stalin und Hitler, über Kommunismus und Faschismus, über Kriege, über Konzentrationslager und Gulags, über den Holocaust, über den ununterbrochenen blutigen Faden, der geradewegs zu uns führt. Ich wusste nichts über das Christentum noch über Hölderlin oder die Ritter der Tafelrunde noch über die Atombombe oder über die Sucher des Grals. Aber seit damals sitze ich zusammen mit Vater und Mutter am schönen und guten, festen Gestade des zivilisierten Europa, vielleicht präziser: am fruchtbaren Ufer des Kinderwortes Europa. Und ich denke nicht daran, es zu verlassen. Ohne Rücksicht auf die Widrigkeiten des Schicksals, die menschliche Dummheit und Gefräßigkeit, die Verheerung der Natur und den beharrlichen Gestank der Geschichte, die stetig nähren menschliches Blut und menschliche Gleichgültigkeit anderen gegenüber. Und stetig fließt in mir der gleiche Fluss, in den erneut gefallen, wobei erneut nicht eingeschritten wird – und es schwimmen in ihm die Opfer wie auch die leichten Bojen unserer Interessen. Und ständig ist im Spiel der reine Wert des einzelnen menschlichen Lebens. Auch jenes, das wir hier alle gemeinsam so fröhlich und leidvoll leben, bezwingend die unergründlichen Wellen der Verzweiflung wie der Euphorie.

Ohne Pathos oder billige Ironie: Das ist der Grundstein.

Eigentlich ein Ideal, sich verknetend mit den wachsenden Schatten der Wirklichkeit. Nichts weiter. Wenn ich von Europa spreche, denke ich heute vor allem an eine Vorstellung. Ich bekenne meine kindliche Illusion: Ich spüre in ihr stets einen gewissen unterbewussten Widerschein der Ehre und des göttlichen Ruhms der fahrenden Ritterschaft, fühle darin den Abscheu gegenüber allen Sorten von Kreuzrittertum. Ich denke an ein Netz kommunizierender Vorstellungen. Der Westen ist für mich das, was er ist. Eine Realität und deren unablässige Erforschung. Vernunft. Und vor allem das, was hinter ihm, was hinter dem Westen ist. Was hinter ihm steht, als Traum und Wert. Sinnen wir darüber gemeinsam nach – teilen wir miteinander unsere verschiedene Parallelerfahrung des letzten halben Jahrhunderts, das wir Auge in Auge durchschritten haben als konkrete Geiseln einer abstrakten Macht-Feindschaft, die Angst produzierte. Reden wir darüber in der eigenen, einzigartigen Sprache der Einzelnen – die kann uns keine Macht nehmen noch stehlen.

Womöglich ist unser – östliches und westliches – gemeinsames Reizthema nicht so sehr die Unfreiheit als vor allem die Erfahrung mit der Freiheit, unterschiedliches, gegensätzliches und buntes, sich überlagerndes Durchmachen der Verwirklichung und des Gebrauchs von Freiheit bis zu den äußersten Konsequenzen. Im Grunde: Was wird aus ihr gerade heute? Just mit ihren Folgen und Grenzen haben wir jetzt bei uns die ernsthaftesten Sorgen.

Das Ausmaß der inneren Freiheit trug uns von Anfang an gegen den totalitären Strom, ihm entgegen und quer zu ihm als spontane und freie Kultur. Die Macht herrschte über die Masse, der nicht resignierende Einzelne zog sich tief ins Innere zurück. Ins Innere der Masse oder ins individuelle Innere. Und lebte sein Leben. Und mitunter überlebte er auch. Heute ist das nur noch ein abgedroschenes und allgemein bekanntes, düsteres Märchen aus der Folklore des vergangenen Jahrhunderts. Es war in einem anderen Europa, aber es war in Europa, denn auch die Straßen meines Landes in der hermetischen Abgeschlossenheit der gewaltsam verwirklichten Phantasmagorie durchkreuzten weiterhin Europa. Und auch das war eine europäische Verantwortung. Jedoch – wer ist Europa?

Wirklich ernsthaft zu lesen und gleich darauf etwas weniger ernsthaft auch zu schreiben begann ich in den berühmten sechziger Jahren, in einer Zeit spürbarer Lockerung und allgemein anwachsender Hoffnungen. Und ich begann wohl mit einem etwas provokativen und quijotehaften Gestus. Ein junger Mann muss doch ein für alle Mal all diesen Mist und Gestank und die vorgeschriebene kollektive Nekrophilie aus seinem Weg räumen – und das gleich bei seinem ersten lautstarken, grundsätzlichen und souveränen Abstecken des Terrains. Aber allen Ernstes: *vielleicht müsste nicht mehr jeder, der ernsthaft geboren wurde, ein Don Quijote werden – hätte er doch etwas Besseres zu tun, als sich an irgendwelche vermeintlichen Realitäten zu verschwenden*, fügt Nietzsche hinzu. Und wahrlich, es ging um die ganze nackte, keineswegs vermeintliche Realität unserer Leben inmitten des absurden Käfigs einer Gesellschaft, die überhaupt nicht gut ist für die Menschen. Und um ihre Veränderung – sozusagen von innen. Um nicht weniger. Ach, Kinder, beschmiert mit Honig und Blut, wollen alles und wollen doch nichts verlieren! Kurz und sachlich: Gemeinsam mit Freunden in Geist und Herz – einer ist Ivan Laučík, der andere Peter Repka – ersannen wir als Neunzehnjährige im Jahre 1963 arglistig die Dichtergruppe *Einsame Läufer*. Ihr erster lautstarker Schritt war selbstverständlich ein Manifest, mit dem unschuldigen Titel *Rückkehr der Engel* (inmitten des tobenden Kommunismus). Selbstverständlich wurde es von der präventiven Zensur gestoppt. Höchste Stellen griffen ein und der Zirkus begann. Das Verbot der *Rückkehr der Engel* dauerte volle fünfundzwanzig Jahre.

Es ging uns natürlich nicht nur um Literatur – es ging uns um das Leben und um die Welt, in der wir verurteilt waren zu leben. Grundlegend, alles bestimmend, irritierend und dachbildend aktuell war für uns der radikale, unversöhnliche Konflikt zwischen Abgeschlossenheit und Offenheit. In uns selbst, in unserm Innern, im Denken, in den Beziehungen, der Gesellschaft, im Lesen und im Schreiben, in der Moral und vor allem in den Taten, die das Werk, Menschenleben genannt, in der Welt krönen. Keinerlei bemühtes Literatentum, keine Gedichte um ihrer selbst willen, vom Staat genehmigt und passiv dem Konsumentenblick ausgesetzt, keine ästhetischen Dinge, in sich selbst verschlossen, keinerlei Masken einer vorgeschriebenen und entleert gestikulierenden, von Ideologie vergifteten Kultur, keine verbotenen Worte und verbotenen Früchte, keine Diktate, keine *vermeintlichen Realitäten*. Es ging uns um die von uns selbst garantierte, bewusst verantwortliche Teilnahme an der Freiheit, um ihre unablässige Miterschaffung, um freie, reale und imaginative Bewegung aus eigenen Kräften und auf eigenem Weg. Diese Bewegung kann der Läufer nur aus sich selbst heraus vollziehen – und einsam, inmitten der verheerten und abgeschlossenen Welt, inmitten der kopflosen Menge, gegossen ins Schweigen sklavischer Lethargie und Passivität, die nicht atembaren Herdensmog ausscheidet, inmitten unmündiger, manipulierter Menschen, von der Macht zur Lüge verurteilt, zu Halbwahrheit, Heuchelei, Verstellung, Kollaboration und allumfassender Bewegungslosigkeit. Es ging uns – à la Camus – um den Ruhm, frei zu leben, und um die Ehre, diese Freiheit aus eigenen Kräften zu schaffen. Wir sprachen über Ethik, auch über die Ethik der Poetik, und wir dachten dabei stets an die Ethik der Offenheit. An menschliche Spontaneität und Intimität. Wir dachten an den freien Raum in den Köpfen der Menschen, an diese parallelen Welten. An die Pflege des Wahrnehmungsvermögens und der Empfindsamkeit. Wir vergötterten das starke Erlebnis, die Aufrichtigkeit, die Authentizität und die Ironie, die offene Verrücktheit. Wir sprachen ganz unbefangen davon, dass wir aus den sauberen Landschaften unserer Kindheit kommen – und nicht aus ihrer schmutzigen Geschichte, zu der man so gern revolutionäre Praxis sagte. Überhaupt, dass wir kommen – und uns von neuem die Grundfragen nach Identität und Sinn stellen. Auch eine eigene Bedingung – Raum für das Individuum. Individualität und die Solidarität der Individualitäten als Gegensatz zur perversen, mit Gewalt aufgezwungenen Selbstidentifikation der Masse mit der Macht. Wir suchten klare Bedeutungen und wollten dabei weder den Worten erliegen, noch in ihnen hängen bleiben. Wir sagten, dass für uns Kommunismus und Krieg gleichermaßen absurd sind. Wir sagten, wir engagieren uns für die *Rückkehr der Engel* in die Herzen und Köpfe der Menschen. In der zeitgenössischen ideologischen Interpretation hatten diese Worte – sich engagieren und Engel – ihre genauen, absolut unvereinbaren Konnotationen. Und wirkten selbst als Sprengladung, die das verborgene Innere der Papierkulissen wie auch der ganzen gut maskierten Abgründe und Versteinerungen des geistigen Lebens bloßlegten. Wir sagten, wir wollen unser Gedicht leben und verkörpern – so, dass es eine Chance bekäme, rückwirkend kreativ in unser mentales Leben einzugreifen. Damit es auch in der lebendigen Wirklichkeit außerhalb seiner Sprache standhielte, damit es ein Plus wäre. Damit es offen sei und in einer einzigartigen, intimen Kommunikation funktionierte. Wir sagten, das Gedicht sei eine Sinn-Botschaft und zitierten dabei Ginsberg. Ganz am Ende dieses Textes prangte mit virtuellem Lächeln die liebe Nachricht: *Die Sonne möge nicht untergehen über eurem Zorn* – was ein klares Zitat aus den Apostelbriefen ist. Howgh!

Einsame aller Länder, vereinigt euch!, paraphrasierte fröhlich Peter Repka den allerheiligsten Ritual-Schrei des Kommunismus, der uns von klein auf aus allen Ecken der verflachten Welt angrinste. Diese ihre Welt hatte nur eine Seite. Die eigene mentale Bewegung war in ihr praktisch blockiert. Dem zum Trotz oder gerade deshalb drückten wir damals, am Anfang, unser grundlegendes Lebensgefühl aus. Das Gefühl der Einsamkeit des Läufers. Auf dem Horizont des Eingeschlossenseins in orthodoxe Bewegungslosigkeit ist seine eigene Bewegung verwirklichte Offenheit. Der Lauf selbst ist Nichtfixiertheit, Nichtdefiniertheit, Kontinuität des Wandels wie auch das Wiederfinden eines Ortes. Und es ist dies der lebendige, offene Ort sich herausbildender, gerade vergehender und sich enthüllender Bedeutungen – intensives Leben in der Gegenwart, in direkter Aktion. Einfach – der ideale Ort für das Gedicht.

Und die Einsamkeit? Das ist Absonderung, Aus-der-Reihe-Treten. Ablehnung. Wahl und auch Rauswurf. Sagen wir, das ist der Mensch selbst, ein extremer Grenz-Zustand des Menschen in seiner konfrontativen und selbstreflexiven Nacktheit und Empfindsamkeit. Ein intimradikaler Zustand des Menschen, der in der Entblößung seinen aktuellen Kontext sucht. Wie ein offenes Gedicht. Wie der Lauf selbst – dieser hoheitliche Akt der Anwesenheit in der Gegenwart, eine immer bewegliche, offene Form, die andauert, solange sie abläuft. Wie die Offenheit zur Kommunikation, die andauert, solange die direkte Verbindung dauert. Diese radikale Art und Weise des Schreibens und auch der mentalen Existenz bleibt uns stets. Offenheit und Abgeschlossenheit begegnen sich hier im Konflikt der Schaffung von Alternativen der eigenen Wirklichkeit am beweglichen und unverhofft sprechenden Ort der individualisierten Rede.

Das Gedicht ist eigentlich ein unerwarteter Nomade inmitten der fest konsolidierten Welt. Und die uralte Übertretung der Ordnungsgrenzen der Dinge wie auch die ständige Überschreitung der einzelnen individuellen Sprachen, der Arten und Weisen von Gedichten, all diese unablässige gegenseitige Beeinflussung und auch Ausschließung enthüllt für mich hinter dem Wort Europa auch die erregende, bunte, andauernd in Blüte stehende nomadische Tradition der Poesie und ihrer lebendigen Fata Morganen, die seit Menschengedenken mit solcher Wucht die fertige, selbstsichere Realität und unsere stumpf werdende Empfindsamkeit treffen.

Gerade auf diese Tradition hefteten wir damals, als wir inmitten der abgeschlossenen Realität zu schreiben anfingen, aufmerksam, begierig unseren Blick, voll eigener Inspiration. Wir bewegen uns mit eigenen Schritten im Netz dieser veränderlichen, lebendig atmenden Kontexte. Woran wir direkt hängen, ist die Offenheit für den Kontakt, das gegenseitige Lesen, die Empathie, die auf dem nomadischen Weg immer unfehlbar eine frische Spur findet.

Ich riskiere. Ich mag keine Laborversuche, ich bevorzuge das direkte, scharfe Experiment. So erkennt man früher, was Bestand hat, was gilt, was funktioniert in seiner Wirklichkeit inmitten der breiteren Wirklichkeit außerhalb der Worte.

Das Schreiben ist für mich stets voller Analogien zum Lauf. Es ist ein Akt. Und lässt hinter sich irgendeinen Entwurf, eine Möglichkeit, einen unabgeschlossenen einsamen Pakt – kein Produkt. Hinterlässt. Im Wortsinne hinter den Fersen. Vom ersten Schritt, vom Nullpunkt an, der locker ist, unstet, im Grunde unablässig vergehend, nur fähig, sich zu projizieren, hinüberzuwachsen ins bewegliche Netz der eigentlichen Bedeutungen.

Einfach: Der Schritt vergeht, der Akt bleibt. Man kann das weiter untersuchen. Es ist offen. Was gerade ohne festen Ort andauert, ist das Schreiben. Und in ihm erlischt jeder im Vorhinein fest installierte Punkt. Dafür gewinnen wir jedoch diese besondere plasmatische Bewegungsform, die sich selbst auch den Raum erschafft, in dem sie sich vollzieht, die Welt, in der sie existiert. Sie hat kein Ziel. Sie ist im Grunde dieses *Hat nicht!*. Und kann wohl deshalb auch mit diesem ihrem reinen *Ist* sein.

Dem Läufer brennt es stets unter den Fersen. Auch dem Schreiben. Deshalb wirft es sich ständig vorwärts, ins Unbekannte. Löschen oder verbrennen? In jedem Falle ist der Boden hier heiß. Der einzige feste Punkt der Bedeutung ist wohl der Ort, an dem der Leser verweilt. Ein solcher Lauf und auch solches Lesen sind die tiefste aktive Einsamkeit und Entblößung. Das, was auf etwas zielt, ist zunächst ein beständig sich erneuernder Anfang. Ich nehme das so wahr – inmitten einer sich erneuernden Instabilität. Gern nehme ich eine andere, ruhigere Deutung an. Nur, wovon sich abstoßen?

Natürlich ist hier ein verbindlich geschriebener Text – aber seine Beschaffenheit habe ich gerade skizziert. Vor uns haben wir also stets etwas wie einen reinen Akt. Oder einen Instabilitätspakt, sich geradezu stabil erneuernd. *Ich schreib' euch aus kommender Leere, eingekeilt schon in diesen Moment, und von unbestimmtem Ort auf den Karten*, sagt Ivan Laučík, konzentriert mit der Feder über die Karte reisend, die er sich so gerade erschafft. *Noch dreitausend Jahre*, ergänzt Peter Repka, *und die Vögel hören auf, uns zu fürchten.* Schreiben ist das unablässige Hervortreten der Unsicherheit der Existenz aus sich selbst. Das ist eine slowakische Tradition. Schreiben ist vielleicht so etwas wie das beharrliche Vergessen der Schreckhaftigkeit der Vögel, die auf den ersten Blick überhaupt nicht zusammenhängt mit unserer Unsicherheit noch mit unserem Klebenbleiben an der Luft. Nähe bietet sich an. Und Möglichkeit ist hier ein nacktes Zeichen.

Ohne jedwede Mystik oder Illusion: Etwas, was nicht ist, schreibt in dir jemandem in dir, der noch nicht hier ist. Als ob dabei nur unwillkürlich Wort für Wort entstünde.

Das ist von jeher unser slowakisches existenzielles Motiv: Wir schreiben, um zu beweisen, dass wir wirklich sind. Wir schreiben uns. Aber für mich liegt darin unvermeidlich auch der leichte Anflug einer ewig ironischen Anarchie, die das antastet, was definitiv und ernst vorgegeben ist – wie die Form, die Sendung oder auch das Schicksal. Wir erschaffen uns. Und darin ist etwas, was mich befreit. Und mir erlaubt, jeglichen sozialen Fetischismus und auch alle Stellvertreter-Rollen des Schreibens zu verlachen. Einfach gesagt: Gedichte schreiben sich, um sich zu verwirklichen, um eine eigene Wirklichkeit zu werden – und so ein wenig mit ihnen auch wir.

Meine Poetik ist das prozessuale *offene Gedicht!* Der ausbrechende, ablaufende und sich realisierende Konflikt von Abgeschlossenheit und Offenheit. Ein aktueller Bedeutungsbildungsprozess, der der Lösung zustrebt. Meinem Leben und meinem Schreiben schaden hermetisch abgeschlossene Fülle wie auch hermetisch abgeschlossene Leere. Die Lüge der reinen, abgeschlossenen institutionalisierten Form. Die dunkle Macht der Abgeschlossenheit und der Beherrschung durch ein System. Die leere Macht der Form, die reine, institutionelle Lüge.

Die Not verwehrte mir zu glauben, dass unter der Sonne und in der Geschichte alles gut sei. Die Sonne lehrte mich, dass Geschichte nicht alles sei, sagt Albert Camus – und darin liegt nicht nur der hochmütige Starrsinn durch Armut und Licht geleiteten Schreibens. Die unmittelbare Erkenntnis der Möglichkeiten blendet uns mit Reichtum von jedem sauberen Blatt. In diesem Zusammenhang erdreiste ich mich nicht, von Wahrheit zu sprechen. Aber es sind hier Empfindsamkeit, Aufruhr, Ablehnung und auch Annahme, Versenkung, Freude und Beklommenheit, ein Moment der Übereinstimmung, vielleicht Extase, die uns real und tief zu leben erlauben – zu vertiefen, unsere Welt zu erschaffen auch ohne Rücksicht auf die Geschichte oder ihr zum Trotz.

Irgendwann vor langer Zeit (vier Jahre vor der Okkupation durch die brüderlichen Armeen des Warschauer Vertrags, die kamen, um uns auf diese Art definitiv von uns selbst zu befreien), an einem Frühlingstag in 1964, lechzend nach Leben, eingeschlossen im phantasmagorischen Reich inmitten Mitteleuropas, standen wir in Bratislava am Donauufer mit Allen Ginsberg, dessen Anwesenheit unter uns irgendwie beinahe unwirklich war. Er war hier gelandet wie ein lebender Marsmensch, wie eine Erscheinung. Aufgeregt zeigten wir mit dem Finger auf die leere, durchsichtige Luft des scheinbar undurchdringlichen Eisernen Vorhangs auf dem anderen Flussufer vor uns. Unsere tagtägliche Grenze, die er wunderbarerweise überwunden hatte, war so nah, dass wir uns fast die Nase platt drückten an ihrem Panzerglas. Nur der Himmel floss frei und teilnahmslos weiter in alle möglichen Richtungen. Allen nickte nur traurig mit dem Kopf: Er spürte diese Absurdität, diese Grenze der Grenzen, die die Welt teilte und auf unserer Seite ein Gefängnis war. Was war sie wohl von außen, von der anderen Seite? Projektionsleinwand für Illusionen, für Verachtung, Feindschaft, für Gleichgültigkeit, für Hoffnung oder für eigene Befürchtungen und Angst?

Wir debattierten über die Grenzen der Welten, rauchten Gras und tranken Wein, während wir unter einem Baum bei irgendeinem vergessenen Grab am Ende des alten Friedhofs saßen. In meinem Kopf kreiste unabweislich das Ende seines Gedichts *Am Grab Apollinaires: bin hier begraben, sitze unterm Baum beim eignen Grab*. Es war so eindringlich, dass ich es schließlich aussprach. Allen (er erinnerte sich gerade an Paris) lächelte zu diesen Worten und nickte verständnisvoll. *Ja, gerade hier, jetzt fühle ich es von neuem so, nehme dasselbe wahr – und es ist ein glückliches Gefühl.* Wir lachten, und ich habe es plötzlich einfach verstanden. In diesem Augenblick war das eindeutig auch mein eigenes, suggestives Gefühl. Und gleichzeitig stand ich darüber – ich hatte diese erhaben-besengte Vision einer fremden Vorstellung in mir vollkommen unter Kontrolle. Die Übertragung funktionierte. Diesmal auf uraltem Wege: ohne Schrift und auch ohne Papier. Die Grenze öffnete sich leise in meinem Kopf.

Auch das ist ein lebendiger Augenblick der Grenzüberschreitung. Unsere Identitäten sind tagtäglich untrennbar verbunden mit der verflossenen Welt, die schon zu Ende gegangen ist. Auch das ist Historie: Die Gräber repetieren. Und was sie repetieren, sind Gräber. Und wir hier in der anderen, neuen Welt fahren weiter fort mit unseren Leben, die ausgerichtet sind auf unsichere Hoffnungen und auf unsere Vorstellungen. Auch mit Traumata und Narben, auch mit Gräbern und auch mit dem erhebenden Gefühl, dass die Historie dennoch wieder einmal fest auf die Seite der Lebenden gebaut wird. Die Gräber schlafen und in ihnen schläft auch die Unruhe ihrer Erfahrungen. Wie nach dem Krieg. Und unser gemeinsames Erbe ist das zukünftige Europa als Fakt und Vision. Als guter Wille, lebendige Übertragung. Den Vorrang hat Wachstum. Der Erfahrung unserer Gräber wird es, so hoffe ich, nicht gelingen, es zu zersetzen.

Weder unsere eigene Historie noch die Hysterie aus der Historie darf mehr unsere Zukunft zertrümmern – wie das in den endlos sich wiederholenden blinden Taten welcher Vendetta auch immer zu sein pflegt. Das Böse ist konkret und der Kampf mit dem lebenden Bösen hat konkrete Ziele, die es gilt, hart zu treffen. Weder die symbolischen Schatten eines Massenopfers noch unser pragmatischer Fanatismus oder puritanisches ideologisches Dunkel dürfen sie verdecken.

Mögen also die Toten ihre Toten begraben und die Lebenden beide.

Solcherart ist die blubbernde Alchimie der Gegenwart. Was heute zum Wohle des Lebens am Leben ist, mag mit uns überleben. Das Übrige mag fruchtbar verfaulen in den goldhaltigen Blitzen des Schlafs von Putreszenz und Gnade – ohne die Welt des menschlichen Gedächtnisses zu verlassen. Der geheimnisvolle, verinnerlichte Richter in uns hebt ständig den Finger und zeigt auf uns: Bist du nur das bloße, abgeschlossene *Ich* oder auch das andere – das offene, antwortende *Du*, verantwortlich für beide?

Soweit es um die Dichter geht, bin ich gemäßigter Optimist: Sind sie doch oft Stereotypenbrecher, Zerstörer versteinerter Kanons und Grabmäler, aber auch lebendige Verehrer von Gräbern. Sie leben von der Luft der Zukunft, die bereits jetzt unsere Tage bis zum Rand füllt. Unsere Tradition lässt uns ruhig weitertrinken, -rauchen und -debattieren an den Gräbern noch ganz lebendiger Avantgarde- und Post-Avantgarde-Dichter. Dieses Ginsberg'sche Gefühl in uns dauert fort. Es spricht aus ihm etwas Wesentliches – jenes glückliche Gefühl, diese freiwillige, lebendige Fessel, die über Grenzen und Gräber, auch über uns selbst hinausreicht, uns am Leben erhaltend angesichts einer aufschiebenden Zukunft, die uns zu verschlingen und auszufüllen trachtet. Noch immer nennen wir es Kultur.

Unsere Kraft liegt in der bewussten, vollen Anwesenheit in der Gegenwart der Kultur. Ja, die Kultur ruft stets behexend irgendwo am Horizont, aber die Verlockung der *unerträglichen Leichtigkeit des Seins* lächelt uns immer unstillbarer von allen Seiten aus der Nähe an. Nach langen Jahrzehnten der Demoralisierung kommt das Leben leicht abhanden – wie die menschliche Tugend und der kreative Gedanke. Aber was wird mit der Demoralisierung der Armen? Was mit dem brennenden Bedürfnis vieler frustrierter Menschen, die sich vor allem nach Europa sehnen wie nach einem einzigen, mit Waren gefüllten, vereinheitlichten *Shopping-Center Europe*, zugänglich für alle? Auch hier ist es wichtig, nicht mechanisch-hörig verlockende neue Dogmen gegen das alte Schweigen einzutauschen. Selbstverständlich mündet auch der höchste, global zugängliche Konsumstandard nicht in ein geschichtsloses Paradies.Wir wissen das gut, im Osten wie im Westen: Sich selbst an Dinge zu verkaufen ist vielleicht eine neue Herrschaft, aber ganz sicher die alte Sklaverei. Das wirkt heute wie programmiertes Träumen, wie ein fröhlicher, simpler Sieg des Hedonismus für Massen, definitiv so gut wie Ideologien – und das ist des Teufels. Vielleicht eine neue Phantasmagorie, die singt, dass unser ganzer Sieg draußen vor uns liegt. Die Kultur bringt eine offene Herausforderung des Wertes: Die Art und Weise entscheidet. Und sie enthält in sich auch das Kriterium des Wertens: *Dichten ist Messen*, behauptet Heidegger und legt dabei die Betonung auf das Wort Dichten. Die Lösung ist im Innern – gibt intensiv die Kultur zu verstehen angesichts ihrer extensiven Zivilisation, die sich selbst elegant sophistische Fallen stellt.

Jetzt liegt Europa zur Gänze unter unseren Füßen – nicht als Boden, als Grundwort, das die Wirklichkeit und ihren Wert, aber auch ihr Wachstum begründet.

Ich würde Europa heute nicht als Kontinent bezeichnen, eher als einen sich formulierenden Kontext. Einen offenen Kontext inmitten anderer Kontexte. Sich schreibenden. Sogar einen meerweit offenen und sich weiter öffnenden, durchlässigen, sich umschichtenden Kontext, der die festen Grenzen der Stereotype und des Schreibens auflöst. Andere, schwimmende Grenzen und Koordinaten unserer Wahrnehmung erschafft. Dieses Atmen, dieser unablässige Austausch, Enthüllen und Verhüllen, das andauernde Strömen von Informationen und Einflüssen, Duelle der Imagination und gedankliche Durchdringungen, das neugierige Zuhören, die neue Aufmerksamkeit für andere und die freie Voreingenommenheit für seine eigene, einmalige Art und Weise, das ständige gegenseitige Lesen sind in meinen Augen eine offene Chance, sowohl für uns wie auch für alle.

Die Energie wird konzentriert. Donner und Blitz sind in den Arsenalen unter Kontrolle. Die Xenophobie verblasst, der Nationalismus ist taub und blind. Die Skepsis verfinstert sich streng. Die Ironie in geschmeidiger Lauerstellung. Die Sehnsucht steigt. Die Samen der Empfindsamkeit keimen noch unerkannt, verschiedene neue Früchte wachsen in unterschiedlichen Gärten. Und in ihrer Mitte nagt glücklich weiter der goldene Wurm neuer Fragen und alter Zweifel. Denn Schreiben – im Namen seines Sinns – ist auch unablässiges Zweifeln am Schreiben. Und der Zweifel selbst ist eine alte europäische Tugend.

Und hier tritt die lebendige innere Grenze dieser Prozesse hervor: Gebildet wird sie vom scharfen *Nein*, ausgesprochen von einem einzelnen Menschen, wenn er sich Auge in Auge auflehnt gegen jedwedes geschlossene System, das den Raum der Empfindsamkeit des Individuums derart abschließt, verkleinert und vernichtet, dass es ihm nicht mehr möglich ist, menschlich in Würde zu reagieren und kulturvoll zu kommunizieren. Es ist eigentlich gleich, ob das die unbegrenzte Macht des Geldes, des Konsums, der Medien, stumpfsinniger Unterhaltung oder die reine, unkontrollierbare Macht wessen auch immer ist. Gerade die Frucht einer solchen persönlichen Verweigerung sagt uns zu und nährt uns. Ihre Grenze ist auch in mir. Jener offene und bedrohte Kreuzpunkt des Konfliktes, diese bewegliche Grenze der Werte bin eigentlich ich selbst. Das bin ich. Verantwortung für die Werte meines Lebens ist das Einzige, was ich in diesem Augenblick restlos als Reichtum mein Eigen nenne. Ich denke, dass gerade das heute sehr europäisch ist – und eben das will ich mir niemals mehr nehmen lassen. Ich kenne das: Kinder, beschmiert mit Honig und Blut, wollen alles und wollen doch nichts verlieren. Europa schreibt? Wir kennen die große Versuchung des Neuanfangs und des sauberen Blattes. Darauf wollen auch alle Revolutionen schreiben. Nur Vorsicht: Aus dem Bedürfnis nach Sauberkeit wird leicht die Versuchung der Sauberkeit und aus ihr oft auch die Versuchung der Fackel. Verbrennen wir nicht die Chance auf Veränderung – sie ist hier gerade bei uns; inmitten des klaren Geistes tanzt sie in ihren ersten Buchstaben. Besser vielleicht, nicht auf Kindergesichter zu verzichten und unter den Folgen das Erwachsensein anzunehmen. Die Revolution streicht sich aus. Jetzt ist Europa die Beschwörungsformel eines Kindes.

Die Nomadenstämme der Dichter und einsamen Läufer – Minderheiten, immer von neuem die geheime gemeinsame Sprache individueller Stimmen suchend – kreuzen schon von alters her unruhig und beharrlich diese unsere prächtige virtuelle Heimat. Wir schreiben hübsch zu Hause in der Ungewissheit, an unsicherem Ort. Wir schreiben uns selbst. Wir schreiben Europa. Auf ein sauberes Blatt? Oder ein neues Palimpsest?

Aus dem Slowakischen von Ursula Macht

Richard Swartz

Und doch ist gerade das Licht etwas, das uns immer wieder zögern lässt, mitunter bis ins Letzte, welches das richtige und wahre sei, und ob wir nicht doch mit einem anderen glücklicher geworden wären als mit dem Licht, das uns zufällig gerade zur Verfügung steht.

Richard Swartz

Schweden

1945 in Stockholm geboren, studierte Geschichte und Slawistik an der Universität Stockholm und verfasste als Austauschstudent in Prag 1970-72 seine Dissertation. Seit 1976 ist er als fester Osteuropa-Korrespondent von *Svenska Dagbladet* tätig. Er lebt abwechselnd in Stockholm, Wien und Sovinjak in Istrien und ist Mitarbeiter verschiedener internationaler Zeitungen, u. a. der *Frankfurter Allgemeinen Zeitung*. Mit seinen Berichten und Analysen zählte er bald zu den wichtigsten Stimmen in Osteuropa, er selbst wurde von einigen sozialistischen Staaten von Zeit zu Zeit zur persona non grata erklärt. Swartz erhielt mehrfach journalistische Auszeichnungen für seine Arbeit. *Room Service* wurde 1996 von der Darmstädter Akademie für Sprache und Dichtung zum Buch des Monats Dezember gewählt.

In deutscher Übersetzung u. a.:

Room Service. Geschichten aus Europas Nahem Osten
Aus dem Schwedischen von Jörg Scherzer
Eichborn Verlag, Frankfurt am Main 1996

Ein Haus in Istrien. Roman
Aus dem Schwedischen von Verena Reichel
Carl Hanser Verlag, München 2001

Alles Licht auf mir

Och ändå är just ljus något vi ideligen tvekar om, ibland in i det sista, om vilket som är det rätta eller sanna, och om vi ändå inte hade blivit lyckligare med något annat än det ljus som råkade stå just oss till buds.

Das Licht, das es in Europa gibt, ist anders als das Licht in anderen Teilen der Welt. In Afrika und Asien ist es viel intensiver als bei uns; auch in Amerika ist das Licht ein anderes und stärkeres, ich habe selbst gesehen, wie es in (Nord-)Amerika lodern und den ganzen Himmel in Brand stecken kann, diesen amerikanischen Himmel, dem die Menschen dort mit größerem Ernst begegnen, als wir es mit unserem Himmel in Europa tun, zumindest heutzutage, und der jedenfalls viel wichtiger ist als irgendetwas, das sich zufällig unter ihm am Boden befindet.

Ein solches brennendes Licht nimmt sich die Welt auf ähnliche Weise vor, wie wir es tun, wenn wir unter einem Topf auf dem Herd Feuer machen: Es beginnt schon früh am Morgen, Landschaften und Gegenstände zu kochen, die Welt siedet und verliert ihre Konturen, die Konturen beginnen zu zittern und lösen sich bald auf, und schon gegen Mittag hat dieses nicht europäische Licht alles, was sich ihm dort gerade zum Gebrauch anbietet, zu einem Frikassee oder Eintopf gekocht.

Wer es gewöhnt ist, versucht sich gegen ein solches Licht zu schützen. Er hält sich abseits und so still wie möglich. Er trägt Tücher statt Kleider. Und wer es nicht gewöhnt ist, geht bald unter; erst wird er krank, dann unter Umständen wahnsinnig.

In Europa ist dieses Licht mit seinem innewohnenden Feuer sehr ungewöhnlich. Nur einmal, in einem Sommer in Istrien, habe ich es länger als für die Dauer einer Woche erlebt, obwohl *erlebt* nicht das richtige Wort ist, um zu beschreiben, was da geschah. Damals war das Licht wirklich im Begriff, mich verrückt zu machen. Wie im Dämmerschlaf lag ich hinter geschlossenen Fensterläden auf dem Bett, geschlossen eher vor dem Himmel als vor dem Licht an sich, und dieser Brand machte das Schlafen unmöglich, aber auch das Wachsein, und das starke Licht nahm sich die Welt vor und bleichte sie in einer großen Wäsche, bei der das Wasser eben durch Licht ersetzt wurde. Die Welt zerfiel, das Licht hatte sie aufgelöst, und mir verursachte es Kopfschmerzen; schließlich hatte ich Erscheinungen, die an nächtliche Träume erinnerten und jetzt an die Stelle dessen getreten waren, was zuvor die Welt gewesen war.

Doch zum Fliehen war ich zu kraftlos. Endlich kam der Regen. Ein Wolkenbruch stellte die Welt wieder her. Aus all dem Wasser von oben nahm sie wieder Gestalt an, und ich genas fast unverzüglich. So kehrte ich nach Europa zurück, obschon es vielleicht richtiger wäre, zu sagen, dass Europa zu mir zurückgekehrt war. Außerhalb von Europa weiß man fast immer, woher das Licht kommt, und tut, was man kann, um zu vermeiden, gerade diesen Punkt am Himmel zu betrachten. Ein solcher nicht europäischer Himmel lässt sich nur mit halb geschlossenen, zusammengekniffenen Augen betrachten, und die Gnade, die es hier vielleicht gibt und um die es sich vielleicht zu beten lohnen würde, wäre nicht mehr, sondern weniger Licht. Außerhalb von Europa ist alles dem Licht untergeordnet; Landschaften und Menschen, Berge, Bäume oder Häuser scheinen dort nur als Vorwand für das Licht zu existieren, damit es sich zur Schau stellen und die Welt nach Lust und Laune in Brand stecken kann. Der Himmel über uns ist in jenen Teilen der Welt nichts anderes als die Wohnung des Lichts, als wäre es ein Fürst, der von allen und allem Unterwerfung verlangt. Dort breitet es sich aus, wie es ihm gefällt und ohne von Wänden eingeschlossen zu sein.

Bei uns hingegen ist es nicht immer so leicht zu entdecken, woher das Licht kommt. Unser europäisches Licht erreicht uns oft auf Umwegen. Manchmal entdecken wir es nur durch Zufall. Dann erreicht es uns als Reflex oder Widerschein, fällt auf eine Hauswand oder als schmaler Streifen auf einen Fußboden, und ohne dieses indirekte Licht würde es vermutlich kein Europa geben, wie wir es kennen.

Ein solches Licht besitzt aus natürlichen Gründen keine besondere Wärme; es weckt in uns eher Gefühle oder Gedanken, als dass es unseren Körper wärmt. Aber es ist ein ausgezeichnetes Licht, um darin zu frieren. Mitunter scheint es von irgendwo jenseits des Horizonts zu kommen: Von dort erleuchtet es den Himmel über Europa, aber einen Himmel, der dieses Licht nur für eine Weile als Leihgabe hat, ungefähr wie früher, als man in unseren europäischen Städten – tatsächlich noch in meiner Kindheit – farbenfrohe Plakate an Wände und Bretterzäune klebte, um für irgendwelche Sensationen Reklame zu machen, die bald wieder vorbei sein würden. Ein solches Licht bleibt nicht besonders lange am Himmel. Bald erlöscht es, es stirbt, und es dauerte gewöhnlich nicht besonders lange, bis auch die Plakate an den Hauswänden überklebt waren oder abblätterten.

Unser europäisches Licht ist außerdem nicht besonders stark. Es kann sich an Stärke nicht mit dem afrikanischen, südamerikanischen oder asiatischen messen. Brennen tut es nur in Ausnahmefällen. Dieses ziemlich schwache, zögernde Licht, das sich gleichsam vorsichtig forschend umsieht, ist weit mehr mit der Erde verbunden als mit dem Himmel. Das ist ein entscheidender Unterschied. Es bedeutet außerdem: ein Licht, das mehr mit dem Vordergrund verbunden ist als mit dem Hintergrund.

Weit mehr als die Schriftsteller sind ja die Maler auf das Licht angewiesen, und in der europäischen Bildkunst lässt sich immer etwas im Vordergrund finden, was das Interesse der Künstler auf sich gezogen hat, während der Hintergrund meist in Dunkelheit gehüllt ist, in dunkle, gedämpfte Farben, oder sich mit ein paar einfachen Pinselstrichen begnügen muss. Nur bei Caravaggio gibt es ein Licht, das zwischen Vordergrund und Hintergrund nicht unterscheidet. Dieses Licht besteht eigentlich aus einer Vielfalt von Licht und bringt Menschen und Gegenstände von innen zum Leuchten, so als wäre die Welt ein einziges großes Schneelicht. Und weil dieses Licht einen jeden mit derselben brutalen Leidenschaft überfällt, erscheinen uns seine Bilder beinahe wie Vergewaltigungen. Caravaggio ist indessen eine Ausnahme. Europas Museen sind sonst voll von solchen Vordergrundbildern, und wäre es nicht so, dass sie die verschiedensten Motive zeigen, könnte man behaupten, sie bildeten einzig und allein unser europäisches Licht ab, nichts anderes.

Außerhalb von Europa ist es genau umgekehrt. Wer sollte sich dort für den Vordergrund interessieren? Wie sollte das überhaupt möglich sein? Dort ist das Licht im Hintergrund. Es ist der Hintergrund, der beleuchtet ist, nicht der Vordergrund. Außerhalb von Europa kommt das Licht ja aus der gewaltigen Lötlampe mitten am Himmel, ein Licht, das jeden Vordergrund auslöscht und uns dem Hintergrund preisgibt, und das die Menschen, die anderswo als in Europa leben, dazu bringt, sich oftmals einer inneren statt einer äußeren Welt zuzuwenden.

Unser Licht bewirkt hingegen, dass wir hier sehen, was wir gerade vor der Nase haben. Alle Bedeutung wird in den Vordergrund verlegt. Das, was nah bei uns ist, also das Sichere und Vertraute (oder was so sein sollte), wird wichtiger als der größere Zusammenhang, ohne den es nichts Sicheres und Vertrautes geben kann: Aber da haben wir es dicht vor der Nase und den Augen, so dicht, dass wir nicht umhinkönnen zu sehen, dass auch dieses Sichere und Vertraute krakeliert ist, dass sich mit jedem Tag neue Risse zeigen, die nicht da sein sollten, und so richtet sich unser Interesse auf diese Risse statt auf das, was immerhin diese ganze sichere und vertraute Farbe an der Oberfläche zwischen den feinen, fast unsichtbaren Rissen verbindet und am Platz hält.

Unterdessen geschehen in unserem europäischen Hintergrund die erschütterndsten Dinge. Die Asche wird von neuem gewendet, neue Gräber werden ausgehoben, aber unser europäisches Licht ist so schwach, dass es nicht für das reicht, was wir ohnehin nicht sehen wollen, also all dies Lichtscheue, das, was schon fast im Dunkel liegt oder auf dem Weg dahin ist. Bei uns in Europa gibt es ganz einfach zu wenig Licht. Ich muss nur mein Küchenfenster zum Hinterhof öffnen, um mich zu überzeugen: An einem Wintertag wie diesem zeichnet das Licht zarte, aber zugleich strenge Muster mit der Hilfe des Schnees, der da unten liegt, Flecken von Schnee, die vom dritten Stock aus zerrissenen Laken gleichen. Ein fahles Licht hebt Schattierungen und Tönungen in dem hervor, was erst aussieht wie nur zwei oder drei frierende Farben, sich aber als eine unendliche Anzahl von fast allen Farben erweist, die zu einem europäischen Vordergrund gehören: Nuancen von schwarz, von braun, von blau und grau und von dem, was beinah weiß ist. Und da ist nichts Besonderes zu entdecken, und stundenlang kann ich hinter meinem Küchenfenster sitzen und auf diesen Hinterhof hinunterschauen.

Zumal im Winter kommt es vor, dass ich mich nach einem anderen Licht und einer anderen Wärme sehne, als Europa sie mir bieten kann. Aber dann reicht es gewöhnlich, ans Bücherregal zu treten, einen südamerikanischen Roman herauszunehmen und darin zu blättern: Aus der Tiefe eines solchen Buches strömt ein intensives, weiß glühendes Licht, das alles in Hintergrund verwandelt; wo die Familie wichtiger wird als diejenigen, die zu ihr gehören, Einsicht wichtiger als Reflexion, Schicksal wichtiger als Freiheit, Blut wichtiger als Schnee, wo alles, was Form und Perspektive ist, von der Sonne bestimmt wird, immer am selben Platz am Himmel, und wo alle Farben in dieser weiß glühenden, alles verzehrenden Schmelze verschwinden. Aber das ist mir fremd. Es interessiert mich kaum. Noch schlimmer (und dies, bilde ich mir ein, ist der europäischste meiner Standpunkte) – es langweilt mich. Und doch ist gerade das Licht etwas, das uns immer wieder, mitunter bis ins Letzte, zögern lässt, welches das richtige und wahre sei und ob wir nicht doch mit einem anderen Licht glücklicher geworden wären als mit dem, das uns zufällig gerade zur Verfügung steht.

Mehr Licht ist also, was Goethe, allen Behauptungen zum Trotz, niemals auf seinem Sterbebett gesagt hat (das im Übrigen kein Bett war, sondern ein Sessel). Vermutlich fand jemand, ein so berühmter Mensch müsste in einem solchen Augenblick etwas sagen. Aber es ist frei erfunden. Trotzdem hat sich dieser Wunsch nach mehr Licht ein eigenes Leben geschaffen und den überlebt, der ihn nie geäußert hat. Doch wie hat sich diese Legende die Sache eigentlich vorgestellt? Sollen wir es uns als Goethes Wunsch nach mehr Licht denken, um die Dunkelheit zu zerstreuen, die sich jetzt auf ihn nieder senkt? Oder sollen wir ihn als einen alten Dichter sehen, der in diesem Augenblick schon in eine andere Welt blickt und – verwundert – sieht, wie viel mehr Licht es dort gibt als in der, die er jetzt verlassen muss?

Oder bittet Goethe nicht so sehr um Licht als vielmehr um das, was sich nicht so leicht davon trennen lässt? Um das, was brennt, um die Wärme, von der er hofft, sie könne die Todeskälte von ihm fern halten?

Für mein Teil glaube ich, dass er fror. Licht als purer Schein hatte Goethe ja mehr als genug zur Verfügung; in solch einem europäischen

Licht ist sein ganzes Werk entstanden und dann darin geblieben, so dass man ihm nirgends entkommen kann in dem, was er geschrieben hat; man muss nur eines seiner Bücher aufschlagen und lesen.

Und dasselbe europäische Licht, wie schwach und bleich es auch sein mag, fällt auch auf das, was ich schreibe.

Aus dem Schwedischen von Verena Reichel

Nikos Themelis

Wenn das Beharren auf der multikulturellen Identität Europas weiter im Vordergrund bleibt und infolgedessen auch das Bedürfnis nach Sicherung der nationalen kulturellen Identität jeder einzelnen Gesellschaft, dann wird das Aufspüren des europäischen Elements in der nationalen Literatur weiterhin schwierig sein.

Nikos Themelis

Griechenland

1947 in Athen geboren, studierte Jura in Thessaloniki und Köln, wo er auch promovierte. Er arbeitete als Rechtsanwalt für das griechische Wirtschaftsministerium und als Berater der Europäischen Union in Brüssel, bevor er in den Beraterstab des griechischen Ministerpräsidenten aufrückte, dessen Berater er noch heute ist. Sein Roman *Jenseits von Epirus* steht seit drei Jahren auf der griechischen Bestsellerliste und ist die Geschichte seines Großvaters. Für seinen 2000 erschienenen zweiten Roman *Der Umsturz* erhielt er 2001 den Großen Staatspreis Griechenlands. Mit dem 2003 erschienenen Roman Der *Lichtschimmer* hat er nun seine historische Trilogie abgeschlossen.

In deutscher Übersetzung u. a.:

Jenseits von Epirus. Roman
Aus dem Neugriechischen von Norbert Hauser
Piper Verlag, München 2001

Auf der Suche nach einem erweiterten Selbstbewusstsein

Αν διατηρηθεί σε προτεραιότητα η εμμονή στην πολυπολιτισμική ταυτότητα της Ευρώπης και κατ' επέκταση η ανάγκη της κατοχύρωσης της εθνικής πολιτισμικής ταυτότητας κάθε κοινωνίας, τότε θα εξακολουθήσει να 'ναι δύσκολη η ανίχνευση του ευρωπαϊκού στοιχείου στην εθνική λογοτεχνία. Ακόμη πιο δύσκολη η παραδοχή της σε οποιεσδήποτε προσπάθειες αυτογνωσίας.

Das Symposion *Europa schreibt. Was ist das Europäische an den Literaturen Europas?* trifft auf eine besonders interessante Konstellation in der Entwicklung Europas. Interessant zweifellos, jedoch für manche auch voller Herausforderungen, für andere eher mit Ängsten besetzt. Ich werde mich dem Thema aus einem ganz konkreten Blickwinkel annähern. Die Europäische Gemeinschaft, die den politischen und staatlichen Ausdruck Europas darstellt, befindet sich am Scheideweg ihrer Erweiterung um zehn bis dreizehn neue Staaten, zu denen hauptsächlich diejenigen zählen, die noch bis vor einem Jahrzehnt zum Gebiet des real existierenden Sozialismus gehörten. Zur gleichen Zeit hat in Gesellschaft und Wirtschaft sowie unter den Politikern ein gewaltiger Dialog begonnen, der damit zusammenhängt, dass in zwei Jahren Entscheidungen zur Umstrukturierung und Weiterentwicklung der Europäischen Union anstehen. Dabei geht es zum Beispiel um den Grad der Vereinigung und der sozialen Ausrichtung Europas. In diesem Punkt gehen die Ansichten überall auseinander.

In den Gesellschaften herrscht ein weit verbreitetes Unbehagen gegenüber dem Phänomen der Globalisierung und ihren Folgen. Im Zusammenhang mit diesem großen Unbehagen formieren sich fanatische Gegner und fanatische Befürworter. Gesellschaftliche Probleme wie die Arbeitslosigkeit, soziale Eingliederung und soziale Isolation, die verschiedenen Aspekte unserer multikulturellen Gesellschaften, die Beziehung zwischen Wachstum und Ökologie, kulturelle Probleme, die die Industrie der neuen Medien heraufbeschwört, Inhalt und

Ausrichtung der Bildung, Fragen von Freiheit und Gleichheit, von Solidarität und sozialer Gerechtigkeit und darüber hinaus Fragen von Demokratie fordern stets neue Antworten.

Für manche Kreise – und das ist das Schlimmste – sind keinerlei Antworten nötig. Die Ideologie des Marktes ist ständig danach bestrebt – und damit häufig erfolgreich –, die ihr zustehenden Grenzen des ökonomischen Lebens zu sprengen und den Raum der Gesellschaft, den Raum des politischen Lebens, den Raum der Kultur zu infiltrieren. Und je mehr ihr das gelingt, desto mehr führt sie dort zu einer Verbiegung, zu einer Entwertung.

Ich habe das Empfinden, dass Werte und Grundsätze verdrängt werden, die als Konzentrat des europäischen Denkens der letzten Jahrhunderte das ideologische Substrat und das kulturelle Fundament des Nachkriegseuropas gebildet hatten. Ich habe die Gewissheit, dass man den Bürgern in immer stärkerem Maß simplifizierende Lösungen suggeriert, während gleichzeitig die Probleme immer komplexer werden. Dass sich zunehmend in der Gesellschaft Prozesse einer Abwertung von Dingen und Ideen vollziehen, die vordem im Gemeinschaftsbewusstsein eine andere Position innehatten. Auch wenn es niemand wagt, diese Werte und Prinzipien offiziell in Zweifel zu ziehen, weichen sie tatsächlich im Wertesystem eines großen Teils der Gesellschaft gegenüber anderen Prioritäten zurück.

Neben die oben erwähnten großen Problemkomplexe möchte ich also auch das sich immer stärker und häufiger manifestierende Problem des Selbstbewusstseins stellen, des individuellen ebenso wie des kollektiven Selbstbewusstseins. Genauer gesagt, die Notwendigkeit, gemeinsame Werte und Prinzipien unserer Kultur als entscheidende Grundlagen von Lebensweise und Verhalten in den Vordergrund zu stellen. Wenn wir diese Notwendigkeit wirklich spüren und es uns gelingen würde, sie wieder ins Zentrum des öffentlichen Diskurses zu rücken, wenn es uns glücken würde, den Kreis der Gespräche weit über die bekannten Grenzen der so genannten geistigen Welt hinaus für die breitere Allgemeinheit zu öffnen, so könnten wir leichter Antworten auf die großen Fragen finden, die die europäischen Gesellschaften bedrängen. Wir könnten größere Kapazitäten und einen breiteren Konsens für Entscheidungen finden, die in unseren modernen Gesellschaften zur Ausbildung eines erträglicheren, eines besseren

Werte sind auch Barrieren

modus vivendi und *modus operandi* beitragen. Angesichts dieser Realität Antworten zu erteilen, liegt gewiss nicht in der primären Verantwortung der Literatur. Es ist jedoch zu fragen, wie sie sich als Teil geistigen Wirkens dieser Realität stellt.

Um Missverständnissen aus dem Weg zu gehen, möchte ich gerne erst einmal meine Position verdeutlichen. Ich glaube nicht, dass ein Kunstwerk und insbesondere die Literatur Regeln unterworfen sein darf, die sich in den Dienst an Zielen aus anderen Verantwortlichkeitsbereichen stellen: dem der Politik, des Sozialen oder der Wirtschaft. Doch dadurch, dass die Literatur Anreize und Material aus ihrem Umfeld bezieht und dieses Material über die ursprüngliche Schöpfung webt, wie etwa den Romantorso, den der Autor entwirft, wird sie unweigerlich vielmals Antworten geben, Botschaften weiterleiten, adoptieren und verwerfen und so ihren Einfluss auf den Leser ausüben. Insofern ist meines Erachtens die Axiallast einer Denkausrichtung, in unserem Falle also der des europäischen Denkens, in der Literatur nicht als Selbstzweck denkbar, sondern als unabtrennbarer Stoff der Literaturproduktion, und auf diese Weise fördert und beeinflusst sie Prozesse der Selbsterkenntnis, des Selbstbewusstseins.

Erlauben Sie mir, auf das Beispiel meiner eigenen Arbeit zurückzugreifen. Zunächst eine historische Rückblende, die mir angebracht scheint: Unter der Herrschaft der Osmanen ist für das Griechentum eine wichtige Entwicklung zu verzeichnen, die sich nicht nur im eigentlichen griechischen Raum abspielte, sondern auch in bedeutenden Zentren Russlands und des gesamten Gebiets, das später die Doppelmonarchie umfasste. Griechische Untertanen des einen oder anderen Königreichs entwickelten eine intensive wirtschaftliche Aktivität, vor allem auf dem Gebiet des Handels, der Schifffahrt und des Bankenwesens. Auf dem Balkan profiliert sich die griechische Sprache zur vorherrschenden Sprache des Handels und Austauschs. Es formieren sich kleine Zentren mit unübersehbaren Zügen von Wohlstand, Weltläufigkeit und einem hohen Bildungsniveau. Sie bilden auf diese Weise das erste Geflecht einer griechischen Bürgerschicht, die auf kleine Gemeinden verteilt ist, in großer Entfernung zu dem Gebiet, das heute von den griechischen Staatsgrenzen definiert wird: Triest, Wien, Belgrad, Brasov, Bukarest, die gesamten großen Städte des Herrschaftsgebiets an den Ufern der Donau, Odessa, die Städte um das

Schwarze Meer, Konstantinopel, Smyrna und Alexandria, um nur die wichtigsten zu erwähnen.

Als ein Teil des gesamten Griechentums adoptiert also dieser Mikrokosmos als erster die Ideen der Aufklärung, der Freiheit und Gleichberechtigung, verschreibt sich der Innovation, ist anpassungsfähig, besitzt Selbstvertrauen und Kreativität und wird ein bewusster Träger der Ziele der 1821 ausbrechenden griechischen Erhebung gegen das Osmanische Reich. Davon ausgehend entwickelte sich in dem Raum, der später den griechischen Nationalstaat bildete, eine langjährige Auseinandersetzung. Eine Auseinandersetzung zwischen einer westeuropäischen Ausrichtung, deren Herzstück die Gedanken der Aufklärung bilden, und einer Ideologie, die ihren Ursprung in der griechisch-orthodoxen Kirche hatte und auf ihrem Vormarsch weitere nationale und volkstümliche Elemente integriert hat. Vereinfachend könnte man diese Auseinandersetzung als eine von Ost gegen West bezeichnen. Dieser Aspekt der Geschichte des Griechentums wurde über einen ziemlich eng begrenzten Historikerkreis hinaus nicht gebührend ins Licht gesetzt, und meines Wissens hat die griechische Belletristik bisher keinen Anlass gesehen, sich dieses Stoffs anzunehmen.

Meine zwei Romane entfalten sich in zwei parallel ablaufenden Geschichten, die zu Ende des 19. und zu Beginn des 20. Jahrhunderts spielen. Für beide haben sich voneinander abweichende Einschätzungen in Bezug auf die Gattung ergeben: Im einen Fall werden sie als historische Romane und nicht so sehr als Bildungsromane gesehen; im anderen Fall ist es genau umgekehrt. In beiden ist Europa präsent. Ich will mich hier auf den ersten Band beschränken, der unter dem Titel *Jenseits von Epirus* ins Deutsche übertragen wurde, daneben übrigens auch ins Türkische und Italienische.

Europäisches Ideengut und europäische Wirklichkeit ziehen sich auf zwei Wegen durch den Roman. Der erste besteht in dem Bemühen, die Lebensverhältnisse jener Jahre mit größtmöglicher Präzision wieder auferstehen zu lassen und dabei spezielle Aspekte zu beleuchten, wie etwa die fragmentarische und verzögerte Bildung, den Aufstieg des Bürgertums, die gedankliche Mobilität in Gesellschaft und Wirtschaft, die damals für jenen Raum Südosteuropas bezeichnend war. Doch gleichzeitig auch die Schwierigkeiten, die sich Gedanken der

Aufklärung und des Humanismus in der Kollision mit zwei Fronten bieten: derjenigen der Alten Welt und derjenigen der im damaligen Raum des Osmanischen Reichs jäh aufkommenden Ideologie des Nationalstaats oder allgemeiner des Nationalismus.

Der zweite Weg ist meine schriftstellerische Entscheidung, eine Figur als Träger dieser Ideen zu erschaffen, und zwar als positiven Charakter, dem es am Ende gelingt, seine Lebensziele zu erreichen. Und nicht nur dies. Eine Persönlichkeit, die innerhalb der Erzählungen derer, die ihr Leben schildern, nicht nur als erfolgreicher Mensch sichtbar wird, sondern am Ende fast als beispielhafter Mythos der Gesellschaft aufscheint, in der sie gelebt hat. Es ist die Geschichte des Sohnes eines wohlsituierten Bürgers und Handelsmanns, eines Jugendlichen, der nach dem Verschwinden seines Vaters und dem finanziellen Niedergang der Familie versucht, sein Leben zu meistern, indem er das Glück im Osten sucht, in Smyrna, dem großen wirtschaftlichen Zentrum Anatoliens.

Das gesellschaftliche Umfeld in *Jenseits von Epirus* ist eine Welt, die weder Renaissance noch Aufklärung kannte. Eine Welt, die von den Entwicklungen abgeschnitten ist, denen sie im Abstand von Jahrzehnten, wenn nicht Jahrhunderten hinterherhinkt. Eine Welt, in der Wundergläubigkeit und Vorurteile herrschen, die uneingeschränkte Oberhoheit der orthodoxen Kirche für ihre christlichen Untertanen und schließlich die naive Herangehensweise an die Dinge durch Menschen mit niedriger oder nicht vorhandener Bildung. Im absolutistischen System des Orients fehlt jeder Begriff der Gleichberechtigung, Rechtsstaatlichkeit und Freiheit in all ihren Konsequenzen und Verzerrungen, doch gleichzeitig ist bis in die ersten Jahre des zwanzigsten Jahrhunderts hinein ein breiterer gesellschaftlicher Konsens über die friedliche Koexistenz im Rahmen einer multikulturellen Gemeinschaft vorhanden.

Diese schwierige Realität kommt also ganz allmählich in Berührung mit den Ideen der Aufklärung oder genereller dem aus dem Westen stammenden Ideengut: der freien Entwicklung der Persönlichkeit, der individuellen Initiative, dem Unternehmergeist, der positiven Haltung gegenüber der modernen Zeit und ihren Herausforderungen, wie der Einführung der Dampfkraft in Anatolien. Nikolís, der zentrale Held, versucht sich ganz allein auf die Beine zu stellen und

Antworten für die kleinen und großen Probleme zu finden, weitere Kenntnisse zu erlangen, Innovationen zu adoptieren, autark zu werden, sich als unabhängiger Unternehmer zu behaupten und schließlich selbst ein Efendi zu werden wie einst sein Vater.

Auf diesem ganzen Lebensweg bis hin zu seinem jähen Tod denkt, entscheidet und handelt Nikolís nach der Richtschnur der Ideen, die ihm sein Vater eingegeben hat. Ideen, die man in groben Zügen als Bildung der Aufklärung bezeichnen könnte.

Dazu ein paar Beispiele: In seinem Inneren bewahrt er als eindringlichsten Rat seines Vaters eine kritische Einstellung gegenüber den Dingen. Die Suche nach der Wahrheit und den entsprechenden Deutungen durch eine kritische Herangehensweise, bei der die Vernunft das zentrale Instrument bildet.

Auf seinem Lebensweg versucht er ständig eine Ethik zu finden und umzusetzen, die sich sowohl von der theokratischen Ethik des Islams als auch von der der christlichen Dogmatik unterscheidet. Er strebt nach dem Ausdruck einer weltlichen Ethik, deren Inspiration sich aus Gedanken speist, die nur undeutlich und verschwommen aus dem Westen zu ihm gelangt sind, wie etwa dem einer sozialen Verantwortung, die sich nicht unbedingt auf eine Lehre des Christentums beruft.

Für ihn ist die treibende Energie das Wissen, die wissenschaftliche Beweisführung, die immer breitere Bildung. Seine Einstellung kulminiert in seiner Erwiderung auf den Lehrer, als dieser mit ihm über die *Große Idee* diskutiert, ein entscheidendes Thema des Griechentums jener Zeit. Die *Große Idee* war das damals herrschende Dogma der nationalen Vervollständigung, die sich die konservative Mehrheit des bereits freien griechischen Nationalstaats in verschiedenen Nuancen zu Eigen gemacht hatte. Einfach ausgedrückt, hatte die *Große Idee* eine Ausdehnung des damals kleinräumigen Griechenlands bis zu den Grenzen des byzantinischen Kaiserreichs zum Ziel. Als dies von seinem Freund, dem Lehrer, leidenschaftlich verteidigt wird, setzt Nikolís seine eigene *Große Idee* dagegen, nämlich die Bildung:

Nicht nur das Lesen, das Schreiben, das Wissen, sondern auch die Bildung, die den Verstand erleuchtet und die Gedanken öffnet. Was Korais und alle, die so gedacht haben wie er, uns zu suchen aufgetragen haben. Die Bildung, die das Denken der Menschen vereinen kann, mögen sie hier oder am anderen Ende der

Ägäis oder noch weiter weg auf dem Balkan und im Westen leben. Die Bildung, die nach und nach für jeden die fehlende Freiheit sprießen lässt, sie wird ihn Duldsamkeit gegenüber Andersgläubigen und Respekt vor dem Andersartigen lehren. Die Bildung, die eine große neue Gesellschaft schaffen, uns alle umfassen und uns Kraft verleihen kann, und dann wird unser Fortschritt nicht von den Fetvas, den islamischen Rechtsgutachten, und den Beschlüssen der Wenigen abhängig sein.

Ich könnte noch weitere Beispiele anführen, in denen europäische Elemente, und zwar nicht nur ideengeschichtliche, über den zentralen Torso des Romans gewoben sind. Sichtbar wird das weltoffene, aber auch multikulturelle Smyrna am Ende des 19. Jahrhunderts, eine Welt, wo der europäische Westen in magischer Weise auf den Orient trifft. Eine Welt, in der alle Glaubensrichtungen und Nationalitäten in einem einzigartigen Klima der Achtung und Toleranz gegenüber dem Andersartigen friedlich nebeneinander existieren können. Dennoch – um keine falschen Eindrücke zu wecken – bleibt der Roman ein Roman. Er stellt ein Lebensabenteuer dar mit menschlichen Beziehungen der Abhängigkeit, der Unterwerfung, aber auch der Freiheit, mit Liebesgeschichten und Freundschaften, Problemen, Entscheidungen und den Konfrontationen des Haupthelden mit Personen und Situationen.

Das Unterfangen der Ausbreitung europäischen Denkens hatte in den Gesellschaften, die das damalige Osmanische Reich bildeten, bekanntlich nur begrenzte Auswirkungen. Im griechischen Raum war es sicherlich etwas erfolgreicher. Nationalismen, religiöse Dogmen, tief verwurzelte Traditionen und Weltbilder sowie ein weitgehendes Misstrauen gegenüber den Absichten der Diplomatie der Starken in Europa haben die Ausbreitung dieser Gedanken jahrzehntelang in einem solchen Ausmaß behindert, dass keiner behaupten kann, sie bildeten einen substanziellen Teil seiner Identität. Selbst in Griechenland, wo die Meinungsumfragen im Verhältnis zu anderen Mitgliedstaaten eine überwältigende Mehrheit für eine europäische Ausrichtung des Landes zeigen, bleiben die Bodensätze einer anderen Weltanschauung in weiten Bevölkerungsschichten virulent. Die Vervollständigung dieser Bemühung um Modernisierung und Rationalisierung der griechischen Gesellschaft stellt eine der größten Herausforderungen meines Landes dar.

In den letzten zehn Jahren erbringt die Generation der zeitgenössischen Autoren immer mehr schriftliche Belege eines freieren Schaffens. Eines Schaffens, das im Dialog mit einem aktuellen sozialen Umfeld steht, in dem die Grenzen zum restlichen Europa schon längst gefallen sind. Dieser Dialog nimmt verschiedenste Formen an. In der Regel ist er stillschweigend und unbewusst und äußert sich nicht: Es sind zum Beispiel gemeinsame Themen zu finden, die sich mit den Lebensbedingungen der heutigen Zeit befassen, wie der Einsamkeit in den Großstädten. Doch auch ein Aufkommen gemeinsamer Literaturgattungen ist zu beobachten, so etwa eine Blüte des Kriminalromans, oder auch das Zurückgreifen auf gemeinsame Ausdrucksmittel innerhalb individueller Wege. Oft kommt dieser Dialog deutlicher zum Vorschein, wenn etwa die Kommunikationsprobleme zwischen Menschen verschiedener Traditionen erzählt oder dargestellt werden.

Dennoch verschmelzen und amalgamieren die vielfältigen Elemente der europäischen Identität in der griechischen Literatur in einem solchen Ausmaß, dass sie das breitere Bewusstsein als authentisch nationale Elemente aufnimmt und einschätzt. Im herrschenden Klima der Globalisierung und ihrer Gefahren gilt die Kultur als letzter Verteidigungsposten. Wenn das Beharren auf der multikulturellen Identität Europas weiter im Vordergrund bleibt und infolgedessen auch das Bedürfnis nach Sicherung der nationalen kulturellen Identität jeder einzelnen Gesellschaft, dann wird das Aufspüren des europäischen Elements in der nationalen Literatur weiterhin schwierig sein. Und noch schwieriger deren Akzeptanz gegenüber jeglicher Bemühung um ein erweitertes Selbstbewusstsein.

Aus dem Griechischen von Birgit Hildebrand

Emil Tode

Offenkundig baut man darauf, dass die Entwicklung einer europäischen Identität dem aggressiven Nationalismus den Wind aus den Segeln nehmen wird. Ich befürchte das Gegenteil. Die einzige Rettung für Europa wäre, nicht so viel an Europa zu denken.

Emil Tode

Estland

Tõnu Õnnepalu

1962 in Tallinn geboren, studierte Biologie und arbeitete als Lehrer an einer Dorfschule. Er ist Übersetzer zeitgenössischer Literatur ins Estnische. 1993/94, während eines Aufenthalts in Paris, entstand sein erstes Prosawerk *Grenzland*, das von der Kritik hochgelobte und mit mehreren Preisen, u. a. dem Estnischen Nationalen Buchpreis, ausgezeichnet wurde.

In deutscher Übersetzung u. a.:

Im Grenzland. Roman
Aus dem Estnischen von Horst Bernhard
Paul Zsolnay-Verlag, Wien 1997

Tintenklecks Europa

Loodetakse nähtavasti, et euroopa identiteedi arendamine võtab agressiivsel natsionalismil tuule tiibadest. Mina aga kardan hoopis vastupidist.

Vor zehn Jahren, im Spätherbst 1992, lebte ich einen Monat lang auf einem Hof in Südfrankreich, im Departement Ardèche. Für mich war das eine wichtige Zeit. Zum ersten Mal in meinem Leben kam ich in direkten Kontakt mit jenen Wesen, die man Europäer nennt, und hatte Gelegenheit, sie bei sich zu Hause kennen zu lernen. Bis dahin wusste ich von ihnen nur durch Legenden und durch flüchtige Begegnungen auf meinen ersten Auslandsreisen. Doch mit jemandem in seinem eigenen Haus zusammenleben zu dürfen, ist natürlich etwas ganz anderes. Es gab mir die Möglichkeit zu gründlichen anthropologischen Studien.

Meine Gastgeber waren reizende ältere Eheleute; nennen wir sie Françoise und Gérard. Sie waren von Beruf Notare gewesen und hatten sich auf ihre alten Tage auf dem Landgut der Frau niedergelassen, in einem riesigen alten Haus, wo sie Zimmer an Gäste vermieteten. Offiziell betrieben sie Landwirtschaft, was bedeutete, dass ein Nachbar für sie im Frühjahr ihr Stückchen Acker mit Weizen ansäte und es im Herbst aberntete. So hatten sie weniger Steuern zu zahlen und kamen finanziell gerade über die Runden. Ich lebte bei den beiden als unbezahlte Arbeitskraft, wodurch ich meinen Frankreichaufenthalt bestritt und auch ein wenig Französisch lernte, das mir bis dahin hauptsächlich als Buchsprache bekannt gewesen war. Ich sägte Holz und verrichtete andere körperliche Arbeit, bei den Mahlzeiten saß ich mit den beiden in der großen kalten Küche an einem langen Tisch und ließ mir Ratatouille, Quiche und Lammbraten schmecken. Mich dort zu beschäftigen war für sie, schien mir, eher ein Akt der Wohltätigkeit als eine lohnende Investition. Vielleicht außerdem ein interessanter Zeitvertreib, denn auch sie fanden so Gelegenheit zu anthropologischen Studien an einem Ureinwohner der ehemaligen Sowjetunion. Die Touristensaison war vorüber und ringsum herrschte tiefe Stille. Das größte und eigentlich auch einzige Ereignis des Tages war die tägliche Ankunft des Postautos, eines kleinen gelben Renault, auf dem schmalen Weg durch das Eichengestrüpp. Ansonsten begegnete man nur einem winzigen verschrumpelten Alten mit leuchtenden Augen, der mit einem Dutzend brauner Ziegen dort entlang zog. Er lebte mit seiner Frau unten im Tal in einer kleinen Hütte, aus deren Schornstein jeden Morgen pünktlich zur selben Zeit der Rauch aufstieg. Wie Françoise erklärte, handelte es sich bei den beiden um Menschen, die sich freundlich, still und beharrlich weigerten, am Fortschritt teilzuhaben. Auf langes Drängen hin hatten sie sich Strom ins Haus legen lassen, doch betrieben sie damit nichts als eine einzige schwache Glühbirne. Ihr Essen bereiteten sie überm Kaminfeuer zu, und das Brennholz sägte der Alte selbst. In der Tat hörte man ab und zu Sägegeräusche von dort. Aus der Ziegenmilch bereiteten die beiden kleine trockene Käse, die meine Gastgeberin zwar nicht besonders schätzte, aber doch gelegentlich von ihnen kaufte. Oft war bei den Ziegen auch die alte Frau, noch winziger und verschrumpelter als ihr Mann. Beide schienen mit den Tieren wie verwachsen. Was mich jedes Mal am meisten erstaunte, war das strahlende Lachen auf ihren braunen runzligen Gesichtern. Stets hatte ich das Gefühl, als bereite es ihnen eine maßlose und aufrichtige Freude, mich wildfremden Menschen bei sich sehen und begrüßen zu können. In Europa – und je mehr der europäische Geist um sich greift, auch bei uns – begegnet man in den Städten, wo heute die große Mehrheit der Europäer lebt, auf Schritt und Tritt lachenden Gesichtern, sowie man mit Menschen in ein kommerzielles Verhältnis tritt oder dies zumindest angestrebt wird. Oft, wenn mich die unverhohlene Gleichgültigkeit oder gar Feindseligkeit dieses Lachens betrübt, versuche ich mir die rätselhaft strahlenden Gesichter jener beiden Alten in Erinnerung zu rufen. Ob sie noch leben und immer noch ihre Ziegen hüten? Für mich verkörpern sie die letzten glücklichen Menschen auf diesem Kontinent.

Damals wusste ich noch nicht, dass die Gegend, in der ich jene spätherbstlichen Tage verbrachte, zum *désert français* gehört, zur *französischen Pampa,* worunter man mehr oder weniger alles versteht, was außerhalb des Großraums Paris liegt. Es ist eine trockene Hochebene, wo früher einmal Kastanien, Wein, Oliven und Weizen angebaut wurden. Heute sind dort Touristen die einzige rentable Frucht, denn die Gegend ist malerisch und reich an Zeugen der Vergangenheit: mittelalterliche Festungsdörfer, romanische Kirchen und dergleichen. Besonders lobte meine Gastgeberin die Deutschen: Die seien nicht wählerisch mit dem Essen. Was man ihnen auch vorsetze, stets sagten sie: *Gut! Gut!* Die Franzosen seien da viel mäkeliger.

Françoises temperamentvolle und unverblümte Urteile in allen Fragen der Moral und der Politik waren im Allgemeinen sympathisch, wenn auch gelegentlich fragwürdig. So machte sie zum Beispiel für die elende Lage der französischen Bauern unter anderem die osteuropäischen Tierzüchter verantwortlich, die *keine Ahnung hätten, was eine Kuh kostet.* Davon war immer wieder einmal die Rede, beim Essen oder bei den Fernsehnachrichten (meistens fiel jedoch beides zeitlich genau zusammen) oder dann, wenn der Sohn und die Tochter von ihrem Studienort nach Hause kamen. Damals bereitete sich Frankreich auf das Referendum zum Maastricht-Vertrag vor. Wie sich der eine oder andere vielleicht noch erinnert, war das Ergebnis nahezu ausgeglichen, mit nur einem oder zwei Prozent Übergewicht für die Ja-Stimmen. Jedenfalls gab es heftige Debatten, und die Meinungsfront verlief quer durch die Familie. Gérard, der stillere, verschlossenere und konservativere der beiden Ehepartner (er stammte aus der Normandie), hatte fest vor, mit Nein zu stimmen. Françoise dagegen schwankte, fühlte sich hin- und hergerissen. Einerseits hatte sie für die Europäische Union nichts übrig, andererseits aber, falls der Maastricht-Vertrag von der Mehrheit der Franzosen abgelehnt würde, Angst vor den Folgen, und ich erinnere mich noch genau an den temperamentvollen Tonfall, mit dem sie die Sache auf den Punkt brachte: *C'est la guerre en Europe!*

C'est la guerre! – Dann gibt es Krieg. In meinen Ohren klang das unglaublich und unwahrscheinlich. Doch ich begriff, dass sie das ernst meinte. Ihre Angst war echt, und ich dachte über ihre Worte gründlich nach. Bis dahin war ich der festen Überzeugung gewesen, von Krieg könne allenfalls im Zusammenhang mit Osteuropa die Rede sein, in Russland oder auf dem Balkan, während sich im Falle von

Deutschland oder Frankreich dieses Wort immer nur auf längst Vergangenes beziehe. Nun begriff ich bei näherem Nachdenken, dass Françoise und Gérard den letzten Krieg zwischen Deutschland und Frankreich persönlich erlebt hatten und dass diese Erfahrung für sie stets präsent war. In demselben apodiktischen Tonfall sagte Françoise eines Abends bei den Nachrichten, als irgendein Minister zur Frage der Arbeitslosigkeit interviewt wurde: *Sie haben Angst vor der Revolution!* Ich weiß nicht, welche sie dabei meinte: die von 1968, an die sie unangenehme Erinnerungen hatte, oder den Terror der 1790er Jahre, während deren man im Keller des Hauses den Dorfpriester versteckt gehalten hatte.

Das verstehe ich freilich erst jetzt, im Nachhinein. Damals blieben mir Françoises Äußerungen über Krieg und Revolution durchaus ein Rätsel. Doch gerade das Rätselhafte bleibt im Gedächtnis haften, während man das Verständliche bald wieder vergisst. Jeder erinnert sich wohl aus seiner Kindheit an Aussprüche der Erwachsenen, die unerklärlich waren und es auch blieben, da man sich nicht traute nachzufragen.

Noch vor zehn Jahren verkörperte Europa unseren Traum. Den Traum vom guten, sicheren, glücklichen Leben. Und alle Leute in Europa, die gegen die Europäische Union waren, erschienen mir als durch das sorglose Leben verdorbene Reaktionäre, gelangweilte Phantasten, die sich mangels besserer Beschäftigung ein Feindbild aufgebaut hatten, gegen das es sich obendrein relativ gefahrlos kämpfen ließ. Denn Europa ist ja eine von Grund auf friedliche, demokratische und blühende Gegend und steht im Jammertal der sonstigen Welt für alles Gute und Bewundernswerte. Bei uns in Estland wurden die Politiker und Literaten nicht müde zu betonen, auch wir seien ja im Grunde immer ein Teil Europas gewesen und der Eintritt in die Europäische Union sei nur die Wiedergutmachung einer Ungerechtigkeit der Geschichte.

Diese Behauptung ist allerdings nicht ganz aufrichtig. Gewiss gehören wir zu Europa, wohin denn sonst? Doch mit ebenso guten Gründen kann man – das erweist sich heute deutlicher als damals – diese Zugehörigkeit glatt bestreiten. Ich selbst weiß heute nicht mehr recht, welcher der beiden Auffassungen ich den Vorzug geben soll. So wie ich auch nicht mehr weiß, ob Europa wirklich so durch und durch *gut* ist.

Das Europa, dem wir uns gegenübersehen, ist eine politische Realität, die sich durch Kriege und Eroberungen herausgebildet hat. Heute dominieren in Europa die Europäische Union und deren Ideologie, die Europa als ein unbestreitbar positives und humanes Gebilde darstellt, das auf gemeinsamen *Werten* basiert (was auf die Valuta bezogen inzwischen sogar voll und ganz zutrifft). Die *Gegner* Europas sind nach dieser Darstellung ein kruder Haufen von engstirnigen und egoistischen Nationalisten, mit einem Wort eine unangenehme Bagage, mit der man lieber nichts gemein haben möchte. Es gibt gewissermaßen keine andere Wahl als dafür zu sein.

Das Hauptargument für die Europäische Union ist interessanterweise – die Angst. In Estland ist es die Angst vor Russland und vor der Armut (wobei diese beiden Begriffe irgendwie deckungsgleich sind). Natürlich hat man auch Angst vor Europa, denn der Beitritt zur EU ist ja trotz allem in gewissem Sinne eine Kapitulation, die Unterwerfung unter eine Politik und Gesetzgebung, an deren Zustandekommen wir nicht beteiligt waren, das freiwillige Aufgehen in einem System, in dem auf jeden Fall die alten Mitglieder das Heft in der Hand haben. Doch diese Angst vor Europa ist kleiner als die vor Nichteuropa, ebenso wie auch Françoise *Krieg* (Deutschland!) und *Revolution* mehr fürchtete als die Bedingungen des Maastricht-Vertrags.

So seltsam es klingen mag, die Angst scheint mir die Hauptkraft, die das heutige Europa zusammenhält, und zwar von Anfang an. Damals war es die Angst vor Stalins Ostblock, die Angst vor einer Hungersnot (die den Anstoß zu einer gemeinsamen Landwirtschaftspolitik gab) und die Angst, die im Laufe von Jahrhunderten errungene Vormachtstellung in der Welt einzubüßen. Wie verschieden ist dieses angstbeherrschte Europa von dem großen Europa des 19. Jahrhunderts, dessen Reiche – in scharfer Konkurrenz gegeneinander – einen großen Teil unseres Planeten beherrschten und gnadenlos ausplünderten, indem sie ein Wirtschaftssystem errichteten, das im Großen und Ganzen bis heute gilt, eine Art Feudalismus in globalem Maßstab, in dem die Bewohner der reichen Industrienationen wie mittelalterliche Feudalherren die Gaben der Erde zum größten Teil für sich verprassen, während der Dritten Welt – so wie im Mittelalter dem Bauernstand – die niedrigste körperliche Arbeit und ein auswegloses Vegetieren am Rande des Hungers bleibt.

Europa hat eine ungeheure Erfolgsgeschichte hinter sich. Eigentlich ist Europa ja nichts weiter als eine unscheinbare Halbinsel der eurasischen Landmasse, die aber Dreistigkeit und Unternehmungsgeist genug besaß, um sich gegen den Rest der Welt zu stellen. In der sowjetischen Zeit lernten wir in der Schule Geographie an Landkarten, auf denen meist das ganze Eurasien abgebildet war, und auch auf den eigentlichen Europakarten reichte Europa bis hin zum Ural. In beiden Fällen wirkten Frankreich, Deutschland und England wie winzige Staaten irgendwo am Rande der Welt, und es kam einem seltsam vor, dass die Kabbeleien zwischen diesen Zwergen den überwiegenden Teil der *Weltgeschichte* ausmachen sollten.

Inzwischen habe ich Europa durch eine ganz andere Art der kartographischen Praxis kennen gelernt. Unter einer Europakarte versteht man hier oft eine Landkarte, die nicht einmal das ganze Heilige Römische Reich Deutscher Nation seligen Angedenkens wiedergibt und die im Norden ungefähr an der deutsch-dänischen Grenze endet, sodass also auch Hamburg schon stark an die Peripherie gerät. Auf einer solchen Karte erscheinen natürlich Italien, Frankreich und Deutschland als riesige Länder, die etwa gleich große Anteile am Eurouniversum besitzen.

Die stärkste Angst des heutigen Europa scheint die Angst vor den Konsequenzen der bisherigen ungeheuren Erfolgsgeschichte zu sein. Europa hat seine Zivilisation über den ganzen Erdball ausgedehnt und das in Gang gesetzt, was man heute als Globalisierung bezeichnet, ist aber immer weniger in der Lage, diesen Prozess zu steuern. Die neueste große Angst Europas ist die Angst vor Amerika, das geschichtlich betrachtet auch nichts anderes ist als eine Erweiterung des alten Europa. In der heutigen Welt besitzt Amerika natürlich die absolute kulturelle Dominanz – auch diesen historischen Erfolg kann Europa für sich verbuchen. In den Versuchen, für Europa eine gemeinsame kulturelle Identität zu konstruieren *(europäische Literatur, europäische Musik, europäischer Film)*, sehe ich vor allem den Wunsch, sich gegen diese dominante Macht zu behaupten, den nostalgischen Rückblick auf die eigene verlorene Hegemonie. Eine europäische Identität müsste das kulturelle Gegenstück zu dem mit dem Dollar konkurrierenden Euro sein. Doch schon ein oberflächlicher Vergleich der Banknoten zeigt klar, dass diese beiden Identitäten – die amerikanische und die europäische – nicht miteinander vergleichbar sind, oder genauer: dass die letztere in einem vergleichbaren Sinne schlicht und einfach nicht existiert. Der Dollar trägt neben seiner berühmten und von außen betrachtet natürlich fragwürdigen Devise *In God We Trust* das Konterfei eines der amerikanischen Gründerväter, so wie die Banknoten der europäischen Staaten vor der Einführung des Euro geziert waren mit Porträts von berühmten Persönlichkeiten der jeweiligen Nation, von Trägergestalten des nationalen Selbstverständnisses. Auf den Euroscheinen dagegen ist nichts als Leere zu erblicken: leere Brückenbögen, Torwölbungen und Fensteröffnungen. Womöglich soll das Offenheit und Freiheit symbolisieren, aber eine gesellschaftlich verbindende Identität kann sich nicht auf rein abstrakte Ideen stützen, die sich nicht in konkreten Menschen und Symbolen verkörpern. Damit wiederum verhält es sich jedoch so, dass zum Beispiel große Schriftsteller, wie sehr sie auch europäisches Allgemeingut sind (und warum könnten in einer Reihe mit Goethe und Camus nicht auch Whitman, Márquez und Mishima stehen, gar nicht zu reden von Tolstoi und Dostojewski?), in erster Linie doch der Besitz ihrer eigenen Nation bleiben. Solange es keine europäische Sprache gibt, wird auch keine europäische Literatur als Schöpferin einer gemeinsamen Identität entstehen (denn bei der Herausbildung der nationalen Identitäten im Laufe des 18.–20. Jahrhunderts spielte die Literatur zweifellos eine entscheidende Rolle).

Für mein Empfinden geht man bei dieser Suche nach einer europäischen Identität ganz allgemein zu weit, oder genauer gesagt: Man stellt an sie Ansprüche, die einfach nicht zu erfüllen sind. Vor allem ist das Europäertum – dank der erwähnten Erfolgsgeschichte – heute schon längst nicht mehr auf Europa beschränkt, und schon gar nicht auf die Europäische Union, auch in deren erweiterter Variante nicht. Die europäische Identität ist deshalb nicht mit einer nationalen Identität vergleichbar und lässt sich auch nicht als die Summe bestimmter nationaler Identitäten verstehen. Das Europäertum ist in seinem historischen Wesen imperialistisch und kosmopolitisch. Wenn es sich nun auf seine *Urheimat* zurückziehen müsste, wäre dies sein Ende, sein Niedergang, ebenso unaufhaltsam wie einst seine Ausdehnung (ob man das nun als gut oder schlecht empfindet, steht freilich auf einem anderen Blatt). Die Frage der Identität sollte im Zusammenhang mit der Europäischen Union überhaupt nicht gestellt werden. Wie ich es sehe, ist auch die Identitätssuche zum Teil durch europäische Ängste bedingt – die Angst vor dem Nationalismus. Offenkundig baut man darauf, dass die Entwicklung einer europäischen Identität dem aggressiven Nationalismus den Wind aus den Segeln nehmen wird. Ich befürchte das Gegenteil. Auch in der Sowjetunion strebte man, vor allem in den letzten Jahrzehnten ihres Bestehens, nach einer gemeinsamen sowjetischen Identität und versuchte, gestützt auf die in ihrem Wesen kosmopolitische Idee des Sozialismus, den sowjetischen Menschen zu schaffen – ebenso wie man unter Berufung auf die kosmopolitische Idee des Europäertums den europäischen Menschen zu schaffen versucht. Doch das ganze zielbewusste Unternehmen führte in der Sowjetunion zu keinem anderen Ergebnis als zur Stärkung des nationalistischen Denkens und der Belebung seiner finsteren aggressiven Züge. Oft ist es ja so, dass man aus Angst Dinge tut, die das Gefürchtete erst recht herbeirufen. Mir scheint, dass man in Europa aus Angst vor Amerikanisierung und Nationalismus Dinge tut, die für beides Wasser auf die Mühle bedeuten. Man bekämpft die Amerikanisierung mit dem Aufbau eines *eigenen Amerika* und den Nationalismus mit dem theoretischen Konzept eines Supernationalismus. Die Idee einer europäischen Identität birgt in sich stets die Voraussetzung, ein Europäer zu sein sei irgendwie besser als ein Chinese oder ein Amerikaner zu sein.

Die einzige Rettung für Europa wäre, nicht so viel an Europa zu denken. Warum muss ein aus einem Kohle- und Stahlkartell entstandenes Konglomerat politisch-wirtschaftlicher Art überhaupt eine eigene kulturelle Identität besitzen? Warum erfordert die Zusammenarbeit zwischen den Staaten unbedingt die Schaffung einer übergreifenden gemeinsamen Kultur, zumal diese gemeinsame Kultur ja längst existiert und längst über die Grenzen des geographischen Europa hinausgewachsen ist?

Die beiden Alten mit den Ziegen im Ardèche, die sich dem Fortschritt verweigerten oder ihm zumindest gleichgültig gegenüberstanden und die ich als die letzten glücklichen Menschen unseres Kontinents bezeichnet habe, sind wohl kaum mehr am Leben. Hätte man ihnen mitgeteilt, dass sie in Europa leben, wären sie vermutlich überrascht gewesen und hätten dazu nichts zu sagen gewusst. Für Françoise und Gérard, gebildete Menschen, die den Zweiten Weltkrieg miterlebt hatten, bedeutete Europa eine schwierige moralische Frage. Für ihre Kinder ist Europa wohl schon eine unwiderrufliche, in den Schulbüchern mit klaren Konturen abgegrenzte Realität. Gerade so als wäre Europa eine Insel. Dabei ist es nicht einmal eine Halbinsel, sondern nur die westliche Randzone eines riesigen Kontinents, die sich ausgebreitet hat wie ein Tintenklecks auf einem Blatt Löschpapier und den ganzen Planeten verfärbt hat. Das genau ist auch der Grund dafür, dass Europa nicht zu sich selbst finden kann – es gibt keinen Ort, wo Europa nicht wäre.

Aus dem Estnischen von Horst Bernhardt

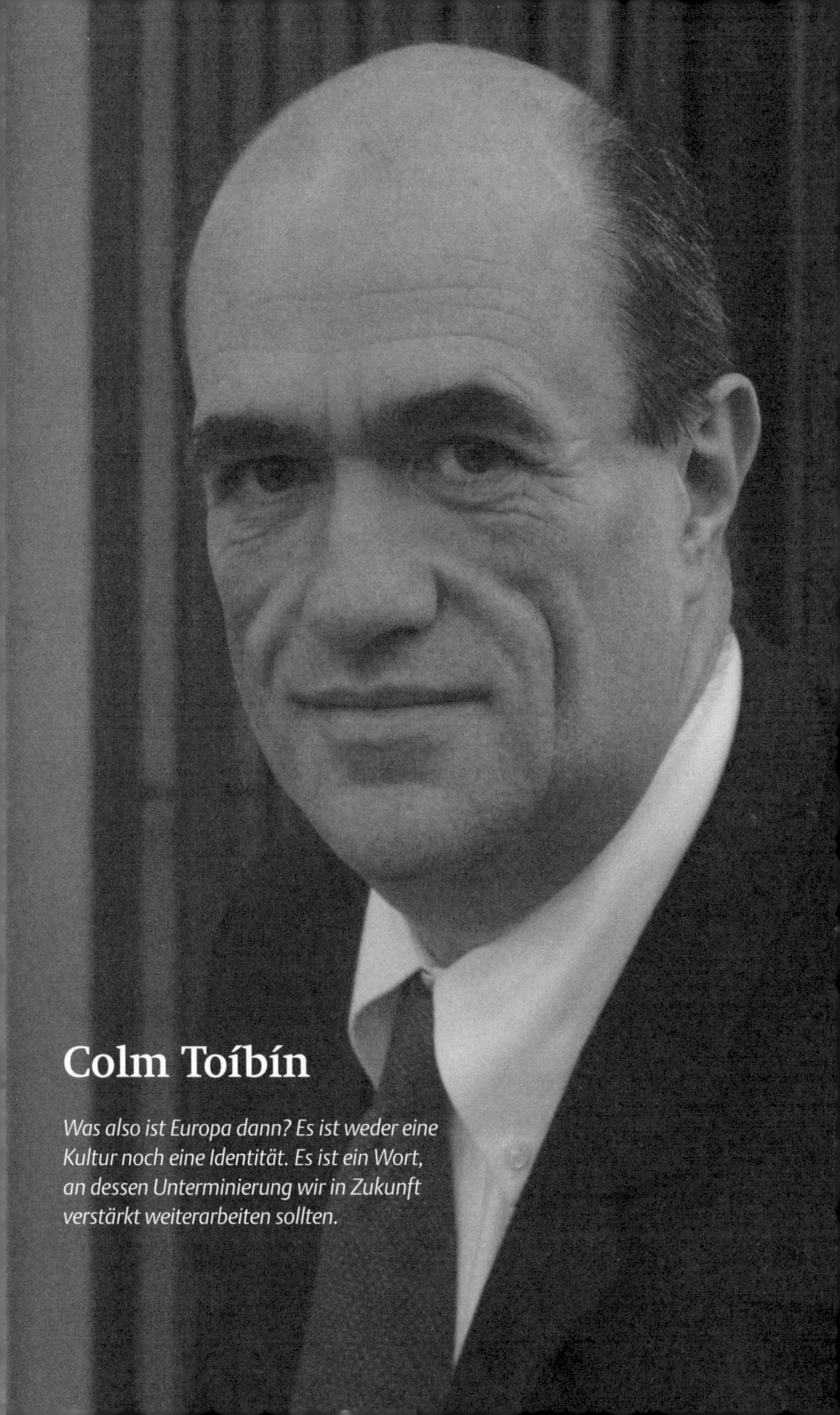

Colm Toíbín

Was also ist Europa dann? Es ist weder eine Kultur noch eine Identität. Es ist ein Wort, an dessen Unterminierung wir in Zukunft verstärkt weiterarbeiten sollten.

Colm Toíbín

Irland

1955 geboren, ist Colm Toíbín heute einer der bekanntesten Schriftsteller Irlands. Er war lange Zeit Redakteur kultureller und politischer Zeitschriften sowie Herausgeber von *In Dublin*. Zunächst schrieb er Sachbücher zu aktuellen politisch-kulturellen Themen. 1990 veröffentlichte er seinen ersten Roman *The South* (*Der Süden*, 1994), sein vierter und bislang letzter Roman *Das Feuerschiff von Blackwater* erschien 2001 in deutscher Übersetzung. Colm Toíbíns Werk wurde mehrfach ausgezeichnet, u. a. 1992 mit dem Encore Award und 1995 mit dem E. M. Forster Award.

In deutscher Übersetzung u. a.:

Flammende Heide. Roman
Aus dem Englischen von Matthias Müller
Rowohlt, Berlin 1996

Die Geschichte der Nacht. Roman
Aus dem Englischen von Giovanni und Ditte Bandini
Carl Hanser Verlag, München 1999

Das Feuerschiff von Blackwater. Roman
Aus dem Englischen von Giovanni und Ditte Bandini
Carl Hanser Verlag, München 2001

Die Zukunft Europas

What is Europe then? (...) It is not a culture and not an identity. It is a word we should set about undermining further as time goes on.

Es ist sehr schwierig, allgemeine Aussagen über Europa und das europäische Erbe zu machen. Zu unterschiedlich sind unsere historischen Erfahrungen: Die Renaissance spielte sich hauptsächlich in Italien ab; die Reformation fasste in manchen Gegenden Fuß, in anderen wieder nicht; die Inquisition war eine typisch spanische Erscheinung; die Aufklärung übte in manchen Ländern einen spürbaren Einfluss auf das öffentliche und private Leben aus, in anderen hingegen nicht; die industrielle Revolution fand in bestimmten Teilen Europas überhaupt nicht statt; manche Länder beuteten ihre Kolonien schamlos aus, andere weniger; manche wurden von ihren Kolonien stark beeinflusst und bereichert, andere in nicht so hohem Maße; manche Teile Europas wurden durch das Aufkommen des Nationalismus, des Faschismus und des Kommunismus verändert, aber jeder auf eine andere, spezifische Weise.

Europa ist in sich so verschieden, wie sich seine Sprachen voneinander unterscheiden. Es *gibt* keinen Bestand an europäischen Wertvorstellungen; es gibt keine gemeinsame europäische Identität.

Ich kann nicht über die Zukunft Europas sprechen, da ich nicht weiß, was Europa ist. Ebenso wenig kann ich über dessen Vergangenheit sprechen, da seine Vergangenheit höchst uneinheitlich ist und sich viele Aspekte dieser Vergangenheit meinem Verständnis entziehen.

In den europäischen Ländern besitzen wir heutzutage, wie ich glaube, jeweils zwei Identitäten. Die eine ist aufs Engste mit Erinnerung,

Familie, soziokulturellem Umfeld und persönlichen Erfahrungen verwoben. Wenn wir möchten, können wir sie *Heimat* nennen – manche Menschen allerdings sind aus ihr verbannt. Die zweite Identität zentriert sich um eine Nation, einen Staat, eine gedachte Gemeinschaft, die mehr umfasst als nur Nachbarn und Freunde und Familie. Sie kann einen einzelnen Namen und ein einfaches, homogenes Erbe haben; oder sie kann etliche Bindestriche und Ungewissheiten beinhalten. So können wir uns in Frankreich zweifelsfrei als Franzosen fühlen; oder in Litauen als Litauer; oder wir können uns in Nordirland mit erheblichen Vorbehalten als Briten fühlen; oder in Estland als Russen; oder in Deutschland als Türken; oder in England als Jamaikaner.

Keiner von uns ist allerdings imstande, eine dritte Identität als Europäer in sich zu entwickeln und diese Identität mit der gleichen emotionalen Kraft zu empfinden. Die anderen zwei Identitäten sind dazu einfach zu stark, zu essenziell – wie befremdlich und komplex sie mittlerweile auch geworden sein mögen. Ich glaube, dass Europa ein zu umfassender Begriff ist, als dass er für die meisten Europäer allzu viel bedeuten könnte.

Wohler ist mir, wenn das Wort *Europa* durch die Wortverbindung *Europäische Gemeinschaft* ersetzt wird. Was *das* ist, weiß ich. Was ihre Zukunft anbelangt, habe ich durchaus gewisse Vorstellungen. Meine Vorstellungen über ihre Zukunft werden allerdings zwangsläufig durch meine Ansichten über die – oben knapp skizzierte – widersprüchliche und undefinierbare Beschaffenheit der europäischen Erfahrung und des zunehmend komplexeren kulturellen Erbes der in Europa lebenden Menschen bestimmt.

Ich wurde 1955 in der Republik Irland geboren; ich war also achtzehn, als Irland dem damaligen *Gemeinsamen Markt* beitrat. In den zehn, zwölf Jahren vor seinem Beitritt muss Irland Besuchern aus dem höher entwickelten europäischen Ausland sehr rückständig vorgekommen sein. Beispielsweise standen alle unsere weiterführenden Schulen unter kirchlicher Leitung und es herrschte – bis 1967 – Schulgeldpflicht; bis 1966 unterlagen Bücher einer drakonischen Zensur; bei unserem Eintritt in den Gemeinsamen Markt sah das Gesetz für Kapitalverbrechen noch immer die Todesstrafe vor; es gab keine Scheidung; Verhütungsmittel waren verboten; Schwangerschaftsabbrüche waren (und sind immer noch) strafbar; Frauen konnten keine Geschworenen werden; homosexuelle Handlungen zwischen Männern waren verboten. Irland war ein Agrarland, katholisch und konservativ, repressiv und mit einer sehr rudimentären Infrastruktur. Und seine Verfassung vertrat eine aggressive Haltung gegenüber einem Teil des Territoriums seines nächsten Nachbarn. Das heißt, sie erklärte, ohne jede völkerrechtliche Legitimation, die gesamte irische Insel einschließlich Nordirlands zum Staatsgebiet der irischen Republik.

Die seither erfolgte langsame Liberalisierung Irlands hatte viele verschiedene Ursachen. Deren wichtigste war vielleicht der Zeitgeist; doch eine ganze Reihe bedeutsamer gesellschaftlicher Veränderungen rührte unmittelbar von Irlands Mitgliedschaft im Gemeinsamen Markt her.

1973, im Jahr unseres Beitritts, wählten wir eine neue Regierung, und es war eine ungewöhnliche Regierung, mit Sicherheit die gebildetste, liberalste und fortschrittlichste Regierung, die wir bis dahin gehabt hatten. Schon bald sah sie sich mit einer Krise konfrontiert. Frauen im öffentlichen Dienst waren von jeher schlechter bezahlt worden als Männer, und sie waren zudem gezwungen gewesen, im Falle einer Heirat ihren Posten aufzugeben. Brüssel befahl der irischen Regierung, das zu ändern. Trotz all seines Liberalismus unternahm das irische Kabinett alles in seiner Macht Stehende, um diese Änderung – unter Berufung auf finanzielle Schwierigkeiten – *nicht* durchzuführen. Brüssel beharrte auf seiner Forderung. Die Änderung wurde durchgeführt. So begann der Gedanke der Gleichberechtigung in Irland Fuß zu fassen.

Ein anderes Beispiel: Im Jahre 1979 reichte ein Dubliner Universitätsdozent, David Norris, Verfassungsbeschwerde gegen die – noch immer gültigen – viktorianischen Gesetze zur Homosexualität ein. Er verlor in sämtlichen Instanzen. Seine Anwältin Mary Robinson wandte sich an den Europäischen Gerichtshof für Menschenrechte, und dieser wies 1988 die irische Regierung an, die Gesetze zu ändern. Die Regierung tat es nicht. Ein Jahr später wurde sie noch einmal dazu aufgefordert. Und noch einmal 1990 (dem Jahr, in dem Mary Robinson zur Präsidentin Irlands gewählt wurde). Dann noch einmal 1991. Und noch einmal 1992. Obwohl der Gerichtshof kein Organ der Europäischen Union ist, wurde der irischen Regierung, die gerade in schwierigen Verhandlungen mit Brüssel wegen beantragter Strukturfondsförderung steckte, die Sache 1993 immerhin so peinlich, dass sie die angemahnte Gesetzesänderung endlich doch durchführte. Sie schickte Senatoren und Unterhausabgeordnete nach Haus und verabschiedete das neue Gesetz ohne vorherige parlamentarische Debatte. Selbst die liberalsten Politiker fühlten sich offenbar nicht wohl bei dem Gedanken, über ein derartiges Thema reden zu müssen. Man kann gefahrlos sagen, dass ohne die Entscheidung des Gerichtshofs für Menschenrechte die Änderung der Gesetze zur Homosexualität noch weitere zwanzig bis dreißig Jahre auf sich hätte warten lassen.

Das sind lediglich zwei Beispiele dafür, wie die Zugehörigkeit zur Europäischen Gemeinschaft zu Irlands Liberalisierung und Modernisierung beigetragen hat. Außerdem bedingte die 1992 erfolgte Lockerung der zwischenstaatlichen Zollkontrollen durch die Beseitigung der Zollstationen entlang der Grenze eine Verringerung der Spannungen zwischen dem Norden und dem Süden Irlands. Ich könnte viele weitere Beispiele anführen – darunter etwa Richtlinien zum Umweltschutz sowie gegen weitere Formen der Diskriminierung und Ungleichbehandlung. Ich glaube allerdings nicht, dass dieser Einfluss auch nur den liberalsten Iren ein stärkeres *europäisches Bewusstsein* verschafft hat; es ist vielmehr lediglich so, dass die Institution namens Europäische Gemeinschaft sich als unseren Interessen förderlich erwiesen hat, weswegen diese Institution sich bei den Iren einer gewissen verhaltenen Sympathie und Loyalität erfreut. Doch sollte sie irgendwann einmal nicht mehr unseren Interessen dienen, könnte sich dies sehr leicht ändern.

Während der letzten Monate hat in Irland wie in der gesamten Europäischen Union eine Debatte über die Frage der EU-Erweiterung stattgefunden, und diese Debatte stand unter dem Bann eines Gespenstes, und dieses Gespenst heißt Türkei. Die Gegner des Beitritts der Türkei haben ihre ablehnende Haltung mit zahlreichen Argumenten untermauert: die Unterentwicklung des Landes; seine erhebliche Bevölkerungszahl; die hohe Bereitschaft seiner Erwerbstätigen auszuwandern; seine Verstöße gegen die Menschenrechte; die Tatsache, dass der größte Teil seines Territoriums nicht einmal in Europa liegt; seine gefährlichen Nachbarn; seine recht instabile Demokratie; seine Haltung gegenüber Zypern; seine Beziehung zu Griechenland.

Einige dieser Argumente hätten sich 1973 ebenso gut gegen die

Republik Irland anführen lassen können. Auch sie war unterentwickelt. Auch sie hatte ein prekäres Verhältnis zu ihrem nächsten Nachbarn. Auch ihre Arbeiterschaft wanderte bei jeder Rezession – nach Großbritannien oder in die Vereinigten Staaten – aus. Auch sie besaß eine politische Kultur, die sich nicht auf die Ideale der Aufklärung gründete.

Manche von denen, die den Beitritt der Türkei ablehnen, scheuen sich nicht, einen weiteren Grund für die insgesamt zurückhaltende Reaktion auf den türkischen Antrag explizit zu äußern; andere begnügen sich mit Andeutungen. Die Türkei ist kein christliches Land. Und das ist in Europa für viele Menschen, Politiker wie einfache Wähler, durchaus ein Problem. Die Türkei ist gleichbedeutend mit dem Islam; und Europa, so lautet das Argument, ist seit der Zeit der Kreuzzüge ein Bollwerk gegen den Islam gewesen. Europa hatte eine Renaissance, eine Reformation, eine Gegenreformation, eine Aufklärung, eine industrielle Revolution. Die Entwicklung des Islams ist dagegen langsamer und weniger durchschaubar vonstatten gegangen. Der Islam wird immer gefährlich und fremdartig bleiben.

Nach Gegenargumenten braucht man nicht lange zu suchen. Zwar schenkte uns das Christentum die herrlichen romanischen und gotischen Kirchen und die religiöse Malerei, aber es bescherte uns auch die Grausamkeit der Inquisition, die Gräuel der Kolonisation, und im letzten Jahrhundert lieferte es die ideologische Rechtfertigung für die Ermordung nahezu der gesamten jüdischen Bevölkerung Europas. Welche Grausamkeiten hat der Islam begangen, die sich mit diesen Unmenschlichkeiten vergleichen ließen?

Ich glaube allerdings, dass diese Argumente an der Sache vorbeigehen: Sie berücksichtigen nicht, was während der letzten fünfzig Jahre, in denen die Europäische Union maßgeblich zur allgemeinen Entwicklung beigetragen hat, in Europa geschehen ist. Zunächst einmal ist es überhaupt schwierig, Europa *ein* christliches Erbe zuzuschreiben, da das Wort *christlich* in diesem Zusammenhang so viel umfasst und der Begriff in der Vergangenheit so viele verschiedene Erscheinungsformen angenommen und sich in den europäischen Ländern so unterschiedlich ausgewirkt hat. Ich meine damit nicht nur, dass die Trennung in Protestantismus und Katholizismus es schwer macht, in Europa von einem einheitlichen christlichen Erbe zu sprechen; ich meine, dass jede Gegend Europas es ihrer Religiosität offenbar gestattet hat, sich als ein Abbild der jeweiligen Bedürfnisse oder Eigenschaften ebendieser Gegend zu entwickeln. Die spezifischen regionalen Gegebenheiten bestimmten den jeweiligen Ton und Tenor des Christentums. So unterschied sich der slowenische Katholizismus vom kroatischen; so unterschied sich der schottische Presbyterianismus von der Church of England; so unterschied sich der litauische Katholizismus von demjenigen Polens; so unterschied sich der katalanische Katholizismus von dem andalusischen.

Es gab kein einzelnes Erbe; es gab eine Vielfalt der Traditionen. Oft genug ging der Fortschritt eher aus dem Dissens als aus der Doktringläubigkeit hervor. Und in der heutigen Türkei sind ebenso viel Dissens und humanistische Debatte zu bemerken, wie es 1973 in Irland der Fall war. Auch im Haus des Islams gibt es viele Wohnungen. Und während der letzten dreißig Jahre hat sich die Europäische Union zu einer großartigen säkularen und säkularisierenden Institution entwickelt, weswegen jede Argumentation gegen den EU-Beitritt der Türkei *als eines nicht christlichen Landes* von einer absoluten Verkennung dessen zeugt, was in Europa in der Vergangenheit geschehen ist und weiterhin geschehen wird, und lediglich den Versuch darstellt, Vorbehalte, die letztlich nur auf verachtungswürdige Rassenvorurteile zurückzuführen sein können, in zugleich erhaben klingende und bedeutungslose Worthülsen zu kleiden.

Wer das Christentum für den bestimmenden Faktor unserer politischen Identität ausgeben will, übersieht, wie stark ebendiese Identität durch europäische Denker und Schriftsteller mitgeprägt wurde, die dem Christentum gegenüber ablehnend oder zumindest gleichgültig eingestellt waren; er übersieht den Beitrag, den sowohl der Islam als auch das Judentum zu unserem kulturellen Erbe geleistet haben; er ignoriert die riesige Anzahl in unseren Ländern lebender und arbeitender Menschen, die weder ihrem Glauben noch ihrem kulturellen Erbe nach Christen sind.

Europa ist also, nicht anders als *Christentum,* ein Wort mit einer verschwommenen Bedeutung und vielfältigen, zum Teil widersprüchlichen Konnotationen. Niemand weiß genau, wo es beginnt und wo es endet. Seine Kultur kann nicht gefährdet sein, weil es gar keine spezifische Kultur *hat.* Wann immer es in der Vergangenheit versucht hat, sich anhand einzelner klar definierbarer rassischer, kultureller oder religiöser Ursprünge oder Ziele zu definieren, waren Unheil und Chaos die Folge.

Was also ist Europa dann? Es ist ein Name für ein Konglomerat von Interessen, das in der Europäischen Union seinen organisatorischen Ausdruck findet. Es ist ein Wort, das mannigfaltige Interpretationen zulässt – voller Assoziationen, inhaltlich unbestimmt. Es ist weder eine Kultur noch eine Identität. Es ist ein Wort, an dessen Unterminierung wir in Zukunft verstärkt weiterarbeiten sollten.

Aus dem Englischen von Giovanni und Ditte Bandini

Jean-Philippe Toussaint

Ich bin mithin sowohl in meinem Leben wie in meinen Büchern ein pluraler und nomadischer Europäer, der wonnevoll mit dieser Europa eigenen Vielfalt an Sprachen und Kulturen spielt und sich überall in Europa – oder nirgendwo: was aufs Gleiche hinausläuft – heimisch fühlt: in Brüssel so gut wie in Paris, London oder Venedig, in Madrid oder in Berlin.

Jean-Philippe Toussaint
Belgien

1957 in Brüssel geboren, studierte der Schriftsteller, Drehbuchautor und Regisseur Politikwissenschaften und Geschichte in Paris und schloss mit einem Diplom an der Sorbonne ab. Toussaint begann bereits während seiner Studienzeit, literarisch zu arbeiten. Um dem Militärdienst zu entgehen, lehrte er von 1982 bis 1984 Französisch in Médéa (Algerien). 1992 verfilmt er seinen Roman *L'appareil-photo (Der Photoapparat)* unter dem Titel *La Sévillane* und wird im folgenden Jahr vom DAAD zu einem einjährigen Aufenthalt nach Berlin eingeladen, wo er den Film *Berlin 10:46"* realisiert. Jean-Philippe Toussaint lebt in Brüssel und auf Korsika.

In deutscher Übersetzung u. a.:

Der Photoapparat. Roman
Aus dem Französischen von Joachim Unseld
Suhrkamp Verlag, Frankfurt am Main 1991

Fernsehen. Roman.
Aus dem Französischen von Bernd Schwibs
Suhrkamp Taschenbuch Verlag
Frankfurt am Main 2001

Sich lieben
Aus dem Französischen von Bernd Schwibs
Frankfurter Verlagsanstalt, Frankfurt am Main 2003

You are Leaving the American Sector

Je suis donc, aussi bien dans ma vie que dans mes livres, un Européen pluriel et nomade, qui joue avec délice de cette variété de langues et de cultures propre à l'Europe, et se sens partout chez soi en Europe – ou nulle part, ce qui revient au même –, aussi bien à Bruxelles qu'à Paris, à Londres ou à Venise, à Madrid ou à Berlin.

Unter einem visuellen Gesichtspunkt wäre mir lieb, man übersetzte meinen Text nicht ins Englische.[1] Unter einem schlichten ästhetischen, nicht etwa fordernden oder polemischen, Gesichtspunkt wäre es mir noch lieber, mein Text würde als einziger statt ins Englische in eine asiatische Sprache übersetzt (ins Chinesische zum Beispiel, für ein besseres Verstehen aller). Noch bevor er da ist, stelle ich mir tatsächlich mit Grausen diesen Sammelband über die europäische Besonderheit der europäischen Schriftsteller ganz in englischer Sprache vor, und ich kann nicht umhin mir auszumalen, dass meine wenigen Seiten auf Chinesisch, indem sie sacht ihre Ideogramme in diesen *pudding* einführen, vielleicht ein ironisches Licht auf die Sprachsituation in Europa und die beherrschende Stellung der gesprochenen Sprache ... in Amerika werfen könnten. Nun mag es sicher ein höchst bedeutungsloses Detail sein, sich zu fragen, in welchen Sprachen dieser Text, den ich gerade schreibe, enden wird, aber schließlich geht es ja doch um ein Sprachproblem (was für einen Schriftsteller so unwichtig auch nicht ist).

Übrigens ist es kein Zufall, dass ich mir wünsche, mein Text würde ins Chinesische übersetzt, beabsichtige ich doch, um eventuelle europäische Besonderheiten meiner Bücher mit dem gehörigen Abstand in Augenschein nehmen zu können, einen Umweg über Asien zu machen. Diese Idee eines flanierenden und vagabundierenden Umwegs mit ihren verführerischen Tristam-Shandy-haften Reminiszenzen borge ich mir von dem französischen Philosophen François Jullien, der von Hause aus Hellenist ist und dessen methodologische Entscheidung, den Weg über China zu nehmen, ein Versuch ist, wie er erklärt, gegenüber der Geschichte der europäischen Philosophie einen Abstand zu gewinnen, ja der sogar den Gedanken vorbringt, dass er *den Weg über China genommen habe, um besser das Griechische lesen zu können.* Jenseits des Paradoxes ist diese Idee eines Umwegs durchaus ernst zu nehmen, als notwendige Distanznahme, als unerlässliches Abstandnehmen, um eine zu vertraut gewordene Realität wieder zu hinterfragen: Durch die Ferne des chinesischen Denkens betrachtet, erscheinen banal oder selbstverständlich gewordene Dinge wieder als hervorstechend und problematisch. So möchte ich denn auch die Frage an mich selbst, worin die europäische Besonderheit meines Blicks auf die Realität besteht, dahingehend umformulieren und mich fragen: Worin bin ich für einen chinesischen Leser ein europäischer Autor?

Zunächst einmal sind die Orte und Stätten, in denen die Figuren meiner Bücher sich bewegen und entwickeln, rein europäisch, die Appartements, in denen sie wohnen, sind europäisch, die Hotels, in denen sie absteigen, sind europäisch. Paris, das meine Stadt ist (ich bin Belgier, habe aber Gymnasium und Universität in Paris absolviert), steht natürlich im Zentrum meiner Bücher, man könnte fast sagen, dass die Erzähler aller meiner Bücher Pariser sind, sie leben und arbeiten in Paris (wenn man das arbeiten nennen kann), das sie nur für kurze Aufenthalte im Ausland, in Venedig oder Mailand, verlassen. Dann, wenn meine Erzähler Frankreich, aber noch nicht Europa verlassen (man wird meinen letzten Roman, *Faire l'amour, Sich lieben,* für die erste Reise nach Asien abwarten müssen), kehren sie Paris den Rücken und lassen sich zeitweise da und dort in Europa nieder, in einem Dorf am Rand des Mittelmeers *(Der Köder)* oder in Berlin *(Fernsehen).* Die Mannigfaltigkeit dieser in meinen Büchern auftretenden europäischen Städte – manchmal als bloße dekorative Momente (Paris oder Venedig in *Das Badezimmer*), manchmal aber auch als wesentliche Elemente der Erzählung, wie Berlin in Fernsehen oder Sasuelo in *Der Köder* – verleiht meinen Romanen eine europäische Färbung, die umso kräftiger hervortreten dürfte, von je ferner sie betrachtet wird, etwa von Schanghai oder Peking. Ich bin mithin sowohl in meinem Leben wie in meinen Büchern ein pluraler und nomadischer Europäer, der wonnevoll mit dieser Europa eigenen Vielfalt an Sprachen und Kulturen spielt und sich überall in Europa – oder nirgendwo: was aufs Gleiche hinausläuft – heimisch fühlt: in Brüssel so gut wie in Paris, London oder Venedig, in Madrid oder in Berlin.

Ich bin 1957 in Brüssel (Belgien) geboren, habe die Grundschule in Belgien, die weitergehende Schule und die Hochschule in Paris (Frankreich) besucht. In der Folge habe ich in Madrid (Spanien), in Berlin (Deutschland), auf Korsika (Frankreich) und aufs Neue in Brüssel (Belgien) gelebt. Als einer, der aus Brüssel stammt und immer noch einen Wohnsitz hat in dieser Stadt, die am eindrücklichsten Europa und seine Institutionen repräsentiert, stellt sich für mich allein eine recht gute Synthese des europäischen Geistes dar, dieses Zusammentreffens von lateinischer und germanischer Wesensart, der man, gleichsam als eine Prise Salz, eine Unze osteuropäischen Geist beimischen könnte, aufgrund meiner fernen litauischen Vorfahren. Aus persönlichen, kulturellen oder touristisch-familialen Gründen (Reise nach Litauen, wo mein Großvater herstammt) oder weil ich die Übersetzung des einen oder anderen meiner Bücher in diesem oder jenem Land begleitete, war ich schon in den meisten europäischen Ländern. Ich spreche Französisch (sehr gut), Englisch (passabel gut), Deutsch (passabel schlecht), wurstle mich auf Italienisch (schlecht) und (ganz schlecht) auf Spanisch durch. Ich bin in der Lage, Zeitungen auf Deutsch, Englisch, Spanisch, Italienisch und Französisch zu lesen. Meine Bücher sind in die hauptsächlichen europäischen Sprachen übersetzt: Englisch, Deutsch, Italienisch, Spanisch, Niederländisch, Schwedisch, Dänisch, Finnisch, Norwegisch, Griechisch, Portugiesisch, Katalanisch, Tschechisch, Ungarisch, Bulgarisch, Bosniakisch, Rumänisch und Polnisch. Ich bin also in jeglicher Hinsicht ein europäischer Schriftsteller, und wie jene Deutsch schreibenden Österreicher oder Englisch schreibenden Iren stamme ich aus einem kleinen Land und schreibe in einer großen Sprache.

Näher betrachtet, findet man in meinen Büchern keine Vermerke zu Politik oder Wirtschaft, kein Sozialgemälde der gegenwärtigen Welt.

Und doch sind meine Romane zutiefst zeitgenössisch. Mein erster Roman, *Das Badezimmer,* war in seiner fragmentarischen Form und Struktur so innovativ wie in seiner alltäglichen Thematik. Die immer wiederkehrende Präsenz von Orten (oder Nicht-Orten) der zeitgenössischen Welt, Badezimmer, Wartezimmer, Supermärkte, Telefonzelle, Flughäfen usw., verleihen meinen Büchern, wie ich glaube, eine ageographische und universelle Dimension, so dass sich ein chinesischer Leser darin ebenso gut zurechtfinden wird wie ein europäischer, wenn er seine eigenen unpersönlichen Orte über meine Beschreibungen legt. Auch die in meinen Büchern aufzufindenden philosophischen oder metaphysischen Notate sind nicht in einer besonderen europäischen Kultur begründet. Es handelt sich nicht um strukturierte, mit Bildungswissen und Zitatstellen ausgewiesene philosophische Diskurse, vielmehr um eine praktische Philosophie, aufgefangen in den gängigsten Augenblicken des alltäglichen Lebens, den Auszeiten, den Fahrstühlen, auf der Straße, im Badezimmer. So wie der europäische Leser wird sich auch der chinesische in den zentralen Themen, die in meinen Büchern angesprochen werden, wiedererkennen und sich an den Fragen nach dem Sinn des Lebens, die darin aufblühen, laben können, an den unmerklichen Variationen über die Symbolik des Wassers und den Reflexionen über das Vergehen der Zeit.

Vor einiger Zeit hat mich eine Literaturzeitschrift gebeten, die zehn besten literarischen Werke in der Geschichte der Menschheit zu nennen, und ohne dass ich sonderlich darauf geachtet hätte, habe ich ausschließlich Werke europäischer Autoren ausgewählt, ich habe Pascal und Montaigne zitiert, ich hätte Goethe und Shakespeare hinzufügen können, hätte mich an Dante und Cervantes erinnern können, aber ich habe vor allem Autoren des 20. Jahrhunderts angeführt, Proust und Beckett, Musil und Kafka. Es war, als existierte in meinem persönlichen Pantheon schlicht kein großer Autor aus Afrika, Indien oder China, kein großer Schriftsteller aus Amerika, keine südamerikanischen Autoren, aber auch keine nordamerikanischen Autoren und natürlich auch keine Autoren aus Ozeanien (die dort unten schreiben nicht, sie surfen). Nein, alle großen Schriftsteller, alle, die mich beeinflusst haben, die zu meinem Bildungshorizont beigetragen und mich in meinen eigenen schriftstellerischen Experimenten geleitet haben, von der Schule bis zu meinen letzten Lektüren – sie alle kamen für mich, ohne dass ich mir darüber weiter Gedanken gemacht hätte, aus Europa. Ohne mir dessen wirklich bewusst zu sein – aber das dürfte einem chinesischen Leser sofort ins Auge springen –, schrieb ich mich ganz natürlich in eine europäische, ja letztlich sogar eine französische literarische Tradition ein, die bei Flaubert beginnt und bis zum Nouveau Roman reicht, mit steter Aufmerksamkeit für Stil und Form.

Vorletztes Jahr, im Dezember 2001, befand ich mich in einem Nachtzug im Süden Chinas, zwischen Kanton und Schangscha, und betrachtete vor mir, auf ihrer Schlafliege ausgestreckt, die Frau meines chinesischen Verlegers, die *Die Wiederholung* von Robbe-Grillet auf Chinesisch las, und fasziniert fragte ich mich, als ich sie so lesen sah, was sie wohl wirklich von dem Buch Robbe-Grillets mitbekam. Ich hatte das Buch selbst einige Wochen zuvor gelesen und mir vorgestellt, dass dieses stark kodierte Universum, in dem der Stil derart wichtig ist, für einen chinesischen Kopf wohl nicht so leicht zugänglich sein dürfte. Sicher, ich hatte mich häufig gefragt, was asiatische Leser eigentlich wirklich lesen, wenn sie europäische Bücher in Übersetzung lesen, und wann immer man mir weismachen wollte, dass ihnen beim Lesen von Übersetzungen enorm viel verloren gehen würde, lautete meine paradoxe Antwort, dass auch den meisten europäischen Lesern, wenn sie ein Buch in ihrer Muttersprache lesen, im Verhältnis zu den Absichten des Autors enorm viel verloren geht und dass letztlich jeder Leser, ob Europäer oder Asiate, ob gebildet oder ungebildet, lediglich auf einer nur graduell unterschiedlichen Stufe des Verlusts zwischen den Absichten des Autors und dem steht, was der Leser davon mitbekommen kann, und dass im Grunde ein gebildeter und sensibler chinesischer Leser möglicherweise mehr Genuss aus einem aus einer europäischen Sprache übersetzten Buch zu ziehen vermag als ein europäischer Leser, der es in seiner Muttersprache liest, aber dem die stilistischen Feinheiten verborgen bleiben. Denn jenseits der Kontinente und Grenzen ist Literatur stets noch ein intimer Austausch zwischen zwei Menschenwesen.

Aus dem Französischen von Bernd Schwibs

1 Im Einladungsbrief für die Autoren hieß es ja, dass alle Essays für das Symposium ins Deutsche und ins Englische übersetzt werden.

Dubravka Ugrešić

Auf die Frage, was heute das Europäische in der europäischen Literatur ist, habe ich nur eine Antwort, deren kürzeste Variante lautet: Das ist Joydeep Roy-Bhattacharya, ein in Amerika ansässiger Inder.

Dubravka Ugrešić

Kroatien

1949 in Kutina (Kroatien) geboren, studierte die Schriftstellerin, Übersetzerin und Literaturtheoretikerin vergleichende Literatur sowie russische Sprache und Literatur an der Universität Zagreb. Sie ist Mitherausgeberin eines zehnbändigen Lexikons über die Avantgarde in Russland. Als erste Frau erhielt sie den bedeutendsten jugoslawischen Literaturpreis, den *NIN*. Für ihr publizistisches Wirken wurde sie u. a. im Jahr 2000 mit dem Heinrich-Mann-Preis ausgezeichnet. Öffentlichen Angriffen ausgesetzt, verließ Dubravka Ugrešić 1993 ihre Heimat und lebt seitdem als freie Schriftstellerin in Amsterdam.

In deutscher Übersetzung u. a.:

Die Kultur der Lüge.
Aus dem Kroatischen von Barbara Antkowiak
Suhrkamp Verlag, Frankfurt am Main 1995

Das Museum der bedingungslosen Kapitulation
Aus dem Kroatischen von Barbara Antkowiak
Suhrkamp Verlag, Frankfurt am Main 1998

Lesen verboten. Essayband
Aus dem Kroatischen von Barbara Antkowiak
Suhrkamp Verlag, Frankfurt am Main 2002

Karaoke-Kultur

'Gogols Nase
'Alice im Wunderland } hat sie modernisiert
dekonstruieren

Die europäische Literatur als Wettbewerb um den Grand Prix d'Eurovision

Na pitanje što je danas evropsko u evropskim književnostima imam samo jedan odgovor čija bi najkraća varijanta bila: to je Mister Bhattacharya, Indijac koji živi u Americi.

Das Konzept der europäischen Literaturen – so wie EU-Politiker, Kulturmanager, Verleger, altmodische Universitätslehrstühle und häufig auch Schriftsteller mit ihm umgehen – unterscheidet sich nicht sehr vom Konzept des Grand Prix d'Eurovision.

Erinnern wir uns, der Grand Prix ist eine bei vielen Europäern beliebte Fernsehunterhaltung und der heißeste Punkt der mentalen Vereinigung Europas. Der Grand Prix ist eine grandiose Präsentation des europäischen Popmusik-Kitschs im European style. Aber noch größeres Vergnügen als die Popmusik bei diesem für alle offenen Wettbewerb bieten andere Dinge, von der Garderobe *(Dieses Jahr waren die Zyprioten am besten angezogen!)* bis zur spektakulären Darbietung *(Dieses Jahr haben die Iren die Bühne derart eingeräuchert, dass fast ein Brand ausgebrochen wäre!)*. Genüsslich ist auch die Art der Abstimmung *(Croatia, ten points! Belgium, two points!)*, die Fernseh-Ansichtskarten aus verschiedenen Ländern, die Schaltungen nach Tallinn und Dublin. Und dann die Politik und ihre Transparenz *(Ganz klar, die Kroaten haben den Slowenen die meisten Punkte gegeben und die Slowenen den Kroaten)*, die Teilnahme neuer Kandidaten *(Sieh an, dieses Jahr auch die Bosnier!)*, die Abwesenheit einiger Nichtkandidaten *(O Scheiße, wir Serben werden nie in Europa singen!)*. Und was die Musik selbst betrifft, so erwartet man von den Türken ein bisschen orientalischen und von den Schweden ein bisschen westeuropäischen Kitsch. Die größte europäische Fernsehveranstaltung hat ihre edukative Funktion (der Zuschauer lernt die Namen neuer Staaten: *Lettland, Estland, Litauen!*), ihre politisch-ideologische Funktion *(O.K., wir haben die Esten aufgenommen, aber die Türken nehmen wir nicht auf, es reicht, wenn sie bei uns singen dürfen!)* und ist nebenher auch wirtschaftlich profitabel. Manchmal kommt es zu Exzessen wie bei Diva *(Viva la Diva!)*, dem Transvestiten aus Israel, doch Exzesse im Rahmen des Mainstreams sind nur willkommen.

Das europäische literarische Leben mit seinen Repräsentanten, hinter deren Namen immer (immer!) der Name des Staates steht, unterscheidet sich häufig nicht sehr von der oben geschilderten Veranstaltung. Freilich ist es weniger spektakulär. Doch die Fernsehübertragungen der jährlichen Verleihung des Booker-Preises bestätigen, dass auch Literatur ein Spektakel sein kann: die Ausgezeichneten, die auf die Bühne hüpfen *(Canada, ten points!)* und ihre Dankesworte wie Popsänger hersagen. Die Begründungen der Jurys sind begreiflicherweise viel eloquenter, schließlich arbeitet das Literaturhandwerk mit Worten, nicht mit Noten. Bedenken wir den kommerziellen Effekt der Booker-Aufführung und das Prinzip der Exklusivität (der Booker wird Büchern aus dem englischsprachigen Gebiet verliehen), dann spricht alles für unseren obigen Vergleich, so ungerecht, maliziös und unrichtig er manchem erscheinen mag.

Der Anteil von Gregor G. Drubnik in der ganzen Sache

Vor etwa dreißig Jahren veröffentlichte *The New York Times* eine Falschmeldung über Gregor G. Drubnik, einen bulgarischen Schriftsteller, der damals, 1971, angeblich den Nobelpreis für Literatur bekommen hatte. Der Artikel war voller diskriminierender Urteile wie *remarkably stupefying quality* und sollte sehr komisch sein. Allein die Idee, dass ein Bulgare den Nobelpreis bekommen könnte, reizte zum Lachen.

Auch mir wäre das Lachen gekommen, hätte ich diesen Artikel zur Zeit der Veröffentlichung gelesen. Damals studierte ich vergleichende Literaturwissenschaft und war ganz von mir erfüllt. Ich las europäische und amerikanische Autoren, schrieb Referate über Proust und Joyce. Ich las bekannte und weniger bekannte russische Schriftsteller, studierte theoretische Schulen in einem Augenblick, als die Literaturtheorie auf ihrem Höhepunkt zu stehen schien. Ich war überzeugt, mit der großen Literaturwelt vertraut zu sein. Es war eine Zeit des verlegerischen Booms in Ex-Jugoslawien, es wurde viel übersetzt, und ich bemächtigte mich jeder mir zugänglichen literarischen Neuheit. Als ich 1982 zum ersten Mal in Amerika war, erschien mir die Auswahl an Übersetzungsliteratur in den dortigen Buchhandlungen ärmlich. Das konnte ich freilich niemandem eingestehen, denn mir hätte ohnehin keiner geglaubt, außerdem sollte sich nur ein paar Jahre später das Bild der amerikanischen Buchhandlungen sehr verändern. Und auch meine Überzeugung, dass große Dinge nur in großen Zentren geschehen, war nicht leicht zu erschüttern.

Anfang der Neunziger veränderte sich die Situation, die Zagreber und Belgrader Buchläden verödeten, und ich hatte es wieder schwer, jemanden zu überzeugen, dass es einige Jahre zuvor ganz anders gewesen war. Zu der Zeit gingen meine Bücher in die Welt und wenig später auch ich selbst. In meiner Gewissheit, dass ich mit der großen Literaturwelt souverän kommunizierte, was immer das bedeutete, vergaß ich die Möglichkeit, dass diese große Welt weder mit mir kommunizierte noch besonders daran interessiert war.

Als 1991 mein Roman in England erschienen war, beendete ein Kritiker seine Rezension mit der Frage: *Dennoch, ist es das, was wir brauchen?* Erst später begriff ich, was er damit sagen wollte. Ständig auf Reisen, hatte ich nicht bemerkt, dass mir das Etikett *Made in Balkan* anhaftete. Und wenn jemand vom Balkan kommt, dann erwarten wir nicht, dass er oder sie uns literarische Souveränität vorführt, sondern dass er dem Stereotyp entspricht, das WIR von DENEN haben, vom Balkan oder den Orten, *woher DIE alle kommen.*

Ich hatte also völlig vergessen, woher ich kam, oder, anders gesagt, ich übersah die festgelegten Codes zwischen kulturellem Zentrum und Peripherie. Man erwartete von mir, dass ich die Stereotype über die Peripherie bestätigte und nicht dass ich sie zerschlug. Meine literarische Souveränität konnte ich in den Wind schreiben; sie konnte das ausländische Milieu nur irritieren.

Es zeigte sich, dass Drubniks trügerischer Schatten in diesen dreißig Jahren nicht verschwunden war. Die Zahl der Etiketten, die man mir und meinen Büchern anklebte, wurde mit der Zeit nur größer. Zu dem Etikett *Made in Balkan* kamen andere; der Zerfall Jugoslawiens, der Sturz des Kommunismus, Krieg, Nationalismus, neue Staaten und neue Identitäten. Meine Texte, die mit dem ausländischen Leser kommunizierten, waren von schwerem Gepäck belastet. Oft kam ich mir vor wie ein Reisender, der in jeder Hand mehrere Koffer schleppt und dabei versucht, eine gewisse Eleganz zu wahren. Im Unterschied zu mir reisten meine westeuropäischen Kollegen ohne Gepäck und traten allein mit ihren Texten vor die Leser. Mich und meine Bücher hingegen begrub das Gepäck. Drastisch veränderte sich auch die Situation in meiner lokalen literarischen Umgebung. Dort war für das Verständnis meiner Texte auf einmal wichtig, ob ich Kroatin oder Serbin bin und was meine Eltern waren.

Vor einem Dutzend Jahren hatte ich einen eleganten jugoslawischen Pass mit elastischem rotem Einband. Ich war eine *jugoslawische* Schriftstellerin. Dann kam der Krieg, und die Kroaten drückten mir – ohne mich zu fragen – einen blauen kroatischen Pass in die Hand (der sich entschieden von der roten kommunistischen Farbe abkehrt, aber dessen harter Einband an die alten sowjetischen Leseausweise für die Lenin-Bibliothek erinnert). Die neuen kroatischen Machthaber erwarteten von ihren Bürgern eine prompte Transformation der Identität, als wäre schon der Pass eine Zauberpille, aber da das in meinem Fall nicht so leicht ging, schlossen sie mich aus ihren literarischen und sonstigen Reihen aus. Mit dem kroatischen Pass verließ ich meine neu erworbene Heimat und zog in die Welt. In der Welt wurde ich freudig wie beim Grand Prix d'Eurovision sogleich als *kroatische* Schriftstellerin identifiziert. Ich wurde zur literarischen Repräsentantin eines Milieus, das mich nicht mehr wollte und das ich nicht mehr wollte. Dennoch blieb mir das Etikett *kroatische* Schriftstellerin wie eine dauerhafte Tätowierung.

Derzeit besitze ich einen roten Pass, einen holländischen. Und trage weiter das Etikett als literarische Vertreterin eines Landes, an das ich jetzt nicht einmal mehr durch einen Pass gebunden bin. Werde ich mit dem neuen Pass zur holländischen Schriftstellerin? Wohl kaum. Kann ich mich mit dem *holländischen* Pass jemals in die Reihen der kroatischen Literatur reintegrieren? Wohl kaum.

Was ist wirklich mein Problem? Schäme ich mich des Etiketts *kroatische Schriftstellerin*? Nein. Würde ich mich mit dem Etikett *Gucci* oder *Armani* besser fühlen? Nein. Was will ich also?

Wenn ich nach dem Willen einiger Krimineller und angeblich dem Mehrheitswillen des Volkes das Etikett *jugoslawisch* verloren habe, warum soll ich jetzt – wieder gegen meinen Willen – das Etikett *kroatisch* tragen? Und weiter, wenn *kroatische* Kulturkriminelle (weil ich etwas laut gesagt habe, als ich nach ihrer Meinung hätte schweigen müssen) mir das Etikett kroatisch abgerissen haben, warum kleben mir andere, die das alles wenig angeht, das Etikett wieder an?

Und warum bin ich so empfindlich gegenüber Etiketten, warum erscheinen sie mir wichtig? Weil sich in der Praxis zeigt, dass das Identifikationsgepäck den literarischen Text belastet. Weil sich weiterhin zeigt, dass das Identifikationsetikett das Wesen des literarischen Textes und seine Bedeutung verändert. Weil das Identifikationsetikett eine verkürzte und stets falsche Interpretation des Textes ist. Weil das Identifikationsetikett den Raum öffnet, etwas in den Text hineinzulesen, was er nicht enthält. Und schließlich, weil es diskriminierend ist, diskriminierend für den Text selbst. Denn ich komme von der Peripherie; ein amerikanischer Schriftsteller hat dieses Problem vermutlich nicht.

Warum ist es, im Gegensatz zu mir, einigen meiner Kollegen wichtig, ihr Identifikationsetikett zu behalten? Weil die Identifizierung eines Schriftstellers nach seiner Nationalität, nach seinem Herkunftsland ein feststehender Code der literarischen, aber auch marktwirtschaftlichen Kommunikation ist. Weil man auf diese Weise leichter von der Peripherie ins Zentrum gelangt. Weil für viele das Identifikationsetikett zugleich auch die einzige Art ist, nicht nur lokal, sondern auch global zu kommunizieren, wiedererkannt zu werden als *bosnischer*, als *kroatischer*, als *bulgarischer* Literat. Weil das Etikett eine Grundvoraussetzung jedes, als auch des literarischen Marktes ist. Weil die Identität und der Handel mit der Identität eine erprobte Marktformel ist, die viele Schriftsteller von der Peripherie – mit oder ohne Grund – auf den globalen Literaturmarkt katapultiert hat.

Europa bis Indien

Belehrt durch das amerikanische marktwirtschaftliche und ideologische Beispiel und durch den Welterfolg indischer, karibischer, japanischer, afrikanischer oder chinesischer Autoren, die in Großbritannien leben, ist die Kulturbürokratie des Vereinigten Europa nebst allen *Kulturschaffenden* bemüht, sich den Dingen zu stellen.

Einerseits ist das VE (Vereinigte Europa) wegen der Globalisierung oder der amerikanischen kulturellen *Imperialisierung* besorgt. Und während die Amerikaner den Terminus Imperialisierung ohne viel Federlesens gebrauchen, zaudern die Europäer. Sie fürchten, eines exzessiven Antiamerikanismus bezichtigt zu werden wie die Franzosen, die alle Augenblicke zur Verteidigung ihrer kulturellen Produkte aufstehen, aber auch dessen, was sie verloren haben: des kulturellen Primats. Es zeigt sich, dass der Antiamerikanismus weder kulturell noch politisch noch strategisch noch finanziell profitabel ist. An der amerikanischen Kulturindustrie verdienen nicht nur die amerikanischen Verkäufer gut, sondern auch die europäischen Zwischenhändler.

Die europäische *kulturelle Identität*, was immer das bedeuten mag, ist auf der einen Seite *bedroht* durch die allgegenwärtige amerikanische Kulturindustrie, auf der anderen durch die Osteuropäer, die mit ihren kulturellen Bündeln auf Einlass warten, und schließlich – am schmerzlichsten – durch die Emigranten aus dem nicht-europäischen Kulturkreis, deren Zahl jede Sekunde gefährlich ansteigt. Wohin gehören denn all die vielen Marokkaner, Algerier, Chinesen, Araber? Wie soll man sie klassifizieren? Nach dem Pass? Nach der Sprache? Nach dem Kulturkreis, dem sie angehören?

Stolz auf seine Multikulti-Ideologie und -Praxis geht das Vereinigte Europa nach dem erprobten Rezept vor – *me Tarzan, you Jane* –, also nach dem Rezept der Anerkennung verschiedener kultureller und regionaler Identitäten, und natürlich der Integration, obwohl niemand weiß, was das heißen soll. Jedem also sein Bethaus, jeder ihre Burka. Und solange der Marokkaner auf seinem Tresen etwas *Marokkanisches* anbietet, *whatever it means*, und wir etwas *Europäisches, whatever it means*, ist alles O.K. So werden Kulturprodukte getauscht, so funktioniert der globale Markt, nach diesem Mechanismus läuft auch die Dynamik des Literaturlebens.

Und alles wäre in Ordnung, gäbe es nicht die Non-Mainstream-Tendenzen und -Individuen – diese Dysfunktion im System –, die die feststehenden Ideen und Konzepte darüber, was Kultur ist und sein sollte, über den Haufen werfen. Diese Individuen und Tendenzen wachsen über die kulturellen Promotoren hinaus, über die Verleger, die Kulturmanager und die Kulturbürokratie des Vereinigten Europa, die sich mit den Fragen der europäischen kulturellen Identität abquälen. Diese Individuen wachsen über ihre Kritiker und Interpreten hinaus, über die Universitätslehrstühle und -professoren und über die Leser. Niemand weiß etwas mit ihnen anzufangen.

Wirklich, was sollen die Holländer mit Moses Isegawa machen, dem afrikanischen Schriftsteller, der in Holland lebt und in englischer Sprache schreibt? Was sollen sie mit mir machen? Ich lebe in Amsterdam und schreibe nicht in niederländischer Sprache. Was sollen die Kroaten mit mir machen? Ich schreibe zwar in kroatischer Sprache, lebe jedoch nicht dort. Was sollen die Serben, Bosnier und Montenegriner mit mir machen? Sie können mich im Original lesen, aber die Sprache, in der ich schreibe, ist CBS (Croatian-Bosnian-Serbian, eine Abkürzung, die die Dolmetscher beim Haager Tribunal erfunden haben). Was fangen die Holländer mit einem Marokkaner an, der sich, statt profitable und allseits beliebte Prosa über die kulturellen Unterschiede zwischen Marokkanern und Holländern zu schreiben, mit der Wiederbelebung der schönen niederländischen Sprache des 19. Jahrhunderts befasst, die alle heutigen holländischen Autoren vergessen haben? *Was tun die Franzosen mit einem Araber, der ein neuer Marcel Proust, und was die Deutschen mit einem Türken, der ein neuer Thomas Mann sein möchte?* Ähnliche Beispiele gibt es mehr als genug, und das einzige Problem ist, dass ihre Zahl wächst.

Unter den Funktionsstörungen im bestehenden literarischen System habe ich mein Lieblingsexemplar, meinen Helden. Ich lernte ihn auf der Buchmesse in Budapest kennen. Joydeep Roy-Bhattacharya wurde in Kalkutta geboren. Mit neunzehn ging er von dort weg, in Amerika machte er sein Diplom als Philosoph. Er lebt in New York und hält Vorlesungen an einer der umliegenden Universitäten. Joydeep hat einen Roman geschrieben, der von der Kritik ziemlich gelobt wurde. Sein Thema ist Ungarn und ein Kreis ungarischer Intellektueller in den sechziger Jahren. Die Ungarn haben sein Buch sofort übersetzt. Ein ungarischer Leser, ein Intellektueller, bemängelte mir gegenüber, der Roman befasse sich zwar mit Ungarn, aber auf *indische* Manier. Hätte er lieber über Indien geschrieben, kommentierte dieser Leser.

Joydeep ist ein junger, gut aussehender Mann. Und sehr fotogen. Sein amerikanischer Verleger veröffentlichte seinen Roman in der Hoffnung, Joydeep würde zur Vernunft kommen und etwas über Indien schreiben. Etwas wie *Der Gott der kleinen Dinge*, nur aus männlicher Perspektive. Meine Mama, der ich das Buch mit Joydeeps Foto auf dem Einband zeigte, solidarisierte sich instinktiv mit dem amerikanischen Verleger. *Warum schreibt er nicht über Indien*, seufzte sie, *er ist schöner als Sandokan.*

Bei einem Gespräch mit Joydeep war ich verblüfft von seiner Kenntnis und seiner Leidenschaft für Osteuropa. *Ich denke nicht daran, zur Vernunft zu kommen*, sagte er. *Wie meinst du das?*, fragte ich. *Der Roman, den ich jetzt schreibe, spielt während der fünfziger Jahre in Dresden. Danach kommt ein Roman über die Schlacht bei Stalingrad, aus weiblicher Perspektive*, fügte er hinzu.

Wie gesagt, Joydeep ist mein Held unter den Kollegen Schriftstellern. Er hat in einer Welt, wo der *identity kit* so etwas ist wie eine Zahnbürste, also lebensnotwendig, den schwersten Weg gewählt. Seinen *identity kit* hat er auf den Müll geworfen im Namen des Rechts auf Freiheit der Literatur. Der Konsequenzen seines symbolischen Selbstmords ist er sich sehr bewusst. *Zu Hause* in Kalkutta liebt man ihn vermutlich nicht, und es fragt sich, ob man überhaupt von ihm weiß. Die Milieus, über die er schreibt, missbilligen ihn, weil sie überzeugt sind, nur sie selbst könnten über sich schreiben, nur sie selbst hätten das Copyright auf ihr Thema. Die amerikanischen und englischen Verleger tolerieren Joydeeps osteuropäischen *Virus*, denn sie hoffen auf Genesung, auf den Augenblick, da Joydeep thematisch dahin zurückkehrt, wohin er gehört, nach Indien.

Auf die Frage, was heute das Europäische in der europäischen Literatur ist, habe ich nur eine Antwort, deren kürzeste Variante lautet: Das ist Joydeep Roy-Bhattacharya, ein in Amerika ansässiger Inder.

Aus dem Kroatischen von Barbara Antkowiak

Dragan Velikić

Jeder Schriftsteller trägt einen Teil des Globus in sich, egal ob es Macondo oder Buenos Aires ist, Alexandria oder Dublin, Triest oder Berlin. Das Schreiben ist eine Kunstfertigkeit, seine inneren Landkarten in ein Zeichensystem zu überführen.

Dragan Velikić

Serbien

1953 in Belgrad geboren, wuchs der Schriftsteller, Journalist und Dissident in Pula, Istrien, auf und studierte Literaturwissenschaften in Belgrad, wo er bis 1999 lebte. Er gehört zu den Exponenten des »anderen Serbien« und ist Mitglied der *Gruppe 99*, die sich als Antwort auf den Krieg gründete und Autoren aus Slowenien, Kroatien, Bosnien, Serbien und Kosovo in einer Interessengemeinschaft vereinte. Als Journalist schrieb Velikić bis zu seinem Exil für oppositionelle Zeitungen und war Chefredakteur des unabhängigen *Radio B-92* in Belgrad. Dragan Velikić lebt heute in Belgrad.

In deutscher Übersetzung u. a.:

Via Pula. Literaturschauplatz Pula. Roman
Aus dem Serbischen von Astrid Philippsen
Wieser Verlag, Klagenfurt 1991 und 2000

Der Fall Bremen. Roman
Aus dem Serbischen von Bärbel Schulte
Ullstein Verlag, Berlin 2002

Dante-Platz. Roman
Aus dem Serbischen von Bärbel Schulte
Wieser Verlag, Klagenfurt 1999

Europa B

Svaki pisac nosi u sebi deo globusa, svejedno da li je to Makondo ili Buenos Aires, Aleksandrija ili Dablin, Trst ili Berlin. Pisanje i jeste veština pretvaranja unutrašnje mape u sistem znakova.

1.

Wenn wir *Europa* sagen, dann denken wir nicht an Moldawien, Bosnien oder Serbien, denn die geographische Zuordnung allein ist nicht hinreichend, um zum Parkett dieses Begriffes gezählt zu werden. Das Parkett ist die Europäische Union. Und jenseits der Schengener Mauern erstrecken sich Galerien, auf denen die Länder der europäischen Peripherie darauf warten, eines Tages in dieses verheißungsvolle Parkett hinabsteigen zu dürfen. Was Serbien betrifft – oder genauer Jugoslawien –, so wurde es sogar aus der Galerie verbannt. Der Grund für diese beinahe zehnjährige Verbannung sind sicher die Kriege, die im Verlauf des vergangenen Jahrzehnts auf dem Balkan stattgefunden haben. In jenem Moment, in dem der Krieg begann, hörte dieses Land auf europäisch zu sein.

Europa ist eine Norm, die nicht nur auf bequeme und pünktliche Eisenbahnen zu beschränken ist. Europa sind allerdings auch die Eisenbahnen. Und keineswegs zufällig befinden sich die Züge, die aus den europäischen Galerien das europäische Parkett erreichen – egal ob es sich um den ungarischen Béla Bartók handelt, den kroatischen Mimara, den serbischen Avala oder den polnischen Warschauexpress –, in ihrem Aussehen, dem Komfort und ihrer Pünktlichkeit auf dem Niveau des europäischen Standards. Ich vermute, dass die Länder Osteuropas dem Vereinigten Europa erst dann beitreten werden, wenn auf ihren heimischen Linien die gleichen Züge verkehren wie jene, die auf den Strecken in den Westen eingesetzt werden. Und das Beispiel Großbritanniens bestätigt meine Annahme.

Die Verbannung Jugoslawiens aus Europa begann mit den Zügen. Anfang der neunziger Jahre verschwindet Belgrad über Nacht aus den Kursbüchern der europäischen Eisenbahnen. Es existiert auch auf den Anzeigetafeln der Flughäfen nicht mehr. Und nicht nur das. Aufgrund der Sanktionen der internationalen Gemeinschaft gegen Jugoslawien war es unmöglich, eine Sendung, die schwerer als 20 Gramm war, aus einer europäischen Stadt in dieses Land zu schicken, welches zum Haus ohne Hausnummer geworden war. Das strenge System der Visa versetzte Jugoslawien in Quarantäne. Und so wurde aus dem Reisepass des Landes, der jahrzehntelang der gefragteste auf den internationalen Schwarzmärkten war – da die Jugoslawen ohne Visum sowohl nach Westen wie auch nach Osten reisen konnten –, ein wertloses Papier, mit dem man nur noch einige wenige Nachbarländer besuchen konnte. Jede Isolation schafft mit der Zeit eine endemische Welt, in der eine Bunkermentalität entsteht. Die neuen politischen Veränderungen in Serbien führten das Land zurück auf die Galerie – in die letzte Reihe. Von hier aus wird es ein anstrengender und langer Weg sein, dessen endgültiges Ziel natürlich das europäische Parkett ist.

Der Begriff *Europa* scheint bar aller negativen Konnotationen zu sein. Europa ist ein Raum, in dem eine hohe Lebensqualität erreicht wurde. Es ist ein Raum der Ordnung und des Friedens. So wenigstens sehen Europa seine armen Verwandten aus der Peripherie. Seit Jahren bereiten sie sich darauf vor, diesem Vereinigten Europa beizutreten. Es gibt einen Blick Europas, den es sich als Blick der Peripherie auf sich selbst gerichtet vorstellt. Und es möchte auch, dass die Peripherie ihm diesen Blick als ihren eigenen Blick bestätigt. Genauer gesagt, Europas Markt verlangt oft von der Peripherie, ihm nicht etwa authentische Kunstwerke, sondere Sterotype zu liefern, die mit der Zeit zu den offiziellen Kulturversionen der Länder aus der europäischen Peripherie geworden sind. Darin sollte man die Gründe für den Erfolg einiger Filme, Theaterstücke und Bücher suchen, die gekonnt all das, was sich nicht ins Klischee fügt, herausfiltern. So sehen wir uns mit dem Paradoxon konfrontiert, dass – gemessen an den Darstellungen einiger Kunstwerke – in den Ländern der europäischen Peripherie, das heißt Osteuropas, nicht das geschieht, was tatsächlich geschieht, sondern das, was als ihre Realität in den Vorstellungen Europas existiert.

Im Zeitalter der allgemeinen Globalisierung, der vereinheitlichten Computerprogramme, Moden, Supermärkte und Einkaufszentren kann man in ganz verschiedenen Gegenden dieselben Produkte kaufen: von griechischen Oliven und bulgarischem Joghurt bis zu dänischer Butter und italienischer Pasta, von französischen Parfums und portugiesischem Schuhwerk bis zu schwedischen Möbeln und Schweizer Uhren. Eines Tages werden wir alle dasselbe Angebot haben, und an jedem Ort wird es möglich sein, alles zu kaufen. Als Folge der allgemeinen Globalisierung werden alle Orte dem Schrecken der Gleichheit anheim fallen. So dass auch das Reisen überflüssig werden wird. Denn zum Gleichen kann man nicht reisen.

Zurzeit ist das allerdings nur eine Illusion, dass alles gleich sei, wirklich gleich. Die Lizenzen sind zwar von immer höherem Standard und das Original wird bald überflüssig werden, es gibt jedoch immer noch einen Unterschied zwischen Milka-Schokolade und Nestlé-Kaffee, die in Deutschland oder in der Schweiz produziert wurden, und ungarischen oder tschechischen Lizenzprodukten. Die gesamte Industrie des *Gleichen* wurde in der europäischen Peripherie installiert, so dass die Lizenzen – nennen wir sie *B*-Produkte – Europa *B* versorgen, um die Bedürfnisse der Bevölkerungen dieser Region zu befriedigen. Ich denke hierbei natürlich nicht an die Piratenprodukte zweifelhafter Herkunft. Und es ist daran nichts Verwerfliches, denn es handelt sich um die Realität. Letztendlich meinen viele, dass die serbische Coca-Cola besser als die französische sei. Die Produktionsprogramme der multinationalen Konzerne verwandeln die ganze Welt in einen Ort.

2.

In den letzten Jahren erlebte nur ein Film vom Balkan einen großen Erfolg im Westen. Es handelt sich natürlich um den Film von Emir Kusturica *Underground*. Obwohl die künstlerische Qualität dieses Films unumstritten ist, meine ich, dass sie nicht ausschlaggebend für seinen Erfolg war. Der Grund dafür ist eher auf der Handlungsebene zu suchen, auf der Ebene der Bilder vom Balkan, die dem Westen angeboten wurden. Ich erinnere daran, dass der Balkan in diesem Film als Stätte von Orgien dargestellt wurde, als Stätte des puren Wahnsinns, als Raum, in dem man nur isst, trinkt, singt, Liebe macht und mordet, also als ein fast mythischer Ort, ein wilder Raum, in dem alles erlaubt ist. Es gibt nichts Paradoxes an der Tatsache, dass gerade ein solches

Balkanbild das Auge des Westens befriedigte, denn dieses bestätigte, so glaube ich, jene öffentlich nie ausgesprochene, phantasmenhafte Vermutung des Westens, dass die Menschen vom Balkan sich von jenen im Westen deutlich unterscheiden, und somit verfestigte sich der Glauben des Westens an die eigene Einmaligkeit und Unerreichbarkeit. Eine solche Vorstellung vom Balkan rief Zufriedenheit im Blick des Westens hervor, denn sie bot dem Westen genau das, was er als Bild von sich selbst anstrebte – eine Bestätigung der eigenen Vollkommenheit.

Was die Literatur betrifft, so öffnet sich der Westen für jene Literatur vom Balkan, die die Abwesenheit von Demokratie thematisiert, die sich nach einer solchen Demokratie sehnt, deren Maß immer der Westen ist, in anderen Worten, er öffnet sich für jene Literatur, für die das Bild des Westens das Vehikel ihrer thematischen Organisation ist. In einer derartigen Literatur kann der westliche Blick wieder schwelgen, sich selbst davon überzeugen, dass er absolut begehrt ist, sich selbst bestätigen, dass er sich auf dem richtigen Weg befindet. Der Westen genießt durch eine derartige Literatur narzisstisch sich selbst als unerreichbares Objekt der Begierde des Anderen. Für jene Art von Literatur, die am Balkan ebenfalls existiert und deren Verfahren und Themen nicht durch *politische* oder ideologische Bedingungen geprägt sind, für Literatur, die man nicht auf die Darstellung der unbarmherzigen Lebensbedingungen an der europäischen Peripherie reduzieren kann, für Literatur, die ich *reine Literatur* nennen möchte bzw. Literatur, die sich selbst zugewandt ist und sich mit den literarischen Möglichkeiten der Sprache beschäftigt, ist der Westen – soweit mir bekannt ist – ziemlich verschlossen. Denn den Anspruch, den eine solche Literatur hat, den Anspruch auf das künstlerische Experiment, reserviert der westliche Kulturraum für sich, nur sich selbst verleiht er das Recht auf Umbrüche und Wendungen in der literarischen Praxis. Auch das ist genauso einfach zu erklären: Nur so kann der Westen die eigene Dominanz *sichern*, das ideale Bild von sich selbst als Raum bestätigen, in dem ausgeklügelte geistige *Interventionen* vollzogen werden, die somit das narzisstische Sich-selbst-Genießen verlängern.

3.
Es gibt keinen Elektrolyse-Prozess, mit dem eine literarische Welt auf den Zustand jenes Materials, aus dem sie entstand, zurückgeführt werden könnte. Für einen Schriftsteller ist der dritte Elternteil die Lektüre, mit der er aufwuchs, aus der seine Welt geformt wurde. Die Lektüre ist der Name seines Heimathafens, der auf dem Schiffsheck zu lesen ist. Und natürlich kann man Schriftsteller eines Raumes sein, ohne physisch in dem betreffenden Raum zu sein, so wie die Schiffe einer schweizerischen Reederei das Land nie ansteuern, dessen Flagge an ihren Masten flattert.

Schreiben ist der Versuch, Einblick in einige andere mögliche Lebensläufe zu gewinnen. Isaac B. Singer hat Recht, wenn er sagt, dass der Schriftsteller nicht derjenige ist, der sich erinnert, sondern derjenige, der sich seine eigene Erinnerung ausdenkt. Wir können eigene Erinnerungen und *fremde* (des Helden) nur insofern erschaffen, als dass wir die Sehnsucht in uns tragen, dem Leben etwas hinzuzufügen, aber nicht deshalb, weil wir mit dem eigenen Leben unzufrieden wären, sondern weil jeder Schriftsteller in seinen Büchern mögliche Varianten der einzigen Realität auslebt.

Die Erschaffung meiner Erinnerung begann an einem Novembertag 1958, als ein Belgrader Zug am Ufer der Stadt Pula stehen blieb, auf einem Gleis, das im Meer zu verschwinden schien. Die nächste Szene wird von einer Glühbirne am Ende des breiten emaillierten Lampenschirms beleuchtet: das Zimmer des Hotels Central, das vor langer Zeit – damals, als Pula, die Stadt, in der ich heranwuchs, italienisch war – den Namen Milano trug. Und in der Zeit Österreich-Ungarns, zu Beginn des letzten Jahrhunderts, als der irische Schriftsteller James Joyce einige Monate in Pula lebte, trug dieses Hotel den Namen Europa.

Ich glaube, dass jeder Schriftsteller über eine bescheidene Anzahl von Tönen, Szenen, Geräuschen und Gerüchen aus der Kindheit verfügt, aus jener *ahistorischen* Periode des eigenen Lebens – also aus dem eigenen Mythos. Es sind Kulissen, mit denen er immer wieder, in jedem weiteren Buch die Welt konstruiert, dabei das Unerschöpfliche findend: die Kombinationen. Jeder Schriftsteller trägt einen Teil des Globus in sich, egal ob es Macondo oder Buenos Aires ist, Alexandria oder Dublin, Triest oder Berlin. Das Schreiben ist die Kunst, seine inneren Landkarten in ein Zeichensystem zu überführen. Auf der Suche nach Troja verwendete Heinrich Schliemann die Karten Homers. Obwohl er ein Archäologie-Amateur war, verstand Schliemann die Botschaften, die in den Versen der Ilias verborgen lagen. Und der irische Schriftsteller James Joyce erbaute eine ganze Stadt, nachdem er die Reisewege des Odysseus gründlich erforscht hatte. Er träumte sein Dublin in Triest, Pula, Zürich, Paris. Viele Straßen des alten Triest siedelte er nach Dublin um, so wie er sich auch dank seines sensiblen Gehörs der Namen aus dem Telefonbuch erinnerte und sie seinen Helden verleihen konnte. In der *Straßenausstattung* Dublins hat er jene unvergängliche Schicht erkannt.

Fortbestehen bedeutet auch Fäulnis und Verfall. Der Akt der Präparation umfasst Stroh und Watte, ätherische Öle, Säuren und wenigstens ein Paar Glasperlen statt Augen. Aber diese Glasaugen sehen tiefer als die vergänglichen, schleimigen Murmeln, diese Augen hören Wortgeräusche, einen Klang, der seine unbekannte Herkunft verbirgt. In den tieferen Schichten der Sprache gibt es eine graphische und klangvolle Chiffre, und das Wenige an Bedeutung, das wie ein Sandstrahl ans Tageslicht durchbricht, werden wir in unserer Dummheit Koinzidenz oder Schicksal nennen.

Die literarische Werkstatt ist ein Magazin. Das Schöpferische besteht in den Erkundungsarten ebendieses Magazins. Der Talg, aus dem jeder Schriftsteller seine eigene literarische Welt erbaut, ist einzigartig und unwiederholbar wie ein Fingerabdruck. Ich glaube an verborgene Parallelwelten, die uns umgeben und deren Aufflackern wir nur gelegentlich registrieren. Der Schriftsteller spürt im Kern diesen Vibrationen nach. Wie eine Spinne spinnt der Schriftsteller das Netz aus sich selbst, aus seinem Talg. Wie Systole und Diastole im menschlichen Körper, so pulsieren die Welt der Realität und die Welt der Literatur. Mein Turm, in dem ich wohne, seitdem ich die Romane von Karl May gelesen habe, ist aus dem Humor eines Cervantes, den Beklommenheiten eines Italo Svevo, den Kreisbahnen eines James Joyce, den pannonischen Erinnerungen eines Danilo Kiš, der Mondsüchtigkeit eines Hermann Broch erbaut. Die Fäden, die mich mit anderen literarischen Welten verbinden, sind unsichtbar wie Kolonialstile.

Der Schriftsteller hat nur seine literarische Identität. Oder sind es etwa die Daten aus dem Reisepass? In meinem Fall existiert die Tatsache, dass ich als Serbe in Belgrad geboren wurde und in der kroatischen Stadt Pula an der Adria aufwuchs, vor allem als der mir eigene Eintritt in die Literatur, zunächst als Leser und dann auch als Schriftsteller. Das ist eben jene Einzigartigkeit, die einem durch die Geburt und durch zufällige Kulissen, zwischen denen wir aufwachsen, mitgegeben wird. Später lagern sich auf diese Einzigartigkeit die Fakten aus den Biographien der Lieblingsautoren und die Schichten ihrer Bücher ab. Es lagern sich Räume ab, durch die wir nur mit einem Nachtzug fahren, so wie auch die Worte einer Sprache, die wir nicht beherrschen, sich ablagern können.

Als Junge ging ich oft auf dem Monte-Ghiro-Friedhof in Pula spazieren. Auf dem alten Teil des Friedhofs, zwischen den Zypressen, befinden sich auch heute noch verwitterte Grabsteine, die die Namen der dänischen, holländischen, schwedischen Offiziere und Ingenieure preisgeben, die in der Mitte des neunzehnten Jahrhunderts den Hafen und das Arsenal von Pula erbauten. Es begegneten mir auch ungarische, slawische, jüdische, italienische, germanische Namen. Alles steht miteinander in Verbindung, pflegte der Klassiker der serbischen Literatur, Miloš Crnjanski, zu sagen. In seinen Reisebüchern erkenne ich das Rauschen der Terzine Dantes, so wie ich die absurden Situationen Gogols in den Erzählungen von Nabokov erahne. So wie auch die dichte Luft der Interieurs von Bruno Schulz in den Geschichten des Familienzyklus von Kiš verdunstet.

Das *Perpetuum mobile* der literarischen Stoffe ist eine machtvolle Materie, die den *Empfindsamen* Vermächtnisse überliefert.

Ein Freund, der lange in Rom lebte, erzählte mir, wie im Sommer morgens früh, wenn die Tage windig sind, ein rötlicher Staub die Autos auf den Straßen bedeckt. Als er einmal einen Passanten fragte, woher dieser Staub komme, bekam er die folgende Antwort: *Das ist Staub aus Afrika.*

Aus dem Serbischen von Alida Bremer

Tomas Venclova

Als Schriftsteller, und vor allem als Essayist halte ich es für eine meiner vordringlichsten Aufgaben, zur Auflösung nationalistischer Mythen beizutragen, besonders jener vom »gefährlichen Anderen« und der »ewigen Bedrohung des einzigartigen ethnischen Geists durch die Nachbarn«.

Tomas Venclova

Litauen

1937 in Klaipeda geboren, ist Schriftsteller, Publizist, Journalist, und Übersetzer. Er studierte Philologie an der Universität Vilnius und war in den 70er Jahren in der litauischen Bürgerrechtsbewegung engagiert. 1977 konnte er durch Vermittlung von Czeslaw Milosz Litauen verlassen und eine Dozentur an der Berkeley Universität annehmen. Nach Aberkennung der sowjetischen Staatsbürgerschaft erhielt er politisches Asyl in den USA, wo er seit 1980 russische Literatur an der University of Yale unterrichtet und seit 1993 Professor für Slawistik ist. Er hat Texte von A. Achmatowa, B. Pasternak, J. Brodsky, T. S. Eliot, O. Mandelstam, D. Thomas und A. Jerry übersetzt. Tomas Venclova erhielt bedeutende ost- und mitteleuropäische Literaturpreise u. a. den litauischen National-Preis für Dichtung 2000.

In deutscher Übersetzung u. a.:

Vor der Tür das Ende der Welt. Gedichte
Aus dem Litauischen von Claudia Sinnig-Lucas
Mit einem Essay von Joseph Brodsky
Rospo-Verlag, Hamburg 2000

Tomas Venclova
In: Vierzehn litauische Poeten. Eine Anthologie
Deutsch/Litauisch. Hrsg. von Valentinas Sventickas
Athena Verlag, Oberhausen 2002

Tomas Venclova
In: Wespennest. 128, 4. Quartal, September 2002

Was kann Litauen dem Europa der Gegenwart geben?

As a writer, and primarily as an essayist, I consider it one of my main tasks to contribute to the dissolving of nationalist myths, especially these concerning "the dangerous Other" and "unique ethnic spirit perennially threatened by one's neighbors."

Im Dezember 1978 besuchte ich, zu jener Zeit Dissident und politischer Emigrant, zum ersten Mal Berlin. Genauer: Ich besuchte Westberlin, das von Ostberlin durch die Mauer abgetrennt war. Wenn ich jetzt mein Tagebuch von dieser Reise lese, ist es, als hätte ich es mit der Urgeschichte zu tun. Da mir die sowjetische Staatsbürgerschaft und der sowjetische Pass entzogen worden waren, konnte ich nicht in die damalige DDR einreisen. Aber ich bin dennoch mit der U-Bahn unter Ostberlin durchgefahren und konnte von einem am Brandenburger Tor speziell für Touristen gebauten Wachturm aus einen Blick auf die Allee Unter den Linden werfen. In mein Tagebuch schrieb ich Folgendes: *Auf der anderen Seite der Mauer und der Baracken mit den Wachen liegt, ganz einfach, die Zone des Todes, des Zusammenbruchs, des Nichts. Eine Leere mitten im Herzen des Kontinents. „Finis Europae." Der Punkt gegenseitiger Annihilation von Ost und West.* Mein Heimatland Litauen, das ich vor recht kurzer Zeit verlassen hatte, war irgendwo tief in dieser Leere verschwunden: Für einen Westeuropäer existierte es praktisch nicht. Als ich im Herbst 1990 wieder in Berlin war, lief ich vom Tiergarten zur Allee Unter den Linden und bemerkte nicht einmal, wo die Mauer bis vor kurzem gestanden hatte. Ich zitiere noch einmal aus meinem Tagebuch: *Der alte Begriff des Bösen als Nichts, Nichtsein, Lakuna hat sich bestätigt. Es hat sich in Luft aufgelöst und außer dem Gestank von Schwefel und Fäulnis keine Spuren hinterlassen.* So wenigstens schien es mir zu jener Zeit. Europa dehnte sich unerwartet aus: Etwa zehn vergessene Länder waren hinzugekommen, und weitere warteten darauf, dasselbe zu tun. Litauen hatte bereits seine Unabhängigkeit erklärt, war aber eigentlich noch Teil der Sowjetunion. Zur Weltgemeinschaft stieß es tatsächlich erst im Folgejahr 1991.

Wie viele Dissidenten, die vom Untergang des Totalitarismus in Osteuropa geträumt hatten, dachte ich noch immer voller Angst an die Zeit, da er zusammenbrechen würde: Mir schien, dass dies zu schlimmerem Blutvergießen führen würde als die Oktoberrevolution und der Bürgerkrieg[1]. Vor meinem geistigen Auge sah ich eine Art gigantisches Tschetschenien, das jahrzehntelang andauern würde. Zu meiner großen Erleichterung ist dies nicht eingetreten: Das anachronistische System löste sich auf wie ein durch und durch morsches Stück Holz. Wie die meisten Litauer bin ich stolz darauf, dass mein Land einer der wesentlichen Katalysatoren in diesem Prozess gewesen ist. In den Jahren 1990/91 hatte es einen Status erreicht, der mit dem von Griechenland im frühen 19. Jahrhundert oder von Irland zu Beginn des 20. Jahrhunderts vergleichbar ist – es wurde zu einem der zeitlosen Symbole des Freiheitskampfes. Obwohl schlimmes Blutvergießen vermieden werden konnte, gab es in diesem Kampf doch Opfer – die Menschen, die bei der Verteidigung des Wilnaer Fernsehturms gegen die sowjetische Armee gestorben sind. Sie werden nie vergessen werden.

In der Gegenwart verwandelt sich Litauen rasch in ein echtes demokratisches Land und wird offenbar bald der Europäischen Union beitreten. Seine internationale Lage ist jetzt unvergleichlich besser als zu jedem Zeitpunkt im 20. Jahrhundert: Ich würde sagen, dass sie seit dem 15. Jahrhundert nicht mehr so günstig gewesen ist, als das Litauische Großfürstentum eine bedeutende politische Rolle in seiner eigenen Region und im Rest Europas gespielt hatte und allmählich zu einem entwickelten, kultivierten und toleranten Staat wurde. Wir haben keine territorialen Probleme und Ansprüche oder andere ernsthafte Kontroversen mit unseren Nachbarn, das Land ist urbanisiert und verfügt über eine anständige Infrastruktur. Was die Kultur angeht, so haben wir mehrere gute Universitäten, ein brillantes Theater, und jedes Jahr erscheinen viertausend neue Bücher (all dies mit einer Bevölkerung von etwas über 3 Millionen). Zugegeben: Die wirtschaftlichen Veränderungen haben, wie überall sonst in Osteuropa, zu Schwierigkeiten und einer unnötigen sozialen Polarisierung geführt. Zugegeben: Die Mentalität, die zu Zeiten des Totalitarismus geherrscht hat, hindert noch am freien Durchatmen – ein hohes Maß an Intoleranz, Angst und einfacher Ignoranz lässt noch zu wünschen übrig. Unabhängigkeit, so hat es sich herausgestellt, ist nicht Erholung und Freiheit, sondern Schwerstarbeit.

Teil dieser Schwerstarbeit ist der Versuch, unseren Platz in Europa zu bestimmen. Wir behaupten oft und gern, dass Litauen streng genommen das Zentrum Europas sei: Ganz in der Nähe von Wilna gibt es einen Park, der *Das Zentrum Europas* heißt und recht beliebt bei Touristen ist, wo Arbeiten vieler zeitgenössischer Bildhauer aus verschiedenen Teilen Europas zu sehen sind. Geographisch ist das wirklich auch so: Wenn man vom nördlichen Ural nach Portugal und vom Nordkap nach Griechenland Linien zieht, so kreuzen sie sich ungefähr auf dem Gebiet dieses Parks. Aber natürlich ist seine Existenz der Beweis für einen psychologischen Komplex. Nur eine Provinz kann darauf bestehen, ein Zentrum zu sein. Wenn ein Land aufhört Provinz zu sein, wird diese Frage irrelevant.

Andererseits, was ist Europa und was nicht? Lange Zeit war es in fast jedem europäischen Land üblich anzunehmen, dass die östlich von ihm selbst gelegenen Länder in einem gewissen Sinne minderwertig und ungenügend zivilisiert und deshalb abzuwehren seien, so wie das Chaos den Kosmos abwehrt oder das Unterbewusste das Bewusste. In Frankreich bezog sich dieser Mythos auf Deutschland und in Deutschland auf Polen. Polen seinerseits hielt sich für einen europäischen Staat, der Litauen zu zivilisieren hatte, das bewaldet war und barbarisch, wenn auch durch seine Rätselhaftigkeit und Altehrwürdigkeit anziehend. Diese Mentalität ist in der klassischen polnischen Literatur deutlich bemerkbar, angefangen mit Mickiewicz (der sich übrigens wie unser Zeitgenosse Czesław Miłosz für einen Litauer hielt). Und jene, die in Litauisch schrieben, verschoben die Grenze Europas noch weiter: Weißrussland und Russland waren das Reich des Chaos, des Unterbewussten und der Elemente, während Litauen an der Grenze Wache hielt. Dieses Denken ist in Litauen bis zum heutigen Tag weit verbreitet, und, was noch schlimmer ist, es ist ebenso bei westlichen Politikern und NATO-Militärs anzutreffen. Für uns ist es wichtig, zu verstehen, dass beide Ideen – sowohl die Idee vom *Zentrum Europas* als auch die Idee von der Peripherie, die dem Nicht-Westen, den gefährlichen Anderen, widersteht – gleichermaßen vom Mythos beeinflusst sind. Zum Glück beginnt die junge Generation in Litauen dies zu begreifen.

Was kann Litauen dem Europa der Gegenwart geben? In meinem Land hört man oft, dass Westeuropa den Sinn für ethnische nationale Werte verloren habe, während die Litauer, wie die anderen Balten, sie bewahrt hätten, und zwar im Laufe eines schweren Kampfes gegen den sowjetischen Internationalismus. Deshalb können wir anderen Völkern, die zur universellen, uniformierten Massenkultur übergegangen sind, als Beispiel dienen. Leider steht diese Idee im Zusammenhang mit einigen bedauerlichen Traditionen europäischen Denkens und der konservativen Rechten. Meiner Meinung nach zeigt das nur, dass Litauen von der nationalistischen Romantik, die mit dem Unabhängigkeitskampf verbunden – und offenbar für diesen Kampf nützlich – war, zu einem mehr zeitgenössischen und rationalen, globalen Denken übergeht (bzw. bereits übergegangen ist). Die baltischen Staaten waren immer stark von Herders Theorie des *nationalen Geistes* angezogen, der die Äquivalenz von Nationalkultur und Ethnie und ihrer Folklore postuliert (streng genommen hat Herder im Baltikum gelebt und ist seine Theorie aus seinen Beobachtungen unserer Völker entstanden). Es ist hinreichend bekannt, wozu eine Verabsolutierung des *nationalen Geists* führen kann (obgleich ein moderater Herderismus nicht unbedingt bedrohlich ist). Apropos erweisen sich jene, die vorwiegend von Nation und Ethnie tönen, häufiger als andere als Kollaborateure: So war es sowohl im Fall der Anhänger von Vichy in Frankreich als auch zahlreicher litauischer Intellektueller, die mit dem sowjetischen Kommunismus eine gemeinsame Sprache fanden. Diese Intellektuellen sind heute noch immer aktiv, aber sie kontrollieren meiner Meinung nach nicht mehr das Denken der Menschen.

Und doch hat Herder nicht ganz Unrecht. Jede Kultur hat ihr eigenes einmaliges Antlitz und zweifellos auch die litauische. Wir können einen Beitrag leisten zum *Konzert der Menschheit*, wie Guiseppe Mazzini einmal die Interaktion zwischen den Kulturen bezeichnet hat. Die litauische Sprache ist einmalig – archaisch und reich, mit besonders plastischen Verbformen, in vielem den antiken Sprachen ähnlich. Sie war mehrere Jahrhunderte lang dem Aussterben nahe, so wie, sagen wir, die keltischen Sprachen, aber im Unterschied zu den Kelten haben wir es geschafft, sie am Leben zu erhalten und immer weiter zu entwickeln. Viele Linguisten haben bemerkt, dass die Sprache auf rätselhafte Weise mit den Besonderheiten der Weltanschauung verknüpft ist. Unsere Schriftsteller sprechen wie die Autoren anderer Völker von einer spezifisch litauischen Weltanschauung, die sich in Folklore und Mythologie widerspiegelt (die Litauer haben sowohl ihre Folklore als auch ihre alte Mythologie besser als die meisten anderen europäischen Völker und in manchen Fällen sogar nicht schlechter als Völker auf fernen Kontinenten bewahrt). Hinzu kommt die komplexe und einzigartige Geschichte des Landes, die Raum bietet für das romantische Mittelalter und auch nicht weniger romantische Rebellionen gegen die Tyrannen. Die litauische Geschichte ähnelt der von Polen (mit dem Litauen eng verbunden gewesen ist), aber sie übertrifft sie noch, wenn man so will, in ihren exotischen Qualitäten. Folklore und Geschichte waren und sind, wenigstens teilweise, das Fundament der litauischen Literatur. Aber so wichtig sie für uns auch sein mögen, sind sie wahrscheinlich doch zu idiosynkratisch, als dass sie ernsthaftes Interesse im Westen hervorrufen könnten. Und außerdem ist es wohl kaum angemessen, in der heutigen Welt darauf zu bestehen, dass man ein Heiligtum der Vergangenheit ist. Ich denke, dass andere Besonderheiten der litauischen Kultur wichtiger sind, die etwas mit seiner Grenzsituation und dem Schnittpunkt verschiedener europäischer Zonen auf dem litauischem Gebiet zu tun haben, auch unser urbanes Leben.

Die Einzigartigkeit der litauischen Städte fällt durch ihre Architektur sofort ins Auge. Sie besteht aus einer Kombination von Gotik (der Pariser, Kölner oder Ulmer Gotik wohl kaum unterlegen, aber kleiner dimensioniert und vielleicht sogar noch vorzüglicher), Barock (das an Rom, Prag, Augsburg erinnert, aber durch seine Integrität und Schönheit einzigartig ist) und auch Klassizismus (in dem sich sowohl das antike Athen als auch die Aufklärung spiegeln). Aber es gibt bei uns darüber hinaus die Architektur von orthodoxen Kirchen, Synagogen, orientalischen Moscheen und schließlich auch den Funktionalismus des 20. Jahrhunderts. Diese Architektur ist verbunden durch einen ganz besonderen Stil, eine ganz besondere Erfahrung multiethnischen, multikulturellen Stadtlebens, das sowohl von Koexistenz als auch von Tragödien gekennzeichnet ist. Viele Menschen verstehen dies vielleicht besser, wenn ich einen Vergleich mit Danzig (Gdańsk) herstelle, das Günter Grass in seinen Romanen vorzustellen versucht. Heute ist dies die Erfahrung eines kleinen Landes, das den Übergang vom Totalitarismus zur Freiheit vollzogen hat, eine Erfahrung, die auch ihre komischen und grotesken Seiten hat. Und ebendieser Umstand könnte für mehr Menschen von Interesse sein. Ich denke, dass die litauische Literatur der Gegenwart diese neuen Möglichkeiten in sich aufzunehmen beginnt und sie anfängt, Bücher hervorzubringen, die die Komplexität unserer räumlichen und zeitlichen Grenzsituation adäquat reflektieren.

Die Mehrheit der Litauer möchte der Europäischen Union beitreten und bereitet sich darauf vor, aber in einigen Kreisen – besonders unter Intellektuellen und Publizisten – herrscht die Angst, wir könnten unsere kürzlich errungene Souveränität verlieren und die Unterordnung unter Moskau nun durch die Unterordnung unter Brüssel ersetzen (oder, wie sie es ausdrücken, dass wir vom Joch des Kommunismus zum Joch des internationalen Kapitals übergehen). Man könnte diesen Sorgen entgegenhalten, dass eine Souveränität vom Typ des 19. oder 20. Jahrhunderts einer Kerze im Zeitalter der Elektrizität gleicht und einem Pferdewagen im Zeitalter der Autos und Flugzeuge. Was gegenwärtig – wenn auch nicht ohne Schwierigkeiten – Konturen annimmt, ist die Idee nicht nur eines vereinten Europas, sondern auch einer vereinten Menschheit, eine Idee, die Diogenes Laertios und die christlichen Kirchenväter, Erasmus von Rotterdam und Kant gepredigt haben. Es ist dennoch nicht überflüssig, sich gleichzeitig auch daran zu erinnern, dass das Gefühl ethnischer und nationaler Identität genauso wie die Angst, sie zu verlieren, legitim ist. Selbst wenn dieses Gefühl nicht immer zivilisiert ist.

Wir sind immer an jenen Orten stärker verwurzelt, an denen wir uns auf eigenem Boden fühlen. Wir sind auch in unserer eigenen Sprache verwurzelt. Eben deshalb waren der nationalistische Nihilismus des Marxismus und sogar in einem größeren Maße der sowjetische *Internationalismus* (der in Wirklichkeit Unterwerfung unter die Sowjetunion und sogar unter Russland bedeutet hat) keine realistischen Ideologien. Aber das heißt keinesfalls, dass es angemessen ist, den Interessen des eigenen Landes und der eigenen Ethnie immer und überall den Vorzug zu geben oder nationalen Egoismus und Gebietsstreitigkeiten in jener Art und Weise in die Luft zu jagen, wie es auf dem Balkan geschehen ist. Der Name des Baltikums hat denselben Anfangsbuchstaben *B* wie der Balkan; die ethnische Zusammensetzung des Baltikums ist fast genauso komplex, und die offenen Rechungen in der Geschichte sind nicht viel einfacher. In unseren Ländern – und in unseren Nachbarländern – gab und gibt es auch Politiker (ganz zu schweigen von literarischen Figuren), die bereit sind, mit diesen tatsächlichen oder eingebildeten offenen Rechnungen zu ihrem eigenen Vorteil Manipulationen anzustellen. Ich bin stolz darauf, dass wir es geschafft haben und noch immer schaffen, dieser Sache Einhalt zu gebieten und zu zivilisierten Entschlüssen zu gelangen.

Wir Litauer werden natürlich nicht die Führer des vereinten Europa sein, aber es wird uns mehr Stabilität geben, unser Selbstvertrauen stärken und die Gefahr des Extremismus eindämmen (aber nicht ganz bannen). Wir werden Flexibilität und Selbstkritik vom Westen lernen und die westliche Neigung zur Selbstreformierung und zum Experimentieren übernehmen. Ich habe keinen Zweifel daran, dass all dies letzten Endes positive Auswirkungen auf Kunst und Literatur haben wird. Im Übrigen werden nationale und tradierte Werte nicht verschwinden, sondern nur in einer vereinten Welt fortexistieren, während sie in den rückständigen, isolierten Ländern zusammenbrechen werden.

Die Idee von der Identität wird sich in dieser vereinten Welt ebenfalls verändern. Ich glaube nicht, dass es jemals eine absolut vereinheitlichte und zentralisierte Welt geben wird – nicht einmal eine europäische Republik. Ein Teil der Schönheit und Vielfalt der Welt besteht in ihren Grenzen, wenn sie nur nicht unüberwindlich werden. Der Kult des Nationalstaats wird verschwinden, aber das Heimatgefühl und die Liebe für eine bestimmte Region wird es, denke ich, immer geben. Jede dieser Regionen ist ein Schnittpunkt verschiedener Kulturen, und unsere Identität wird von ebendieser Art sein: mosaikartig, aus Segmenten bestehend, von denen ein jedes für die Vollständigkeit dieser Identität insgesamt notwendig ist. Wir werden weniger erben und uns mehr selbst schaffen. Und obwohl wir immer eine Sprache haben werden, die für uns die wichtigste ist, wird Vielsprachigkeit zur Norm werden. Es werden die Schriftsteller sein, denke ich, die zu Pionieren dieser zukünftigen Welt werden.

Als Schriftsteller, und vor allem als Essayist halte ich es für eine meiner vordringlichsten Aufgaben, zur Auflösung nationalistischer Mythen beizutragen, besonders jener vom *gefährlichen Anderen* und der *ewigen Bedrohung des einzigartigen ethnischen Geists durch die Nachbarn.* Als Sohn des multiethnischen Wilna versuche ich, die Traditionen seiner Gründer und besten Bürger fortzusetzen, das heißt die Traditionen des Grenzgängertums zwischen den Kulturen. Und doch ist Dichtung eine andere Sache. Sie ist Sprache, die sich in sich selbst spiegelt und über sich selbst reflektiert: Ihre Phonetik, ihr Rhythmus und ihre Intonation, die Eigenarten und Launen ihrer Grammatik und Syntax, ihr vielschichtiges Vokabular, wo Archaismen und Lehnwörter mit Wörtern, die erfunden oder wiederbelebt werden können, zusammenleben – all das bleibt partikulär und unwiederholbar. In einem gewissen Sinne erhält die Dichtung diese kulturellen Grenzen, die unser Leben farbig und lebenswert machen, und sie macht den Grenzübertritt zu einem Abenteuer, das Freude macht. Ich möchte annehmen, dass beide Pflichten – die Pflicht des Dichters und die Pflicht des Essayisten – einander ergänzen. Beide können von Nutzen sein für das zukünftige Europa, das sich ein unerreichbares und doch teures Ziel gesetzt hat: zwei einander ausschließende Prinzipien gleichzeitig mit Leben zu erfüllen – Einheit und Individualität.

Aus dem Englischen von Claudia Sinnig

1 Gemeint ist der Bürgerkrieg in Russland, Anm. d. Übers.

Māra Zālīte

In der Figur des Faust kommt die ambivalente Natur Europas zum Ausdruck. Vergeistigung und Heilige Inquisition. Die Idee der Freiheit und Kolonialismus. Demokratie und Imperialismus. Menschenrechte und Holocaust.

2,2 Mio. Einwohner
in EU seit 2004

Māra Zālīte

Lettland

Als Kind deportierter Letten 1952 in Sibirien geboren. Die Schriftstellerin und Publizistin gilt als eine der wichtigsten Vordenkerinnen und Rednerinnen der »Singenden Revolution«, die zur Wiederherstellung der nationalen Unabhängigkeit Lettland führte; 1989 kürten die lettischen Medien sie zur »Frau des Jahres«. Ihr dramatisches Oeuvre umfasst sechs Theaterstücke und acht Libretti zu Rockopern und Musicals. 1993 erhielt sie für ihr Libretto zu der Rockoper *Lāčplēsis* den Herder-Preis der Hamburger Toepfer-Stiftung. Von 1989 bis 2000 war Māra Zālīte Chefredakteurin des Monatsjournals für Literatur *Karogs*. Sie lebt als freie Schriftstellerin in Riga.

In deutscher Übersetzung u. a.:

Schlüsselwort Europa. Essay
In: Max Schweizer (Hrsg.), Zwischen Riga und Lugano
Werdverlag, Zürich 2002, S. 37–41

Essays, Gedichte, Stücke und Interviews
im Internet unter www.literatur.lv

Nicht zu Ende gedachte Gedanken

Fausta tēlā izpaužas Eiropas ambivalentā daba. Garīgums un Svētā inkvizīcija. Brīvības idejas un koloniālisms. Demokrātija un imperiālisms. Cilvēktiesības un holokausts.

I. Europa. Metaphern eines griechischen Mythos

Europa, die Tochter des Königs von Phönizien, ist so jung, so schön. In goldbestickten, purpurfarbenen Gewändern tollt sie sorglos am Strand umher. Blumenübersäte Wiesen. Narzissen und Lilien. Veilchen und Krokusse. Eine Idylle. Beschrieben von einem antiken Autor, später weitergesponnen von einem überpersönlichen Mythos. Europa ist wunderbar. Alles ist in bester Ordnung.

Doch eines Nachts hat Europa einen bösen Traum. Sie träumt, dass Asia, die sie großgezogen hat, gegen ein Land kämpft, das von ihr durch ein Meer getrennt ist. Anlass des Kampfes ist Europa. Asia unterliegt. Was dann geschieht, erfährt die junge Phönizierin nicht, denn sie erwacht. Europas schönes Antlitz bewölkt sich. Sie versinkt in Gedanken über die Bedeutung ihres hässlichen Traums. Was wohl könnte seine Botschaft sein? Sie sollte eine der Sibyllen oder eines der Orakel befragen. Und selbst nachdenken. Doch dafür ist keine Zeit. Es naht ein Ereignis. Nie hat Europa irgendetwas zu Ende denken können. Stets nahen Ereignisse, die die Kontemplation unterbrechen.

Es ereignet sich der Raub der Europa. Der gewaltige Herrscher des Olymps betört Europa in Gestalt eines Stiers. Der Odem des Tieres duftet wie Ambrosia. Europa umfasst das Haupt des Stiers und küsst sein goldenes Fell. In seiner Stiergestalt entfesselt Zeus Europas unbewusste Instinkte, trägt sie fort auf seinem Rücken. Raubt ihr die Jungfräulichkeit. Macht sie zur Frau. Gewaltsam. Aber Europa ist berauscht vom ambrosischen Odem. Vom Odem des Gewaltsamen. Europa hat das goldene Stierfell geküsst. Das Fell des Gewaltigen. Die tiefen, im Dunkel sich verlierenden Bande zwischen Opfer und Vergewaltiger. Wechselwirkung. Kollaboration. Symbiose.

Ein Mythos kündet von etwas, was niemals geschehen ist, jedoch immer geschieht. Die Semantik eines Mythos ist stets verschwommen. So wie der böse Traum der Europa. Ein Mythos gibt Rätsel auf.

Das Einzige, was man mit Sicherheit von einem Mythos sagen kann, ist, dass er sich wiederholt. Immer und immer wieder. Die Europa der griechischen Mythologie wird von einem weißen Stier geraubt. Im Laufe der Zeit hat sich der Stier, sprich die totalitäre Macht, in unterschiedliche Farben gehüllt. Im 20. Jahrhundert waren es die Farben Braun und Rot. Zertreten unter den Hufen des Stiers: Kultur, Vernunft, die Ideale des Humanismus. Goldene Hörner hat der Stier. Auf der Stirn einen Stern. Auf der Stirn ein Hakenkreuz. Die geraubte Europa ist man versucht zu idealisieren. So jung, so schön. Narzissen und Lilien. Veilchen und Krokusse. Ja, so war Europa vor dem Raub. Die Welt vor dem Sündenfall. Ja, so war Lettland vor der Okkupation.

Fünfzig Jahre lang sehnen sich die baltischen Völker unter dem kommunistischen Regime nach dem geraubten Europa. In Wirklichkeit sind sie selbst der geraubte Teil Europas. Der ungeraubte ist hinter einer Mauer. Dort ist alles weiterhin so wunderbar wie früher – Europa tollt in prächtigen Gewändern umher. Am Strand. Auf der Blumenwiese. Der böse Traum? Der verführerische Odem des Stiers? Keine Zeit für Kontemplation.

Es ist die Zeit des Idealisierens. Im geraubten Europa. Sehnsucht nach einer menschenwürdigen Existenz, nach Freiheit. Nach einem verinnerlichten Europa. Nach dem Europa hinter der Mauer. Der leidenschaftliche Wunsch, diesem Europa anzugehören. Einer geordneten, harmonischen Welt. Europas klassisches Erbe tief zu verinnerlichen. Shakespeare, Cervantes, Molière, Goethe, Hugo ... Vergeistigung, Humanität, Zivilisation, Demokratie: Dies sind die prächtigen Gewänder Europas. Die Atemnot in der kommunistischen Realität führt zum tiefen Inhalieren eines idealisierten Europa.

Eines destillierten, extrahierten, puren Europa. Das zentrale Ereignis ist es, geistig zu überleben. Mit einer Sauerstoffmaske. Mit Europa als Anästhetikum. Zum Denken keine Zeit. Zum Wissen keine Chance.

Es ist gut, nicht zu wissen, dass Europas linke Intellektuelle Oden auf die Sowjetunion singen. Während im Gulag Millionen zugrunde gehen. Es ist gut, über den bedeutenden Beitrag der europäischen Intellektuellen zur Vernichtung der Völker und Kulturen im Sowjetimperium nichts zu wissen. Von den zweihundert Völkern auf dem Territorium der UdSSR haben weniger als die Hälfte ihre Sprache, ihre Kultur, ihre Lebensart zu bewahren vermocht. Niemand bezeichnet dies als Genozid. Seltene Tier- und Pflanzenarten hingegen – das ist etwas anderes. Um sie ist Europa besorgt. Der benebelnde Ambrosiaduft des Stiers.

Die Erfahrung von Leid und Gewalttätigkeit, die Energie des Widerstands erzeugen ein starkes Kulturenergiefeld, verleihen der Kunst Tiefe und eine weite Verbreitung in der Gesellschaft. Es ist gut, über das Marginale, das Neurotische der europäischen Kultur nichts, noch nichts zu wissen. Und Europas Begattung durch den Stier nicht zu sehen. Einen verschwommenen Traum zu träumen. Die Gedanken nicht zu Ende zu denken.

II. Kreuz und Schwert

Die Chronik des Heinrich von Lettland (lat. *Heinrici chronicon*, lett. *Indriķa hronika*) ist ein historisches Dokument aus dem 13. Jahrhundert, das den in einer Bulle von Papst Innozenz III. vom 5. Oktober 1199 ausgerufenen Kreuzzug gegen Livonien, das heutige Lettland und Estland, schildert. Indriķa hronika heißt eine Rockoper, die am Lettischen Nationaltheater inszeniert wurde und dort seit mehreren Spielzeiten erfolgreich aufgeführt wird. Die Musik schrieb Jānis Lūsēns, das Libretto stammt von der Verfasserin dieser Zeilen.

Die Christianisierung Livoniens. Das Baltikum wird Bestandteil des westlich-christlichen Kulturraums. Die zu jener Zeit gezogenen Grenzen zwischen Rom und Byzanz bestehen bis zum heutigen Tag. Lettlands Beitritt zur EU ist ein Balancieren auf ebendiesen Grenzen. Rissen. Narben. Problemen.

Als geometrische Figuren sind sich Kreuz und Schwert recht ähnlich. Die Vertikale des Kreuzes. Die Vertikale des Schwertes. Die horizontale Linie des Kreuzes jedoch ist länger als diejenige, die die Parierstange des Schwertes symbolisiert. Die Vertikale steht für das Männliche.

Gott. Vater. Herr. Globaler Markt. Die Horizontale steht für das Weibliche. Die Mutter. Die Sprache. Die Erde. Die Heimat.

In Deutschland darf man den Begriff *Heimat* nicht mehr verwenden. Er ist diskreditiert. In Deutschland bleibt einem dieses Wort im Halse stecken. Deutschland hat sich an ihm übersättigt. Die kleinen, unterdrückten Völker Europas sind nicht übersättigt. Sie sind ausgehungert. Ausgehungert nach all dem, was der Totalitarismus – sowohl der braune als auch der rote – ihnen geraubt hat.

Heimat, Muttersprache, Identität: die Existenzgrundlage der kleinen Völker. Sie leiden unter einem Defizit der Horizontalen. Sie sehen das Schwert. Nicht das Kreuz. Und erinnern sich, dass den Begriff *Neues Europa* die Nationalsozialisten geprägt haben.

Zu simpel? Zu kompliziert. Ereignisse über Ereignisse. Keine Zeit zur Besinnung. Gesetzesangleichung. Standardisierung. Unifizierung. Dieselben Gesetze für den Übersättigten wie für den Ausgehungerten.

Die traditionellen Beinamen der Europa in der griechischen Mythologie sind *Großäugige* und *Vielstimmige*. Die Vielfältige. Nationale Territorien sind kleine Kulturreservate mit verschiedenen Ausdrucksformen und Inhalten. Die Kulturen der Ethnien sind Garanten der Vielfältigkeit. Die Horizontale. Marktwirtschaft und Globalität verkürzen sie. Machen das Kreuz zum Schwert. Desintegrieren die Nationen als Trägerinnen der Vielfalt europäischer Kultur. Die männliche Vertikale fürchtet die weibliche Horizontale. Sünde. Zölibat. Scheiterhaufen. *Vater unser im Himmel …* Mutter unser, die Erde. Sowohl Vater als auch Mutter braucht das Menschenkind[1]. Das Kruzifix. Der Menschensohn. Das Menschenkind. Im Kreuzpunkt von Vertikaler und Horizontaler.

In der Rockoper *Indriķa hronika* erwartet die Tochter eines lettischen Königs ein Kind. Es ist die Frucht einer Vergewaltigung. Vom Feind gezeugt. Der König beabsichtigt, das Kind zu töten. Es ist aber der einzige Nachkomme, der das Fortbestehen seines Geschlechts gewähren würde. Der König gibt nach, erwartet jedoch die Geburt eines Rächers. Eines Sohnes. Dieser wird aufwachsen, herrschen, das Schwert ergreifen und hassen. Er wird alles Erlittene vergelten. Groß ist die Enttäuschung, als das Kind geboren wird. Es ist ein Mädchen.

Die Sanftmut des Verzeihens. Kann man Verzeihung gewähren, wenn sie nicht erbeten wird? Das Kind, das Mädchen. Ein neues Konzept. Der Feind ist nicht mehr außerhalb. Das Zerfließen mit ihm. Ist er jemals außerhalb gewesen?

III. Margarete und Faust

Es stimmt: Thematik und Problematik des Faust sind keineswegs spezifisch deutsch. Es handelt sich vielmehr um ein Menschheitsdrama, und Faust ist der Menschheitsrepräsentant. Heute gewinnt Goethes Werk abermals an neuer Aktualität. Im Kontext der Gestaltung Europas und des Suchens nach seiner neuen Identität. Im Kontext der Ausbeutung und Umgestaltung der Natur. Im Kontext des bröckelnden Sinns der menschlichen Existenz. Die Faust-Rezeption hat eine eigenartige Verschiebung erfahren. Faust ist groß und erhaben, echter Held. Lediglich dieser Mephisto, dieser üble Mephisto verdirbt alles! Der Herrscher ist gut, lediglich diese Höflinge schnüren dem Volk die Luft zum Atmen ab. Der Generalsekretär der Partei ist gut, lediglich diese Nomenklatur um ihn herum verhindert die Umsetzung der hehren Ideale der Partei. Der Kommunismus als Idee ist gut, lediglich seine Verwirklicher haben ihn versaut. Kaum anzunehmen, dass Goethe, als er den Mephistopheles als Alter Ego, als Schatten des Faust erschaffen hat, diese überraschende Emanzipierung jener Figur in der Rezeption des Lesers/Zuschauers/Zuhörers vorausgesehen hat. Die angenehme Möglichkeit, das Böse außerhalb von sich selbst anzusiedeln.

Die Figur des Faust ist die Essenz Europas. Die sozialpsychologische Genese des Goethe'schen Helden und das Fortwirken seines Einflusses bis in die Gegenwart zu begreifen heißt, die größten Dramen und Verirrungen im Europa des 20. Jahrhunderts zu begreifen, die sich in ihrer Konsequenz als zwei totalitäre Regime manifestierten. In der Figur des Faust kommt die ambivalente Natur Europas zum Ausdruck. Vergeistigung und Heilige Inquisition. Die Idee der Freiheit und Kolonialismus. Demokratie und Imperialismus. Menschenrechte und Holocaust.

Die faustischen Pläne zur Umgestaltung der Welt, mit denen sich die Großmächte sowohl im Osten als auch im Westen identifizieren. Gretchen hingegen, diese scheinbar periphere, oftmals als beschränkt und naiv interpretierte Figur – tragischerweise ist sie es, mit der sich die kleinen Nationen, die kleinen Kulturen, die kleinen Sprachen identifizieren können.

In meinem Kammerspiel *Margarete* treffen wir in einer Gefängniszelle auf Gretchen – fünfundzwanzig (oder 250?) Jahre nachdem Goethe (oder Faust? Mephistopheles? Der Chor der Engel?) sie dort zurückgelassen hat. So oder so, fünfundzwanzig Jahre sind vergangen, und wir begegnen Margarete, die nunmehr eine erwachsene und reife Frau ist, nicht mehr das kleine, naive Gretchen. Sie erhält Besuch von einem Anwalt, denn endlich (!) ist ein Verfahren gegen diese aus juristischer Sicht lediglich verhaftete Person eröffnet worden. Es wird eine schwere Anklage gegen Margarete erhoben: Giftmord an ihrer Mutter, Kindsmord und Beihilfe zum Mord an ihrem Bruder. Doch nach und nach stellt sich heraus, dass Faust der Katalysator all dieser Episoden ist.

Jetzt werden die Ereignisse aus der Perspektive Margaretes geschildert. Es ist wichtig, dass Margarete zu Wort kommt, dass sie spricht. Der Anwalt hält sich streng an die *Akte* des Falls, das heißt an den Goethe'schen Faust-Text. Indem Margarete ihre Mutter vergiftete, hat sie ihre Vergangenheit vernichtet, indem sie ihr Kind ertränkte, sich die Zukunft geraubt. Und indem sich ihr Bruder Valentin, der Träger des Idealismus, von ihr bitter enttäuscht sah, zerbrach er. Was bleibt? Die irrationale Liebe zu Faust. Der ambrosische Odem des Stiers. Die Suggestion der Kraft. Der animalische Körper unter dem goldenen Fell. Faust – der Stier. Margarete – die geraubte, das geraubte Europa.

Der Anwalt, Frucht der gegenwärtigen Demokratie und Zivilisation, ist, wie sich herausstellt, das tot geglaubte Kind von Faust und Margarete. (Nein, es ist nicht ertrunken damals, es wurde gerettet! Wundersam fürwahr, aber dennoch.) Sohn. Mensch. Kind. Waise. Der junge Anwalt sieht in Faust die Wurzel allen Übels. Langsam erwacht Margarete aus der Hypnose des Stiers. Dann erkennt Margarete anhand einer Nuance eine erschreckende Ähnlichkeit zwischen ihrem Sohn und dessen Vater. Der Sohn hasst den Vater und ahnt nichts von dieser Ähnlichkeit. Ahnt nichts von dem Faust in sich.

Das Bewusstsein Europas ist noch verschwommen. Die Akzentuierung Margaretes ist ein Versuch, die Idee Europas zu revidieren und zu entschlacken. Der Anwalt fragt Margarete nach *jenem anderen*. Wir ahnen, dass die Rede von Mephistopheles ist. Es hat keinen anderen gegeben, behauptet Margarete. Faust war allein. *Der andere* ist eine Substanz innerhalb der eigenen Zellen, des eigenen Gewebes.

Keine Zeit, zu Ende zu denken. Ein Ereignis naht. Dem Anwalt wird ein Posten im Europäischen Parlament angeboten. Globalisierung. Die Umgestaltung der Welt ohne die gleichzeitige Umgestaltung des Bewusstseins, der Seele, der Moral: der faustische Diskurs. Die Vertikale. Damit das Kreuz nicht zum Schwert wird, muss der margaretische Diskurs gefördert werden. Die Horizontale. Darin verbirgt sich der Reichtum Europas: in der Vielfalt der Kulturen und der Verschiedenheit der Sprachen. Im Aufeinandertreffen gegensätzlicher Strömungen. In dieser Berührung entsteht Europa. Noch immer gibt es viele bedrohte Kulturen. Demnach ist Europa selbst bedroht.

Europa ist nicht mehr die junge und unschuldige Phönizierin. Europa ist nicht mehr das junge und naive Gretchen. Europa hat Erfahrungen gesammelt. Europa träumt. Im Traum will ihm jemand eine seiner Sprachen, eine seiner Kulturen rauben. Dann noch eine und noch eine. Das ist ein böser Traum. Was weiter geschieht, weiß Europa nicht, denn es erwacht. Ein nicht zu Ende geträumter Traum. Nicht zu Ende gedachte Gedanken.

Aus dem Lettischen von Matthias Knoll

1 Letzte Zeile des Librettos der Rockoper Indriķa hronika (Anm. d. Ü.).

Übersetzerinnen und Übersetzer

Barbara Antkowiak
geboren in Berlin, arbeitete nach dem Studium der Slawistik in Leipzig von 1956 bis 1990 als Lektorin im Verlag Volk & Welt, Berlin. Seitdem freischaffend. Übersetzungen hauptsächlich aus dem Bulgarischen und den Sprachen des ehemaligen Jugoslawiens (Serbisch, Kroatisch, Slowenisch, Mazedonisch).

Svenja Becker
1967 geboren, studierte Volkswirtschaftslehre und Spanische Sprach- und Literaturwissenschaft. Seit 1999 arbeitet sie als freie Literaturübersetzerin u. a. von Isabel Allende und Eugenio Fuentes.

Horst Bernhardt
geboren 1950 in Bad Hersfeld, studierte Sprachwissenschaft, Slawistik, Finnougristik, osteuropäische Geschichte und Islamwissenschaft in Göttingen und Westberlin. Seit 1981 lebt und arbeitet er in Finnland. Literarische Übersetzungen aus dem Finnischen (Veijo Meri, Paavo Haavikko, Hannu Salama), Estnischen (Viivi Luik, Emil Tode), Schwedischen (Peeter Puide) und Lettischen (Amanda Aizpuriete, Aleksandrs Čaks.

Renate Bleibtreu
geboren 1942 in Wien, war Schauspielerin bis 1996 an vielen deutschen Bühnen, Übersetzungen aus dem Schwedischen seit 1985 u.a. von Lars Norén, Ingmar Bergman, Erland Josephson und August Strindberg. Herausgeberin der Werkporträts von August Strindberg und Ingmar Bergman.

Alida Bremer
promovierte Autorin, Übersetzerin und Dolmetscherin, geboren 1959 in Split/Kroatien, Studium der Vergleichenden Literaturwissenschaft, Romanistik, Germanistik und Slawistik in Belgrad, Rom, Münster und Saarbrücken. Lektorin für kroatische, serbische und bosnische Sprache und Literatur an der Justus-Liebig-Universität in Gießen.

Hans Brückner
1963 geboren in Würzburg, studierte Malerei und Bildhauerei in Frankfurt/Main, Isländisch an der Universität Reykjavik/Island sowie Germanistische Linguistik, Skandinavistik und Vergleichende Indogermanische Sprachwissenschaft in Erlangen-Nürnberg. Er übersetzt vorwiegend Werke isländischer Künstler u.a. von Gudbergur Bergsson.

Helga van Beuningen
geboren 1945, studierte Englisch, Niederländisch, Jura an der Universität Heidelberg. Seit 1984 ist sie freiberufliche Übersetzerin in Schleswig-Holstein. Schwerpunkt: niederländischsprachige Gegenwartsliteratur. Übersetzte Autoren u. a. H. M. van den Brink, A. F. Th. van der Heijden, Marcel Möring, Margriet de Moor, Cees Nooteboom, F. Springer. 1992 Martinus-Nijhoff-Preis, 1992 Kunstpreis des Landes Schleswig-Holstein

Gerhardt Csejka
geboren 1945 im rumänischen Banat, Literaturwissenschaftler und Übersetzer rumänischer Literatur, seit 1986 in Deutschland; nach Germanistik- und Rumänistik-Studium Redakteur der Bukarester Literaturzeitschrift »Neue Literatur«, die er von 1992 bis 1999 als Forum der osteuropäischen Literaturen und ihrer Übersetzer in deutscher Sprache herausgab.

Niki Eideneier
geboren 1940 in Griechenland, studierte griechische Philologie und leitet seit 20 Jahren den Kölner Romiosini Verlag für zeitgenössische griechische Literatur in deutscher Sprache. Neben Übersetzungen ins Deutsche und ins Griechische hält sie Vorträge und verfasst Publikationen und Rundfunkbeiträge zu verschiedenen Themen des kulturellen Lebens in Griechenland und der Griechen in Deutschland.

Heinrich Eisterer
1960 in Wien geboren, absolvierte eine Übersetzer- und Dolmetscherausbildung an der dortigen Universität, seit 1998 übersetzt er literarische Werke u. a. von Péter Lengyel, László Darvasi, Péter Nádas, Imre Kertész und lebt abwechselnd in Wien und Ungarn.

Helmut Frielinghaus
1931 geboren, arbeitet freiberuflich als Lektor (Günter Grass), Übersetzer (John Updike, Raymond Carver) und Journalist und lebt, nach langjährigem Aufenthalt in New York, in Hamburg.

Birgit Hildebrand
geboren 1944, war nach einem Philologiestudium als Lektorin an der Aristoteles Universität Thessaloniki tätig. Seit 1989 übersetzt sie literarische Werke aus dem Griechischen. Für ihre Übersetzung von Pavlos Matessis' »Die Tochter der Hündin« ist sie 2001 mit dem Deutsch-griechischen Übersetzerpreis ausgezeichnet worden. Sie lebt heute in Berlin.

Christine Jarnot
geboren 1964, studierte Italianistik, Germanistik und Philosophie in Münster und Italien (Trento und Recanati). Seit 2000 arbeitet sie als freie Literaturübersetzerin für italienische Belletristik und in den Bereichen Schauspiel und Musiktheater.

Matthias Knoll
1963 geboren in Berlin. Nach seinem Eurythmiestudium war er als Eurythmielehrer, Schauspieler und Regieassistent sowie Verleger und Kolporteur eigener Gedichte tätig. Seit 1991 ist er freier Schriftsteller und Übersetzer für lettische Literatur (siehe www.literatur.lv).

Ulrich Linnemann
geboren 1951 in Delmenhorst, kam als Kriegsdienstverweigerer an das norwegische Friedensforschungsinstitut Oslo. Er studierte Pädagogik in Trier, Deutsch, Englisch sowie Informatik in Oslo. Seit 1990 ist er freiberuflicher Übersetzer in Knut Hamsuns Hamarøy tätig.

Ursula Macht
geboren 1954, promovierte Literaturwissenschaftlerin, Publizistin, Übersetzerin und Dolmetscherin. Nach wissenschaftlicher Arbeit an der Humboldt-Universität Berlin und als Kulturamtsleiterin in Berlin-Hohenschönhausen ist sie freischaffend vor allem als Übersetzerin und Dolmetscherin tätig und organisiert literarische Veranstaltungen und Ausstellungen. Schwerpunkte: slowakische Lyrik und Prosa u. a. Peter Zajac, Ivan Štrpka, Mila Haugová.

Eva Profousová
geboren 1963 in Prag, lebt seit 1983 in Hamburg, Übersetzerin tschechischer Literatur und Publizistin, 1992 bis 2002 Leiterin des Honorargeneralkonsulats der Tschechischen Republik in Hamburg, seit 2002 wissenschaftliche Mitarbeiterin der »Tschechischen Bibliothek«.

Renate Schmidgall
geboren 1955 in Heilbronn. Studium der Slawistik und Germanistik in Heidelberg. Von 1990 bis 1996 Wiss. Mitarbeiterin am Deutschen Polen-Institut in Darmstadt. Jetzt freie Übersetzerin. 2001 Jane Scatcherd-Preis für Übersetzungen polnischer Gegenwartsliteratur u. a. von Chwin, Huelle, Stasiuk.

Norbert Randow
1929 in Strelitz/Mecklenburg geboren, studierte Slawistik und lehrte Bulgarische Literatur an der Humboldt-Universität Berlin. 1962 wurde er in der DDR aus politischen Gründen inhaftiert. Später arbeitete er als freier Übersetzer und Herausgeber bulgarischer, weißrussischer und russischer Literatur u. a. von Daltschew, Gerow, Ossip Mandelstam und Mirela Ivanova. Nach 1993 lehrte er wieder an der Humboldt-Universität Berlin.

Verena Reichel
geboren 1945, wuchs in Stockholm und in Süddeutschland auf, Tätigkeit als Journalistin, Studium der Skandinavistik. Seit Anfang der 70er Jahre freie Übersetzerin hauptsächlich aus demSchwedischen von u. a. Lars Gustafsson, Ingmar Bergman, Katarina Frostenson. Außerdem literarischer Scout für deutsche Literatur bei vier skandinavischen Verlagen. Verschiedene Auszeichnungen, u. a. Helmuth-M.-Braem-Übersetzerpreis.

Joachim Röhm
geboren 1947, lebt als freier Übersetzer in Stuttgart. Er studierte Germanistik in Tübingen und arbeitete Ende der siebziger Jahre in einem Verlag in der albanischen Hauptstadt Tirana. Er hat Prosa, Lyrik und Essays zahlreicher albanischer Autoren aus Albanien, dem Kosovo und Mazedonien ins Deutsche übersetzt, darunter Ismail Kadare, Ali Podrimja und Beqë Cufaj.

Karin von Schweder-Schreiner
Übersetzerin, hat in Deutschland und Portugal studiert und einige Jahre in Brasilien gelebt. Für ihre zahlreichen Übersetzungen portugiesischsprachiger Autoren (u. a. Jorge Amado, Antonio Callado, Rubem Fonseca, Lidia Jorge und José Saramago) wurde sie mehrfach ausgezeichnet.

Bernd Schwibs
Jahrgang 1945, ist leitender Redakteur der Zeitschrift PSYCHE. Vormals Universitätslektor in Paris und Verlagslektor in Frankfurt am Main. Übersetzer von u. a. Gilles Deleuze, Félix Guattari, Pierre Bourdieu, François Mitterrand, Emmanuel Bove, André Breton. Begegnete erstmals Jean-Philippe Toussaint als Lektor des Photoapparats, in der Übersetzung von Joachim Unseld.

Claudia Sinnig
geboren 1965 in Nordhausen/Thüringen, studierte Russisch und Englisch in Leipzig. Die promovierte Literaturwissenschaftlerin und Buchautorin lebte viele Jahre in Vilnius und Moskau, seither in Berlin und London. Übersetzungen literarischer Werke aus dem Litauischen und Russischen. Beiträge zur litauischen Literatur und Kunst für die Neue Zürcher Zeitung, Die Zeit, Der Tagesspiegel, Nordostarchiv, Akiraciai u. a.

Rosemarie Tietze
Geboren 1944 in Oberkirch/Schwarzwald. Studium der Theaterwissenschaft und Slawistik. Übersetzerin und Dolmetscherin für Russisch, Dozentin am Sprachen- und Dolmetscherinstitut in München. Autoren: A. Bitow, V. Nabokov, L. Petruschewskaja, J. Popow u. a. 1995 Voss-Preis der Deutschen Akademie für Sprache und Dichtung.

Hilla Widemann
1961 geboren, lebte und arbeitete nach dem Studium (Arabisch, Englisch und Französisch) in London, seit Ende 1989 in Bremen, hauptsächlich als Übersetzerin für Wirtschaftsunternehmen sowie als Dolmetscherin u.a. bereits für Richard Ford, Jonathan Safran Foer, Gerhard Schröder, Jürgen Trittin, Alice Schwarzer, Robin Williams, Helmut Kohl, Giscard d'Estaing.

Josef Winiger

1943 in der Schweiz geboren. Vier Jahre Philosophie-Studium in Frankreich, Promotion in München, lebt seit 1980 als freiberuflicher Literaturübersetzer im Allgäu. Autoren: Jean-François Bergier, André Comte-Sponville, André Glucksmann, Maurice Lever, Sylvie Germain, Julien Green, Jean Rouaud, Laurent Mauvignier, Georges Simenon u.a.

Katharina Wolf-Grießhaber

geboren 1955 in Stuttgart, lebt und arbeitet in Münster als Slawistin und Übersetzerin. 2001 erschien ihre Monographie über Danilo Kiš: »Des Iltisses Kern«. Sie übersetzte u. a. Danilo Kiš, Bora Cosic und Dževad Karahasan.

Moderatorinnen und Moderatoren

Ortrud Gutjahr

studierte Germanistik, Philosophie und Soziologie. 1993 übernahm die promovierte Literaturwissenschaftlerin die Professur für Neuere Deutsche Literaturwissenschaft und Interkulturelle Germanistik an der Universität Karlsruhe. Seit 1997 ist sie Inhaberin des Lehrstuhls für Neuere Deutsche Literatur und Interkulturelle Literaturwissenschaft an der Universität Hamburg. Forschungs- und Publikationsschwerpunkte sind vor allem Theorie der Moderne, Literatur und Psychoanalyse, Kulturtheorien und Interkulturelle Literaturwissenschaft.

Paul Ingendaay

1961 in Köln geboren, studierte Anglistik und Hispanistik in Köln, Dublin und München. 1997 wurde der vielfache Autor, Herausgeber und Moderator mit dem Alfred-Kerr-Preis für Literaturkritik ausgezeichnet und lebt seit 1998 als Kulturkorrespondent der Frankfurter Allgemeinen Zeitung in Madrid.

Hinrich Schmidt-Henkel

1959 in Berlin geboren, studierte Germanistik, Romanistik und Skandinavistik. Seit 1987 übersetzte er eine Vielzahl literarischer Werke aus dem Französischen, Italienischen und Norwegischen (u.a. Louis-Ferdinand Céline, Stefano Benni, Jon Fosse). Er erhielt zahlreiche Übersetzerpreise, z. B. bei der Bonner Biennale 2000 und den Scatcherd-Preis. Von 1991 bis 1993 war er persönlicher Referent und Pressesprecher der Hamburger Kultursenatorin Christina Weiss. evad Karahasan.

Stichwortregister

»Mit jedem Satz, den er niederschreibt, webt der Mensch
einen neuen Faden in das überdichte Netz der Bedeutungen ein,
das potentiell immer gegenwärtig ist, überall,
wo geredet oder geschrieben wird.« – Dževad Karahasan

gekommen und geblieben
Deutsch-türkische Lebensgeschichten

Michael Richter
gekommen und geblieben
Deutsch-türkische Lebensgeschichten

mit einer Einführung von Dilek Zaptçıoğlu
280 Seiten mit ca. 35 s/w Abbildungen
Softcover | 13 x 20 cm
ISBN 3-89684-048-7
Euro 14,– (D)

»Jeder hatte eine Startnummer, ich hatte die Nummer 311. Ich wurde zum Zug nach Hamburg gebracht, der dann auch bald losfuhr. Das Einzige, was ich verstanden hatte, ich werde in Uelzen arbeiten. Auf dem Fahrplan stand 9 Uhr Uelzen. Ich habe nicht geschlafen, weil ich Angst hatte, die Station zu verpassen. Ich bin da ausgestiegen, wo ich um 9 Uhr war.«

Nermin Özdil erzählt von ihrer Ankunft in Deutschland 1973. Sie kam allein – ließ Mann und Kinder zunächst in der Türkei. Mit ihr erinnern sich zehn Türkinnen und Türken, die als Arbeitsmigranten gekommen sind. Ohne dass die Studenten, Kaufleute, Handwerker oder politischen Flüchtlinge es geplant hätten, blieben sie schließlich über 30 Jahre in Hamburg. Sie berichten von harten Jahren in der Fremde, von schleichenden Gewöhnungsprozessen, von der Heimat ihrer Kinder und Enkel. Ihre Erfahrungen in Deutschland verknüpfen sie mit ihren Wurzeln in der Türkei. Auf diese Weise vermitteln sie nicht nur bewegende Einblicke in ihre Leben, sondern lassen den Leser auch teilhaben an einem entscheidenden Abschnitt deutsch-türkischer Geschichte.

Dialoge unserer Zeit: Der Bergedorfer Gesprächskreis

Europa neu begründen
Kulturelle Dimensionen im Integrations- und Erweiterungsprozess

125. Bergedorfer Gesprächskreis in Hamburg
184 Seiten mit
30 Abbildungen und Karten
Softcover | 22 x 24,5 cm
ISBN 3-89684-236-6
Euro 11,– (D)

Kultur hat für Europas Identität und für Europas Rolle in der Welt eine grundlegende Bedeutung. Dennoch konzentriert sich die gesellschaftliche und politische Debatte meist auf die wirtschaftlichen und politischen Aspekte des Projekts Europa. Welchen Einfluß hat Kultur auf die Gestaltung der politischen Union? Wie verändern sich nationale Kulturkreise? Wie kann eine europäische Identität zur internationalen Positionierung der EU beitragen? Der 125. Bergedorfer Gesprächskreis beleuchtet die besondere Rolle, die Kultur, Kulturpolitik und politische Kultur im europäischen Integrations- und Erweiterungsprozess spielt.

Der Bergedorfer Gesprächskreis wurde 1961 von Kurt A. Körber als erstes deutsches Forum für einen Dialog zwischen Politik, Wissenschaft, Wirtschaft und Kultur gegründet.
Die Protokolle dokumentieren die Debatten und vermitteln atmosphärische Einblicke. Ein Personen- und Sachregister, Literaturhinweise und eine Zusammenfassung des Gesprächs machen sie zu einem nützlichen Nachschlagewerk.

www.bergedorfer-gespraechskreis.de

Körber-STIFTUNG
Forum für Impulse

edition Körber-STIFTUNG

BegegnungsCentrum HAUS im Park

Boy Gobert Preis

KÖRBER FotoAward

theater haus im park

Deutscher Studienpreis
Der Forschungswettbewerb für Studierende

KÖRBER-PREIS FÜR DIE EUROPÄISCHE WISSENSCHAFT

Geschichtswettbewerb des Bundespräsidenten
Jugendliche forschen vor Ort

Eustory
History Network for Young Europeans

Deutsch-Türkischer Dialog

USABLE
TRANSATLANTISCHER IDEENWETTBEWERB

BERGEDORFER GESPRÄCHSKREIS

Demokratie lebt von gesellschaftlichem Dialog und gemeinsamer Suche nach Lösungen. Die Körber-Stiftung als Forum für Impulse will mit ihren Projekten Bürgerinnen und Bürger aktiv an gesellschaftlichen Diskursen beteiligen.

Die private und gemeinnützige Stiftung bietet ein Forum zur Mitwirkung in Politik, Bildung, Wissenschaft und internationaler Verständigung. Wer sich als Bürger in Wettbewerben und Gesprächskreisen der Stiftung engagiert, gewinnt auf vielfältige Weise: Er kann Wissen weitergeben, Probleme identifizieren und Aktivitäten anregen.

Die Körber-Stiftung leistet mit diesen Impulsen einen Beitrag zur Alltagskultur der Demokratie.